Walter Bonatti

MEINE GRÖSSTEN ABENTEUER

Walter Bonatti

MEINE GRÖSSTEN ABENTEUER

Reisen an die Grenzen der Welt

Aus dem Italienischen
von Maurus Pacher

MALIK

Die italienische Originalausgabe erschien 1997
unter dem Titel »In Terre Lontane«
bei Baldini & Castoldi, Mailand.

ISBN 3-89029-227-5

Satz: Satz für Satz. Barbara Reischmann Leutkirch
Druck und Bindung: Ebner & Spiegel, Ulm
Printed in Germany

www.malik.de

INHALT

KLONDIKE: AUF DEN SPUREN DER GOLDGRÄBER

1965

Es war ein kalter Nachmittag Anfang Mai 1965. Der lange Flug, der mich von Ottawa nach Whitehorse brachte, dem vorgeschobensten Siedlungsposten im kanadischen Nordwesten, ging dem Ende entgegen: Dieses Gebiet hatte kaum Geschichte, dort gab es nur Jagdchroniken und Abenteuergeschichten, die sich im Lauf der Zeit in Mythen und Legenden verwandelt hatten. Mit mir reiste der amerikanische Geograph Walter Wood, der plötzlich aus dem Fenster wies und sagte: »Wir sind im Anflug auf das Yukon Territory.« Unter uns waren die grauen Ebenen von Alberta vorbeigezogen, die weißen Felsengebirge von British Columbia, und nun breitete sich vor uns, soweit das Auge reichte, im kalten Licht des Sonnenuntergangs die *wilderness*, die ungebändigte und einsame Natur des Nordens, aus: eine Weite, die nicht weniger eindrucksvoll ist als die sibirische Taiga, die ich bereits Jahre zuvor kennengelernt hatte. Die Vegetation war so dicht, daß man sich – wäre da nicht der Schnee gewesen, der die umliegenden Berge weiß färbte – in einem tropischen Urwald hätte wähnen können.

Von oben erschien mir das Yukon Territory als wildes Bergland mit schneebedeckten Bergen, durchschnitten von breiten Tälern mit wild schäumenden Flüssen – sofern sie nicht mit Eisschollen bedeckt waren. Dazu endlose Wälder, gesprenkelt mit einer Unzahl Seen, die zwischen die Erhebungen und die Ebenen eingebettet waren und sich bis zu den kahlen Steppen am Nordpolarmeer erstreckten. Ich kam in ein Land, von dem der unbarmherzige Frost des langen Winters und die Insektenschwärme des kurzen Sommers die Zuwandererströme stets fernzuhalten gewußt hatten. Nur wenige dickköpfige Abenteurer erdreisteten sich, dieses Territorium den Bären und den Stechmücken streitig zu machen.

Die ersten Weißen betraten das Yukon Territory im Jahr 1825 mit der Expedition von John Franklin, der diese Gestade auf der Suche nach der Nordwestpassage erreichte. Es folgten quasi auf dem Fuß die abenteuerlichen Erkundungsfahrten, die von der North-West Trading Company und der Hudson's Bay Company unterstützt wurden: Gruppen von Weißen und Indianern – die berühmten *voyageurs* – stießen entlang der Flüsse bis ins Herz des Territoriums vor und errichteten kleine Forts, die als Stützpunkte für ihre Expeditionen und später als Unterkünfte für die Jäger während der Jagdsaison dienten. Am Ende des 19. Jahrhunderts sorgte die Entdeckung von reichen Goldvorkommen im Klondike für eine vorübergehende Bevölkerung des abgelegenen Landstrichs. Sehr bald jedoch verloren all diese Leute, die sich von der Aussicht auf raschen Reichtum hatten blenden lassen, angesichts der enormen Schwierigkeiten den Mut und zogen wieder ab.

Nach der letzten Volkszählung im Jahr 1961 hatte das Yukon Territory, das doppelt so groß wie Italien ist, 14628 Einwohner – Weiße, Indianer und Eskimos –, die zum größten Teil mit der Suche nach Bodenschätzen, der Jagd und dem Pelzhandel beschäftigt waren.

Zweck meiner Reise ist es, in die geheimnisvolle und rauhe Welt des hohen Nordens einzudringen und mich dabei nur auf meine Energie und die Erkenntnis meiner persönlichen Grenzen zu verlassen. Doch vor allem bin ich hierher gekommen, weil ich von den Erzählungen Jack Londons und James Olivier Curwoods fasziniert bin, in denen hinter den Wechselfällen des Schicksals, denen die Hauptfiguren ausgesetzt sind, immer die Konfrontation des Menschen in seiner Winzigkeit mit der gewaltigen und wilden Natur durchscheint – die fast durchweg als mächtiges Bollwerk gegen die Übergriffe der modernen Gesellschaft konzipiert ist. Ich möchte außerdem die Kinder dieses Landes, die Indianer, kennenlernen und von ihnen erfahren, wie sie den endlosen Wäldern und den ungestümen Flüssen trotzen. Und überdies möchte ich

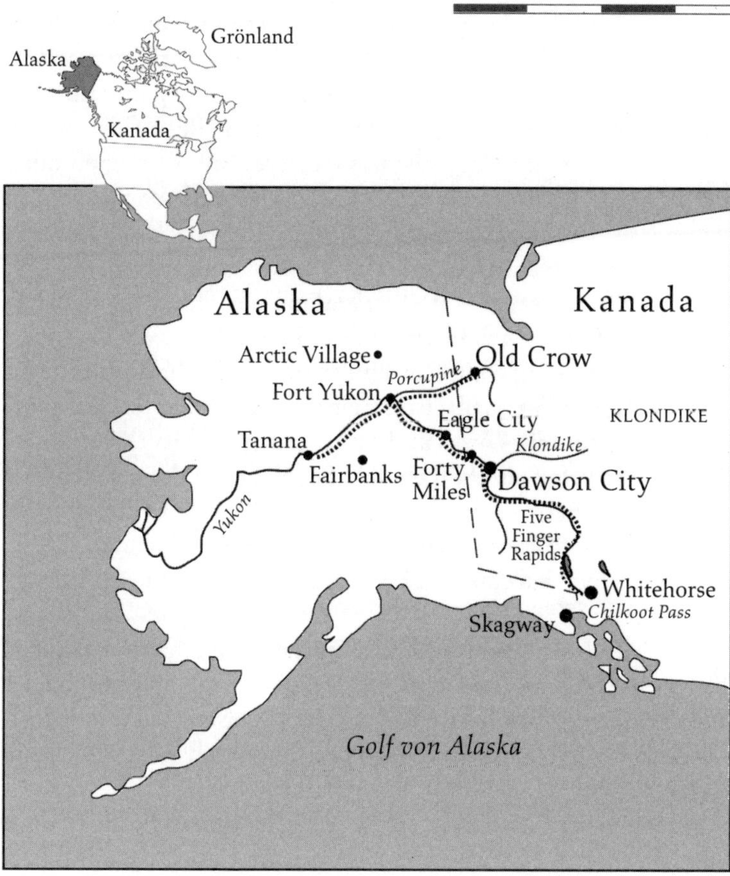
Grönland
Alaska
Kanada
Alaska
Kanada
Arctic Village
Old Crow
Porcupine
Fort Yukon
Eagle City
KLONDIKE
Tanana
Klondike
Fairbanks
Forty Miles
Dawson City
Yukon
Five Finger Rapids
Whitehorse
Chilkoot Pass
Skagway
Golf von Alaska

von diesen Ureinwohnern die Fähigkeit lernen, die Nähe des Bären und des Wolfs intuitiv zu spüren und wie man sich in ihrer Gegenwart verhält.

Außerdem habe ich den Plan gefaßt, den heldenhaften Weg der Goldsucher den Yukon entlang und schließlich zum legendären Klondike zurückzuverfolgen. Dort wurden 1896 die berühmten Goldvorkommen entdeckt, die den spektakulärsten Wettlauf um das Gold einläuteten, den die Geschichte je gesehen hat. Aus diesem Grund bin ich nach Whitehorse gekommen, wo Geschichte schon in der Luft zu liegen scheint.

Der Name Whitehorse – Schimmel – bezieht sich übrigens auf die weiße Gischt der Stromschnellen; dies war der Name eines bewegten Ankerplatzes am Yukon, und die Wellenkämme der Stromschnellen legten den Pionieren diese pittoreske Bezeichnung geradezu in den Mund. Heute erhebt sich dort ein modernes, typisch amerikanisches Städtchen mit rund fünftausend Einwohnern; und ehrlich gesagt ist wenig, viel zuwenig übriggeblieben, das Zeugnis von seinen abenteuerlichen Anfängen ablegen könnte.

Weit mehr Erinnerungen haben dagegen die alten Bewohner in ihren Herzen bewahrt: Menschen, die um so mythischer wirken, weil nur noch wenige von ihnen am Leben sind. Während meines Aufenthalts lauschte ich bewegt ihren Erlebnissen, die häufig ganz unglaublich klangen und fast alle am Chilkoot-Paß ihren Anfang nahmen – jener ersten schrecklichen Hürde auf dem etwa tausend Kilometer langen Weg vom Golf von Alaska über das wilde Yukon-Territorium bis Dawson City im Klondike. Alle erzählten sie mit der gleichen zittrigen Stimme, mit der gleichen Begeisterung wunderbare, aber auch furchterregende Geschichten, und es war, als ob sie von ihrer ersten Liebe berichteten. Ich konnte sie verstehen und war von jener Straße des Goldes immer mehr fasziniert, so daß ich noch entschlossener war, ihr von ihrem Anfang an zu folgen, das heißt von Skagway aus, einer kleinen Siedlung, die am Ende des Lynn Canal, eines Meeresarms im Golf von Alaska, liegt.

Skagway, das die Pioniere »Haus des Nordwinds« nannten, verschwand nicht wie die anderen Goldgräberstädte vom Erdboden, als die Jagd nach dem Gold vorüber war. Mit seinen fünfhundert Einwohnern ist es immer noch so, wie es auf zeitgenössischen Fotografien aussieht: eine charakteristische, aus Holz errichtete *city* des alten amerikanischen Westens. Das ist der White Pass Railroad zu danken, der verwegenen kleinen Bahnlinie, die 1899 für das Gold gebaut wurde und trotz ihrer primitiven Holzgitterbrücken noch heute für das Yukon Territory den einzigen Zugang zu einem Seehafen darstellt.

Seit drei Tagen bin ich in Skagway und warte darauf, daß sich das Wetter bessert. Den Chilkoot-Paß in dieser Jahreszeit zu überqueren ist ein gewagtes Unternehmen. Hier sagt man, daß selbst ein *sour-dough* (eigentlich ein Sauerteig, aber in diesem Fall die Bezeichnung für einen erfahrenen und mit allen Wassern gewaschenen Goldsucher von 1898) gezögert hätte, sich ohne die Hilfe eines stattlichen Hundegespanns in dieses Abenteuer zu stürzen – und das, obwohl damals der Pfad vielbegangen und gut befestigt war.

Es regnet jeden Tag, und ein naßkalter Wind fegt unaufhörlich durch die Bucht, die immer grau ist und über der eine bedrükkende Wolkendecke lastet. Wenn diese einmal kurz aufreißt, lugen die Gipfel und Gletscher hervor, die bereits wenige hundert Meter über dem Meer mit feinem Schnee bedeckt sind. Joe, der Indianer aus dem Yukon, den ich als Begleiter mitgebracht habe, scheint immer weniger geneigt, mit mir zu gehen.

Eines Abends sehe ich durch die Scheiben des alten Saloons, daß der Himmel Farbe annimmt: »Schönes Wetter im Verzug!« sage ich mir immer wieder, während ich am Tresen einen kanadischen Rye schlürfe. Offenbar ist mir mein Optimismus anzusehen, denn ein Bursche, dessen Gesicht ich schon kenne, nähert sich mir und beginnt lächelnd ein Gespräch. Er heißt Andrew Mahle und ist ein kräftiger Mann um die dreißig, nach seiner Hautfarbe zu urteilen wahrscheinlich ein Kreole. Sein Bruder Fred, sagt er, gilt als bester Kenner des Chilkoot-Passes, denn er hat ihn bereits siebenmal bezwungen, allerdings immer im Sommer, das letzte Mal vor zwei Jahren. Außer ihm haben sich sehr wenige Menschen zwischen diese Kämme gewagt, und auch er hat die Überquerung nie unter winterlichen Bedingungen wie jetzt unternommen. Wie auch immer – seit dem Goldrausch ist niemand so oft da oben gewesen wie er. Da auch Andrew zu Ohren gekommen ist, daß ein »verrückter« Ausländer zu dieser Zeit den Paß überqueren will, hat er sich auf schnellstem Weg von seinem Bruder eine Skizze des Weges anfertigen lassen, dem wir folgen müssen, und die legt er mir nun vor. Nicht genug damit; morgen früh um sechs werde er für mich und den Indianer seine Schneeschuhe mitbringen und uns dann mit seinem Kleinlaster bis zu den Ruinen des nahen Hafens Dyea bringen, von wo einst die Karawanen der Pioniere zum Marsch über den Chilkoot-Paß aufbrachen.

Am nächsten Tag kommen wir gegen acht Uhr in Dyea an. Der Nadelwald hat praktisch jede Spur der alten Stadt ausgelöscht. Die Straße, wenn man sie denn so bezeichnen will, führt uns zwei Kilometer ins Hinterland zum Kiesbett des Taiya. Hier gab es in der Vergangenheit vermutlich eine Brücke, doch nun ist lediglich ein dünnes, verrostetes Stahlseil von einem Ufer zum anderen gespannt, das an zwei Bäumen verankert ist. Am Seil hängt eine primitive Gondel: Um den Fluß zu überqueren, muß man sich mit den Händen fünfzig Meter an dem Seil hinüberziehen, das zum anderen Ufer hin leicht ansteigt. Der Wald ringsum ist dicht und wild.

Kaum hat er die Rucksäcke abgeladen, verabschiedet sich Andrew mit einem Händedruck und sagt ein paar Worte zum Abschied. Der Indianer Joe und ich sind nun allein und müssen zusehen, wie wir mit dieser Art Schaukel über den schäumenden Fluß zurechtkommen. Ein merkwürdiger Mensch, dieser Andrew. So feinfühlig und hilfsbereit und verabschiedet sich, ohne uns wenigstens Gelegenheit zu geben, uns zu bedanken – mit einer Selbstverständlichkeit, als ob er uns bereits morgen wiedersehen werde, obwohl er doch genau weiß, daß wir einander nie mehr begegnen werden. Sind die Männer der Stille, der langen Einsamkeit, der Freiheit im hohen Norden alle so?

Jenseits des Flusses können wir auf einem leicht begehbaren Pfad in kurzer Zeit wertvolle Kilometer hinter uns bringen. Doch fast auf der Stelle fühlen wir uns von der Anwesenheit eines

Bären bedroht, dessen große Tatzen tiefe Abdrücke im weichen Boden vor uns hinterlassen haben. Die noch frische Spur seiner mächtigen Krallen scheint unverwechselbar zu sein. »Es ist ein Grizzly«, sagt Joe, der sich darauf versteht, »er dürfte mindestens achthundert Pfund wiegen und könnte gefährlich werden, wenn er sich verfolgt fühlt.« Andererseits dürfen wir auf keinen Fall den – einzigen – Pfad verlassen, nur um eine Begegnung zu vermeiden. Ich stecke fünf Kugeln Kaliber 30–06 in meinen Husqvarna-Karabiner, den ich von diesem Augenblick an immer schußbereit in der Hand behalte. Es versetzt mich in eine gewisse Erregung, in diese frischen Stapfen des Grizzlys zu treten.

Stunden vergehen. Riesenbäume wechseln mit einem dichten Gewirr sumpfiger Waldungen ab, in denen der Pfad von Zeit zu Zeit verschwindet und wir zwischen verkrümmten Wurzeln oder umgestürzten Stämmen einsinken. Zuweilen dringt zu uns der Ruf seltsamer Vögel, die wir nicht sehen und die auch Joe nicht bestimmen kann: »Iiiiiii« und weiter entfernt »Eeeeeeeee«. Häufiger wiederholt sich dagegen das gleichmäßige »tam tam tam« des *spruce grouse*, des kanadischen Berghahns, das in dieser gespannten Atmosphäre an das bedrohliche Trommeln indianischer Stämme denken läßt. Doch wir bekommen keinen einzigen Vogel oder ein anderes Tier zu Gesicht, nur die immer ansehnlicher werdenden Spuren umherstreifender Bären.

Der kalte Wind, unter dem der Wald ächzt, hört unvermittelt auf, und kein Blatt bewegt sich mehr. An seine Stelle tritt schwüle Wärme. Wir marschieren fast immer durch einen Tunnel dichter Vegetation. Nun beginnt der Pfad am Fuß des Berges anzusteigen, wird gewundener und sumpfiger und ist sehr bald verschneit und vereist. Ein langer Metalldraht lugt ab und zu aus dem Bewuchs. Vielleicht ist dies die alte Telefonleitung von Canyon City, einer längst aufgegebenen Siedlung. Von Stunde zu Stunde werden der schrecklich schwere Rucksack immer unerträglicher, das Tempo immer langsamer und die Pausen immer häufiger; die Füße sind naß und schmerzen. Am späten Nachmittag führt uns der schmaler werdende Pfad zurück auf die Talsohle. Ich stoße auf die Überreste eines großen Vogels, der von einem Tier zerfleischt wurde.

Wir beschließen, auf einer Lichtung über dem Flußbett unser Lager aufzuschlagen. Die Nacht überrascht uns, während wir um das Feuer sitzen, von der Anstrengung entkräftet und stumm geworden. Nur das »tam tam tam« des Berghahns durchbricht die Stille.

Es ist noch tiefe Nacht, als mich ein leises Geräusch auf der schützenden Zeltplane weckt: Es schneit. Um sechs werde ich abermals geweckt, diesmal von Joe, der, vor Kälte zitternd, aus dem Zelt nach draußen hastet und das Feuer wieder anfacht. Alles ist weiß von Schnee, doch nun regnet es. Vier Stunden später befinden wir uns wieder auf dem Weg zum Chilkoot. Der Rucksack foltert mich. Ich denke nur noch an diese verfluchte Last, an den Schmerz, den sie auf meinen Schultern verursacht: Schließlich zähle ich die Schritte von einer Rast zur anderen. Das ist erst der Anfang des Abenteuers, und bereits jetzt ist es so mühselig voranzukommen. Ich, nein, wir beide schleppen zuviel mit uns mit.

Nach einer Stunde kommt die Sonne flüchtig zum Vorschein, und immerhin regnet es den ganzen Tag über nicht mehr. Wir kommen zu den Überresten des Sheep Camp, und ein Stück weiter machen wir in einer kleinen Jagdhütte Rast, die aus Tannenstämmen errichtet ist. Vor siebenundsechzig Jahren schlugen in dieser Talsohle gut und gern sechs- bis siebentausend Goldsucher ihr Winterlager auf. Eine Fotografie aus dieser Zeit, die ich zum Vergleich bei mir trage, zeigt eine weiße Fläche mit Zelten, aus denen Rauch aufsteigt. Heute hat der Wald die ganze Lichtung wieder überwuchert, und Bär und Luchs haben sich ihr Gebiet zurückerobert; doch in jenen Zeiten hatte die Horde der menschlichen Heuschrecken auf ihrem Weg keinen einzigen Baum verschont.

Die vage Andeutung eines Pfades verliert sich bald an einem Sturzbach. Hier machen offenbar auch die Bärenjäger halt. Am Saum des Tannenwaldes lärmt ein Berghahn. Nun trennen uns tausend Meter Höhenunterschied und nur noch fünf Kilometer Luftlinie vom Paß – doch das wird auch das härteste Stück. Von diesem Augenblick an kann man sagen, daß jeder gewonnene Meter einen Sieg über das dichte Strauchwerk am Abhang darstellt, über den tiefen Schnee, der uns bis zur Brust einsinken läßt, über die Lawinengefahr, das Gewicht des Rucksacks, das hinderliche Gewehr und die Schneeschuhe. Als wir uns bei Sonnenuntergang auf einen trockenen Felsen kurz vor der Vegetationsgrenze fallen lassen, müssen wir feststellen, daß wir in einem halben Tag lediglich zwei Kilometer geschafft haben. Der Höhenmesser zeigt dreihundertfünfzig Meter über dem Meeresspiegel an. Ein lästiger eisiger Wind zerrt an uns, es droht wieder zu schneien, und wir sind völlig durchnäßt. Es folgt ein mühseliges Biwak.

Um drei Uhr morgens setzen wir uns wieder in Bewegung. Ich möchte den Paß erklimmen, bevor uns das schlechte Wetter möglicherweise zur Umkehr zwingt. Die Kälte, die uns in der Nacht in die Knochen gekrochen ist, läßt uns während der Vorbereitungen zum Aufbruch am ganzen Leib zittern. Joe, der ja bereits als »Rothaut« geboren ist, hat eine violette Farbe angenommen. Ich gewinne diesen Gefährten allmählich lieb, auch wenn er nicht mehr wie damals lächelt, als ich ihn kennenlernte. Obwohl der Schnee fest gefroren zu sein scheint, ergreifen wir nun die Gelegenheit, die Schneeschuhe anzuschnallen – und sei es auch nur, um das Gewicht der Rucksäcke ein wenig zu neutralisieren, die meiner Ansicht nach fast einen halben Zentner wiegen.

Doch ich entdecke im Schnee wieder die Fährte eines Bären – vielleicht ist es derselbe wie vorgestern abend. Ist er auch auf dem Weg zum Paß? Nach einer halben Stunde verschwinden diese Spuren jedoch, ausgelöscht vom immer stärker werdenden Sturm. Über uns ragt drohend durch den Dunst ein ausgedehnter Gletscher mit seinen blaugrünen Türmen und Zacken auf. Vor uns zerreißen die Wolken in kurzen Abständen und geben den Blick auf scharfe Felskämme frei, die märchenhaft mit Eisfransen verziert sind. Zwischen diesen Graten öffnet sich der Chilkoot-Paß.

Bald sinken wir im Pulverschnee ein. Wir steigen dennoch unverhofft rasch zwischen den schwierigen kleinen Kämmen, Trichtern und Felsbändern auf, die vom milchigen Licht, das sie einhüllt, verzerrt werden. Dann taucht aus dem Nebel jenseits einer Bresche in den Felsen endlich der Chilkoot mit seiner berühmten »Treppe« auf. Überall herrscht blendende Weiße und Öde. Das einzig Lebendige um uns her ist der brausende Wind, der Wolken von Eiskristallen über die Kämme weht.

Schon die Überreste, die ich nach und nach auf unserem Weg entdeckte, ließen mich nicht unberührt; hier jedoch geht die Phantasie mit mir durch und gaukelt mir bewegende Erscheinungen vor. Ich sehe vor mir, wie es in dem vorgelagerten, schneebedeckten Tal von Zelten wimmelt, von dunkelgekleideten bärtigen Männern, die ihre Schlitten durch den Schnee nach oben zerren. Und parallel zur Prozession der Aufsteigenden gehen Männer nach unten, die noch verwahrloster scheinen und einige abgezehrte wächserne Leichen hinter sich herziehen: die Opfer des Hungers, der Kälte und der Lawinen, die in Sheep Camp identifiziert und begraben werden müssen.

Fast wie ein Roboter bin ich am Fuß des steilen Abhangs angekommen. Wir schnallen die Schneeschuhe ab und beginnen mit dem Aufstieg. Der Sturm tobt inzwischen, und sein Brüllen dringt uns nun wie das Echo der sechzigtausend Gespenster in die Ohren, die sich zwischen 1897 und 1898 diesen Kalvarienberg hinaufschleppten.

Die höchste Stelle des Chilkoot-Passes ist nicht klar zu erkennen, auch wegen des Sturms, der ihn dann und wann mit zerfetzten Wolken einhüllt. Auf der obersten Stufe des Passes werden wir nicht von Ergriffenheit erfaßt, sondern empfinden nur noch Müdigkeit und das unwiderstehliche Verlangen, uns diese unerträglichen Rucksäcke für immer von den Schultern zu reißen. Jenseits des Passes hatten die Helden des Goldrauschs Segel auf ihren Schlitten gehißt, und der Wind von Chilkoot hatte sie gebläht und diese ungewöhnlichen Boote über die offenen Schneeflächen getrieben.

Am Nachmittag, unmittelbar über der Baumgrenze, haben wir keine Hoffnung mehr, unseren Weg fortzusetzen. Hier brennt die Sonne, und der Schnee ist so weich geworden, daß uns nicht einmal die großen Schneeschuhe vor dem Einbrechen bewahren können. In diesem kompromißlosen Land, das keine halben Sachen duldet, kennt auch die Natur keinen Übergang der Jahreszeiten: Hier geht der Winter innerhalb von zwölf bis fünfzehn Tagen in den Sommer über, und das, was sich in der kurzen Übergangsperiode abspielt, ist unglaublich und zuweilen sogar erschreckend.

In einem Wald geben wir uns nach weiteren Stunden mühseligen Dahinstolperns durch den nassen Schnee geschlagen. Wir empfinden die Erschöpfung wie eine Heimsuchung: Die Nieren schmerzen, die Schultern sind wie zerstückelt, und die bloße Berührung mit der Kleidung verursacht auf der von den Tragriemen des Rucksacks aufgescheuerten Haut stechenden Schmerz. Außerdem sind wir von der Sonnenreflexion im Schnee halb blind. Joe, dessen Nacken rot von Blut ist, sagt, daß er etwas Derartiges noch nie erlebt hat. Im Schutz einer Felswand improvisieren wir auf dem Schnee mit kleinen Tannenzweigen ein letztes Biwak. Unterdessen trocknet ein Feuer unsere Kleidung, die erst naß wurde und nun steif gefroren ist.

Mühsam werden wir vor Morgengrauen, wenn der Schnee wieder fest geworden ist, unseren Marsch fortsetzen. Von Lindeman City auf der Talsohle hat sich nur der Name erhalten. Der gleichnamige See, Lake Lindeman, sieht wie ein großes vereistes Tafelwerk aus. Lindeman war für die Goldsucher eine sehr wichtige Etappe. Sie kamen gerade rechtzeitig in der winterlichen Jahreszeit hier an, um sich aus Lärchen und Tannen die primitiven Boote zu bauen, die sie mit der Strömung des Yukon nach Klondike brachten. Das war jedoch erst möglich, wenn sich die Seen in seinem Lauf vom Klammergriff des Eises befreit hatten. So lange können wir natürlich nicht warten, wir müssen unseren Marsch auf dem zugefrorenen See bis zum nächsten, dem Bennett Lake, fortsetzen, dessen Ufer der kleine Zug vom White Pass Richtung Whitehorse passiert. Wir kommen um die Mittagszeit am Bennett Lake an. Obwohl es auf der Landkarte so aussehen mag, als handle es sich um eine bewohnte Siedlung, ist Bennett in Wirklichkeit nur eine winzige Bahnstation auf halbem Weg zwischen Skagway und Whitehorse.

Dieser Ort, der nun völlig verlassen und mit Koniferen dicht bewachsen ist, war zur Zeit der Pioniere ein weiteres Lager von großer Bedeutung: 1898 machten hier gut zehntausend Menschen Station, und damit entwickelte er sich zur größten Zeltstadt und außerdem zum größten Bootsbauzentrum der Welt. Zu jener Zeit hallte die Luft vom Krachen der gefällten Bäume wider, und auf der großen Werft pulsierte fiebrige Geschäftigkeit. Männer, die bisher meist nicht einmal einen Nagel eingeschlagen, geschweige denn ein Boot konstruiert hatten, bauten sich – jeder auf seine Weise – ihr Hilfsmittel, um zu ihrem Eldorado zu gelangen.

Auf einem Hügelkamm, der den See überragt, tauchen unter dem Leichentuch des Nebels rund zwanzig Gräber auf. Doch mit Sicherheit ruhen in dieser Erde zu Hunderten die Männer, die entlang des tragischen Weges liegenblieben, der sie zum Reichtum hatte führen sollen.

Als wir auf der Schwelle des einzigen bewohnten Gebäudes am Bennett Lake um Unterkunft bitten, müssen Joe und ich aussehen, als ob wir leibhaftig einem Roman von Jack London entsprungen wären. Nur ein alter Goldgräber könnte jetzt noch echter aussehen.

2500 KILOMETER ALLEIN IM KANU

1965

Nach jenem ersten Abenteuer auf den Spuren der Pioniere war ich abermals in Whitehorse angekommen – diesmal mit der Absicht, den Yukon bis Dawson City hinunterzufahren. Aber der Fluß war wegen des Frostes, der das Wasser unter einer dicken Eisschicht einschloß, noch nicht wieder befahrbar, obwohl wir bereits Mitte Mai hatten. Also mußte ich warten und zog deshalb meinen Besuch im Klondike vor. Ich nahm den Bus, der Whitehorse über die staubige Mayo Road mit Dawson verbindet – die einzige Straße, die im Yukon Territory in den Norden führt.

Als ich in Dawson ankam, stand die Sonne noch hoch am Himmel, obwohl es bereits neun Uhr abends war. Aus einem offenen Fenster wehten die schmeichelnden Klänge von *Moon River* zu mir herüber und versetzten mich in nostalgische Erinnerungen an meine eigene Welt. An einer Ecke der Hauptstraße saßen schweigend und regungslos ein paar Indianer. Ihre Blicke folgten mir, als ich an ihnen vorbeiging. Ich war staubbedeckt und schleppte mein Gepäck zum alten »Hotel Down Town«. Ich nahm flüchtig wahr, daß sie verwunderte Blicke tauschten. Es kommt nun einmal sehr selten vor, daß sich jemand in diese von Schatten bevölkerte Stadt verirrt.

Zuerst war ich von Dawson enttäuscht. Diese desolate Kulisse aus alten Holz- und Wellblechhütten stimmte mich um so melancholischer, als die meisten unbewohnt und von einem wüsten Durcheinander aus verrosteten Eisenteilen, weggeworfenem Gerümpel und in ihre Bestandteile zerlegten Maschinen umgeben waren. Dies alles wirkte in meinen Augen wie ein trauriger Friedhof gescheiterter ehrgeiziger Pläne.

Die Straßen, die entweder staubig oder matschig waren – mehr Alternativen gab es offenbar nicht –, wurden von hölzernen Stegen gesäumt, und Masten aller Art trugen einen wahren Wald von Strom- und Telefonkabeln. Ich hatte den Eindruck, daß es für jedes Lämpchen in der Stadt eine eigene Leitung geben müsse.

Unter all den alten Behausungen schienen nur noch die Villa des Gouverneurs, die Oper, der »Red Feather Saloon« und das Häuschen des Dichters Robert Service in gutem Zustand zu sein. Die übrigen einstigen Zentren des gesellschaftlichen Lebens in Dawson, die im großen Wettlauf der nomadischen Träumer eine so große Rolle gespielt hatten, waren für immer verschwunden. In der leeren und baufälligen Kirche entdeckte ich die berühmte Orgel, die damals angeblich sechzigtausend Dollar gekostet hatte. Doch seit Jahrzehnten sind ihre Pfeifen verstummt und mit einer dicken Staubschicht bedeckt. Auf dem Hügel besuchte ich einen alten Friedhof mit vielen Gräbern von Männern, die in einem Hungerjahr an Skorbut starben, während ihre Taschen von unnützem Gold überquollen.

Kaum hatte sich am Ende des 19. Jahrhunderts die Nachricht verbreitet, daß im Klondike die bislang sensationellste Goldader entdeckt worden sei, da mischte sich unter die Goldsucher, die dorthin hetzten, auch ein gewisser Ladue, der seine eigenen Vorstellungen davon hatte, wie man am besten sein Glück machen könne. Er suchte nicht nach Gold, sondern errichtete am Ufer des Yukon nahe der Mündung des Klondike das erste richtige Haus und den ersten Saloon und nannte das Ganze Dawson City – zu Ehren des Regierungsgeologen George M. Dawson. Damit war die Stadt des Goldes geboren, die in wenigen Jahren durch ihren Reichtum und ihre Eleganz das kleine Paris des hohen Nordens werden sollte.

Ein Jahr nach ihrer Gründung, 1897, zählte Dawson City bereits dreitausendfünfhundert Einwohner und zehn Saloons. Jedes dieser Etablissements machte mindestens dreihundert Dollar Gewinn pro Abend. Die Parzellen für Bauland kosteten bis zu zwölftausend Dollar, und auch die Preise für Tee und Räucherspeck schraubten sich in schwindelerregende Höhen. Im Juni jenes

Jahres kam der erste Dampfer an: Die Abgeschiedenheit von der Welt hatte ein Ende! In der neuen Stadt gingen Spieler und Spekulanten, Tänzerinnen und Sängerinnen, Dichter und Vagabunden von Bord. Und von dort reisten die neuen Reichen wieder ab, die in den Goldclaims des Klondike ihr Glück gemacht hatten. Einige von ihnen schufen sich in den Vereinigten Staaten mit den angehäuften Reichtümern solide Existenzen in Industrie und Handel; andere dagegen verschleuderten binnen weniger Monate alles in den großen Städten des Pazifik, und manch einer von ihnen kehrte in den Klondike zurück, um sein Glück nochmals herauszufordern.

Es war die Zeit, in der in Dawson City ebenso knappe wie erbarmungslose Gesetze galten. Wer stahl oder einen Totschlag oder Mord beging, wurde im Schnellverfahren von einem »Bürgerrat« verurteilt und meist mit Pistolenschüssen liquidiert. Die Leichen wurden einige Tage als abschreckendes Beispiel für alle zur Schau gestellt.

Die Stadt wuchs rasch auf dreißigtausend Einwohner an. Es wurden elegante Villen und die Oper erbaut, für die Kostüme aus Frankreich geordert und die besten Künstler des amerikanischen Kontinents verpflichtet wurden. Man errichtete auch eine Kirche mit einer Pfeifenorgel für sechzigtausend Dollar, damit das verwöhnte Publikum die Musik von Bach und Händel auch wirklich genießen konnte.

Rauhe Goldsucher, Indianer, Glücksspieler und Tänzerinnen bevölkerten die Lokale und die schlammigen Straßen von Dawson und erfüllten die Stadt mit ausschweifendem, hektischem Leben. Dies alles wirkte auf einige Schriftsteller inspirierend, die wie London und Curwood berühmt wurden, aber auch auf einen unbekannten Bankangestellten namens Robert Service, der später als *der* Dichter jener Schauplätze und jener Epoche zu Ruhm und Namen fand. Noch heute legen seine Dichtungen ein lebendiges Zeugnis vom Goldrausch des hohen Nordens ab, und seine Helden sind fester Bestandteil der kanadischen Folklore.

Dawson City wurde dreimal durch Feuersbrünste dem Erdboden gleichgemacht; einmal davon durch einen Brand, der in einem

Bordell ausbrach, als eine eifersüchtige Frau ihrer Rivalin eine Petroleumlampe an den Kopf warf.

Wie in Forty Miles und anderen Orten am Yukon, in denen sich die Goldadern nach und nach erschöpften, begann eines Tages auch der Stern von Dawson zu sinken. Das geschah am Vorabend des Ersten Weltkriegs, und die Goldgräber und Abenteurer flüchteten ebenso rasch, wie sie gekommen waren. Heute zählt Dawson knapp achthundert Einwohner, die sozusagen vom Glanz der alten Tage leben. Und doch sind die wenigen Übriggebliebenen in dieser Stadt der Schatten ruhige Leute und in gewisser Weise sogar fröhlich – ein merkwürdiger Kontrast zu all den toten Dingen ringsum.

Anfangs begriff ich es nicht, aber ich merkte sofort, daß etwas Geheimnisvolles in der Luft lag, das von Tag zu Tag greifbarer wurde. Kaum war ich angekommen, grüßten mich bereits auf der Straße viele Unbekannte – »Hello!« – mit einem herzlichen Lächeln. Sie wußten von mir lediglich, daß ich Ausländer war, doch da ich mich friedfertig verhielt, waren sie mir sogleich wohlgesinnt. Vielleicht erinnerte sich jeder von ihnen, daß auch er eines Tages als Fremder nach Dawson gekommen war und in dieser ersten schwierigen Zeit ein freundliches Wort bitter nötig gehabt hatte. Und vielleicht machte es allen auch Freude, ein neues Gesicht ankommen zu sehen, nachdem so viele Menschen weggegangen waren, immer nur weggegangen waren.

Während meines Aufenthalts in Dawson ereignete sich am 19. Mai ein unvergeßliches Schauspiel. Es war 16 Uhr 30 am hellichten Nachmittag, und zufällig hielt ich mich am Ufer des Yukon auf, als sich plötzlich die Luft mit Krachen und Getöse füllte. Darauf folgte schlagartig eine der eindrucksvollen Überschwemmungen, denen die großen Flüsse des Nordens jedes Jahr unterworfen sind. Der langen winterlichen Lethargie dieser arktischen Flüsse, die träge unter einer meist über einen Meter dicken Eisschicht dahinfließen, folgt unversehens ein Erwachen von archaischer Heftigkeit. Gewöhnlich wird Mitte Mai das erste Knacken der vereisten Oberfläche hörbar, die sich jeden Tag in dem Maß hebt, wie unter ihr das Wasser anschwillt, und sich allmählich von den Uferdämmen löst.

Nun bahnen sich die Fluten explosionsartig ihren Weg. Das Packeis birst wie zerbrechliches Glas und wälzt sich stürmisch talwärts, riesige Eisblöcke drehen sich in diesem wahnsinnigen Lauf, verschieben sich, zerschellen, richten sich wie leuchtende Segel auf und schießen geradezu durchs Wasser. Während dieses Rasens werden die Ufer des Flusses buchstäblich ausgebaggert und beben unter den gewaltigen Zusammenstößen. Während sich der Fluß vom Packeis zu befreien versucht, schieben sich die Schollen übereinander, zerspringen in wenigen Stunden abermals in kleinere Stücke, und es wiederholen sich mit abnehmender Gewalt dieselben Phänomene. Und wenn der Wasserspiegel endlich wieder sinkt, haben sich die Ufer in Eismauern verwandelt, die zum Fluß hin abfallen. Genau diese Naturgewalt konnte ich an diesem Tag am Ufer des Yukon erleben.

Danach setzte ich zum erstenmal einen Fuß in den legendären Klondike. Joe Langein, der Forstaufseher von Dawson, hob seinen Arm, beschrieb einen Halbkreis durch die Luft und sagte: »Das ist das Land, das in jenen fernen Zeiten Gold für dreihundert Millionen Dollar hergab.« Wir standen auf dem Kamm des Midnight Dome mit dem Rücken zum Yukon, der von hier oben träge in einem Bogen um Dawson City dahinzufließen schien, während er die nunmehr zersplitterten Eismassen talwärts beförderte.

Bisher hatte ich noch nie große Goldvorkommen gesehen, und meine Kenntnisse darüber stammten nur aus Büchern; doch der Klondike schien mir ganz anders als in meinen vagen Vorstellungen. Ich weiß nicht, warum, aber ich hatte erwartet, eine rauhe, felsige und unfruchtbare Gegend vorzufinden: Diese Landschaft war jedoch das genaue Gegenteil davon, eine Abfolge von Bergen und sanften Hügeln, deren Umrisse sich am Horizont verloren und die dicht mit Nadelhölzern und Birken bewachsen waren. Die unendlich verzweigten Täler wirkten durch die zahllosen Moränen, die von den Baggern in langen und regelmäßigen Formen verschoben worden waren, flach und grau. Von oben erschienen sie wie ein Knäuel riesiger Seidenraupen. Langein zeigte auf die einzelnen Täler und nannte ihre Namen: Bonanza, Eldorado, Hunker. Jedes von ihnen hatte einst die halbe Welt elektrisiert. Das Epos des Goldes – gewiß das größte, an das sich die Geschichte erinnert – begann im Sommer 1896, als Robert Henderson sein Sieb in den Klondike tauchte und eine winzige Menge Gold im Wert von acht Cent herausholte. Die Rechtschaffenheit dieses Mannes, der bis dahin sein Leben der einsamen Suche nach dem wertvollen Metall gewidmet hatte, bekam ihm jedoch schlecht. Treuherzig und naiv, wie er war, erzählte er bei Einkäufen in Sixtymile allen, die ihm über den Weg liefen, von seiner Entdeckung. Als er zum Fluß zurückkehrte, begegnete er einem merkwürdigen Burschen, einem Weißen, der mit einer Indianerin verheiratet war und mit seiner Frau und zwei Schwagern Lachse fing. Sein Name war George Carmack, und das einzige, was er mit Henderson gemeinsam hatte, war ein unbeugsamer Wille.

Henderson drängte Carmack, mit ihm systematische Schürfungen durchzuführen, und der war damit einverstanden. Nachdem sie eine Zeitlang das Gebiet um Hendersons Fundstelle durchkämmt hatten, verlor Carmack die Geduld und kehrte zur Mündung des Flusses zurück, von wo er gekommen war, versprach dem Gefährten allerdings, daß er ihn durch einen seiner Schwager benachrichtigen werde, falls er einen besseren Claim fand. Auf dem Rückweg lagerte Carmack an der Mündung jenes Nebenarms, dem Henderson den Namen Rabbit Creek gegeben hatte und der bald in der ganzen Welt unter dem Namen Bonanza bekannt wurde. Hier fand er den Goldklumpen, der auf die spektakulärste Goldader hindeutete, die seit Jahrhunderten auf der Welt entdeckt worden war. Es war der 16. August 1896. Der folgende Tag wird als der Beginn des Eigentumsrechts betrachtet und ist im Yukon Territory noch immer ein Festtag.

Die Nachricht verbreitete sich wie ein Lauffeuer, und aus allen Teilen des Territoriums kamen in Windeseile vom schnellen Reichtum besessene Männer herbei, um ihre Claims im Bonanzatal abzustecken. Inzwischen blieb einige Meilen entfernt auf der anderen Seite des Berges Henderson seinem Schicksal überlassen: Weder Carmack noch jemand anders kümmerte sich um ihn. Erst viel später würdigte die kanadische Regierung seine Verdienste um die Entdeckung des Klondike und gewährte ihm eine Rente. Bis zu seinem Tod mit sechsundsiebzig Jahren setzte Robert Henderson vergeblich seine Suche nach einem zweiten Bonanza fort.

Allein im Jahr 1896 strömten über tausend Goldsucher zum Bonanza Creek und steckten hundertachtundvierzig Parzellen ab. Am Ufer des Yukon nahe der Mündung des Klondike wurde Dawson City aus dem Boden gestampft, das sich bald zur wichtigsten Stadt nördlich von Winnipeg entwickelte.

Doch der Goldrausch erreichte erst ein knappes Jahr nach Carmacks Fund seinen Höhepunkt, als ein Berichterstatter des *Post Intelligencer* in Seattle eine kurze Meldung ins Blatt rückte, die sich sofort über die ganze Welt verbreitete: »Heute um drei Uhr morgens lief, zurückkehrend aus Alaska, die *Portland* mit einer Tonne Gold an Bord ein.« Die Meldung von der märchenhaften Entdeckung im Klondike löste auf der Stelle einen Wettlauf nach dem Gold aus, wie man ihn noch nie erlebt hatte. Diesmal kamen die Goldsucher von sehr weit her, nicht nur aus Nordamerika, sondern sogar aus England, Italien, Norwegen, Frankreich und Australien. Metzger, Bankangestellte, Kaufleute, Zahnärzte, Buchhalter und Bauern stürmten die Büros der Schiffahrtsgesellschaften, um ihren Platz auf einem Schiff zu buchen, das gen Norden auslief.

Die Zahl der Goldsucher im Klondike war 1897 bereits auf dreitausendfünfhundert gestiegen, doch im folgenden Jahr kamen auf dem Yukon über siebentausend Boote mit achtundzwanzigtausend Passagieren in Dawson an. Ein großer Teil dieser Leute strömte sofort in das Bonanzatal, doch da es dort keine freien Parzellen mehr gab, wichen sie in die umliegenden Täler aus, von denen einige wie Eldorado und Hunker ebenfalls Reichtümer aus dem Schoß ihrer Erde preisgaben.

Doch schon erschien das Gespenst des Hungers, die unausweichliche Folge eines derartigen Zustroms von Menschen in diese unfruchtbaren Gegenden. Hunger und Skorbut rafften die Goldsucher bald dahin, und ein Großteil der Überlebenden war nach einem Jahr erfolgloser Arbeit bereits so entmutigt, daß sie ihre Konzession für einen Sack Mehl abtraten und ärmer als vorher in ihre Heimat zurückkehrten.

Doch gerade in einem dieser Claims, die für einen derart jämmerlichen Preis erworben worden waren, wurde eines der reichsten Goldvorkommen entdeckt. Vergleichbare Fälle wie ein Hügel von dreißig Metern Durchmessern, der eine halbe Million Dollar in Gold einbrachte, dürften die Zäheren allerdings dazu verleitet haben, das Erdreich noch einmal und noch einmal mit der Spitzhacke zu bearbeiten.

In jenen Tälern brannten ununterbrochen Feuer, um den ganzjährig gefrorenen Boden zumindest ein paar Zentimeter tief aufzutauen; Kies und Splitt konnten so entfernt und neben dem Schacht aufgehäuft werden, der jeden Tag tiefer wurde. Für die Suche nach der Goldader, die häufig viel zu dürftig war oder aber überhaupt nicht existierte, mußte die Grube fast fünf Meter tief sein, bis hinunter zu den härteren Schichten. Und wenn man tatsächlich Glück hatte, zog man ein Netz von waagrechten unterirdischen Stollen, die bisweilen so eng waren, daß es den vom Rauch halbblinden Männern nur mit Mühe gelang, sich hineinzuzwängen. Für diese mühselige Arbeit hatten die Vermögenderen Dampfkessel herbeigeschleppt, die mit Brennholz gespeist wurden; über kleine Gummischläuche wurde daraus heißer Dampf selbst in den tiefsten Gang hinabgeleitet.

Endlich wurde es Sommer, und mit dem Tauwetter, das Abertausende Bächlein entstehen ließ, begann das fieberhafte Auswaschen des Aushubs, der sich während des Winters angesammelt hatte; das fließende Wasser wurde nun so wertvoll wie das Gold, das es ans Licht brachte. Es ist nicht schwer, sich die Aufregung dieser Leute vorzustellen, wenn sie im wässerigen Schlamm ihres Siebs unversehens die gelbglänzenden, rundlichen Nuggets aufblitzen sahen.

Ein gewisser Big Alex McDonald förderte Gold im Wert von sieben Millionen Dollar zutage. Es heißt, daß er einen ganzen Treck benötigte, um die kostbare Ladung aus dem Klondike abzutransportieren. Doch wie viele Goldgräber, die mindestens so hart wie McDonald geschuftet hatten, stießen niemals auf Gold und starben in Armut! Von den über sechzigtausend Goldsuchern, die sich im Klondike in seiner glanzvollsten Periode von 1897 bis 1910 drängten, waren nur etwa hundert vom Glück begünstigt. Als sie in ihre Heimatstädte zurückkehrten, verpraßten sie ihr Geld und leisteten sich jeden erdenklichen Luxus. Bis heute erzählt man sich noch von Joe Hansen, der die junge Tänzerin Mabel La Rose heiratete, nachdem er sie für fünftausend Dollar in Goldstaub in einem Saloon in Dawson ersteigert hatte; später gingen sie nach Paris, wo er eine goldene Kutsche bauen ließ, um mit seiner Frau über die Champs-Elysées zu fahren.

Ich war mehrere Tage im Klondike umhergestreift, und es war eine interessante und auch bewegende Erfahrung gewesen. Wie der Vergleich mit Fotografien aus der Zeit ergab, hatte sich im Verlauf von rund siebzig Jahren viel verändert – sogar das Profil der Berge. All diese Täler waren inzwischen von riesigen Baggern durchwühlt worden, die ein um das andere Mal dieselben Moränen durchkämmt und sich immer tiefer in den Boden gegraben hatten. Und doch gab es noch immer einige Gegenden, die unzugänglich oder für die modernen Maschinen zumindest schwierig zu erreichen waren. Dort ruhten gut erhalten noch Zeugnisse, mit deren Hilfe sich ein getreues Mosaikbild von jener vergangenen Ära zusammensetzen ließ. Nicht selten fand ich mich in jene Zeit der Pioniere zurückversetzt und sah Gesichter und Gegenstände jener lange zurückliegenden Ereignisse wieder, als sei die Zeit von Zauberhand zurückgedreht worden. An bestimmten Stellen gab es keinen Quadratmeter Erde, aus dem nicht eine Spitzhacke oder eine Petroleumlampe zum Vorschein kam, eine Winde oder wenigstens ein Sieb aus alten Zeiten. Ich fand auch verrostete Dampfkessel, die Bestandteil erster, durch Wasserdampf angetriebener Fahrzeuge gewesen waren. Eines, das noch fast vollständig erhalten war, hatte die Berge offenbar viele Kilometer weit durchquert. Einmal, als ich durch eine dichte Waldung kam, stolperte ich in ein enormes Zahnwerk aus Gußeisen, das in einen Block mit zwanzig großen Hebeln eingezwängt war, die wie Bambusrohr aus einem Gesträuch sprossen. Die Überreste eines vorsintflutlich anmutenden hölzernen Baggers, halb in dunklem Brackwasser versunken, waren zu einer idealen Unterkunft für die Biber geworden.

Doch die beredtesten, menschlichsten Zeugnisse waren die, die sich in den alten *cabins* aus Holz erhalten hatten, den Häuschen der Goldsucher. Ein großer Teil davon war im Lauf der Zeit zerstört worden, doch ein paar, die den Stürmen erfolgreicher trotzten oder erst später verlassen worden waren, wirkten mit ihren Gegenständen und Gerüchen noch bewohnt und »lebendig«. Der Ofen hatte in der *cabin* seinen Ehrenplatz in der Mitte des Raumes; an den Wänden standen Tische, Gestelle und Schemel. Die Betten, häufig zweistöckig, waren durchwegs mit dem Fußende zum Ofen hin ausgerichtet; die Fenster waren klein und doppelt verglast, und fast überall hingen an den Wänden Küchen- und Arbeitsgeräte. Und in allen *cabins*, die ich betrat – selbst in den heruntergekommensten – fand sich stets die Bibel, großformatig und an den Ecken durch die lange Benutzung speckig geworden. Häufig lag sie noch aufgeschlagen auf einer Bank neben einem aufgedeckten Bett, das den Anschein erweckte, als ob noch vor wenigen Stunden jemand darin geschlafen hätte. Auf der Anrichte entdeckte ich häufig noch Kichererbsen und Mehl und in der Pfanne das Fett des *moose*, des riesigen nordamerikanischen Elchs. An den Kleiderhaken hingen alte Arbeitsanzüge. Erst vor der Tür wurde einem beim Anblick der Brennholzstapel bewußt, wie lange es her sein mußte, daß die Hütten verlassen worden waren: Die Jahrzehnte hatten die Scheite nachdunkeln lassen. Für gewöhnlich wurden die *cabins*, deren Bewohner gestorben waren, einfach dem Lauf der Zeit und dem Verfall preisgegeben.

Ich besuchte die Hütte eines der ältesten noch aktiven Goldgräber im Klondike. Ein schmaler Steg über den Bonanza Creek hatte mich zu einer kleinen Lichtung geführt, auf der sich seine *cabin* aus Holz mit rauchendem Schornstein erhob. Hier lebte seit rund vierzig Jahren Peter Pamucina, ein außergewöhnlicher Einsiedler, der noch so lebte wie zur Zeit des Goldrauschs. Er war vor neunundsiebzig Jahren in Jugoslawien geboren worden und nahm mich mit der Herzlichkeit eines alten Freundes auf. Es war zehn Uhr morgens an einem Sonntag, dem von Gott befohlenen Feiertag, deshalb arbeitete Peter nicht in seiner Mine, sondern rasierte sich gerade mit einem uralten Rasiermesser, das er mit Sicherheit noch aus Jugoslawien mitgebracht hatte. Sobald er erfuhr, daß ich Italiener war, begann er vom Ersten Weltkrieg zu erzählen, in dem er gekämpft hatte. Er erinnerte sich an Trient, an die süßen Feigen, die er dort von den Bäumen gepflückt hatte, und wußte auch noch das eine oder andere Wort in meiner Sprache.

Dieser einsame Goldgräber, der in so hohem Alter noch immer hellwach und energiegeladen war, schien mir ein ganz außerordentlicher Mann zu sein, und während ich ihm zuhörte, konnte ich den Blick nicht von seinem grobschlächtigen, unförmigen Körper abwenden, den er dennoch mit großer Geschmeidigkeit bewegte. Ich war fasziniert von dem Elan, den er in jede Geste legte und der jedes seiner Worte begleitete, außerdem fand ich das gutmütige Lächeln, das aus seinem runden roten Gesicht strahlte, einfach umwerfend. In der Tat erinnerte er im Aussehen auf seltsame Weise an den großen Hemingway in den letzten Jahren seines Lebens.

Bevor er Goldgräber wurde, war Pamucina *trappeur,* Fallensteller, gewesen, und als er in den Klondike kam, wurde er *cheechaco* genannt, was im Jargon der erfahrenen Goldsucher Anfänger bedeutete – im Gegensatz zum *sour-dough.* Er redete ausgesprochen gern über die alten Zeiten, und wenn sein Blick wie so oft in die Ferne schweifte, sah er sicher wer weiß welche großartigen Landschaften wieder vor sich. Einmal war sein Boot in der Strömung des fernen Big Salmon gekentert; er verlor alles, und nur Gott weiß, wie es ihm gelang, mit dem Leben davonzukommen.

Während ich durch die Fenster den dichten, wild wuchernden Wald betrachtete, der die *cabin* umgab, fragte ich ihn, ob ihn noch nie gefährliche Tiere heimgesucht hatten. Er antwortete mir mit einer kleinen Geschichte: »Eines Morgens hatte ich mir Kaffee gemacht; aber da ich mich etwas krank fühlte, kroch ich anschließend wieder ins Bett zurück – ohne allzu großes Bedauern, denn es war ein stürmischer Tag. Mit einem Mal verdunkelt sich das Zimmer, und ich sehe, daß vor diesem Fenster da der mächtige Schädel eines riesigen Bären zu mir hereinschaut. Mir schießt durch den Kopf, daß ich die Flinte draußen gelassen habe und die

Tür nur angelehnt ist. Ich springe auf und verriegle sie gerade noch rechtzeitig. Danach dauerte es noch zwei endlose Stunden, bis der Bär beschloß, wieder abzutraben.« Ein anderes Mal – es war Winter – tötete Peter einen Wolf direkt auf der Türschwelle.

Während er mit mir sprach, blieb der Alte geschäftig. Erst kochte er Tee, dann machte er das Bett, brachte das Haus in Ordnung und zog nun zwei große Brote aus dem Ofen, deren herrlicher Geruch die *cabin* durchzog. Mit einem gemütlichen Lächeln ließ er sich darüber aus, daß man zum Überleben in der Kargheit des wilden Nordens vor allem Organisationstalent brauche, und darin sei er Meister. Weise verteilte er die Arbeit auf die sieben Tage der Woche – die Wochen hatten sich inzwischen zu Tausenden summiert. Das hieß, daß er an einem Tag Brot backte, am nächsten die Wäsche machte, am folgenden Werkzeuge reparierte oder herstellte oder Kleidung anfertigte, an einem anderen im Winter auf die Jagd ging oder im Sommer in sein Gärtchen und die restliche Zeit der Suche nach Gold widmete.

Die Vorstellung von einem Garten hinter dem Haus in diesem Land des Eises machte mich neugierig. Pamucina zeigte mir also stolz sein kleines Stückchen Erde. Der Salat und die Radieschen begannen erst aus dem Boden zu spitzen, doch der wilde Rhabarber, aus dem er später ein vorzügliches gegorenes Getränk zubereiten würde, sproß bereits fünf Zentimeter aus der schwarzen Erde. Tatsächlich dauert der Sommer im hohen Norden nicht einmal drei Monate, doch in dieser kurzen Periode geht die Sonne täglich nur für ein paar Stunden unter; die Täler sind deshalb warm, und der Boden kann so bis zu einem halben Meter auftauen. Im Sommer, sagt Pamucina, ist die Üppigkeit der Vegetation verblüffend, und das ganze Territorium blüht von unzähligen Sorten Blumen.

Anschließend gingen wir zusammen zum Wildbach, um etwas Kies durchzusieben. Wir stießen auf die Überreste eines Elchs, der sicher im Winter von Wölfen zerfleischt worden war und eben im durchsichtigen Eis zum Vorschein kam, über das das Wasser abfloß. Hier begann Peter, die Pfanne im Wasser kreisen zu lassen, so daß der Sand darin knirschte. Der Alte lächelte immerfort – er hatte die traumwandlerische Sicherheit eines Jongleurs, während er wie ein Kind strahlte. In einiger Entfernung versuchte ich ihm jede seiner Bewegungen abzuschauen, wie ein *cheechaco* es bei einem väterlichen *sour-dough* getan hätte. Als auf dem Boden meiner Pfanne ein paar gelbe Flitter aufglänzten, schien es mir, als ob ein Wunder geschehen sei. Doch es waren nur winzige Splitter des edlen Metalls. Die wirklichen Nuggets waren die, die Pamucina in vielen Monaten Arbeit ausgewaschen hatte und nun in einem kleinen Säckchen aus Elchfell aufbewahrte. Er zeigte sie mir; jedes hatte seine Geschichte, die, sobald er sie erzählte, auch eine Seele bekam. Während er sprach, senkte er ab und zu den Blick auf diese wertvollen kleinen Klumpen und nahm sie von einer Hand in die andere, als ob er sie liebkosen wolle. Dann reichte er mir plötzlich ein Nugget, begleitet von seinem breiten Lächeln, und fügte hinzu: »Behalten Sie es, es wird Sie an den Klondike und all seine Sehnsüchte erinnern.«

Abermals kehrte ich nach Whitehorse zurück, doch da der Fluß immer noch Eis führte, vertrieb ich mir weiter die Zeit und begab mich in das Gebiet von Sant'Elia. Das ist eine hohe Gipfelgruppe, deren Gletscher sich weit bis in die subpolaren, arktischen Regionen hinein erstrecken. Aber dann, endlich, war es soweit, und Ende Mai trieben in der noch trägen, grünlichen Strömung des Yukon die letzten Reste des Eises talwärts davon.

In Whitehorse kaufte ich ein Kanu. Ich wählte ein leichtes Modell, das dem indianischen Original am nächsten kam: Es war ein schmales *iroquois*, dessen Rahmen mit geharzter Leinwand überzogen war, vier Meter achtundachtzig lang und feuerrot und konnte rund dreihundert Kilo aufnehmen – ein wahrhaftes schwimmendes Schmuckstück. Mario Ivan Lovricic und Roy (ich erinnere mich nicht mehr an seinen Nachnamen), zwei der besten Kanuten des Yukon Territory, gaben mir einige Unterrichtsstunden. Nach der ersten sagten sie, ich sei ein vielversprechender Schüler, und nahmen mich in den schäumenden Miles Canyon mit. Doch dort schlug mein Kanu bei einem jähen Wendemanöver fast augenblicklich um, so daß ich mich schwimmend aus dem eiskalten Wasser retten mußte. Das war eine Erfahrung, die ich kein zweites Mal machen möchte, doch sehr wertvoll, um ein Gefühl für die Grenzen des Gleichgewichts im Kanu zu bekommen.

Am Morgen meines Aufbruchs zu meiner langen Reise auf dem Fluß halfen mir Roy und Mario beim Beladen des Kanus: Auch dafür gibt es eine spezielle Technik. Ich nahm Lebensmittel für mindestens zwanzig Tage an Bord, doch die wertvollste Ladung bildete die Fotoausrüstung. Nicht auszudenken, wenn das Kanu einmal kippte. Ich befestigte am Bug eine dünne Antenne und an dieser eine Kamera mit Fernbedienung.

Ich stieß mich mit dem Fuß vom Ufer ab und rang um Gleichgewicht im Kanu, das sofort von der Strömung ergriffen wurde und mit einem großen Satz vorwärts schoß. Ein mehr als überstürzter Aufbruch, bei dem mir kaum Zeit blieb, meinen Freunden zum Abschied noch einmal zuzuwinken. Es war ein Montag, der 7. Juni, sieben Uhr morgens, an dem mein Abenteuer auf dem Fluß begann.

Ich verfügte nur über sehr dürftiges Kartenmaterial, aber auch so war mir klar, daß fast alle der ohnehin nicht sehr zahlreichen Punkte, die auf den Karten verzeichnet waren, niemals besiedelt worden waren oder allenfalls Überreste kleiner, vor langer Zeit verlassener Indianerdörfer darstellten. Diese Jungfräulichkeit läßt sich großteils durch das Abflauen des Goldrauschs erklären; außerdem wurde vor etwa zwanzig Jahren die Mayo Road gebaut, die einzige Straße, die von Whitehorse nach Norden führt, und dort siedelten sich sofort alle Indianer aus der Region an. Ihre alten Dörfer an den Ufern der Flüsse gaben sie auf. Paradoxerweise waren diese Ufer nun verlassener als zu Zeiten der ersten Pioniere. Mit Ausnahme bewohnter Zentren wie Dawson City, Fort Yukon und wenigen anderen, an denen ich vorbeikam, begegnete ich auf meiner ganzen Reise nur ein einziges Mal Menschen: Ungefähr vierzig Kilometer hinter Whitehorse stieß ich auf ein altes indianisches Paar.

Es gab keine größeren Zwischenfälle, obwohl ich Dutzende Male nahe daran war. Von Anfang an wußte ich, daß mir niemand zu Hilfe kommen würde, falls mir etwas zustoßen sollte, und daß der Verlust des Boots mit seinem Inhalt katastrophale, möglicherweise sogar tödliche Folgen haben könnte. Ich befand mich in einer recht abenteuerlichen Lage: Ich mußte aus jedem Schaden klug werden und aus meinen Fehlern lernen, denn ein einziger Fehler konnte verhängnisvoll enden. Also durfte ich mir keinen Schnitzer erlauben und mußte mit äußerster Klugheit und Umsicht vorgehen, um jeder Gefahr vorzubeugen – möglicherweise auch Gefahren, die mir noch unbekannt waren. Wenn ich das bis zum Ende dieser Reise schaffte, wäre es bereits ein großer Erfolg für mich.

Als ich eine flache, verschneite Landzunge am Ufer des stürmischen Sees entdeckte, stieß ich einen Seufzer der Erleichterung aus: Sie war ein idealer Landeplatz für ein überladenes Kanu wie das meine. Es war der erste Lichtblick an diesem anstrengenden Tag. Von Whitehorse kommend, war ich nun bei dem verlassenen Dorf Upper Laberge angelangt, das, vom Zufluß aus gesehen, am linken Ufer des gleichnamigen Sees liegt – die erste Etappe meiner Fahrt auf den einsamen Wassern des Yukon hatte ich hinter mir.

Die letzten Stunden waren schwierig und gefährlich gewesen. Als das Dorf bereits in Sichtweite war und ich eine schmale Halbinsel umfuhr, sah ich, wie sich in der Ferne eine Sandwolke bildete. Gleich darauf war sie über mir und machte mich halb blind. Ich legte mich flach auf den Boden, um nicht zu kentern, während der Sturm bei heiterem Himmel weiter tobte. Nur unter großen Anstrengungen konnte ich das Kanu auf Kurs halten, denn es spielte verrückt; aber schließlich gelang es mir, die schmale, verschneite Landzunge zu umrunden und seichteres Wasser in einem sumpfigen Abschnitt zu erreichen. Hier stieg ich, nachdem ich mir hohe Gummistiefel angezogen hatte, ins Wasser und legte ein paar Kilometer zu Fuß zurück, indem ich das Kanu jeweils ein Stück vorwärts stieß und mich dann von ihm mitziehen ließ. Seit der Abfahrt wußte ich zwar, daß dieser See starken Winden ausgesetzt ist, die auch einmal drei Tage hintereinander wüten, aber einen so unglücklichen Start hatte ich dennoch nicht voraussehen können.

Schließlich gelingt es mir, an Land zu gehen und endlich festen Boden unter die Füßen zu bekommen. Ich dringe fünfzig Meter in den niedrigen Wald ein, bis ich auf einer weiten, mit Gesträuch bewachsenen Lichtung stehe. Hier und da erheben sich die *cabins* des verlassenen Dorfes. Alle scheinen unmittelbar vor dem Einsturz zu stehen, und in einigen sind sogar Bäumchen gewachsen, die nun ihre Zweige durch das Dach oder ein Fenster strecken. Plötzlich schlägt ein Hund an. Ich drehe mich um und erblicke ein paar Dutzend Meter entfernt vor einer Hütte zwei zerzauste Indianer, die mich beobachten. Nach einem Augenblick des Zögerns gehe ich auf die beiden zu, die unbeweglich dastehen und mich fixieren: Es sind ein Mann und eine Frau, beide ziemlich alt. Der Mann richtet ein paar unverständliche Worte an mich; die Frau entfernt sich hastig, indem sie so tut, als wolle sie den knurrenden Hund zum Schweigen bringen. Es scheint, daß diese beiden Menschen in ihrer langen Einsamkeit gleichsam vergessen haben, daß es noch mehr von ihrer Sorte gibt. Dann deutet der Mann ein Lächeln an und geht zu der Frau, während ich mein Nachtlager aufschlage. Ich entzünde in der Nähe des Seeufers ein Feuer und schlüpfe in meinen Schlafsack. Während der Nacht heult der Hund ununterbrochen, und über den See fegt weiter ein eisiger Wind.

Am nächsten Tag gegen Mittag gleitet das Kanu unter meinen Stößen knirschend ins Wasser. Wind und Wellengang haben etwas nachgelassen, aber die Flaute wird nicht anhalten. Einige Meter weiter draußen schwimmt ganz dicht ein Biber vorüber, der aus dem Nichts auftaucht. Die Stunden vergehen. Die Ufer des Sees wirken immer felsiger und steiler, ab und zu öffnen sich auch kleine Buchten mit kristallklarem Wasser.

Der See ist von einer Unzahl Möwen und ihrer schuppigen Beute belebt. Während mein Kanu durch das fast unbewegte Wasser gleitet, wohne ich einem außergewöhnlichen Schauspiel bei. Unter strenger Einhaltung einer gewissen Dramaturgie taucht jede Möwe im Sturzflug ins Wasser und kommt mit einem großen Fisch im Schnabel wieder empor. Sie erhebt sich etwa fünfzig Meter in den Himmel und läßt von dort oben den Fisch ins Wasser fallen, um ihn zu betäuben. Doch die Möwe ist sofort wieder über ihm, schnappt ihn erneut und fliegt eilig davon, um ihn an einem sicheren Ort zu fressen. Es ist mir nicht ganz klar, ob das Fallenlassen des Fischs beabsichtigt oder doch eher zufällig ist, doch ich habe sehr gut begriffen, daß diese arbeitsamen Möwen für mich von nun an den Fischfang übernehmen werden – immer gesetzt den Fall, daß ich flink genug bin, um vor ihnen den fallengelassenen Fisch zu erreichen. Am Nachmittag mache ich bei erster Gelegenheit das Experiment, das trotz des hohen Wellengangs, der immer mehr zunimmt, perfekt gelingt. Die Möwe findet sich zunächst nicht mit ihrem Schicksal ab und umkreist mich immer wieder krächzend wie in endlosem Protest, doch schließlich geht sie in sicherer Entfernung erneut auf Fischfang.

Der Laberge ist ein großer See: fünfundfünfzig Kilometer lang und sechs Kilometer breit. Ich befahre ihn entlang der hohen, felsigen Ufer in seiner ganzen Länge. Gegen Abend, als ich mich eben auf halber Strecke befinde, werden die Wellen derart hoch und gefährlich, daß ich eilig in eine von der Vorsehung herbeigezauberte Bucht flüchten muß, die leider mit Felsen durchsetzt ist. Es vergeht eine Stunde, bevor ich sie wieder verlassen kann. Die Wetterbesserung hängt offenbar mit dem Nahen der Nacht zusammen, die in diesen Breitengraden inzwischen auf ein paar Stunden Dunkelheit geschrumpft ist. Ich steigere also das Tempo, um den See hinter mich zu bringen, noch bevor der neue Tag das Startzeichen für einen weiteren Sturm gibt.

Ich paddle mit aller Kraft und halte mich im offenen Wasser, auf Abstand von den felsigen Vorgebirgen, während mich ein wunderbarer und zuweilen sogar beängstigender Sonnenuntergang begleitet: Wolken und Felsen scheinen in Brand geraten, der See ist wie in Blut verwandelt.

Es ist ein Uhr nachts, und noch immer arbeite ich mich mit dem Paddel vorwärts: eine schwere und monotone Anstrengung, die einschläfernd wirkt. Nun läßt sich das Ende des Sees erahnen. Es sind nur noch wenige Kilometer, als mich nach einem fernen Rauschen von hinten ein Windstoß überrascht, der mich durchschüttelt und mich das ganze Ausmaß der neuen Gefahr ahnen läßt. Ich paddle wie verrückt in Richtung des noch so weit entfernten Ufers und werde fast augenblicklich von den Wogen hin und her geworfen. Als ich bemerke, daß das Ufer ein schwarzes, von weißen Bruchstücken gesäumtes Felsenriff ist, bleibt mir gerade noch so viel Zeit, ihm auszuweichen. Ich steuere abermals ins tiefe Wasser und kann im schwachen nächtlichen Widerschein das felsige Vorgebirge, das ich umfahren muß, mehr ahnen als sehen. Die Luft braust und dröhnt unheilvoll, die Schaumkämme der Wogen jagen einander und schlagen gegen das Kanu, das glücklicherweise durch die Leinwand geschützt ist, sich jedoch aufbäumt, furchterregend vibriert und plötzlich wieder ruhig ist, als ob es der pechschwarze See wieder ausgespien hätte. Rasch vom Paddel gebändigt, ist es von Zeit zu Zeit leicht wie eine Feder, doch einen Augenblick später wieder so schwer, daß es mir fast das Kreuz zerbricht. Zum Glück habe ich meine Angst im Griff und bin Herr der Lage. Wenn ich jedoch nur eine einzige große Welle falsch nähme, seitlich statt mit dem Bug mittendurch, würde ich Schiffbruch ohne Aussicht auf Rettung erleiden.

Schließlich finde ich abermals Schutz in einer Bucht, die mir die Landung auf grobem Kiesgrund gestattet. Es ist inzwischen halb drei. Ich entlade das Boot nicht, ziehe es aber so weit wie möglich an den Strand: Ich suche nach trockener Kleidung und finde ein Stück Leinwand, in das ich mich einhülle. Müde und benommen lege ich mich ohne weitere Umstände unter einen Baum am Waldrand.

Als ich aufwache, steht die Sonne bereits hoch am Himmel; es ist warm. Einen Augenblick später stockt mir das Blut in den Adern: Ein paar Schritte von mir entfernt sind auf dem feuchten Boden deutlich die frischen großen Spuren eines Bären zu erkennen. Das Gewehr habe ich im Kanu gelassen. Der Eindruck, den das auf mich macht, ist bemerkenswert. Aus Prinzip verwerfe ich sofort die allzu oberflächliche Theorie, daß ich eben Glück gehabt habe; ich finde allerdings auch keinen rationalen Grund für die Tatsache, daß ich unversehrt geblieben bin.

Der Abfluß des Sees ist nun nur noch eine Meile entfernt. Dorthin zu gelangen ist wegen der hohen Wellen und der Fallwinde immer noch problematisch. Doch schließlich bin ich da. Das Wasser des Flusses ist klar und fließt schnell. Ich lasse mich von der Strömung mitführen und gönne meinen Muskeln Ruhe, die von dem nächtlichen Kampf auf dem stürmischen See schmerzen. Nach einigen Meilen, während ich noch vor mich hin döse, werde ich durch einen Stoß durchgeschüttelt, und es fehlt nicht viel, daß ich im Wasser lande. Aus kaum zwanzig Metern Entfernung scheint mir eine Kavalkade weißer Wellenkämme entgegenzukommen: Ich steuere mitten in die Stromschnellen hinein, das Kanu stellt sich quer. Irgendwie, ich weiß nicht, wie, gelingt es mir, das Boot gerade noch rechtzeitig abzufangen.

Der Yukon schlängelt sich nun düster zwischen nicht sehr hohen Bergen durch, die zum größten Teil mit dunklen Tannenwäldern bewachsen sind. Dazwischen finden sich Lärchen, noch immer kahl, und Gruppen von Pappeln und Birken, die der lange Winter grau gefärbt hat. Der Fluß führt so wenig Wasser und ist in seinem Wechsel so launenhaft, daß der Kiel häufig gefährlich über felsigen Boden schrammt. Das zwingt mich, von Zeit zu Zeit ins Wasser zu steigen oder das Kanu auf der Suche nach tieferen Rinnen rückwärts gegen die Strömung zu treiben. Als ich gerade eine enge Biegung in schäumendem Wasser genommen habe, heftet sich mein Blick auf ein Ufer: Dort steht aufrecht ein großer Bär und beobachtet mich. Es ist meine erste Begegnung mit dem König der Wildnis. Ich hätte gedacht, daß ich in einem solchen Fall die Flucht ergreifen oder das schußbereite Gewehr in die Hand nehmen würde. Ich tue nichts dergleichen, meine Reaktion ist überraschenderweise vernünftig – ich weiß allerdings nicht, ob das auf der positiven Erfahrung der letzten Nacht beruht. Ich behalte die Nerven, gehe am gegenüberliegenden Ufer an Land und betrachte den Bären meinerseits, ohne mich zu rühren. Der Abstand zwischen uns beträgt lediglich dreißig Meter. Das riesige Tier zuckt angesichts meines Verhaltens ebenfalls nicht mit der Wimper, möglicherweise, weil ich aus seiner Sicht ebenfalls eine Neuigkeit darstelle. Nun schwenkt der große Bär lange seinen Kopf hin und her und nimmt aus meiner Richtung intensiv Witterung auf. Ich bleibe nach wie vor unbeweglich und still. Darauf macht das Tier langsam einige Schritte und beginnt nun, als ob meine Anwesenheit es nicht weiter kümmerte, ausdauernd in der Erde zu graben. Es senkt seine mächtigen Tatzen hinein und krümmte sie leicht, um sie besser einsetzen zu können. Sicher sucht es nach Wurzeln oder müht sich ab, irgendein kleines Tier aus seiner Höhle zu treiben.

Es ist ein wunderbarer Bär, mächtig und mit prachtvollem Muskelspiel. Angesichts der ausgeprägten Wölbung seines Rückens dürfte er zur Familie der Grizzlys gehören. Sein langes Fell, das von leuchtendem Braun ist, sträubt sich ab und zu und verleiht ihm ein noch kraftvolleres Aussehen. Er unterbricht immer nur kurz seine Arbeit und nimmt ab und zu Witterung aus meiner Richtung auf. Mehr bin ich ihm nicht wert. Dem glaube ich entnehmen zu können, daß er keine Angst vor mir hat. Ich wecke in ihm nur gerade das Minimum des natürlichen Mißtrauens, das jedem wilden Tier zu eigen ist. Um es mir bequemer zu machen, habe ich mich an einen Baum gelehnt und bleibe, solange der Bär keine Anstalten macht wegzugehen, von diesem Anblick völlig gefesselt, mehr als eine Stunde in dieser Haltung. Meine anfängliche Unruhe, die mir fast den Atem nahm, hat sich nach und nach gelegt. Ich spüre sogar, wie eine fast unnatürliche Ruhe über mich kommt, die mir ein unerklärliches, wachsendes Vertrauen einflößt. Es ist schön, einem Grizzly gegenüberzustehen und zu entdecken, daß ich keine Furcht empfinde.

Am Abend hat sich um mich herum vieles verändert. Der Yukon hat sich mit dem Teslin vereinigt, der Hochwasser und damit mindestens die dreifache Wassermenge mit sich führt. Der Fluß erscheint nun trüber, hat viele Wirbel und ist so hoch, daß er an der Vegetation nagt. Er reißt eine Menge Bäume jeder Größe mit sich zu Tal. Ich verbringe die Nacht damit, ein großes Feuer am wenig einladenden Ufer zu unterhalten. Es ist kalt geworden. Ich halte die Hände gegen die hohen und hellen Flammen, die mich an die Feuer früherer Biwaks erinnern. Bei Tagesanbruch ist die Mulde weiß von Reif, und am Ufer hat sich in Wassernähe eine Eisschicht gebildet.

Ich bin so müde, daß ich mit meiner Einsamkeit zu hadern beginne und verworrene Auflehnung empfinde. Ich mache also ohne Zweifel eine Krise durch, die zu der Zwangsvorstellung führt, daß ich sofort und in aller Eile wieder aufbrechen muß, als ob ich erwartet oder geradezu verfolgt würde. Darum wird die folgende Etappe zu einer verrückten Flucht über weitere hundertsiebzig Kilometer des Flusses. Ohne mir eine Rast zu gönnen, ohne zu essen, paddle ich wie ein Besessener bis zum Dorf Carmacks, das fünfundzwanzig Kilometer vor den Five Finger Rapids liegt. Ich komme dort in tiefer Nacht an. Ich sehe niemanden, doch ich bin sicher, daß irgendwer in diesem Dorf wohnt, und das genügt, um mich zu beruhigen. Ich zwinge mich, ein bißchen Räucherspeck hinunterzuwürgen und ein Glas Wasser zu trinken, das ich aus dem Fluß schöpfe. Es schmeckt recht schlammig. Dann breite ich unter einem Baum zwei Wachstücher aus und schlafe ein.

Die Stromschnellen der Five Finger Rapids sind ein besonderes Naturschauspiel. Vier Felsen, die von einem Polyphem des Nordens hierher geschleudert worden sein mögen, ragen in Reih und Glied aus dem Fluß. Hier nehmen die fünf donnernden Rinnen ihren Anfang, deren Name an die Finger einer Hand erinnern soll. Ich erreiche die Five Fingers im Regen, doch dann kehrt die Sonne zurück, und ich verbringe den Rest des Tages mit der sogenannten *portage*, dem Umtragen, das darin besteht, den gesamten Inhalt des Kanus auf den Schultern durch einen Wald auf die andere Seite der Stromschnellen zu transportieren. Ich muß dafür eine Strecke von rund einer Meile zurücklegen, die aufwärts und abwärts durch dichte Vegetation führt. Ich mache den ersten Marsch ohne Last, um mir mit dem Beil einen Durchgang durch das Dickicht zu bahnen, und wiederhole ihn dann einige Male mit dem Gepäck auf den Schultern. Für heute ist es genug, und ich schlage mein Lager auf einer Anhöhe auf, die über die Stromschnellen ragt.

Niemals werde ich die Fahrt durch die Stromschnellen am nächsten Morgen vergessen. Die Lichtreflexe auf dem Wasser blenden, und ein Stück weiter scheinen die rötlichen Felsen direkt vor mir den ganzen Fluß zu verschlingen, dessen Strömung ein beachtliches Gefälle hat. Ich stürze mich also mit dem Kanu in den großen Strudel, und bevor es mir gelingt, das Boot zu bändigen, gerät es in einen Wirbel und dreht sich um die eigene Achse. Darauf streift es einen Felsen und treibt durch den heftigen Stoß mit dem Bug in die starke, entgegengesetzte Strömung – die richtige. So kann ich nun die rechte Rinne durchfahren. Ich konzentriere mich voll auf die Anstrengung, mit gespreizten Knien das Gleichgewicht zu suchen und den Bug mit dem Paddel genau in der Mitte der Rinne zu halten. Es sind nur noch ein paar Dutzend Meter zu bewältigen, aber ich habe das Gefühl, daß ich von den Stromschnellen verschlungen und von einer Wand gegen die andere geschleudert werde. Aus dem Augenwinkel erblicke ich flüchtig die Walze, die gegen den Sporn zur Linken rollt. Nun gewinne ich an Fahrt, und in dem Tosen um mich herum rasen die Felsen an mir vorbei. Eine Wassermauer scheint mir entgegenzukommen. Ich werde von großen Wellen emporgehoben, und mindestens zehn Sekunden lang scheint das Kanu wie eine Nußschale in die Luft geschleudert zu werden. Dann beruhigt sich der Fluß nach und nach, und ich lege ein paar hundert Meter hinter den Stromschnellen problemlos am Ufer an. Die *wilderness* und die Einsamkeit umfangen mich wieder, doch nun habe ich doch eine große Portion neuen Mut geschöpft.

Einige Stunden später verschlechtert sich das Wetter, und es wird nun kein Tag mehr vergehen, an dem ich nicht wenigstens für ein paar Stunden in Regen gerate. Ich halte zum Schlafen nur an, wenn es ein Gewitter gibt, und paddle dafür die ganze Nacht, die nun taghell ist, da die Sommersonnenwende bevorsteht.

Einen ganzen Tag lang begleitet mich eine Möwe, die ständig fast direkt über mir segelt: ein endloses Band glänzender und tintenschwarzer Spiegelungen im Wasser. Ich stoße die gleichen Rufe wie die Möwe aus, die sie prompt beantwortet. Offenbar macht es ihr Freude, mir in diesem einträchtigen Flug nahe zu sein. Als sie im nächtlichen Halbschatten verschwindet, bin ich traurig.

Trotz der anhaltenden Schlechtwetterperiode wechselt die Natur von Tag zu Tag die Farben und wird immer grüner, und in der Luft verbreitet sich der zarte Duft von Pappeln und Weiden. Meine Gedanken schweifen zu den vertrauten Ufern des Po, und viele andere Erinnerungen an meine Kindheit stürmen auf mich ein.

Am Zusammenfluß mit dem White macht der Yukon einen jähen Bogen von neunzig Grad. Der White ist so breit, daß der Nebenfluß im Augenblick der Yukon selbst zu sein scheint. Ein Sturm kündigt sich mit dichten Staubwolken an, die hoch über die Vegetation aufsteigen. Ich halte mich aus Vorsicht nahe am Ufer, und in der Tat werde ich nach dem Umfahren eines Vorgebirges von einem steifen Wind überrascht. Ich habe Mühe, das Boot so zu steuern, daß es sich nicht quer zum Wind stellt, was zur Folge hätte, daß es nicht mehr zu lenken wäre und mit ziemlicher Sicherheit umschlagen würde. Der Kanadier ist ein wunderbares Boot, das noch mitten durch die fürchterlichste Strömung fährt: Es durchfurcht und durchschneidet sie und streichelt dabei dank seiner Leichtigkeit und der flachen Form des Kiels kaum das Wasser. Doch im Wind können sich seine Vorzüge sehr rasch in gefährliche Nachteile verwandeln.

Die Oberfläche des Flusses hat sich im Wind durch den Zusammenprall der Luft- mit der Wasserströmung schnell in eine Reihe hüpfender Wassernixen verwandelt. Doch aus Erfahrung weiß ich, daß diese gekräuselten Wellen allmählich in gefährliche große Wogen übergehen können. Ich fahre am Rand der Hauptströmung des Yukon dahin, wo ich unter diesen Bedingungen praktisch nicht von der Stelle komme, obwohl ich mit voller Kraft paddle. Mühsam erreiche ich das steinige Ufer, und dort habe ich eine Idee, die mich um ein Haar teuer zu stehen kommt. Ich beschwere den Bug des Kanus mit großen Steinen, damit es durch das größere Gewicht dem Wind besser trotzen kann. Im ersten Augenblick scheint es gutzugehen: Das Kanu fährt geradeaus weiter. Doch als ich die Richtung korrigieren muß, reagiert es nicht, weil das Gewicht es in dieser Richtung blockiert. Mit großem Kraftaufwand gelingt es mir schließlich, das Manöver durchzuführen, doch als der Bug auf eine andere Strömung stößt, werde ich in die vorherige Position zurückgeworfen, und der Stoß wirft mich fast um. Ich versuche also, die nächste Untiefe zu erreichen, um mich von diesem tödlichen Gewicht zu befreien, doch das Boot gehorcht nun nur noch der Strömung, die es mit sich fortreißt. Wie ich befürchtet habe, gerate ich sehr bald in einen

Strudel, und es gelingt mir nicht, wieder herauszukommen. Das Kanu dreht und dreht sich im Kreis, und die einzige Abwechslung besteht darin, daß es ab und zu gegen die Mauer der äußeren Strömung anfährt; dort wird es hinabgesogen, als ob der Grund des Flusses es verschlingen wollte, und von neuem in das Innere des Strudels geschleudert. Das Karussell dreht sich unerbittlich und endlos. Der Wind, der mir immer wieder Sand in die Augen treibt, bringt das Wasser zum Hüpfen und tarnt die Strömungen gefährlicherweise. Ich erwäge, ins Wasser zu springen, aber es ist zu tief. Das Ruderblatt stößt nicht auf Grund. Und doch muß ich diese verdammten Gewichte loswerden. Abermals versuche ich, den flüssigen Ring, der mich gefangenhält, mit Paddelschlägen zu durchbrechen, doch die Arme sind zu meinem Pech inzwischen von der Anstrengung wie gelähmt. Also probiere ich es auf andere Weise. Zwischen zwei heftigen Stößen neige ich mich nach vorn und krieche bis zur Spitze des Kanus, um an die Steine heranzukommen und sie ins Wasser zu werfen. Erst versuche ich es ohne Erfolg mit dem Paddel; dabei gerate ich so sehr in Angst und Wut, daß es mir endlich gelingt, den ersten der beiden größten Steine zu fassen zu kriegen: Sie dürften ungefähr dreißig Kilo schwer sein. Ich sammle all meine Kraft und schaffe es, ihn in dieser liegenden Position ins Wasser zu rollen. Ich wage allerdings nicht, es mit dem anderen Block ebenso zu versuchen, um nicht im Gegenzug umzukippen. Dafür entledige ich mich ohne Schwierigkeit der kleineren Steine. Dann ziehe ich – immer noch auf dem Boden ausgestreckt das Gleichgewicht haltend – den zweiten Brocken zu mir, immer ein paar Zentimeter näher, reiße dabei aber die Leinwand auf, über die er schleift. Endlich gelingt es mir, auch diesen Felsbrocken in die Strömung zu stoßen, ohne dabei gefährliche Wellen zu erzeugen. Es ist wie eine Wiedergeburt: Das Kanu gleitet auf der Stelle aus dem Strudel, wie ein Vogel, der davonfliegt.

Unterdessen ist der Wind allmählich abgeflaut. Nun regnet es ein paar Stunden, und obwohl ich durchnäßt und erschöpft bin, paddle ich mit aller Kraft, um in der Nacht die siebzig Kilometer hinter mich zu bringen, die mich noch von Dawson trennen. Der Fluß, der bisher einem einzigen Bett folgte, hat sich seit dem Zusammenfluß mit dem White in viele Rinnen geteilt, von denen einige auch stehende Gewässer sind, und das macht die Fahrt kompliziert und beschwerlich.

Spät am Abend, während ich mich hundert Meter vom Ufer halte, höre ich den beharrlichen, scharfen Schrei einer bestimmten Eichhörnchenart, der mir schon vertraut ist. Ich folge ihm, doch statt des Eichhörnchens sehe ich am Ufer eine schöne große Raubkatze mit scheckigem Fell auftauchen, die sich direkt am Wasser niederläßt. Es ist ein prächtiger Luchs. Ich würde ihn gern fotografieren, doch es ist nicht hell genug, außerdem stelle ich fest, daß ich die Kamera weggesteckt habe, als es zu regnen begann. Ich kann also nur unbeweglich verharren und den Luchs locken, wie man es sonst mit Katzen macht. Der Luchs aber beginnt sich die Brust zu lecken und würdigt mich kaum eines Blickes.

Ich setze meine Fahrt fort, und hinter einer der tausend Flußbiegungen ragt vor mir endlich der Midnight Dome auf, der unverwechselbare Berg über Dawson. Angesichts des nahen Ziels gebe ich mich einer wohligen Entspannung hin, ohne zu bemerken, daß sich inzwischen ein dramatischer Empfang zusammenbraut. Eine große schwarze Wolke, die bisher ruhig über dem Gipfel eines Berges hing, beginnt nun anzuschwellen und in meine Richtung zu ziehen. Sobald mir die Gefahr bewußt ist, paddle ich mit solcher Kraft, daß sich das Ruderblatt bei jedem Schlag biegt. Doch es ist zu spät, die ersten großen Tropfen treffen mich, und einen Augenblick später überfällt mich ein Orkan. Es gibt keine Blitze und keinen Donner, nur ein eindrucksvolles Getöse in meinem Rücken. Ich rolle mich wie ein Igel zusammen und erdulde alles, was der Himmel über mir ausschüttet: Regen und Hagel, als ob sich alle Schleusen geöffnet hätten. Millionen Luftblasen tanzen überall auf dem Wasser. Wenige Minuten später tritt plötzlich eine Gefechtspause ein. Der Fluß ist ganz und gar mit Blasen und Schaum bedeckt.

Es folgt eine zweite Angriffswelle, die länger als die erste dauert; dann erschöpft auch sie sich. Nun sehe ich von weitem den Zusammenfluß mit dem Klondike. Er ist angeschwollen, über die Ufer getreten und reißt große Stämme und Wurzeln zu Tal. Als ich kaum zweihundert Meter vom Klondike entfernt bin, bricht ein dritter Regenguß los. Inzwischen bin ich am ersten Flußarm der Mündung angekommen. Hier ist das Wasser seicht, doch die Strömung wird so stark, daß ich nicht ausbrechen kann. Falls ich mit dem Paddel auf Grund stieße, würde ich ein Umschlagen riskieren oder auf einem der im Flußbett treibenden Stämme landen. Ich halte mich deshalb so weit wie möglich im tiefen Wasser und folge der Strömung des Klondike. Hinter mir bricht abermals das Getöse los. Ich wende mich um und sehe eine riesige weiße Wand, die über mich hereinzubrechen droht. Alles vernebelt sich. Ich bin in eine Regenmasse gehüllt, die mir den Atem nimmt, in Mund und Ohren dringt und mich hin und her schleudert. Als sich die flüssige Lawine beruhigt, befinde ich mich wieder in der Mitte des Yukon, in einer besonders starken Strömung, die mich immer schneller mit sich fortreißt. Dawson liegt steuerbords und flitzt an mir vorbei. Da erkenne ich am Ufer das helle Gebäude der einstigen Bank für das Klondike-Gold. Dort müßte ich auch an Land gehen, aber wie? Nein, ich darf mich auf keinen Fall weiter fortreißen lassen. Also umklammere ich das Paddel, um mich aus der Flut zu befreien, und rudere mit geschlossenen Augen weiter, da ich durch den Regen und die Erschöpfung ohnehin nichts mehr erkennen kann – bis ich bemerke, daß ich in einen fast unbewegten Wasserabschnitt direkt neben der Bank gekommen bin. Ein weißer Hund sitzt da und beobachtet mich still, auch er völlig durchnäßt und zitternd. So muß das erste Tier ausgesehen haben, das nach der Sintflut die Arche Noah verließ.

Es ist ein Uhr nachts. Mindestens eine Viertelstunde irre ich benommen durch die ersten Straßen mit den verlassenen Häusern. Dann beschließe ich, mein kleines Zelt im Schutz des Kiels der *Keno* aufzubauen, jenes historischen Raddampfers, der nun für immer auf dem Trockenen liegt.

In Dawson City verbringe ich die nächsten drei Tage zwischen Vergangenheit und Gegenwart, abermals im Auf und Ab des faszinierenden Mythos des Goldes. Am letzten Abend, dem 19. Juni, bin ich bei George Hunter eingeladen, dem Direktor der legendären Bank des Klondike. Alle Gäste wurden vom Hausherrn gebeten, sich wie in alten Zeiten zu kleiden: Cutaway und steifer Hut für die Herren und duftige lange Gewänder à la Belle Époque für die Damen. Damit will Hunter in seinem Haus die alljährliche Erinnerung an die große Vergangenheit Dawsons vorfeiern. Später geht das Fest im Red Feather Saloon öffentlich weiter – zum Gedenken an Robert Service, den Dichter des wilden Nordens.

An diesem Abend erlebe ich also, wie Dawson vor Leben und Pracht überströmt. Ich glaube zu träumen, durch einen Zeittunnel rückwärts zu stürzen. Ich wohne der Aufführung von *Dam McGrew* bei, einem Werk von Service, bewundere einen fabelhaften Cancan, und währenddessen drehen sich die alten Rouletts und werden die Pokerkarten gemischt. Es ist, als ob ich in eine längst vergangene Epoche eintreten und einen großen Kostümfilm erleben würde. Doch alle Akteure spielen für sich selbst, um des Vergnügens willen, eine Vergangenheit wachzurufen, die nur noch Legende ist. Bald fühle auch ich mich in die Atmosphäre anderer Zeiten zurückversetzt, zumindest in ihre farbenfrohe und lebhafte Illusion. Morgen wird jeder in aller Ruhe zu seiner Arbeit als Angestellter, Beamter, Goldgräber oder Tischler zurückkehren, und jede Frau wird sich wieder in eine vielbeschäftigte Hausfrau verwandeln; doch einmal im Jahr, heute abend, lassen sich alle von einer glücklichen Atmosphäre allgemeiner Verbrüderung und der Erinnerung berauschen.

In der Mitte des großen Saals drehen sich Männer und Frauen in Kostümen nach den Weisen eines alten Tanzes aus dem Yukon unermüdlich im Kreis. Überall um sie herum wird gesungen, geplaudert und Whisky und Wein in rauhen Mengen konsumiert – so wie in den goldenen Jahren. In diesem Dawson gibt es heute nacht nicht mehr den Reichtum mit seinen Verrückten, seinen Abenteurern, seinen draufgängerischen Helden und seinen Opfern – die Menschen sind vielmehr von friedlicher Nostalgie beseelt, geben sich einfach und herzlich. Es ist, als ob dieses Leben durch die ungezügelten Erfahrungen der legendären Vergangenheit gleichsam geläutert worden sei.

Als ich am nächsten Morgen Dawson ein letztes Lebewohl sage, bevor ich meine Fahrt auf dem Fluß fortsetze, überfällt mich Melancholie. Nun begreife ich, warum viele, die eigentlich nur für kurze Zeit hierherkamen, ihr ganzes Leben geblieben sind. Viele nehmen am Ufer des Flusses von mir Abschied, schlicht und ohne Heuchelei. Es ist ein echter und starker Menschenschlag, und mit ihnen würde man hier immer leben wollen. Da sind die Langeins, die Bensons, die Castellarins, die Penningtons, die Hunters und noch viele andere. Es kommt mir vor, als wäre ich schon immer mit ihnen befreundet, und ich möchte am liebsten alle umarmen. Ich kann nicht glauben, daß wir einander niemals wiedersehen werden, und doch ist es so.

Dawson bleibt zurück, verschwimmt und verschwindet bald am Horizont des Flusses, der mich mit sich nimmt. Ich finde wieder in die Einsamkeit, zu all den Lauten dieser Natur, die mir inzwischen vertraut sind – das Klatschen des Wassers gegen das Kanu, der Schrei eines Wasservogels, das ferne Echo der Strömung, die sich an einem Felsen bricht.

Bereits am ersten Nachmittag erreiche ich Forty Miles. Es heißt, daß die Siedlung 1896 mehr als zehntausend Einwohner zählte und im folgenden Jahr, als der Stern des nahen Klondike aufging, schon wieder fast verlassen war. Seither sind rund siebzig Jahre vergangen, und doch: Wäre da nicht die dichte Vegetation, die zwischen den Häusern wuchert, so könnte man meinen, daß in Forty Miles immer noch jemand wohnt. Da steht ein Stuhl neben der angelehnten Tür einer *cabin*; das Innere des Hauses ist mit zerbrochenem Hausrat angefüllt, aber es könnte auch erst vor ein paar Wochen verlassen worden sein. Zwischen dem Haus und einem Heckenrosenstrauch entdecke ich Arbeitsgerät, das aussieht, als hätte man es vor kurzem dort abgelegt. Überflüssigerweise drehe ich mich nach jedem Rascheln, jedem Schatten um; und doch würde ich es als völlig normal empfinden, wenn irgend jemand auftauchen würde. Ich bewege mich von Haus zu Haus, zwischen Gegenständen und ihren Überresten. Mein Tun erscheint mir als Sakrileg, doch ich kann nicht davon ablassen. Da ist ein großer Schlitten, den einmal ein wildes Hundegespann über den zugefrorenen Fluß gezogen hat; nun ist er von Unkraut und Gesträuchen überwuchert. Ein Turm aus gekreuzten Pfählen ragt aus der Vegetation. Ich klettere hinauf; die Plattform knarrt unter meinem Gewicht. Von hier oben überblicke ich das ganze Dorf, das sich bis zum äußersten Uferrand in eine große Flußbiegung zu schmiegen scheint. In der Nähe erhebt sich ein großes Holzkreuz: der Friedhof. Es ist nicht der erste, auf den ich während meiner Reise stoße, doch heute wühlt mich dieser Anblick auf, und ich sehe alle Dinge mit anderen Augen. Eine Allegorie von Brueghel kommt mir in den Sinn, und es ist mir, als befände ich mich mitten in einem Dorf von Toten, von grinsenden Skeletten. Ich verlasse fluchtartig diesen Ort der düsteren Visionen und eile zu meinem abfahrbereiten Kanu. In meiner Erinnerung werden die wirklichen Bewohner von Forty Miles die Toten bleiben.

Gegen Abend desselben Tages eröffnet sich mir ein grandioser Anblick, der mir so vertraut erscheint, als ob ich ihn schon immer vor Augen gehabt hätte. Es ist eine weite, von den weichen Konturen der Berge umrahmte Mulde, dicht mit Tannen bewachsen; ihr intensives Grün spiegelt sich in dem ruhigen Fluß, der dieses Wunder mächtig und in breit geschwungenen Schleifen durchpflügt. Doch das Besondere an diesem Stück Erde ist ein großer, dominierender gelbbrauner Felsen, der am Ufer des Yukon thront, als wäre er vom Himmel gefallen; die warmen Farben der abendlichen arktischen Sonne unterstreichen die Kontraste noch. In dieser eindrucksvollen Szenerie werde ich abermals von meiner Einbildungskraft überwältigt und meine diesmal, mit Federn geschmückte Indianer, rituelle Tänze und zum Himmel aufsteigende Rauchwolken zu erkennen. Ich »sehe« im Grunde all das, was die Geschichten ausmachte, die von diesen Gegenden handelten. Natürlich träume ich, doch auch deshalb, weil sich für den, der in der Einsamkeit des wilden Nordens lebt, der Übergang von der Wirklichkeit zum Traum rasch und fast ohne Abgrenzung vollzieht. Hier muß man einfach träumen. Ich beschließe diese Etappe um zwei Uhr nachts, als ich eine seichte Stelle erreiche, lege mich auf den Kiesgrund und schlafe ein paar Stunden.

Es ist der 21. Juni, und es scheint, als ob dieser erste Sommertag etwas Magisches mit sich bringen würde. In der Tat hat das durch die Jahreszeit bedingte Anschwellen des Flusses aufgehört. Ja, das

Wasser sinkt sichtbar, und innerhalb weniger Stunden hat es sich mehr als sechs Meter von der Stelle zurückgezogen, an der das Kanu liegt. Doch noch schlimmer ist, daß es nun heiß wird und die Luft mit einem Mal mit unglaublich aggressiven Stechmücken erfüllt ist. Eine weitere Neuigkeit – ich wechsle vom kanadischen Gebiet auf das Territorium von Alaska. Als mittags zu meiner Linken ein Dorf auftaucht, habe ich die Gewißheit, daß ich mich in Alaska befinde. Dieser Ort trägt den Namen Eagle City, ist 1910 entstanden und zählte damals zweitausend Einwohner. Heute sind es nur noch achtzehn Weiße und Indianer. Da mutet es doch etwas seltsam an, daß Eagle auf der Landkarte als wichtiger Knotenpunkt eingezeichnet ist.

Ich lege vor einem kleinen Holzhaus an, das dem Anschein nach das wichtigste unter den rundum verstreuten Hütten ist. In der Tat steht über der Eingangstür »Post Office«. Als ich klopfe, öffnet mir eine alte Frau, und ich erkundige mich, ob und wie ich meine Lebensmittelvorräte ergänzen kann. Sie zeigt auf ein Häuschen daneben. »Ich komme von Kanada herüber«, sage ich, während ich meinen Paß zücke. Sie nimmt ihn, ohne Fragen zu stellen, blättert bis zu einer leeren Seite, greift zu einem Kugelschreiber, stützt sich auf ein Pult und schreibt einfach hinein: »June 21st. 1995 Customs of Eagle«. Dann gibt sie mir das Dokument zurück, das ist alles. Von diesem Augenblick an interessiert sie nicht einmal mehr das Gewehr, das deutlich sichtbar auf dem Kanu liegt.

Ein neuer schwüler Tag bricht an, und ich erwache auf einer Sandbank, die ich mir in der nichtigen Hoffnung, der hungrigen Horde von Stechmücken zu entfliehen, zum Biwakieren ausgesucht habe. Ich finde kein einziges Stück Holz, um Feuer zu machen, also bleibt mir nichts übrig, als mit dem Kanu zum Ufer des Yukon zu paddeln.

Endlich röste ich eine Scheibe Räucherspeck, die ich an einem Stöckchen über die Kohlenglut halte, als ich bemerke, daß ein Wolf am Flußufer auf mich zuläuft. Das gäbe ein prachtvolles Foto, denke ich und schleiche mit vorsichtigen Bewegungen zum Kanu, ohne ihn aus den Augen zu verlieren. Ich nehme die Kamera und das Gewehr, lege beide griffbereit neben das Feuer und warte geduckt und unbeweglich. Der Lauf des Wolfs ist nun in langsamen und behutsamen Schritt übergegangen. In etwa vierzig Metern Entfernung nimmt das Tier auf dem Boden Witterung auf: Es ist ein gewaltiger und prachtvoller arktischer Wolf. Ich hebe die Kamera, die glücklicherweise mit einem 135-Millimeter-Teleobjektiv bestückt ist, und mir gelingt gerade noch ein Schnappschuß, bevor das Tier im Dickicht des nur wenige Meter entfernten Waldes verschwindet. Ich bin versucht, mich an seine Fersen zu heften. Doch kaum habe ich den Gedanken gefaßt, drehe ich mich um und erblicke ihn fünfzehn Meter hinter mir. Er steht da und scheint an meinen Bewegungen überaus interessiert. Einen Augenblick bin ich unsicher, doch ich fange mich rasch, richte die Kamera erneut auf ihn und schieße ein paar Fotos. Durch den Sucher sehe ich, wie das Raubtier nun ganz aus dem schützenden Gesträuch kommt. Es hält die Rute tief und in Spannung, wittert einen Augenblick nach unten, dann nach oben; es läßt mich keinen Moment aus den Augen. Es ist nicht der erste Wolf, dem ich auf dieser Reise begegne, und ich kenne diesen kalten und wenig vertrauenerweckenden Blick. Vielleicht beunruhigt ihn das Klicken des Fotoapparats. Plötzlich sehe ich – immer noch durch den Sucher –, wie sich sein Fell sträubt, er die Lefzen hochzieht, scharfe bleckende Zähne enthüllt und die Augen zu wütenden Schlitzen verengt. Er hebt eine Vorderpfote und setzt sie langsam wieder auf; dann hebt er die andere und zögert einen Augenblick, als ob er Anlauf nehmen wollte. Einen Augenblick lang sehe ich noch, wie er auf mich zukommt, dann lasse ich instinktiv die Kamera fallen und greife zum Gewehr. Ich will gerade auf den Abzug drücken, als der Wolf wie in Zeitlupe langsamer wird. Nun ist er nur noch wenige Meter von mir entfernt, nimmt aber nun wieder Kurs auf den Wald – und verschwindet endgültig darin.

Während ich den Bären gegenüber ein immer größeres Vertrauen entwickelt und bei den inzwischen fast täglichen Begegnungen ihre Bedachtsamkeit erkannt habe, bringe ich den Wölfen noch immer großes Mißtrauen entgegen, das von ihnen übrigens erwidert wird. In der Tat – das fällt mir erst jetzt auf – zeigte jeder Wolf, der mir auf meiner Reise begegnete, daß er mich nicht dulden wollte, ja, drohte mir sogar und trollte sich erst, wenn ich Anstalten machte, nach der Kamera oder nach dem Gewehr zu greifen. Sind es vielleicht gerade diese zweifelhaften Objekte, die sie reizen, als ob von ihnen eine Gefahr ausginge? Ja, ich bin mir dessen sicher. Wenn ich für sie eine Beute und nicht nur eine mögliche Gefahr darstellte, würden diese wilden Tiere nicht zögern, mich während der nächtlichen Biwaks anzufallen, bei denen ich in den meisten Fällen ein nur allzu einfaches und wehrlose Ziel darstelle. Doch das ist nicht der Fall, weder bei den Bären noch bei den Wölfen. Ich bin mir allmählich ziemlich sicher, daß meine Schlußfolgerungen richtig sind.

Es stimmt, daß der Ruf des Wolfs nicht der beste ist (außerdem ist er mit der unglücklichen Anlage unersättlichen Hungers – vor allem im Winter – ausgestattet); doch davon stimmt lediglich, daß er im Winter gezwungen ist, sich in Rudeln zusammenzutun, um die spärliche Nahrung aufzubringen. Im Sommer trifft man ihn wieder als Einzelgänger in einer Natur an, die von Beutetieren nur so wimmelt; der Fluß spendet noch dazu eine Fülle von Fischen, die von der Strömung ans Ufer getrieben werden. Aus diesem Grund trifft man so viele Bären und Wölfe an den Ufern der Wasserläufe an. Von nun an werde ich meine Taktik gegenüber diesen Tieren ändern müssen.

Dies ist ein Abschnitt, in dem es zahlreiche Elche gibt. Ich überrasche sie immer wieder, wenn sie zum Äsen ans Ufer kommen, oder treffe auf sie mitten im Fluß, wenn sie von einem Ufer zum anderen schwimmen. Vor allem die Elchbullen mit ihren großen Geweihen bieten immer einen großartigen Anblick. Man sieht sie bereits von weitem – im ersten Augenblick scheinen es Baumwurzeln zu sein, die im Strom treiben. Mit meinem schnellen und lautlosen Kanu gelingt es mir, mich bis auf ein paar Meter so manchem männlichen Exemplar zu nähern. Weit vorsichtiger bin ich allerdings bei den Elchkühen, die beim Schwimmen ein Kalb im Schlepptau haben; ihr mütterlicher Instinkt macht sie viel reizbarer. Den Beweis dafür habe ich vor ein paar Tagen bei den Ring Rapids erlebt. Während ich am Ufer entlangfuhr, überraschte ich eine Kuh mit zwei Kälbern, die gerade den Fluß durchqueren wollten und denen durch mein Auftauchen der Weg versperrt war. Um sie nicht zu erschrecken, hörte ich auf zu paddeln und ließ mich unbeweglich an ihnen vorbeitreiben. Nach hundert Metern jedoch war ich außer Sichtweite, lenkte das Boot ins Uferdickicht und legte mich auf die Lauer. Ich mußte in der Tat nicht lange warten: Die Kuh stieg mit ihren Kälbern in den Fluß. Als sie ins tiefe Wasser kamen, erlaubte ich mir den Spaß, sie mit dem Kanu einzuholen. Die Mutter, die sich auf gleicher Höhe mit den Kälbern halten mußte, war sehr aufgeregt und schwamm sogar gegen den Strom, um sie anzutreiben. Ich hielt mich hinter ihnen und blieb vorsichtig auf Abstand; doch als wir in die Nähe des anderen Ufers kamen, geschah etwas ganz und gar Unvorhergesehenes. Ich war so in die Vorbereitungen für einen Schnappschuß vertieft, daß ich den Richtungswechsel der Strömung nicht bemerkte; sie ergriff mich, drehte das Kanu jäh herum und trieb mich auf die Kälber zu. Die jungen Elche wurden dadurch einen Augenblick von der Mutter getrennt, die bereits am anderen Ufer aus dem Wasser stieg. Sie drehte sich mit einem Ruck um, warf sich wieder ins Wasser und griff mich schnaubend wie ein Büffel an. Es blieb mir kaum Zeit, das Paddel zu ergreifen und mich von den sechshundert wütenden Kilo Elch zu entfernen. Beinahe hätte ich auch noch einen im Strom treibenden Baumstamm gerammt.

Um die Mittagsstunde beginnt sich vor mir ein Gewitter zusammenzubrauen, das am Nachmittag über mir hereinbricht. Ich weiß nicht, warum, aber ich habe immer geglaubt, daß sich in diesen Breiten keine große Konzentration von Elektrizität bilden kann; da ich nur ein fernes Donnerrollen höre, paddle ich also weiter und mache mir nur über den zunehmenden Wind Gedanken. Doch sehr schnell tritt völlige Ruhe ein; ich glaube angesichts des tiefschwarzen Himmels und des ständigen dumpfen Grollens in der Luft fast an eine Sinnestäuschung. Plötzlich erfaßt mich von hinten eine derart heftige Bö, daß sich die Bäume am Ufer biegen und eine Wolke von Blättern aufgewirbelt wird. In weiser Voraussicht laviere ich vor einer langen Insel, trotzdem gerate ich, gerade als die ersten großen Tropfen fallen, in eine Untiefe. Mit kräftigen Paddelschlägen, während ich immer wieder auf dem

Grund aufsetze, gelingt es mir endlich, der Untiefe zu entkommen. Inzwischen regnet es immer stärker. Bis hierher unterscheiden sich die Umstände nicht wesentlich von meiner Ankunft in Dawson. Doch nun zerreißen unversehens zwei Feuerbänder das Dunkel und zucken quer über den Fluß, gefolgt von einem Donner, der die Luft erschüttert. Ich erkenne sofort die Gefahr, die die lange metallene Antenne auf dem Bug darstellt: ein idealer Anziehungspunkt für Blitze, wie mir scheint. Ich fahre auf die erste Landzunge zu, die ich sehe, und springe ins Wasser, doch ich kann keinen einzigen Schritt tun. Mit Schrecken bemerke ich, daß ich einsinke: Ich bin in Treibsand geraten. Zu meiner Rettung trägt abermals diese merkwürdige und undefinierbare Ruhe bei, die mich immer nur in gefährlichen Augenblicken überkommt.

Was in dieser Situation zu tun ist, weiß ich sofort. Ich ziehe das Kanu heran; doch es hilft nichts, denn da es auf dem Wasser zu sehr schaukelt, bietet es mir nicht genug Widerstand. Also ergreife ich die lange Notleine, die am Bug festgemacht ist. Am anderen Ende ist eine Boje befestigt, die im Falle eines Schiffbruchs auf dem Wasser treibt. Daran knüpfe ich eine weitere Leine, die ich mit allem beschwere, was mir gerade in die Finger gerät. Ich habe auf diese Weise etwas improvisiert, was Ähnlichkeit mit den argentinischen *bolas* hat. Sorgfältig wickle ich das Seil in großen Ringen auf, so wie ich es am Berg machen würde, wenn ich ein schwieriges Doppelseil vorbereiten müßte, um mich abzuseilen. Inzwischen bin ich bereits tief in den zähen Schlamm eingesunken, beinahe bis zur Hüfte. Ich bin soweit. Nun konzentriere ich mich auf die nächste Weide am Ufer, die acht bis zehn Meter entfernt ist, und schleudere mit aller Kraft die findige Konstruktion auf sie zu; das andere Ende behalte ich in der Hand. Einen Augenblick später schlingt sich das Seil um den Baum wie eine echte *bola* um die Beine eines Hengstfüllens, und ich beginne, mich daran aus dem Schraubstock des Schlamms zu arbeiten. Und in der Tat, nun krieche ich über das schlammige Ufer, klammere mich an die ersten Zweige und dann an einen kräftigen Ast: Ich bin gerettet. Erst jetzt nehme ich wahr, daß Wind, Hagel, Blitze und Donner losgebrochen sind, als ob sie die Welt zertrümmern wollten.

Kaum ist der Orkan abgeklungen, fahre ich weiter, obwohl es weiterregnet. Die Wolken hüllen die Gipfel der Berge ein. Einige Stunden später fließt der Yukon kurze Zeit durch eine Schlucht und teilt sich unmittelbar dahinter in ein Geflecht von Schleifen. Hier endet – abgesehen von ein paar Gruppen von Pappeln und Birken – der Baumbewuchs. Auch die Berge verschwinden, der Horizont ist völlig eben: Ich habe die große Ebene von Alaska erreicht. An dieser Stelle tritt der Fluß machtvoll über die Ufer und verzweigt sich zu anderen großen Flüssen und Kanälen, die eine Vielzahl von Inseln umschließen, verschlingen und wieder von neuem erschaffen.

Die Morgendämmerung, die auf ein nächtliches Biwak über einer Untiefe folgt, ist kalt. Vom Fluß steigen dichte Dunstspiralen auf; einige dieser watteartigen Bäusche treiben zwischen den Bäumen am Ufer und sehen aus wie Gespenster. Im Lauf der nächsten Stunden bessert sich das Wetter. Auf der Karte ist in diesem Territorium der Name Circle eingezeichnet, noch ein ehemaliger Vorposten der Pioniere; doch als ich ihn endlich ausfindig mache (ein paar Hütten mit angebautem Schuppen), ist es bereits zu spät, denn die Strömung treibt mich fort. Und so verschwindet Circle wieder hinter mir.

Eilig paddle ich durch ein Gewirr von Kanälen, die zuweilen von einer Strömung belebt werden, zuweilen stehende Gewässer sind. Ich habe Mühe, mich zu orientieren. Die Ufer sind nun wieder dicht bewaldet, und immer unübersehbarer zeigt sich das Phänomen des Permafrosts. Hier bleibt der Boden bis zu einer Tiefe von sechzig Zentimetern das ganze Jahr über dauerhaft gefroren. Die tonhaltigen Uferböschungen des Yukon sind von den im Sommer anschwellenden Wassern angenagt und ausgehöhlt, doch die Strukturen des uralten Eises haben ihnen widerstanden und wirken wie von Menschenhand geformte Marmorarkaden absurder Kathedralen, auf denen der Wald sich hält und gedeiht. Während ich dem Ufer folge, begleiten mich bisweilen über mehrere Kilometer hinweg diese schwebenden Wälder, deren vereiste Bogengänge sich bis auf zehn Meter zum Fluß herabbeugen. Wenn es kalt genug ist, kann man sich sogar darunter wagen, und das Gefühl, das man dabei verspürt, ist großartig. Doch es birgt auch Gefahren: Im nächsten Moment kann alles einstürzen. Wenn es warm ist, hört man ab und zu in der Ferne ein dumpfes Donnern von solchen Erdrutschen. An anderen Stellen wieder sind die Ufer so nachgiebig, daß die Bäume zum Fluß hin einsinken und ihre Wipfel über das Wasser ragen. Sie wirken dann wie unerbittliche Speerspitzen und sorgen dafür, daß man nicht anlegen kann. Das ist das häufigste Phänomen, dem ich am Yukon begegne, seit ich die Ebene von Alaska erreicht habe, und es kann sich zehn bis fünfzehn Kilometer ohne die kleinste Unterbrechung fortsetzen. Danach wiederholt sich alternativ die nicht minder abweisend wirkende Abfolge hoher Eisarkaden. Wehe dem also, der gezwungen ist, an Land zu gehen. Doch es gibt noch andere Gefahren, etwa die vielen entwurzelten und von der Strömung mitgerissenen Bäume. In bestimmten Buchten stauen sie sich zu Tausenden. Noch gefährlicher und sehr häufig sind die Bäume, die nach ihrem Sturz auf dem Grund des Flusses steckengeblieben sind, nicht nach oben treiben und bis dicht unter die Oberfläche des trüben Wassers hinaufreichen. Ein Zusammenstoß mit ihnen kann das Kanu ernsthaft beschädigen. Bei einem Gewitter am Nachmittag gerate ich in Panik, weil ich ja nicht am Ufer festmachen kann. Schließlich gelingt es mir, in einen kleinen Kanal mit stehendem Wasser zu flüchten, in dem die Biber ihre dichten Dämme gebaut haben.

Schließlich komme ich in Fort Yukon an. Das Dorf macht einen stattlichen Eindruck. Ich bemerke einige Parabolantennen und Staubwolken von ein paar Fahrzeugen. Es gibt sogar ein kleines Hotel. Hier befinden wir uns in den USA, und der Zeitunterschied zum westlichen Kanada beträgt drei Stunden; also ist es, obwohl meine Uhr schon Mitternacht anzeigt, erst neun Uhr abends. Natürlich ist ein solcher Zeitunterschied nicht viel mehr als eine Übereinkunft, denn die Sonne geht um diese Jahreszeit in diesen Breiten nie unter. Bereits seit Tagen steht sie vierundzwanzig Stunden rund um die Uhr am Himmel.

In erster Linie hat Fort Yukon, durch die geographische Lage bedingt, strategische Bedeutung, die heute zweifellos größer ist als in der Vergangenheit. Fort Yukon ist genau auf dem nördlichen Polarkreis errichtet, besteht seit hundert Jahren und zählt sechshundert Einwohner (drei weiße Familien und der Rest Indianer). Zu den Aufgaben des Regierungsvertreters gehört auch der Polizeidienst. Hier besteht die Möglichkeit, Funkkontakt mit Fairbanks aufzunehmen, der nächsten Stadt, die immer noch über achthundert Kilometer Luftlinie entfernt ist. Zu den speziellen Merkwürdigkeiten von Fort Yukon gehört auch die Temperatur. Hier werden die extremsten Temperaturen Alaskas gemessen: minus achtundsiebzig Grad im Winter und über hundert Grad im Sommer – Fahrenheit natürlich.

Zweck meiner Reise ist ja, von Anfang bis Ende der Goldroute zu folgen. Deshalb war ich in Dawson City, deshalb trieb es mich weiter nach Fort Yukon. Nun jedoch ist in mir der Wunsch aufgekeimt, mir ein neues Ziel zu setzen. Deshalb beschließe ich, meine Reise bis ins Herz von Alaska fortzuführen, das heißt bis zum Zusammenfluß des Yukon und des Tanana. Dahinter wird der Fluß eintönig und behäbig und ist deshalb meiner Ansicht nach nicht mehr von Interesse. Doch das ist noch nicht alles. Nördlich von Fort Yukon verläuft ein großer Nebenfluß, der Porcupine, an dessen Ufern sechshundert Kilometer weiter Old Crow liegt, das nördlichste Indianerdorf. Ich bin von seiner Lage fasziniert und auch von den Athabasken-Indianern, die es bewohnen. Als ich herausfinde, daß ich mein Kanu in einem zweisitzigen Wasserflugzeug dorthin transportieren lassen kann, verliere ich keine Zeit. Den Porcupine kann ich dann wieder nach Fort Yukon hinunterfahren.

Am folgenden Tag, dem 24. Juni, startet um 22 Uhr 30 bei schönem nächtlichem Sonnenschein das kleine Wasserflugzeug von Clifton Fairchild Richtung Nordosten. Mein rotes Kanu ist auf einem Ausleger des Flugzeugs festgebunden und bietet einen wahrhaft ungewohnten Anblick, als es mit seinen fünf Metern Länge über die unendlichen Wälder und die gewundenen Flüsse der Wildnis dahinschwebt.

Vom Hoheitsgebiet der USA gelange ich abermals nach Kanada. Während ich von oben auf den Porcupine blicke, der sich durch die dichte, tiefgrüne Vegetation windet und die Sonne reflektiert, kommt es mir vor, als ob ich eine riesige glänzende Schlange verfolge. Als die blendende Sonnenscheibe hinter einem großen Berg verschwindet, setzt der Pilot zum Wassern auf dem Fluß an. An einem Ufer taucht eine kleine Lichtung auf, ein rechtwinkliges Stück Erde, auf dem von Menschenhand helle Steinchen ausgestreut zu sein scheinen. Das ist Old Crow. Um 2 Uhr 30 setzen wir auf den Wassern des Porcupine auf. Das Dröhnen des Flugzeugs hat eine neugierige Schar Indianer ans Ufer gelockt. Aus der Menge löst sich ein großer blonder junger Mann in Uniform. Er kommt lächelnd auf mich zu und stellt sich vor: »Corporal Bates«; daß er der Royal Canadian Mounted Police angehört, setzt er als bekannt voraus. Bates vertritt das Gesetz in diesem ganzen großen Abschnitt des hohen Nordens, und ich bin während meines Aufenthalts in Old Crow sein Gast. Nachdem mich der Pilot mit meinem Gepäck einschließlich des Kanus am Ufer abgesetzt hat, fliegt er nach Fort Yukon zurück.

Ich versuche, die restlichen Nachtstunden Schlaf zu finden, jedoch ohne Erfolg – teils wegen der Sonne, die in mein Zimmer dringt, doch vor allem wegen des ununterbrochenen Geheuls der Hunde, das sich wie das Heulen eines Rudels hungriger Wölfe anhört. Am nächsten Morgen gilt meine Neugier erst einmal diesen Tieren. Corporal Bates besitzt vierundvierzig davon, alles Huskys der sibirischen Art, die ein blaues und ein braunes Auge hat. Außerdem gibt es hier noch Eskimohunde, Samojeden und die Malamuten der Indianer, die den kurzen Sommer überall im Dorf, an Pfähle gebunden, verbringen. Zwischen den Indianern und ihren Schlittenhunden ist mehr als Freundschaft, es besteht ein echtes und eigentümliches Bündnis im Kampf ums Überleben. Ich glaube, daß in keinem anderen Teil der polaren Welt der Hund für seinen Herrn so wichtig ist. Jede Familie in Old Crow besitzt im Durchschnitt sechs bis sieben Hunde, manche haben sogar vierzehn, und im Gespräch fallen oft Sätze wie: »Ich habe drei Kinder und sieben Hunde.« Man darf nicht vergessen, daß diesen Tieren ein großes Verdienst bei der Erschließung des hohen Nordens zukommt.

Das Indianerdorf besteht zum großen Teil aus *isbas* aus unbehauenem Holz, insgesamt fünfzig an der Zahl, die auf Pfählen errichtet sind; es handelt sich möglicherweise um eine alte Tradition zum Schutz gegen Raubtiere. Doch es gibt auch zahlreiche Zelte, deren verschiedenartige Formen den nomadischen Ursprung der Athabasken offenbaren. In fernen Zeiten bewohnten ihre Vorfahren sicher weniger kalte Gebiete, wurden jedoch von feindlichen Auseinandersetzungen und vom Hunger immer mehr nach Norden getrieben. Die heutigen Nachkommen dieser wilden Indianerstämme sind sanfte, arbeitsame Menschen, geprägt von der grausamen Einsamkeit und dem bitteren Kampf gegen die unerbittlichen Kräfte dieser Natur. Trotz alledem scheinen sich die Athabasken gut den Traditionen der Weißen angepaßt zu haben. Daraus resultiert möglicherweise ihr ein wenig melancholisches und nicht sehr mitteilsames Naturell.

Im hohen Norden fanden die Athabasken jenes Tier vor, von dem ihre Existenz zum großen Teil abhängt: das Karibu. Diese Rentierart wandert in großen Herden durch die unermeßlichen Weiten des Nordens. Man könnte sagen, daß das Karibu heute für diese Menschen das bedeutet, was einst der Bison für die Indianer der südwestlichen Prärien darstellte. Deshalb jagen es die Athabasken, essen das getrocknete Fleisch, verkaufen sein Fell oder fertigen daraus Zelte, Kleidung und Schuhwerk und schmücken ihre Häuser mit seinem ausladenden Geweih. Daher kann man die Athabasken – wie die Eskimos in den unfruchtbaren Gegenden im Osten – auch als »das Volk der Karibus« bezeichnen.

Im Gegensatz zum lappländischen oder sibirischen Ren, das wie das Schaf in Herden gehalten wird, lebt das Karibu ungezähmt in der wilden Natur. Die Bewohner von Old Crow bekommen es nur zweimal im Jahr zu Gesicht, wenn es auf seinen großen Wanderungen vorbeizieht, die deshalb auch das einschneidendste Ereignis im Dorfleben sind. Die Karibus ziehen in einer rasenden Horde von rund dreißigtausend Stück zwischen Ende Mai und Mitte Juni durch ihr Gebiet. In dieser Zeit treibt ein geheimnisvolles Naturgesetz die Tiere dazu, in Massen an die arktische Küste zu wandern, wo sie kalben und sich von ihrer Lieblingsspeise, den Flechten, ernähren. Doch der Rückzug in die kälteren Heidegebiete des Nordens ist vielleicht auch eine verzweifelte Schutzmaßnahme gegen die sommerliche Welle von schmarotzenden Insekten, vor allem einer Unzahl von fleischfressenden und blutsaugenden Mücken. Der größte Teil dieser geflügelten Quälgeister legt seine Eier im Fleisch des bereits abgemagerten bedauernswerten Karibus ab; aus ihnen schlüpfen wenig später zahllose Larven, die es noch mehr auszehren.

Nachdem sie den kurzen Sommer in diesen windgepeitschten Heidegebieten verbracht haben, wird der Schnee wieder hart. Die Hufe der Karibus können ihn auf ihrer Suche nach Flechten nicht mehr aufscharren, und so beginnt der große Rückmarsch. Die Herden kehren mit den Kälbern, die an der Küste geboren wurden, in den Süden zurück und ziehen auf ihrem Weg in die südlichen Wälder, in denen der Schnee weicher und weniger hoch ist, zum zweitenmal an Old Crow vorbei. Doch die Härte des hohen Nordens kennt keine Verschnaufpause: Hier warten bereits die Indianer mit angelegten Gewehren. Sie schießen pro Jahr rund zweitausend Karibus ab. In Ausnahmefällen gelingt es der einen oder anderen Familie sogar, vierzig Tiere an einem einzigen Tag zu schießen. Ein altes Gesetz, das das Töten regelt, besagt, daß oberhalb des Polarkreises, also auch in Old Crow, Karibus nach Bedarf gejagt werden können. Südlich dieser Linie dagegen darf jeder Indianer lediglich zwei Tiere erlegen und jeder Weiße nur eines. Zur Konservierung des Karibufleisches und der arktischen Fische, die sie im Porcupine fangen, bedienen sich die Indianer eines riesigen natürlichen Eisschranks: des Permafrosts. Hier, in der Region des ewigen Eises, graben sie große Gruben, in denen sich das Fleisch viele Monate hält.

Außer Corporal Bates und seiner Familie leben lediglich zwei andere Weiße in Old Crow – ein katholischer Missionar und eine Englischlehrerin. Und noch ein »Fremder« haust hier: Philippe Dicquemare, ein Algerier, der die Felle der Karibus sammelt und sie in den Süden schafft.

Bates ist für diese Indianer ein idealer Führer und außerdem sehr erfinderisch. In der Tat hat er mit seinen eigenen Händen ein hübsches Haus gebaut, danach eine Wasserleitung, ein Boot und auch einige Schlitten für die großen winterlichen Fahrten mit den sibirischen Hunden. In diesen Tagen baut er sich gerade mit meisterlich geführten Axtschlägen ein zweites Boot. Und in den Ruhepausen streicht er begeistert die Holzbretter des Aquädukts rot. Binnen kurzem wird man ihm einen Adjutanten schicken, doch wie es scheint, käme er auch ohne weiteres so zurecht.

Eines Abends versammelt Bates mit sympathischer Liebenswürdigkeit seine ganze weiße Kolonie bei sich zu Hause: Wir sind zu sechst, trinken Whisky und lassen uns eine Süßspeise schmekken, die seine Frau zubereitet hat. In der Unterhaltung kommt das Gespräch unvermeidlich sehr bald auf den »arktischen Terror«, die Mücken – ein wahres Unglück für diese Länder. Diese kleinen Ungeheuer wären alles in allem relativ unschädlich, wenn man sie nur in kleinen Mengen ertragen müßte, aber die Wildnis kennt eben keine halben Sachen. Und kaum hat der kurze Sommer begonnen, schon fallen diese angriffslustigen Räuber über alles, aber auch wirklich alles her. Gelegentlich wird in der Tat die Grenze des Erträglichen überschritten, doch jeder hier weiß, daß alle Gegenmaßnahmen im Grunde nur eine angstvolle Flucht vor dieser Tortur sind, fortgesetzte, aussichtslose Rettungsversuche. Zu allem Überfluß gesellen sich ab und zu auch noch Wolken von besonders gefräßigen schwarzen Fliegen hinzu, die mit jedem Biß ein Stück aus der Haut reißen.

Es naht der Tag meiner Abreise von Old Crow. Ein Abschied ist im hohen Norden noch heute gefühlsbeladen und immer wieder schwer zu verkraften. Ich könnte mir vorstellen, daß diese Seelenzustände nicht so sehr von der Dauer der Anwesenheit abhängen, sondern mehr noch von den Erfahrungen, die man in diesen Gegenden sammelt.

Es ist der Morgen des 28. Juni, als ich zu meinem einzigartigen Marathon auf den Wassern des Porcupine aufbreche, der mich in nur vier Tagen die sechshundert Kilometer bis Fort Yukon bringen wird. Dieser Fluß ist durch eine Mischung aus unglaublichen Gegensätzen charakterisiert. Durch den Filter meiner Einsamkeit werden Emotionen in mir frei, die mir bisher noch unbekannt waren. In diesen Tagen notiere ich in mein Tagebuch: »Wenn ich mir vor Augen halte, daß ich in diesen unberührten, von Leben aller Art erfüllten Weiten auf Tausenden Quadratkilometern der einzige Mensch, der einzige Vertreter meiner Spezies bin, bestürzt mich das. Dann überkommt mich ein großes Bedürfnis, zu schreien und meine Stimme zu hören. Das Echo des Canyons wirft sie mir meist vielfältig zurück ...« Und weiter: »Die Luft ist geschwängert mit dem Geruch der Frische. Innerhalb weniger Tage ist alles grün geworden und steht in Blüte. Überall erschallt der Gesang von Vögeln, ertönt das Summen von Millionen Insekten. Dazu das klagende Klatschen des Wassers gegen die Stromengen, das Seufzen des Windes, der die Wellen kräuselt und durch die Tannenwälder rauscht. Vor all dem empfinde ich große Ehrfurcht, aber auch Scheu, so daß ich das Paddel behutsamer ins Wasser tauche. Ich habe das Gefühl, daß auch ich Teil der Natur geworden bin.«

Die Überraschungen und Gegensätze auf diesem Fluß lassen sich nicht mehr zählen. In kürzester Zeit gerät man vom Sonnenschein in ein Gewitter, die Schwüle wird von einem kalten Wind abgelöst, felsige Schluchten öffnen sich zu Ebenen, schäumende Stromschnellen gehen in stehende Wasser über, Strudel in Untiefen, die feurigen Farben blühender Ufer in graue Eintönigkeit und ein vereister Abhang in eine schlammige Mulde. Nicht selten wird der zarte Duft der Blumen von herbem, undefinierbarem Geruch abgelöst, und auf die tiefe Stille folgt das eindrucksvolle Getöse von Erdrutschen und ihrem widerhallenden Echo. Nach diesen Explosionen gewaltiger Lebenskraft überkommt einen das Gefühl des Todes, das eine alte verlassene Hütte hervorruft. Und so wechseln in mir Trostlosigkeit und Überschwang, Furcht und Hoffnung ab.

Doch zur Wildnis des Porcupine gehört ein Tierleben, das – ob es sich nun um harmlose oder gefährliche Arten handelt – mich noch mehr fasziniert. Vor allem begeistert mich die Vielfalt der Wasservögel, die mit Vorliebe die ruhigen Buchten bevölkern, in denen sich gut geschützte steile Sandufer erheben. Diese sind mit tausend kleinen Löchern übersät: den Nestern der Schwalben, die von den Insektenschwärmen hierhergelockt wurden. Und so sind diese Wasserarme von schrillen Stimmen erfüllt, in die vom Ufer her die Schreie der Eichhörnchen einfallen. Alle anderen Tiere jedoch schweigen. Es sind vielleicht die stillsten auf dem ganzen Globus und verraten ihre Gegenwart nur demjenigen, der gelernt hat, auch das kleinste Geräusch der Natur zu erkennen. Das sanfte Plätschern des Bibers im Wasser, das Rauschen der Blätter, gefolgt von einem dumpfen Schnauben des Elchs, das kaum vernehmbare Nagen des Stachelschweins ... Und dann der Bär. Seine Nähe wird von dem verhaltenen Geräusch brechender Zweige angezeigt, aber nur dann, wenn das Tier es nicht für nötig hält, jedes Geräusch zu vermeiden. Ansonsten – und das gilt auch für den Wolf und den Luchs – kann ein mächtiger Grizzly wie ein verstohlener Schatten den dichtesten Wald durchstreifen, ohne auch nur das geringste Rascheln zu verursachen.

Spät am Abend des vierten Tages, als ich nur noch wenige Stunden von der Einmündung in den Yukon entfernt bin, ereignet sich ein sonderbarer Vorfall. Ich sollte vorausschicken, daß ich in diesem letzten Abschnitt des Porcupine sehr lange paddeln mußte, teils wegen seiner sehr schwachen Strömung, teils um nicht vor Erschöpfung einzuschlafen. Die Abendsonne scheint, und in der Luft herrscht ein besonders lebhaftes Treiben der *arctic terns*, der flinken Seeschwalben des Nordens, die ab und zu den ganzen Himmel bevölkern. Da, ganz plötzlich ... spüre ich unvermittelt einen Schlag auf den Kopf. Es wirkt zunächst wie der Aufschlag eines kleinen Steins, der von oben heruntergefallen ist; doch es ist ein Schnabelhieb, der wütende Schnabelhieb einer Seeschwalbe, begleitet von heftigem Flügelschlag. Ich verjage den Angreifer mit der Hand. Doch nach einer halben Drehung des Kanus fällt der Vogel kreischend abermals über mich her. Ich habe die unglückselige Idee, das Mückennetz von meinem Gesicht zu nehmen, um besser sehen zu können, bereue es jedoch auf der Stelle. Die gefiederten Angreifer sind inzwischen zahlreicher geworden. Ich beginne, um mein Augenlicht zu bangen. Listig fallen die Seeschwalben nur von der Seite über mich her, von der ich durch die Sonne geblendet bin. Ich nutze das flache Wasser in einer Untiefe aus, springe aus dem Kanu und beginne, das Paddel im Kreis durch die Luft zu schwingen – leider mit dem einzigen Resultat, daß ich die Vögel um so mehr reize. Also greife ich zum Gewehr, feuere ein paar Schüsse ins Blaue ab und stelle damit endlich wieder Ruhe her. Ich kann keinen vernünftigen Grund für diesen merkwürdigen Vorfall finden, doch allmählich steigt die Vermutung in mir auf, daß ich mich möglicherweise unabsichtlich ihren Brutstätten genähert habe. Vermutlich liegen sie genau über dieser Untiefe, in der ich mich befinde.

Bevor ich in den schlammigen Yukon gelange, kommt mir der Gedanke, meine Feldflasche mit klarem Wasser aufzufüllen, und ich steuere zu diesem Zweck die Mündung eines kleinen Rinnsals an. Hier bietet sich mir ein Anblick, der mich auf der Stelle von meinem Vorhaben Abstand nehmen läßt: Das Wasser, das sich hier staut, ist ganz und gar nicht rein. Im Schlamm, der offenbar vor kurzem von einem Kampf mit tödlichem Ausgang aufgewühlt wurde, treibt eine Blutlache. Ich erkenne die Fährte eines großen Wolfes. Das Ganze muß sich erst vor wenigen Minuten abgespielt haben. Natürlich verzichte ich auf das Wasser.

Die Lärchen und Tannen, die zum Himmel aufragen, scheinen in ihrer Stärke und Höhe miteinander darin wetteifern zu wollen, ihre Wipfel über die waldigen Ufer zu recken. Die Sonne, die nach wie vor nicht untergehen will, taucht die Wolken in zarte Farben, und all dies spiegelt sich mit eindrucksvollen Effekten im ruhigen Wasser wider. Die Jungfräulichkeit der Landschaft scheint ein Geheimnis zu bergen, und abermals empfinde ich den Zauber dieses für mich neuen, zeitlosen Landes, in dem sich nichts verändert, sich alles in einem ewigen Zyklus wiederholt. Hier findet nicht nur das Auge Nahrung, auch das Gemüt jubelt vor Erstaunen auf. Wie weit und schön ist doch die Erde, sage ich mir immer wieder. Inzwischen erfüllt mich tiefe Ausgeglichenheit, alle Unruhe des Daseins fließt von mir ab und löst sich buchstäblich in Wohlgefallen auf. All das, was mir im hektischen Alltag in der Stadt so wichtig erschien und mich gefangennahm, ist nun völlig unbedeutend geworden. Während ich mich umsehe – dank der Gunst, dies hier erleben zu dürfen –, scheint es mir, daß ich die Welt zum erstenmal wirklich in mich aufnehme.

Ich erreiche die Mündung des Porcupine erst um vier Uhr morgens, und meine Begegnung mit dem Yukon wird sofort unerquicklich. Der Fluß führt Hochwasser und überschwemmt die Ufer so hoch, daß er an den Kronen der niedrigeren Bäume leckt; die Strömung ist extrem stark und bildet immer wieder schäumende Strudel. Nur wenige Flußmeilen trennen mich von Fort Yukon, doch stromaufwärts. Es bleibt mir nichts anderes übrig, ich muß dorthin zurück, denn ich habe einen Teil meiner Ausrüstung dagelassen. Das schaffst du nie, sage ich mir; und doch – ich weiß nicht, wie – komme ich nach zwei Stunden schweißgebadet an. Ich habe das Gefühl, daß meine Arme durch die Anstrengung in Stücke gerissen sind.

Ich breche am selben Tag, dem 1. Juli, nun mit der Strömung, wieder auf. Mein Ziel, das Dorf Tanana, liegt kurz hinter der Mündung des gleichnamigen Flusses, gut fünfhundert Kilometer entfernt. Um dorthin zu gelangen, muß ich mich ohne Unterbrechung fünf Tage und fünf Nächte weiterkämpfen.

Die Neugier treibt mich, einen Ort aufzusuchen, der auf der Karte unter dem Namen Venetie Landing angegeben ist. Doch das bereue ich sehr bald. Nachdem ich nämlich die schnellen Wasser des Hauptstroms verlassen habe, verirre ich mich mehr oder weniger in einem Labyrinth von Kanälen, in denen es überhaupt keine Strömung mehr gibt. Außerdem finde ich nicht das geringste Anzeichen für die Existenz dieses offenbar erfundenen Venedigs des Nordens. Um wieder in fließendes Wasser zu kommen, muß ich eine lange Paddelpartie von vier Stunden absolvieren.

Bei den Ray Mountains – jenen Erhebungen in Zentralalaska, die den Yukon abermals über weite Strecken säumen – wird der Fluß über mehrere Tage hinweg einige Stunden täglich unbefahrbar, teils durch den starken Wind, der aus dem Norden bläst, teils durch die hohen schaumgekrönten Sturzwellen, die er aufpeitscht.

Wenn die Beschaffenheit des Ufers es zuläßt, gehe ich zu Fuß und ziehe das Kanu hinter mir her, ansonsten bin ich gezwungen, haltzumachen und abzuwarten, bis sich der Wind und das Wasser ein wenig beruhigt haben. In der Nacht ist es durchwegs weniger stürmisch als am Tag; doch die Temperatur sinkt so weit, daß ich kurz vor den Ramparts Rapids Angst bekomme, daß mir die Hände erfrieren, denn sie werden vom Sprühregen der vom Ruderblatt aufgewirbelten Wellen immer wieder naß. Die Müdigkeit hat mir den Appetit genommen. Vor lauter Erschöpfung habe ich aufs Essen verzichtet, und mein Aussehen ist entsprechend. Am Ende der Reise werde ich feststellen, daß ich zehn Kilo abgenommen habe.

Am Abend des 5. Juli gehe ich die letzte Etappe an. Die Strömung des Yukon ist hier ruhig, dank des harten körperlichen Trainings, das ich bisher absolviert habe, komme ich voran. Um ein Uhr nachts bin ich bei der Insel Twelve Miles angekommen; ihr Name bezeichnet die verbleibende Strecke bis Tanana. Und hier an diesem Ufer nehme ich ein unerwartetes Zeichen wahr: Ein Rauchfaden steigt aus dem Dickicht der Vegetation. Als ich mich nähere, kommen wir zwei Indianer lächelnd entgegen; die anderen bleiben beim Feuer. Es sind Fischer, die von Tanana mit ihren Booten heraufgefahren sind. Um zu fischen, bedienen sie sich eines ebenso primitiven wie klug ersonnenen Floßes, auf das sie ein System von Schaufeln montiert haben; diese drehen sich – von der Strömung angetrieben – unaufhörlich wie ein Mühlrad und fördern die Fische an die Wasseroberfläche. Sie nennen es *fishwheel*: Sobald es in der Nähe eines Ufers verankert ist, haben die Fischer nichts anderes zu tun, als geduldig abzuwarten.

Ich genehmige mir in Gesellschaft der Indianer eine kurze Ruhepause am Feuer. Ich sehe, daß sie ihre Neugier nur schlecht verbergen können – aber wie soll man sich ausdrücken, wenn das Vokabular mehr aus Gesten als aus Worten besteht? In meinem kümmerlichen Gestammel spreche ich jedoch einen Namen aus, der auf sie Eindruck zu machen scheint und offenbar sogar eine gewisse Bewunderung erweckt: Whitehorse. Ihre Blicke werden lebhafter, und auch ihre Worte klingen begeistert, sind jedoch nicht zu verstehen. Nun reicht mir eine liebenswürdige Hand eine Tasse mit heißem Tee – sie ist mir mehr willkommen und symbolträchtiger als alles, was ich jemals erhalten habe, seit ich meinen Fuß in den hohen Norden setzte. Dieses einzige Wort, »Whitehorse«, hat genügt, um sie begreifen zu lassen, wieviel dieses

Bleichgesicht vor ihnen in wenigen Wochen geschafft hat – und das auch noch ganz allein. Seit meiner Abfahrt von Whitehorse liegen eindrucksvolle zweitausendfünfhundert Kilometer einsamer Kanufahrt durch die große Wildnis hinter mir.

Als ich mich von den indianischen Fischern verabschiede, beginnt es zu regnen. Endlich erreiche ich den Zusammenfluß der beiden großen Flüsse Alaskas: Hier mündet der breite Nebenfluß Tanana River in den Yukon. Bald werde ich in Tanana sein und von dort mit dem sporadisch verkehrenden Postflugzeug ins moderne Fairbanks zurückfliegen: mein erster Kontakt mit der Zivilisation.

Inzwischen ist der Yukon so breit geworden, daß er keine Ufer mehr zu haben scheint. Im milchigen, diffusen Licht dieser Regennacht scheint mein rotes Kanu durch zwei unwirkliche Himmel zu schweben: einen aus Wasser und einen ohne Sterne. Ja, das ist es – abgesehen von allem anderen –, was ich vor allem hinter mir lasse: die unglaubliche Welt der sternlosen Nächte.

AUF DER INSEL DER GROSSEN KODIAKBÄREN

1965

Nach der Reise auf den Spuren der Goldgräber und dem Abenteuer auf dem Yukon hatte ich die Indianer in Arctic Village besucht, das in der Brooks Range liegt, der nördlichsten Gebirgskette Alaskas. Doch eine unersättliche Neugier trieb mich immer weiter nach Westen, in die verlassensten Landstriche dieses Erdballs. Von Anchorage aus gelangte ich nach einem Zwischenstop bei den Lachsfischern der Bristol Bay auf die Aleuten. Von der Insel Adak, dem westlichsten amerikanischen Stützpunkt, der sich auf halbem Weg zwischen Alaska und der Halbinsel Kamtschatka befindet, reiste ich zu den Pribilof-Inseln, die mitten im Beringmeer liegen.

Die wirklich unermeßlichen Weiten des hohen Nordens und die intensiven Erfahrungen, die ich dort machen durfte, werde ich immer in Erinnerung behalten, doch was mich am meisten faszinierte und was ich vertiefen wollte, war die Beziehung zwischen mir und den wilden Tieren, denen ich auf meinen Reisen bereits begegnet war. Angesichts der besonderen Umstände, denen ich als Einzelgänger von Anfang an ausgesetzt war, hatte ich sehr bald intuitiv erfaßt, daß ich dort auf keine reizbaren Bären und hungrigen Wölfe stoßen würde: Nach ihrem »Dafürhalten« – davon war ich immer mehr überzeugt – stellte ich für sie keine Bedrohung dar und kam noch viel weniger als Beute in Betracht. Man mag meinen naiven Optimismus belächeln, doch er wurde Tag für Tag aufs neue genährt, während ich, völlig auf mich gestellt, mit den wilden Tieren in ihrer natürlichen Umgebung wieder und wieder in Kontakt trat.

Es war also dieser meiner persönlichen Erfahrung zu verdanken, daß der Wunsch in mir wuchs, eine Bestätigung für das Gelernte zu suchen und Grenzen und Bedingungen auszuloten. Um also die Probe aufs Exempel zu machen, erfand ich einen guten Vorwand, um mich völlig allein in eine der wildesten Gegenden der Erde begeben zu können, auf der bekanntermaßen die Kodiakbären leben. Der braune Kodiak, der zu den Braunbären gehört, ist der größte lebende Fleischfresser der Erde. Wenn er sich aufrichtet, ist er rund drei Meter groß. Sein Gewicht beträgt etwa sechshundert Kilo. Meine Wahl fällt also auf die Insel Unimak, die noch zu den Aleuten gehört und seit Urzeiten einer der idealen Aufenthaltsorte für diesen riesigen Kodiak ist.

Die viertausend Quadratkilometer große Insel Unimak liegt zwischen dem Pazifik und dem Beringmeer und wird von einem silbernen Kegel dominiert: dem Vulkan Shishaldin. Er sieht aus wie ein märchenhafter rauchender Kamin und ragt in seiner eisgepanzerten Pracht 2857 Meter in der Mitte der Insel auf.

Mein Vorhaben sieht so aus: Ich werde zu Fuß und allein die ganze Insel von Küste zu Küste über den Gipfel des Shishaldin durchqueren und dabei natürlich den vorgezeichneten Pfaden der großen Bären folgen. Ich erreiche False Pass an der Ostküste von Unimak mit dem Wasserflugzeug Catalina, das für den sporadischen Postverkehr eingesetzt wird, aber auch für den Transport der wenigen Passagiere zugelassen ist, die in der guten Jahreszeit dorthin reisen. False Pass, ein kleines Eskimodorf, kann sich einer *cannery* rühmen, das heißt einer auf Pfahlbauten im Meer errichteten Fabrik für Lachskonserven. Lachs gibt es hier nämlich in Hülle und Fülle. Um die *cannery* herum sind auf dem Festland ein paar ärmliche Holzhütten verstreut, in denen die Eskimos wohnen. Mehr gibt es in False Pass nicht, und ein paar Meter dahinter beginnt die öde Tundra der Arktis.

Das Wetter ist unfreundlich, es regnet jeden Tag, und in den kurzen Pausen zwischen zwei Güssen bleibt ein tiefer und kalter Nebel hängen. Ich bemerke, daß in der Bucht noch ein kleines und klappriges Wasserflugzeug vor Anker liegt. Jemand erklärt mir, daß es für die ganze Sommersaison für Notfälle von der Fischindustrie gemietet ist. Das wird noch mein Trumpf im Ärmel sein.

Sehr bald spüre ich den Piloten George M. Kitchen auf, und wir werden rasch handelseinig. Sobald das Wetter es erlaubt, werden George und ich mit diesem Flugzeug zu Sondierungszwecken den Shishaldin überfliegen; dann werde ich an der Pazifikküste abgesetzt. Fünf Tage später wird George zurückkehren und mich abholen, und zwar auf der anderen Seite, an der Küste des Beringmeers.

Es ist der Morgen des 19. Juli 1965. Nach dem Start verlieren wir die Insel sofort unter einer dicken Wolkendecke aus den Augen. Doch zum Ausgleich breiten sich vor uns gegen den verschleierten und milchigen Himmel die drei mächtigen Vulkane der Insel aus: der Roundtop, der Isanotski und, am imponierendsten, der Shishaldin. Aus halber Höhe betrachtet, wirken ihre Umrisse wie bleiche Marmorsäulen, die den bleiernen Himmel stützen. Doch dieser wundervolle Anblick wird mir durch die unbequeme Haltung ziemlich verdorben, die ich im Flugzeug einnehmen muß. Es ist nur ein kleiner einmotoriger Zweisitzer, den wir bis zur äußersten Belastbarkeitsgrenze mit Säcken, Paddeln, einem Schlauchboot, großen Treibstoffkanistern, Motoröl in Kanistern, Maschinenersatzteilen und noch vielen anderen Dingen vollgestopft haben. Schließlich kommen auch noch wir beide dazu und das schwere Gepäck, das mich begleitet.

Um die Situation zu verdeutlichen, sei erwähnt, daß ich hinter George sitze und hinter mir eine Unmenge Material aufgetürmt ist, das mich gegen den Pilotensitz drückt. Deshalb kann ich meine Füße nicht dort unterbringen, wo sie hingehören, denn ein Benzinkanister zwingt mich, das rechte Bein ganz nach vorn auszustrecken, wo es fast gegen den Steuerknüppel stößt. Doch links sind ebenfalls eine ganze Menge Dinge aufgestapelt, so daß auch George leicht schräg sitzen muß. Auf einigen Anzeigeinstrumenten des Armaturenbretts scheinen die Zeiger blockiert, sie fallen jedenfalls aus. Auch am Steuerknüppel fehlen einige Knöpfe. Doch vor allem will das Funkgerät nicht mitspielen. Unmittelbar nach dem Start hat George vergeblich versucht, Funkkontakt herzustellen – keine Ahnung, mit wem in diesem leeren Teil der Welt;

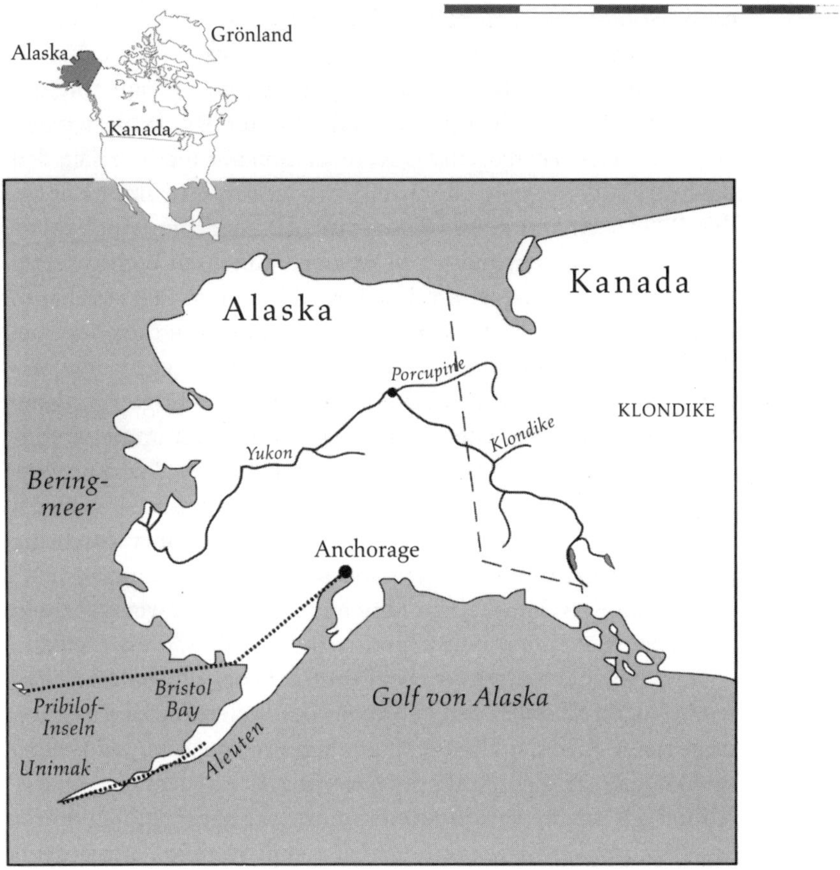
Grönland
Alaska
Kanada
Kanada
Alaska
Porcupine
KLONDIKE
Klondike
Yukon
Bering-
meer
Anchorage
Bristol
Bay
Pribilof-
Inseln
Golf von Alaska
Unimak
Aleuten

doch selbst mit wiederholten Schlägen gegen das Gerät ist es ihm nicht gelungen, es wieder zum Leben zu erwecken. Die kleine Tür rechts ist dreifach mit Eisendraht umwunden und damit hermetisch verschlossen, doch die linke funktioniert ordnungsgemäß. Nur ihr Plexiglasfenster ist von einem Spinnennetz von Pflastern verdunkelt, die die einzelnen Teile zusammenhalten müssen. Dadurch herrscht von dieser Seite ständige ungesunde Zugluft, die sich beim Aufstieg und beim Wassern augenblicklich in einen abscheulichen Wasserguß verwandelt.

Um mit einer solchen Mühle zu fliegen, braucht man Mut und wohl auch eine kräftige Portion Verwegenheit. Doch ich habe keine Wahl. Ich glaube außerdem, daß man in diesen Gegenden besser auf die Fähigkeiten und die Intuition des Piloten zählt als auf die Bordinstrumente. Wohlgemerkt, ich meine damit nur jene Instrumente, die nicht unentbehrlich sind, um das Flugzeug in der Luft zu halten. Was das betrifft, so muß ich sagen, daß Georges Gaben auch unter diesen spartanischen Umständen außer Frage stehen – wie es sich im übrigen für einen Pionier aus Alaska auch gehört.

Er steuert nun direkt auf die Rauchsäule des Shishaldin zu. Ich treffe Vorbereitungen, um ein paar Fotos zu schießen, und öffne das einzige funktionierende Fensterchen. Nach einigem Drehen und Winden gelingt es mir, mich weit genug aus dem Flugzeug zu lehnen – natürlich ausgerechnet in dem Moment, in dem wir in die Rauchwolke eintauchen. Ich halte den Atem an. Unversehens öffnet sich unter uns die neblige und zur Zeit sogar vereiste Öffnung des Vulkans. Wir wiederholen dieses verrückte akrobatische Manöver über dem Krater dreimal, bis wir in ein Luftloch fallen und von schwefligen Ausdünstungen bedeckt werden, die beißender sind als die vorigen. Das treibt uns in die Flucht.

Kurz nachdem wir den hundertvierundsechzigsten Längengrad überflogen haben, leitet George die Landung ein, bohrt sich durch die Wolkenschicht und setzt auf einem kleinen See hundert Meter von der Küste entfernt zum Wassern an. Auf Anhieb setzt mich die große Anzahl von Blumen in Erstaunen, die in allen Farben auf der glattrasierten Tundra prangen. Und schon werden die letzten Abmachungen mit dem Kameraden getroffen: Falls es das Wetter zuläßt, werden wir uns in fünf Tagen an der anderen Küste der Insel treffen. Dann wird das Wasserflugzeug auf einen kleinen See auf demselben Längengrad heruntergehen, aber diesmal auf der Seite des Beringmeers.

Es wird mir sofort bewußt, daß ich zuviel und zu schweres Gepäck mithabe. In der Tat führe ich zwei große Rucksäcke mit, die ich aneinanderschnallen muß, und außerdem noch das Gewehr. Doch nun ist es zu spät. Als das Flugzeug startet, beginne ich zu gestikulieren, um dem Freund deutlich zu machen, daß ich mich von einem Teil der Last befreien möchte. Doch offensichtlich hält er meine Signale für einen Abschiedsgruß und fliegt davon, nachdem er noch zwei Runden über mir gedreht hat. In Wahrheit will er mir damit etwas anderes bedeuten, aber leider vergeblich. Nach seiner Rückkehr wird er mir sagen, daß er mich damit auf die Anwesenheit einer Bärenfamilie ganz in der Nähe aufmerksam machen wollte.

Nun bin ich allein, und mein erster Impuls ist, das Gepäck vorläufig stehen zu lassen und über eine Düne zur Pazifikküste zu wandern. Diese kurze Strecke genügt, um mir das Ausmaß der Schwierigkeiten klarzumachen, die mich zweifellos auf diesem sumpfigen Boden erwarten. Zum Glück trage ich hohe Gummistiefel.

Vom schwarzen Strand aus, an den die lange Brandung rollt, sehe ich durch die Nebelschleier die fast irrealen Konturen des regelmäßigen Kegels des Shishaldin. Alles ist von einer weichen grauen Atmosphäre durchdrungen: eine Landschaft wie auf einer alten japanischen Zeichnung.

Ich kehre zu meinem Gepäck zurück. Mit Mühe stopfe ich verschiedene Ausrüstungsgegenstände in einen einzigen Rucksack, der dadurch so schwer wird, daß es mir kaum gelingt, ihn zu schultern. Die weite und kahle Umgebung vor mir bietet mir nicht den geringsten Anhaltspunkt, und das macht mich noch unschlüssiger, welche Richtung ich einschlagen soll. Ich schleppe mich durch welliges Gelände und bin schließlich gezwungen, einen flachen Sumpf zu durchqueren. Oft sinke ich bis zum Knie ein, während Mückenschwärme über mich herfallen: Des öfteren huste ich heftig, weil ich das Gefühl habe, daß sie mir in die Kehle dringen. Einige tiefe Lachen, die kurz darauf folgen, muß ich in beschwerlichem Zickzack umgehen. Die nackte Tundra, auf der kein einziger Strauch wächst, läßt keine genaue Einschätzung der Entfernungen zu: Alles scheint nur wenige Schritte entfernt, doch man gelangt einfach nicht hin. Die Anstrengung ist so groß, daß ich alle fünfzig bis siebzig Meter den Rucksack an geeigneten Stellen absetzen muß. Diese Last ist eine wahre Qual, die mir erst die Schultern und die Seite absterben läßt und nun auch die Beinmuskulatur in Mitleidenschaft zieht.

Schlagartig öffnet sich ein Fluß vor mir. Sein schlammiges Wasser bildet einen großen Kontrast zu dem tiefen Grün seiner Ufer, die mit roten Blumen tapeziert scheinen. Es bleibt mir nichts übrig, als ihn zu durchwaten, und das beunruhigt mich sehr. An einer Stelle reicht mir das eiskalte, ungestüme Wasser bis zur Brust. Für dieses Manöver brauche ich eine ganze Stunde, in der ich das Gepäck in mehreren Gängen auf dem Kopf tragen muß. Doch von nun an gibt es keine Sümpfe mehr, und im immer welliger werdenden Gelände rinnt in jeder Senke nur noch ein Bächlein. Es gibt auch einige breite, mit Lava bestäubte Lichtungen mit zahllosen Fährten von Bären und den Spuren einsamer Karibus, die – nach den unversehrten Geweihen einiger Gerippe zu urteilen – ebenfalls riesig sein müssen.

Es ist bereits Nachmittag, als ich die glatten Ausläufer des großen Vulkans hinaufklettere, der im Augenblick von Wolken und dichtem Regen verhüllt ist. Ein Rücken aus schwarzer Asche macht mir lange zu schaffen; währenddessen dringt aus einem tiefen Canyon zur Linken das Getöse von Wasser zu mir herauf. Ich rücke durch die Wolken zu einem Wald aus Lavazinnen vor, den der Nebel wirkungsvoll alle paar Minuten enthüllt und wieder verbirgt, ohne daß ich sein Ende absehen kann. Ich verlasse mich nur auf meine Intuition und stütze mich auf die Erfahrungen, die ich auf anderen Vulkanen gemacht habe.

Nun öffnet sich eine ausgedehnte, mit Asche bedeckte Hochebene vor mir. Ich bin müde, und es ist fast Abend, doch ich kann hier nicht haltmachen und biwakieren: Es gibt kein Wasser, und ich habe brennenden Durst. Ich setze also meinen Marsch fort, bis ich bei Einbruch der Dunkelheit auf eine segensreiche Schneezunge stoße, die mir genügend Wasser spenden wird. Ich habe gerade noch Zeit, das kleine Zelt aufzustellen, und schon bricht ein Platzregen los. Es ist lediglich der erste einer ganzen Serie, denn von diesem Augenblick an sitze ich unter meiner winzigen Zeltbahn gefangen und werde abwechselnd von Regen, Wind und Hagel gegeißelt. Der Nebel schließt die Landschaft abermals ein, und so sitze ich vierzig Stunden hintereinander zusammengekauert in meiner Unterkunft, entkräftet und fröstelnd, träume von einem Feuer und klappere mit den Zähnen.

Erst um die Mittagsstunde des 21. Juli beginnt der Wind von Norden zu wehen. Nun taucht auch die Sonne wieder auf, und es kommt mir vor, als würde ich einer erhabenen biblischen Szene beiwohnen, in der der hohe, rauchende Vulkan leuchtend aus dem dunklen Wirbel der unter ihm liegenden düsteren Wolken auftaucht. Nun begreife ich, warum die Russen, zu deren Gebiet die Aleuten früher gehörten, diesen Vulkan »das Dach der Hölle« nannten. Etwas später will ich die nahe Wasserscheide erkunden; ich bin gespannt, was sich auf dem jenseitigen Abhang der Insel befindet, der nach Norden abfällt. Doch vergeblich: Ein plötzlicher Platzregen treibt mich zu meinem Ausgangspunkt zurück. Ich frage mich, ob es in diesen Gegenden überhaupt jemals gutes Wetter gibt. Am selben Abend beschließe ich, mich nicht weiter aufhalten zu lassen, komme, was da wolle, und nehme meinen Marsch wieder auf; dennoch ist mir klar, daß die eingeplanten fünf Tage zu kurz sind, um ein solches Gewaltprogramm an einem derart unwirtlichen Ort zu absolvieren. Es wird mir jedenfalls schlecht bekommen, wenn ich nicht pünktlich zu meiner Verabredung mit George erscheine.

Ich vertausche die hohen Gummistiefel mit den schweren Kletterschuhen und fülle den Rucksack mit ein paar Nahrungsmitteln, Schlafsack, Kompaß und Grubenlampe und in Ermangelung eines Eispickels mit dem Beil: Damit werde ich Stufen in den steilen Eishang unter dem Gipfel des Vulkans hacken können. Da ich auch keine Steigeisen habe, wird ein langer Stab, den ich am Strand gefunden habe und nun zuspitze, herhalten müssen.

Ich erinnere mich, oft von Bären gehört zu haben, die, vom Essensgeruch angezogen, ganze Zeltlager verwüstet haben. Ich vergrabe also meine Lebensmittelreserven an einer geschützten Stelle unter einem Lavablock neben dem Zelt, das ich ebenfalls hier zurücklasse.

Gegen sechs Uhr abends breche ich auf. Bereits nach zwei Stunden Aufstieg ist der Berg völlig von Schnee und Eis bedeckt. Während ich höher und höher komme, wird mein blaues Zelt immer kleiner, und als ich es aus den Augen verliere, habe ich das Gefühl, daß ich des einzigen »lebendigen« Objekts in dieser unbelebten Welt beraubt bin. Über mir zeigt der kolossale Vulkan starke Aktivität. Er läßt an einen silbernen Altar denken, auf dem ein urtümlicher Ritus vollzogen wird. Schon ist ein neuer Sturm im Anzug. Ich muß ihm unbedingt zuvorkommen und beschleunige das Tempo.

Nun hätte ich endlich einen Ausblick auf die andere Seite der Insel, doch wegen des dichten Wolkenmeers, das die Sicht auf den Horizont versperrt, kann ich nichts erkennen. Ich arbeite mich vorsichtig über das Eis hoch, das von Gletscherspalten durchzogen ist, und erreiche nach Einbruch der kurzen Nacht im Schein meiner Grubenlampe eine große Fläche, die das Gletschereis vor mir absurderweise ausgespart hat. Hier bleibe ich in Erwartung des Tagesanbruchs ungefähr eine Stunde unter freiem Himmel. Gegen drei Uhr morgens, in der ersten Morgendämmerung, beginne ich, mit dem Beil eine Treppe über den weißen Gipfelhang auszuhacken.

Um fünf Uhr morgens sind es nur noch hundertfünfzig Meter bis zum Gipfel. Aus dem Krater oben schraubt sich eine enorm hohe, dichte und dunkle Rauchwolke. Ich höre das Schnauben und Zischen des Vulkans, und beißende Schwefeldünste werden vom Wind zu mir heruntergetragen, so daß ich husten muß.

Unversehens werde ich von Schneewirbeln eingehüllt; weitere Böen folgen, und von den steil aufragenden und von Schlacken und Asche grau gefärbten Hängen beginnen Bäche gefrorenen

Staubs zu rinnen. Sie füllen die Unebenheiten auf, und hier und da haben sich bereits trügerische Schneeplatten übereinandergeschoben. Ich erkenne die wachsende Lawinengefahr, lege, ohne zu zögern, den Rückwärtsgang ein und steige die eben erst ausgehackten Stufen hinunter, die bereits verweht und teilweise überhaupt nicht mehr vorhanden sind.

Ich weiß nicht, wie es mir gelingt, das bereits durchlittene Labyrinth der Gletscherspalten zu erreichen und hinter mich zu bringen, wobei ich mich einzig und allein auf meine Erfahrung verlasse. Bald kommt wieder das blaue Zelt in Sicht. Es wird in diesem Augenblick von prasselndem Regen gepeitscht, der ab hier den Schnee ablöst. Ich gönne mir keine Pause, sondern lege einen schnelleren Gang ein, getrieben von der Angst, daß ich mich zwischen den Schluchten nicht mehr zurechtfinden könnte, falls der dichte Nebel noch tiefer sinkt. Dann würde ich Gefahr laufen, nicht rechtzeitig zu meiner Verabredung mit George am Beringmeer zu kommen, das noch weit entfernt ist.

Es ist der 22. Juli neun Uhr vormittags, und ich befinde mich fast auf der Wasserscheide der Insel. Wie zu Beginn dieses Abenteuers sage ich mir abermals, daß ich derart schweres Gepäck nicht weiter mit mir herumschleppen kann. Ich muß es drastisch reduzieren. Also trenne ich mich mit schlechtem Gewissen von Dingen, die mit Erinnerungen behaftet sind, wie der Leine, die mich aus dem Treibsand des Yukon gerettet hat, den Bergschuhen, mit denen ich so viele Gipfel bestiegen habe, und dem roten Beil, das ich seit dem Chilkoot-Paß ständig im Rucksack trage. Ich lasse auch die beiden Kochtöpfe, die Pfanne, die Batterien und einen Teil der Lebensmittel zurück. Außer jenen, die verderblich sind, häufe ich alles auf einen Vorsprung im Gelände und errichte darüber einen Steinhaufen, damit die Stürme die lebendige Spur jenes Menschen, der diese jungfräulichen Gegenden durchquerte, nicht zerstreuen können.

Inzwischen bin ich in den Nebel gehüllt, der unglücklicherweise doch herabgestiegen ist, bewege mich aufs Geratewohl manchmal nur tastend vorwärts und orientiere mich ausschließlich am Kompaß. Ich steige über lange Schneerinnen ab, dann über steile Hänge aus Lava, und zuweilen bewege ich mich auch am Rand einer Schlucht vorwärts, alles im hartnäckigen Regen. Offenbar ist schlechtes Wetter im Sommer in diesen Gegenden der Normalzustand. Als ich am Ende der Schneefelder angelangt bin, reißt der Nebel für ein paar Augenblicke auf, und endlich sehe ich unter mir den Urwald, der sich bis zum Meer zieht. Abermals scheint sich der Nebel zu schließen, doch nun genügt hier und da ein flüchtiger Riß in der Nebeldecke, damit ich mir einen Orientierungspunkt einprägen kann.

Bereits droben auf den Schneefeldern bin ich auf einige Bärenfährten gestoßen, und in der schlammigen Asche hatten sich die Spuren dieser Riesen allmählich gehäuft. Nun scheinen sie sich am Rand einer Schlucht alle miteinander zu vereinen und einen veritablen Pfad in Richtung Ebene zu bilden. Ich zögere nicht, diesen Pfad einzuschlagen, denn ich erfasse intuitiv, daß ein von einem Tier gebahnter Weg der beste sein muß. Ich wage mich also auf den Bärenpfad, der von kleinen Blumen flankiert wird, die trotzig aus der schwarzen Asche sprießen. Der monotone und kalte Regen, der bei uns typisch für den Herbst wäre, hält weiter an. Immerhin lasse ich, als ich mich der Ebene nähere, wenigstens den Nebel hinter mir.

Dann – möglicherweise aus Furcht, einem Kodiakbären von Angesicht zu Angesicht zu begegnen – verlasse ich den Pfad, der an dieser Stelle eine weite Biegung zu beschreiben scheint, und nehme eine Abkürzung durch kleine grüne Dünen, die einen freundlichen und harmlosen Eindruck machen. Doch das ist ein gewaltiger Fehler. Das Gelände erweist sich nämlich als langer und chaotischer Lavastrom mit wackligen Blöcken, die außerdem von nachgiebigem und schlüpfrigem Moos getarnt sind. Häufig erweist sich diese Kombination aus Felsen, Gruben und faulendem Pflanzengewirr als richtige Falle, und nicht selten sinke ich bis zur Brust ein oder verschwinde in einer verborgenen Spalte und lande eingezwängt zwischen scharfen Felsen. Es ist eine Marter, die stundenlang anhält und auch eine ernste Gefahr für Beine und Knöchel darstellt. Völlig zerschlagen komme ich endlich da heraus. Und das war noch das kleinste Übel.

Als ich den Rand der Ebene erreiche, steuere ich nicht direkt auf mein Ziel zu. Das wäre zwar logisch, doch früher oder später müßte ich den großen Fluß überqueren, der mit Sicherheit irgendwo da unten liegt, auch wenn ich ihn von hier aus nicht erkennen kann. Um eine mögliche Furt zu finden, gehe ich also über die letzten Lavaausläufer vor der Ebene und halte mich so nahe wie möglich am Berg, wo der Fluß noch relativ schmal sein muß.

Schließlich bin ich in der nördlichen Tiefebene der Insel angelangt. Im Gegensatz zu der dem Pazifik zugewandten Seite finde ich hier eine ungewöhnlich üppige Tundra vor. Der von Sträuchern bewachsene Niederwald ist äußerst dicht und mindestens drei Meter hoch. Ich tauche darin ein. Es ist nicht einfach und streckenweise sogar unmöglich, hier weiterzukommen. Erleichtert atme ich auf, als ich erneut auf einen wunderbaren, von den Bären gebahnten Pfad stoße, doch gleichzeitig wächst meine Besorgnis. Am Yukon und in anderen Gegenden des hohen Nordens, die ich besuchte, haben mir Indianer immer wieder von ihren eigenen Erlebnissen mit den Bären erzählt, ähnlich den Erfahrungen, die auch ich unter vergleichbaren Umständen gemacht hatte. Ich weiß daher, daß diese Sohlengänger die ungefährlichsten Tiere der Welt sein können, wenn sie in Ruhe gelassen werden; wenn dem nicht so ist, werden sie jedoch zur größten Gefahr. Und zwar nicht nur, wenn man sie jagt oder verwundet, sondern auch, wenn man aus purem Zufall auf eine Mutter und ihr Junges stößt; oder auch nur, wenn sich das Tier in die Enge getrieben fühlt. Aus diesen Gründen waren diese riesigen Tiere in der Vergangenheit mehr als einmal selbst aus hundert Metern Entfernung zum Angriff übergegangen. Für solche Tiere, zumal für Einzelgänger, sind das gute Gründe und nicht so sehr ein rasender Wutausbruch, als was es uns erscheint.

Ich habe also Anlaß zur Furcht, als ich mich in diesem dunklen Graben vorwärts bewege, den der Pfad der Kodiakbären darstellt. Allerdings habe ich den Wind auf meiner Seite, der von den Bergen zum Meer weht und es dem Tier erlaubt, bereits in der Ferne Witterung aufzunehmen und sich freiwillig und in aller Ruhe zu entfernen; dieses Warnzeichen sorgt nämlich dafür, daß es von meiner Anwesenheit nicht überrascht werden kann. In Anbetracht der Tatsache, daß der Bär die Stimme des Menschen nicht mit dessen körperlicher Präsenz in Verbindung bringt, ist der Geruch in diesen Fällen aufschlußreicher als der Klang. Es ist deshalb sinnlos, sich mit Schreien oder anderem Lärm anzukündigen. Doch ich bin, wie bereits erwähnt, gerade deshalb nach Unimak gekommen, um mir all das bestätigen zu lassen. Und nun scheint es eine Ironie des Schicksals zu sein, daß ich seit dem Betreten der Insel noch keinem der Sohlengänger begegnet bin, obwohl ich fast überall Spuren von ihrer Gegenwart gefunden habe und der Umfang dieser Abdrücke mir einen Eindruck von ihrer gewaltigen Größe vermittelt hat. Dieser Pfad zum Beispiel sieht aus wie zwei, die deutlich voneinander abgegrenzt sind; in Wahrheit setzen die Tiere ihre rechte und linke Tatze in verschiedene Furchen. Natürlich halte ich mich in einer einzigen, da zwischen beiden eine grasbewachsene Erhebung verläuft, so daß ich die Beine fast bis zum Spagat spreizen müßte, um in beide Spuren zu treten. Wie aber sollte ich so vorwärts kommen?

Um auf der Hut zu sein, müßte ich eigentlich das Gewehr in die Hand nehmen, doch das verschiebe ich auch wegen des prasselnden Regens immer wieder. Die Waffe bleibt also da, wo sie ist, quer über den Rucksack gebunden. Ich konzentriere mich dafür zwar auf die Geräusche und auf meine Umgebung, doch ich weiß, daß das kaum etwas nützen wird, um eine unerwartete und damit schreckliche Begegnung zu vermeiden. Die Wahrheit ist, daß mich so etwas wie ein euphorisches Gottvertrauen leitet, das ebenso unerklärlich wie beunruhigend ist; ich glaube, darauf vertrauen zu können, daß dem Bären und mir bei einer solchen Konfrontation nichts anderes übrigbleibt, als einander zu verstehen oder zumindest nicht mißzuverstehen – einfach aufgrund des Unbehagens, das uns beide in diesem Augenblick verbinden wird. In der Tat weiß man ja, daß Bären es vorziehen, bei schlechtem Wetter unter einem schützenden Obdach zu verharren.

Je näher ich der Küste komme, desto zahlreicher werden Moraste und sumpfige Lichtungen. Die Unwegsamkeit des Pfades nimmt dadurch zu, ebenso meine Müdigkeit. Nicht minder beunruhigend ist, daß sich der Tag seinem Ende zuneigt. Ich befürchte, daß die Nacht mich zum Biwakieren zwingen könnte, bevor ich die Sümpfe hinter mich gebracht habe. Doch kurze Zeit später taucht schon das Ufer einer Lagune auf, und knapp dahinter läßt sich bereits das Beringmeer erahnen.

Die Fährte der Kodiakbären, der ich bis jetzt gefolgt bin, teilt sich nun und läuft in verschiedene Richtungen weiter. Ich wähle die, die auf dem geradesten Weg zum Meer zu führen scheint. Doch aufgrund meiner Müdigkeit und weil es inzwischen dämmrig geworden ist, fühle ich mich bei weitem nicht mehr so euphorisch und ruhig. Der Pfad, dem ich folge, geht in einen Hohlweg über und führt durch undurchdringliches Dickicht, das von Zeit zu Zeit einen richtigen Tunnel bildet. Unversehens endet er auf einer weiten Lichtung mit meterhohem Gras, das offensichtlich erst kürzlich von massigen Körpern zertreten wurde. Es ist nicht schwer, sich vorzustellen, daß es sich hierbei um einen Tummelplatz der großen Bären handelt. Und da sind auch schon ihre »Badewannen«, zahlreiche schlammige Mulden im tiefen Bachbett, die ganz offensichtlich von mächtigen Tatzen modelliert wurden.

Als ich endlich die grasbewachsenen Dünen erklettere, um über den schwarzen Sand auf der anderen Seite zum Strand hinunterzusteigen, fühle ich mich buchstäblich von der Müdigkeit betäubt. Es ist nun zehn Uhr abends und stockdunkel. Mit letzter Anstrengung stelle ich das kleine Zelt auf, das ich im Schutz einiger angetriebener Baumstämme verankere, und werfe mich hinein, obwohl ich bis auf die Haut durchnäßt bin. Ich falle sofort in tiefen Schlaf.

Die Nacht ist nur sehr kurz. Ich werde vom Brechen großer Wellen am Strand geweckt. Die Kälte steckt mir noch in den Knochen. Als ich aus dem Zelt krieche, stelle ich fest, daß ich mich auf einer kahlen, sandigen Heide von der Farbe alten Zinns befinde, über die der Wind hinwegfegt. Der Boden ist von den Hinterlassenschaften der Möwen übersät, und auf der Strandlinie liegen, halb unter dem Sand begraben, große Quallen. Zwischen den Wellen, knapp jenseits der Brandung, lugen zwei Ohrenrobben hervor und scheinen mich mit prüfender Miene zu mustern. Mit Erstaunen wird mir schließlich bewußt, daß mein Zelt von deutlich ausgeprägten Bärenspuren umgeben ist. Sie stammen mit ziemlicher Sicherheit von einem ausgewachsenen Tier und zwei Jungen. Sie sind ganz frisch, das erkenne ich daran, daß sie der Wind noch nicht verweht hat, obwohl sie in trockenen Sand eingedrückt sind. Das heißt, daß die Kodiakbären um mich waren, während ich schlief. Ihre Neugier muß also stärker gewesen sein als ihre instinktive Neigung, dem Menschen aus dem Weg zu gehen. Oder ist es vielleicht so, daß diese Tiere in mir nicht die geringste Gefahr sahen? Diese Schlußfolgerung gefällt mir nun besser als jede andere. Ich beschließe, sie jenseits der grasbewachsenen Düne, die sich parallel zum Meer erhebt, ausfindig zu machen.

Und da sind sie, meine nächtlichen Besucher, alle drei in einer schmalen Rinne am Ufer versammelt. Ohne einen weiteren Schritt zu tun, kauere ich mich auf dem Kamm der Düne ins Gras und vertiefe mich in diesen Anblick. Ich glaube, daß sie mich weder gesehen noch gewittert haben. Das Bild, das sich mir bietet, könnte man ohne weiteres als bukolische Szene bezeichnen. Die Bärenmutter geht mit unglaublicher Zärtlichkeit mit ihren beiden Draufgängern um. Bald jagen die Kleinen einander, bald ärgern sie die Mutter und versetzen ihr Hiebe mit ihren Tatzen. Anfangs zeigt sie sich noch ziemlich nachgiebig, doch schließlich hat sie genug und stellt die Ordnung mit gezielten Nasenstübern wieder her. Am Ende traben sie mit wiegenden Köpfen im Gänsemarsch ab, die Bärenmutter vorneweg. Sie durchqueren die Rinne und wenden sich ins Hinterland, auf demselben Pfad, der mich gestern nacht hierhergeführt hat. Es ist schön zu sehen, wie flink sich diese so plump scheinenden, hellen Fellkugeln vorwärts bewegen. Ich stehe wieder auf, um mich ebenfalls ins Hinterland auf die Suche nach der Lagune zu begeben, an der ich mich mit Freund George treffen will. Doch plötzlich zeichnet sich auf der Anhöhe vor mir der mächtige Umriß eines weiteren Kodiakbären ab. In dieser vollkommenen Unbeweglichkeit, in der nur ein Tier verharren kann, könnte man ihn für einen Granitblock halten, der sich in die Erde gebohrt hat. Er ist keine fünfzig Meter von mir entfernt, und wir scheinen einander zu hypnotisieren. Eindeutig argwöhnisch nimmt das Tier lange Witterung auf; um besser riechen zu können, befeuchtet es die Schnauze mit nervösen Zungenschlägen. Vermutlich liegen in diesem riesigen Einzelgänger, der die natürliche Neigung hat, Unannehmlichkeiten aus dem Weg zu gehen, Neugier und Scheu miteinander im Widerstreit. Also kauere ich mich abermals in das hohe Gras, das mir eine gute Tarnung bietet. Es muß ein Männchen sein, und es ist ebenso gewaltig wie wunderschön mit seinem glänzenden Fell. Ich erhebe mich vorsichtig, um dieses prächtige Tier zu fotografieren. Doch plötzlich dreht der Bär sich mit einem Ruck um und verschwindet hinter dem Scheitel der Anhöhe. Seine instinktive Vorsicht hat ihn schließlich davon abgehalten, sich länger als Zielscheibe darzubieten – denn er weiß ja nicht, ob das, was da auf ihn gerichtet ist, eine Waffe oder ein Kameraobjektiv ist. Ich bewege mich in seine Richtung, um ihn nicht aus den Augen zu verlieren, doch das ist nicht so leicht, weil ich bis zur Brust im hohen Gras stecke.

Ich erreiche die Stelle, an der sich der Bär noch eben befand: ein Versteck, das durch üppiges Grün gut getarnt ist. Der Bär hat die Stelle sorgfältig planiert und sich eine Art Nest genau auf dem Scheitel der grasbewachsenen Düne eingerichtet. Von hier aus konnte er in breitem Umkreis mögliche Beutetiere wittern, die die Umgebung unter ihm passierten. Ich sehe ihn erst wieder, als ich auf der anderen Seite der Anhöhe auftauche. Er steht auf einem niedrigen Plateau und blickt mich unverwandt an. Plötzlich richtet er sich wie zu einer Drohgebärde auf den Hinterbeinen auf; doch wahrscheinlich ist diese neue Haltung abermals nur reine Neugierde. In dieser statuarischen Unbeweglichkeit wirkt er wirklich gigantisch; das Gras, das mir bis zur Brust reicht, streift kaum seine Keulen. Er läßt sich wieder auf alle viere herab, doch er bleibt noch lange im Gras sitzen und nimmt Witterung in meine Richtung auf, bevor er schließlich davontrabt.

Der Nachmittag verstreicht, und noch immer taucht Georges Flugzeug nicht auf. Wie gesagt, es ist das einzige fliegende Transportmittel in dieser Gegend der Aleuten. Mittlerweile beuteln mich Zweifel und Ängste. Wenn das Flugzeug eine Panne hatte, frage ich mich, und nicht kommen kann, was dann? Und was, wenn es George nicht gelingt, mich, diesen winzigen Fleck in der Tundra, auszumachen? Hinzu kommt noch, daß sich der kleine See, der auf der Karte auf dem entsprechenden Meridian als unser Treffpunkt verzeichnet ist, als einer unter vielen erwiesen hat, die nicht erfaßt sind. Das konnte ich feststellen, als ich mich auf der höchsten Düne umsah. Diese Gedanken machen mich so verrückt, daß ich in aller Eile ein Notsignal vorbereite: Ich sammle Unkraut und trockenes Holz am Strand und staple alles aufeinander; ich werde es im richtigen Moment entzünden, damit die aufsteigende Rauchwolke meinen Standort verrät. Außerdem reiße ich mir die Kleider vom Leib und breite sie am Rand der Wasserfläche zu einem bunten Fächer aus.

Und endlich taucht am Himmel Georges Flugzeug auf. Er ist ein ausgezeichneter Beobachter und gibt mir sofort ein Zeichen, daß er mich entdeckt hat. Nach dem Wassern nähert er sich mir mit einem Lächeln. Während ich die letzten Tage in völligem Schweigen zugebracht habe, wird unsere Begrüßung von einem Wortschwall begleitet. Begierig lausche ich meiner Stimme, als hätte ich sie ein Leben lang nicht mehr vernommen.

BEI DEN MASSAI

1966

Die wilden Tiere faszinierten mich, das wurde mir nach dem Abschluß meines Abenteuers in Alaska jeden Tag mehr bewußt. Ich ertappte mich häufig dabei, daß ich meinen Erinnerungen nachhing und in Gedanken diese unverdorbenen Kinder der weiten Horizonte wieder aufsuchte – jene absoluten Herrscher des gewaltigen Nordens, in dessen verzauberter Atmosphäre ich ihre Bekanntschaft gemacht hatte. In der Tat hatten Wolf, Bär, Elch und Biber mit ihren Mythen und ihrem einnehmenden Wesen dafür gesorgt, daß ich einige kostbare, von ihren alten Geheimnissen erfüllte Momente erleben durfte. Seither beschäftigte mich immer mehr die Frage, wie ich mich in Zukunft anderen Arten wildlebender Tiere, die es auf der Erde noch gibt, nähern könne. Es war mir zwar nicht wirklich gelungen, mit der Tierwelt zu kommunizieren, aber immerhin war ich so weit gekommen, Mißverständnisse bei unseren Begegnungen vermeiden zu können. Mit dieser Einstellung schicke ich mich nun, im April 1966, an, die Urwälder und Savannen Ostafrikas zu betreten, die bis heute das Reich der großen wildlebenden Arten geblieben sind.

Um erste Erfahrungen zu sammeln, streifte ich ein paar Wochen mit Angehörigen der Kikuyu, eines Bantustamms, im noch unberührten Urwald von Meru umher, einem der dichtesten und dunkelsten in Tansania. Dann zog ich durch die endlosen Grassteppen der Massai auf der Hochebene von Murja, wurde von ihnen in ihren einfachen, aus Kuhdung errichteten Dörfern aufgenommen und verbrachte auch dort einige Zeit. Um den Stammeshäuptling Kone Ole Sendéo nicht zu beleidigen, der mir seine

Gastfreundschaft gewährte, ernährte ich mich sogar von ihrem Hauptnahrungsmittel, das aus in Ochsenblut gegorener Milch besteht. Doch ich muß hinzufügen, daß mir diese Anpassung alles andere als leicht fiel.

Von allen – erst von den Kikuyu und dann von den Massai – hatte ich wichtige Dinge für mein Vorhaben gelernt, das ich nun in die Tat umsetzen wollte. Doch die besten Lehrmeister waren die Morani, die jungen und stolzen Krieger der Massai. Hochgewachsen und hochfahrend, wie sie waren, wirkten diese nomadischen Krieger physisch nicht weniger schön als die Frauen mit ihrer samtigen, kupferfarbenen Haut. Sie stellten die Blüte der edlen nilohamitischen Rasse dar, von der sie abstammen. In rote Togen gehüllt, mit Speeren bewaffnet und mit auffallenden Ornamenten bedeckt, schienen diese fabelhaften Gladiatoren der Savannen als Relikte früherer Epochen lediglich eine rein dekorative Rolle zu spielen; doch nichtsdestotrotz gehörten sie noch immer der Wirklichkeit an, auch wenn die Welt sich jenseits ihrer Gebietsgrenzen bereits unwiderruflich zu verändern begonnen hatte.

Die alten Traditionen verlangten von den Massai Mut und aufrechten Sinn. Deshalb hatte dieses unabhängige und stolze kleine Volk – mißtrauisch geworden gegenüber dem Neuen, das von außen einzudringen versuchte – zu seinem Schutz die Elite seiner Jugend, eben die Morani, erwählt. Jahrelang, manchmal sehr viele Jahre lang, schweiften diese speerbewehrten Krieger durch die Savannen und Urwälder. Sie lebten ein abenteuerliches Leben, das sie ihrer Vorfahren würdig machte, indem es ihre Kühnheit auf die Probe stellte und vermehrte.

Die Morani unternahmen ihre Streifzüge in kleinen Gruppen, legten bemerkenswerte Entfernungen zurück – bis zu vierzig, fünfzig Kilometer pro Tag – und bekamen im besten Fall in den Dörfern zu essen, die ihr Weg kreuzte. Alle dort fühlten sich verpflichtet, sie zu bewirten. Früher forderten sie bei ihren Waffengängen den Gegner mit dem Schrei heraus: »Ob Sieg oder Tod, hier wird es sich herausstellen!« Als schließlich die Epoche der Stammesfehden zu Ende gegangen war, traten sie, um ihrem Ruf gerecht zu werden, mit ihren Speeren nun verwegen Löwen und Büffeln entgegen; ihre Bewaffnung bestand nämlich nur aus einem Speer und einem *panga* (einer Art Machete). Wie das Verhängnis es wollte, mußten auch sie sich – kaum, daß die Bedingungen dafür geschaffen waren – in den siebziger Jahren dem verderblichen Einfluß der »organisierten Reisen« geschlagen geben und wurden von einer regelrechten Sturzwelle des Tourismus überrollt, der auf geradezu zynische Weise schlecht vorbereitet war und deshalb so zerstörerische Folgen hatte. Leider behandelte man auch hier die Natur und ihre Bewohner mit der für unsere Zeit so typischen Gefühllosigkeit.

Doch kehren wir wieder in meine Zeit zurück, in der diese Plage das Land noch nicht überschwemmt hatte. Allerdings gab es bereits kleine versnobte Gruppen manierierter »Abenteurer«, die in Nairobi die alte »Norfolk-Bar« und das »New Stanley Hotel« bevölkerten. In jenen Tagen hörte man nie, daß einer von uns Abendländern auch nur auf die Idee kam, sich ohne Waffe in die Savanne oder den Urwald zu begeben. Das Gewehr war der ständige Begleiter des Reisenden. Quasi obligatorisch, weil es die Mode verlangte, waren auch Buschhemd und Tropenjacke sowie als besondere Zierde der heißbegehrte breitkrempige Hut, um den ein Stück Leopardenfell gewickelt war. Welch krassen Gegensatz zu den Eingeborenen stellte all dies bereits damals dar! Ich hingegen hatte mich entschlossen, in ihrer Welt zu leben und gerade daraus wertvolle Lehren zu ziehen. Es waren Menschen, die dank ihrer Kenntnisse und Bedürfnisse noch in einer extrem wilden und tückischen Natur überleben konnten, in absoluter Einheit mit der Natur. Sie waren ein Teil von ihr. Diese Menschen lebten in einem dauerhaften und natürlichen Gleichgewicht mit der Savanne und ihren Tieren – denselben Tieren, die die Unwissenheit und Vorurteile der fortschrittlichen Welt als gefährlich und reißend betrachteten und deshalb zur Strecke brachten. Die Kikuyu und die Massai hingegen verfügten zu ihrer Verteidigung lediglich über einen Speer und einen *panga* – und das, obwohl sie sterblich sind wie wir, aus Fleisch und Knochen bestehen und deshalb dem sadistischen Gaumen, der den Raubtieren zugeschrieben wird, ebenso verlockend erscheinen müssen. Das galt zwar insbesondere für die Morani, aber es gab ja auch andere ganz gewöhnliche Menschen, die ähnlich wie sie herumzogen und auf ihren Wanderungen weite Entfernungen zurücklegten. Auch sie machten sich keine Sorgen und hatten höchstens – wenn überhaupt – einen Stock dabei, weil sie sich nicht im geringsten davor fürchteten, einem auf der Lauer liegenden Tier zum Opfer zu fallen.

Ich gebe zu, daß mich diese Dinge am Anfang etwas verwirrten. Doch nach und nach ging mir auf, wie vernünftig die Einstellung der Einheimischen doch eigentlich war. Im Unterschied zu den abgestumpften Weißen hatten sie sich in der Tat noch eine kostbare Eigenschaft bewahrt, die sie im Bedarfsfall gebrauchen konnten und die ich kühn als »animalisches Einfühlungsvermögen« bezeichnen möchte. Diese tief verwurzelte Fähigkeit versetzte die Eingeborenen in die Lage, sich jenen Tieren gegenüber, denen sie begegneten, auf die angemessenste Weise zu verhalten.

Ich lebte also mit den Massai, zog mit ihnen durch ihre Stammesgebiete und hatte dadurch Gelegenheit, die Wirksamkeit dieser alten und von uns inzwischen vergessenen Weisheit zu erproben. In der Tat kam es mehr als einmal vor, daß wir uns plötzlich einer Herde von Elefanten oder Büffeln, einem Löwenrudel oder einem einzelnen Nashorn gegenübersahen. Doch wir flohen niemals und taten alles, um sie nicht zu stören. Wir kauerten uns einfach dort, wo wir waren, hin und verharrten unbeweglich und lautlos; die Speere und alles andere, was wir in der Hand hielten, legten wir auf den Boden. Damit überließen wir den Tieren die Entscheidung, ob sie sich entfernen oder lieber bleiben und ihre instinktive Neugier befriedigen wollten. Dank dieses Verhaltens kamen niemals Mißverständnisse zwischen uns und den Tieren auf; früher oder später trollten sie sich alle friedlich. Die Angelegenheit erledigte sich also von selbst, ohne daß es Besiegte oder Sieger gab. Ich muß gestehen, daß mir in solchen Augenblicken, die leichter erzählt als erlebt sind, des öfteren das Herz bis zum Hals schlug und mir der Atem stockte; doch das Prinzip funktionierte immer und optimal. Ich nahm es zur Kenntnis und ließ mich schließlich überzeugen.

Durch den Überschwang und Stolz, der dieser Überwindung jedesmal folgte, keimte tief in meinem Inneren eine Erkenntnis, die mir immer bewußter wurde. Ich sagte mir nämlich: Ein wildes Tier mit einem Gewehr zu töten ist viel zu einfach, denn es beweist weder Verwegenheit noch Schlauheit; Umsicht und Tatkraft erfordert dagegen die Einstellung auf die jeweilige Situation, so daß man sich einem Tier in seiner natürlichen Umgebung nähern und gefahrlos sein spontanes, natürliches Verhalten beobachten kann.

Dank der Aufmerksamkeit und Ungezwungenheit der Massai und nicht ohne daß ich selbst Augen und Ohren offenhielt, lernte ich also, das quasi rituelle Gebaren zu deuten, das zum Beispiel dem Scheinangriff eines Elefanten vorausging – den er sehr rasch aus dem einfachen Grund abbrach, weil von unserer Seite keine Reaktion erfolgte. Ich hatte ebenfalls Gelegenheit, das Verhalten von Löwen zu studieren, die sich plötzlich mit Menschen konfrontiert sahen. Sehr bald stellte ich fest, wie einfach es war, intuitiv die Bewegungen des Schwanzes oder der Ohren zu erfassen oder die Art, in der der Löwe uns im Auge behielt. Ich machte es mir also zur Pflicht, auf jede äußere Regung des Tieres zu achten. Doch es gibt auch andere, wiewohl verborgenere und viel schwieriger zu entschlüsselnde Signale, die das menschliche Wahrnehmungsvermögen ganz erheblich übersteigen. Das sind Botschaften, die sich über außersinnliche Schwingungen verbreiten, also weder gesehen noch gehört werden können. Nichtsdestotrotz sind es deutliche Signale, die lediglich ein ursprüngliches und extrem sensibles animalisches Wesen zu senden und zu empfangen vermag; zwar verfügen auch wir darüber, doch es ist eingeschlafen und muß erst wiedererweckt werden.

Um bei den Löwen zu bleiben: Ich amüsierte mich sehr über die Tolpatschigkeit der jüngeren, noch ziemlich verspielten Tiere. Auch wenn sie zuweilen kräftig entwickelt waren, wurde ihre jugendliche Unreife doch sofort aus den verbliebenen hellen Flecken auf ihrem Fell ersichtlich. Es war lustig zu beobachten, wie sich dieser »König der Tiere« im Gras keck und mit drohendem Ausdruck näherte. Doch nur ein Schritt in seine Richtung genügte, um ihn, der nun Angst vor der eigenen Courage bekam, in die Flucht zu schlagen. Mich faszinierte zu sehen, wie sich in diesen jungen Löwen die Instinkte entwickelten, der Instinkt der Eroberung, des Beutefangs – was häufig dazu führte, daß sie ihre Kräfte an einem Nichts maßen, aber auch an Dingen, die größer als sie selbst waren. Was heute noch ein Spiel war, würde eines Tages überlebensnotwendig werden: dann, wenn aus dem neugierigen Löwenjungen ein erfahrenes und entschlossenes Raubtier geworden war.

Ich fand außerdem heraus, daß sich beim Nashorn Kurzsichtigkeit und törichte Reizbarkeit die Waage hielten. In der Tat erkannte ich, daß ein einfacher kleiner Sprung zur Seite im letzten Augenblick ausreichte, um einem Angriff auszuweichen. Aber ich wußte auch, wie wenig nötig war, um das Tier aus seinem sensiblen psychischen Gleichgewicht zu bringen: Schon ein kleiner, im Wind schwankender Zweig bewirkte, daß es schnaubend und blindwütig auf ihn losging – auch das eine Folge der Furcht, die aus seiner schwachen Sehkraft resultierte.

Doch das unberechenbarste und darum auch gefährlichste der großen Tiere war mit Sicherheit der Büffel. Deshalb hielt ich mich – auch wenn ich noch keine Erfahrungen mit seinem launischen Charakter gemacht hatte – peinlich genau an die Maßregeln der Massai. Ich prägte mir scharf ein, daß ich mich keinesfalls bewegen durfte, wenn ich diesem lebenden Felsen gegenüberstand. In einer meiner ersten Lektionen, die mich die Savanne lehrte, ging ich eines Tages auf ein Gesträuch zu, aus dem ein undefinierbares Knurren zu hören war. Gerade noch rechtzeitig riß mich die Hand eines Massai beiseite und verhinderte so, daß ich die Mittagsruhe eines Leoparden störte. Es heißt, daß das Ohr immer rascher lernt als das Auge. Und das stimmt absolut. Diese sonore Warnung war für mich eine weitere Lektion, die sich meinem Gedächtnis tief eingrub – wie eine Magnetkarte, die sofort ihre Informationen ausspuckt, sobald sie in das Lesegerät eingeführt wird.

Zu meinem unentbehrlichen Wissen über das wilde Afrika sollten noch viele ähnliche Episoden beitragen, die ich allerdings bald ohne die Hilfe der Morani sammeln mußte.

IM REICH DER KROKODILE

1966

Ich befand mich seit einiger Zeit in Uganda. In der festen Absicht, mindestens einen Monat im Reich der Krokodile und der Nilpferde zu verbringen, reiste ich zum Victorianil nahe den Murchison Falls. Domenico Bardana, ein italienischer Freund, der in Kenia lebte, begleitete mich. Wir kampierten an verschiedenen Stellen direkt am Ufer des breiten Flusses, um auf Tuchfühlung mit den Tieren gehen zu können, die ihn bevölkerten. Es war zu Beginn des Sommers 1966, und bereits damals gab es in ganz Afrika nur noch wenige Naturreservate, die unberührt geblieben waren.

Der Fluß war in dem Abschnitt, den wir uns ausgesucht hatten, mit keinem Fahrzeug erreichbar. Wir konnten nur über steile Bergstürze und jungfräuliche Vorgebirge an sein Ufer vordringen; nachdem wir das geschafft hatten, folgten wir dem Lauf seiner Stromschnellen flußaufwärts. Hinter dem großen Wasserfall tosten seine brodelnden und kochenden Wasser noch einige Kilometer weiter: Erst wanden sie sich durch glatte, senkrechte Felsschluchten, wurden dann in sich schlängelndem Lauf immer breiter und bildeten schließlich ein tiefes und ruhiges, von dichtem Wald gesäumte Flußbett. All dies steigerte nur noch die geheimnisvolle Atmosphäre der schon per se eindrucksvollen und zeitlosen Landschaft. Aus diesem Grund hatten wir diesen Fleck der Erde für unser Abenteuer gewählt.

Den ersten Anstoß dazu gab uns ein kurzer Aufenthalt im unteren Abschnitt des Flusses, wo wir in der Para Lodge (einer landestypischen Unterkunft, die nach englischem Vorbild von einheimischem Personal geführt wird) einen alten, reparaturbedürftigen Einbaum kauften, der traditionell aus einem großen Baumstamm geschnitzt wird. Die Fortbewegung mit den breiten hölzernen Rudern gewährleistete eine wenn schon nicht schnelle, so doch um so lautlosere Fahrt; außerdem paßten sich die Konturen des Einbaums perfekt der umgebenden Landschaft an. Dieser Umstand war für uns sehr wichtig, denn so konnten wir uns den Tieren nähern, ohne sie in Unruhe zu versetzen oder gar zu vertreiben.

Wir fuhren also weiter flußaufwärts, nutzten das Auf und Ab der Strömung aus und schlugen unser Lager überall da auf, wo wir unauffällig an die Tiere herankommen konnten. Und so wechselten wir von einer grasbewachsenen Landzunge zu einem dichten Waldstück, von einem sandigen Ufer auf eine sumpfige Insel oder in eine versteckte Bucht. Es war tagsüber und in der Nacht derart heiß, daß wir uns praktisch nackt bewegten und uns dadurch Schwärmen blutsaugender Insekten preisgaben, die nicht aufhörten, uns zu quälen. Am Gürtel trugen wir gut befestigt einen *panga* und einen Dolch: die einzigen Waffen zu unserer Verteidigung. In Anbetracht der großen Krokodile, an die wir uns heranpirschten, mochten sie lächerlich, wenn nicht gar sinnlos erscheinen, doch die Klingen erwiesen sich als äußerst nützlich, wenn wir uns den Weg durchs Uferdickicht bahnen mußten.

Einige Tage lang versorgte uns ein Motorboot von dem Stützpunkt aus, von dem wir aufgebrochen waren, mit Lebensmitteln; dann wußten wir uns nach und nach selbst zu helfen und mit unseren Vorräten auszukommen.

Die ersten Tiere, auf die wir stießen, waren Nilpferde – riesige Tiere, die sich trotz ihres furchteinflößenden Aussehens als sanft und gutmütig erwiesen. Wir glitten mit unserem Einbaum leise durch die ruhigen und glatten Wasser der Buchten, ruderten mit bedachten Bewegungen und hielten die Knie gegen die Bootswand gedrückt, wie es sich gehört, um den Einbaum im Gleichgewicht zu halten. Aus dem fast reglosen gelblichen Wasserspiegel ragten kahle graue Stämme und verdorrte Zweige hervor: die Überreste von Pflanzen, die das Hochwasser des Nils ertränkt hatte. Sie glichen riesigen Elchgeweihen, an denen nicht selten bizarre Kugeln

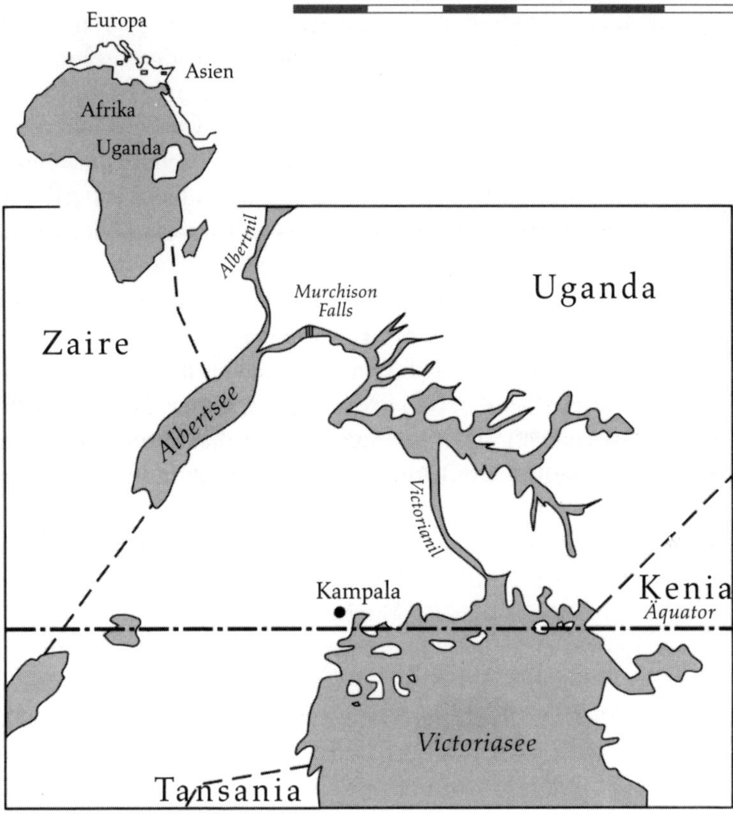

Europa
Asien
Afrika
Uganda
Albertnil
Murchison Falls
Uganda
Zaire
Albertsee
Victorianil
Kampala
Kenia
Äquator
Victoriasee
Tansania

hingen, die wie geschälte Kokosnüsse aussahen. Es waren die hängenden Nester der Webervögel, denen diese Schaukeln Schutz vor Angriffen jeglicher Art gewährten.

Vor allem in diesem bleichen Beinhaus, zu dem sich der Fluß hier verwandelt hatte, lagerten schläfrige Herden von Nilpferden, deren mächtige Rücken wie runde Inseln an der Wasseroberfläche hervortraten und kaum erkennen ließen, was sich in Wahrheit dahinter verbarg. Das erstemal waren wir ganz langsam und vorsichtig an sie herangefahren. Es war ein Erlebnis. Ihm folgten noch viele andere, und alle lehrten uns etwas Neues über das Verhalten dieser sympathischen Riesen. Wenn wir nicht unvermutet auftauchten, sondern ganz allmählich und mit gebührendem Abstand erschienen, blieben die Nilpferde völlig ruhig. Faul, wie sie waren, schauten sie uns nur an und würdigten uns höchstens eines brummigen Gähnens; es gab den Blick frei auf ihre krummen Hauer, die fest aus einem der größten Mäuler dieser Erde herausragen.

Zuweilen schien auf dem Wasser unvermutet ein sonores Prusten zu explodieren, das von einer Fontäne begleitet war. Allein, von dem schnaubenden Nilpferd sah man nur die Nüstern und wie Periskope die kugeligen Augen aus dem Wasser hervortreten.

In der Strömung waren wir zufällig mit dem Einbaum zwischen eine Mutter und ihr Junges geraten. Wir hätten dieses Muttertier nicht schlimmer reizen können, nicht einmal zu Verteidigungszwecken oder aus Panik. Bei einem weiteren unangenehmen Zwischenfall wurde ich von einer rückläufigen Strömung erfaßt, so daß ich einen Augenblick lang die Kontrolle über den Einbaum verlor. Dabei streifte ich leicht einen halb untergetauchten Rükken in einer ganzen Herde von Nilpferden, in die ich geraten war. Es genügte, um augenblicklich ein allgemeines Chaos zu provozieren. Es war, als ob all diese riesigen Leiber auf einen Schlag aus dem seichten Wasser, in dem sie sich niedergelassen hatten, herauskatapultiert würden. Nach diesem Ausbruch hatte der Fluß sie alle auf Nimmerwiedersehen verschluckt, und nichts als aufgewühltes und trübes Wasser war an der Stelle zurückgeblieben. Dies aber barg die größte Gefahr, nämlich unversehens vom Rükken eines Dickhäuters in die Luft geschleudert zu werden, wenn er – so es der Teufel wollte – genau unter dem Einbaum auftauchte, um Luft zu holen. Ein solcher Stoß hätte ihn möglicherweise in zwei Teile zerbrochen, zumindest aber schwer beschädigt – drei oder vier Tonnen Lebendgewicht, die solchermaßen nach oben drängen, haben eben eine durchschlagende Wirkung. Entwarnung gab es nicht, solange nicht alle Nilpferde zum Luftholen wieder aufgetaucht waren.

Schrittweise erfolgten auch die ersten Annäherungsversuche an die Krokodile, die von weitem weit schlechter zu erkennen waren. Noch schwieriger war es, an sie heranzukommen. Auch sie suchten sich mit Vorliebe für ihre Mittagsruhe ein ruhiges Plätzchen an Land aus, wo sie sich genußvoll in die Sonne legten. Besonders auf grasbewachsenen Uferabschnitten lagen ganze Gruppen nebeneinander; wenn das Gelände uneben war, lagen sie auch halb übereinander.

Mit einem schnellen Motorboot wäre es fast unmöglich gewesen, die Krokodile zu überraschen, denn diese Reptilien sind mit einem besonderen Gesichts-, Geruchs- und Gehörsinn ausgestattet. Schon wenn sie in fünfhundert Metern Entfernung eine Gefahr gespürt hätten, wären sie ins Wasser geglitten und untergetaucht. Mit unserem lautlosen Einbaum konnten wir jedoch den Abstand erheblich verringern. Nachdem ich an einem sumpfigen Ufer angelegt hatte und durch den Papyrus gekrochen war, gelang es mir einige Male, bis auf einige Dutzend Meter an sie heranzukommen – niemals näher. Und doch, sagte ich mir, müsse es eine Methode geben, mich noch weiter zu nähern, ohne mich dabei gleichzeitig in Gefahr zu begeben.

Im Lauf der Zeit begann ich gegenüber den Krokodilen und ihrer Umgebung eine größere Unbefangenheit an den Tag zu legen. Ich bekam allmählich das Gefühl, ihre Reaktionen gleichsam instinktiv voraussehen zu können. Zum Beispiel hatte ich am Anfang Angst, auch nur einen Fuß in das schlammige Wasser zu setzen, auch wenn es ganz seicht war; schließlich eignete ich mir jedoch eine gewisse natürliche Ungezwungenheit an, mit der ich mich selbst in ausgesprochen tiefem Wasser bewegte. Zuweilen kam es auch vor, daß der Einbaum im Ufermorast oder im kaum sichtbaren Pflanzenbewuchs, dort, wo sich der Fluß staute, steckenblieb. Dann stieg ich eben ins Wasser, bemühte mich, das Boot freizubekommen und zog es manchmal sogar ein langes Stück hinter mir her. Ich wußte, daß ein Krokodil nicht länger als zehn Minuten unter Wasser bleiben kann, und kalkulierte ebenfalls mit ein, daß es sich dabei um ein unentschlossenes und ganz und gar faules Tier handelt, das daher wenig Lust auf einen Angriff verspürt. Nur in der Dämmerung und in den nächtlichen Stunden wird es aktiv. An der Tageszeit und anderen Anzeichen konnte ich also ablesen, ob sein Hunger gestillt war oder nicht. Ich hatte auch gelernt, seine bösen Augen, die es knapp über den Wasserspiegel hält, nicht mit Nilkohl zu verwechseln: Diese Pflanze sieht wie Blumenkohl aus, wächst im Flachwasser und schaukelt in der Strömung hin und her. Zuweilen verleitete mich die gewaltige Hitze dazu, im Fluß unterzutauchen und schließlich sogar zu schwimmen – natürlich erst, nachdem ich mich vergewissert hatte, daß jene verschlagenen Augen sich in sicherer Distanz befanden.

An Land ist das Krokodil alles in allem sehr scheu und zeigt sein wahres Gesicht erst im Wasser, seinem eigentlichen Element. Häufig schauen nur seine Augen und die geweiteten Nüstern aus dem Wasser. Dadurch läßt sich der wirkliche Umfang seines unbewegten mächtigen Leibes unter Wasser nicht abschätzen. Wenn dann auch noch die Lichtverhältnisse ungünstig sind, wird es sehr mühsam, auch nur seine Anwesenheit zu erraten. Also legt sich das Krokodil im Wasser auf die Lauer, denn hier ist es auch außerordentlich schnell. In dieser Umgebung fühlt es sich so sicher, daß es auch die Nähe eines Einbaums nicht zu fürchten scheint und ihn auf zwanzig Meter an sich herankommen läßt, bis es untertaucht und verschwindet.

Nach der ersten Zeit der Anpassung, während wir immer weiter stromaufwärts kommen, habe ich eine Idee, die ich anfangs für völlig absurd gehalten hätte. Ich möchte auf eine bestimmte, grasbewachsene Halbinsel, die die Reptile besonders gern aufsuchen; dort will ich einen Unterschlupf improvisieren, um mich darin zu verstecken und auf sie zu warten. Im ersten Augenblick ist mein

Freund unschlüssig, da er dieses Vorhaben für sehr waghalsig hält, doch allmählich freundet er sich mit dem Gedanken an und ist davon schließlich selbst fasziniert.

Wir fahren also zur »Halbinsel der Krokodile«. Diesen Namen haben wir einer langen und flachen Landzunge gegeben, die kurz vor dem Canyon unterhalb des Wasserfalls liegt. Wie ein grüner Streifen schiebt sie sich in die Strömung vor und bildet an der Innenseite eine Art Bucht, in der sich das Wasser staut. Die Ufer ringsum sind hoch und bewaldet und passen damit ebenfalls perfekt in unseren Plan.

Wir errichten also am Uferrand direkt gegenüber der schmalen Halbinsel ein winziges Basislager und bauen am Ende der Halbinsel ein paar Meter vor dem Wasser unser Versteck. Es ist ein einfaches, pyramidenförmiges Zelt, das wir sorgfältig mit belaubten Zweigen tarnen. Hunderte argwöhnische Augen verfolgen vom Wasser aus unsere Arbeit. Wir kehren zum Basislager zurück, das gut in der Vegetation verborgen ist, und beobachten, wie die Krokodile auf das merkwürdige, neue Objekt reagieren. Den Einbaum haben wir in einigem Abstand an einem Baum festgemacht.

Am nächsten Morgen begebe ich mich in das enge Versteck und bleibe dort zusammengekauert und ohne mich zu rühren den ganzen Tag über; doch alles, was ich erreiche, ist, daß ich durch die brütende Hitze, die sich hier staut, fast verrückt werde. Geduckt und unbeweglich, wie ich dort verharre, komme ich mir wie in einer Sauna vor, in der mich eine Wolke von aufdringlichen und stechenden Insekten einhüllt. Bardana hat sich hundertfünfzig Meter von mir entfernt im Basislager versteckt und hält sich bereit, bei Bedarf die Kamera zu bedienen, die wir auf dem Stativ befestigt haben. Wir wollen uns die Chance nicht entgehen lassen, die außergewöhnliche Begegnung, die früher oder später einfach stattfinden muß, auf Zelluloid zu bannen. Aber bis zum Abend ereignet sich überhaupt nichts – die Krokodile ignorieren den vertrauten grasbewachsenen Streifen völlig und ziehen es vor, halb untergetaucht in Ufernähe im Wasser zu bleiben.

Am Morgen des dritten Tages scheinen sie endlich das eingeschmuggelte Objekt zu akzeptieren und beginnen beim ersten

Tageslicht – ich bin bereits im Zelt –, an Land zu kriechen. Sie legen sich ruhig ins Gras; ihre Schwänze ragen jedoch ins Wasser. Schließlich fassen sie Mut und nähern sich eines nach dem anderen mit langsamen und plumpen Bewegungen, um wieder an ihren gewohnten Platz zurückzukehren. In mir macht sich große Erregung breit. Ich sehe, wie die Krokodile eines nach dem anderen aus dem Nichts auftauchen und dann ganz das Wasser verlassen. Erst erscheint der große dreieckige Kopf und gleich darauf der mächtige, mit Hornschuppen bewehrte Rücken, der sich auf kurzen Beinen aus dem Fluß schiebt. Von hier aus gesehen, scheinen mir die Extremitäten zu dem schweren Leib in krassem Mißverhältnis zu stehen. Ich halte meinen Blick lange auf das Krokodil gerichtet, das sich von links nähert, doch ich möchte auch sehen, wie sich das rechte und das vor mir verhält. Kurz und gut, von jeder Seite des Verstecks aus sehe ich, wie Krokodile herankommen und sich nun auf die Lauer legen. In weiser Voraussicht habe ich auf jeder Seite kleine Löcher in die Zeltplane geschnitten, um mit einem Auge in die Runde spähen und es im geeigneten Moment durch das Kameraobjektiv ersetzen zu können.

Gleichsam als wäre ein Startzeichen gegeben worden, drängen nun immer mehr Krokodile heran. Einige liegen wenige Meter vor mir, andere sind geradewegs an meinem Unterschlupf vorbei bis in die Mitte der Landzunge gekrochen. Ich bin also auf allen Seiten von Krokodilen umgeben. Die wenige Luft, die durch das Zelttuch dringt, trägt mir den typischen Moschusgeruch zu, den sie ausströmen. Immer aufgeregter oder, besser gesagt, begeisterter habe ich begonnen, sie zu fotografieren, erst zögernd, um sie nicht zu erschrecken oder – noch schlimmer – nervös zu machen und damit zum Angriff zu reizen. Seltsamerweise legen diese Tiere gegenüber allem eine derartige Gleichgültigkeit an den Tag, daß einige sich direkt vor meinem Versteck häuslich niederzulassen scheinen. Sie liegen unbeweglich mit aufgesperrten Kiefern da, die sie nur ab und zu mit einem trockenen Klappen schließen. Unbekümmert klettern sie übereinander, legen den Kopf auf den eines anderen und reagieren nicht einmal auf das Klicken meiner Kamera, die immer häufiger nur wenige Meter von ihnen entfernt auslöst.

Dies alles ist kaum zu glauben. Doch nun, da ich diese Scheusale aus solcher Nähe beobachten kann, beeindrucken mich am meisten ihre glanzlosen und unergründlichen Pupillen. So unbeweglich und starr. Man könnte meinen, sie seien erloschen, doch dieser Eindruck trügt. In Wirklichkeit sind ihre Augen, wie gesagt, überaus wachsam und ihr Sehvermögen unfehlbar. Es bestürzt mich, mir diese Tatsache bewußtzumachen.

Ich halte den Atem an: Ein riesiges Exemplar streift beinahe meinen Unterschlupf. Ein einziges Peitschen mit dem Schwanz würde genügen, um das Zelt hinwegzufegen – mitsamt demjenigen, der sich darin befindet. Doch zum Glück passiert nichts. Ein anderes, nicht weniger gewaltiges Krokodil kriecht aus einiger Entfernung das Ufer herauf und folgt der Spur desjenigen, das gerade erst vorbeigekrochen ist. Etwas zögernd stecke ich das Teleobjektiv durch den kleinen Zeltspalt und schieße, während das Reptil sich weiterbewegt, ein Foto, dann ein zweites und schließlich ein drittes: Drei Fotos sind nötig, um es vom Kopf bis zum Schwanz ganz zu erfassen.

Das Schauspiel auf diesem ungewöhnlichen und bizarren Laufsteg von Ungeheuern dauert einige Stunden. Ich erlebe sie in einem Zustand begreiflicher Anspannung. Die ganze Zeit über habe ich mich völlig in der Gewalt. Bei genauer Betrachtung würde ich mein Verhalten jedoch eher als trügerisch bezeichnen, und zwar aufgrund der darauffolgenden Reaktion. An einem bestimmten Punkt verliere ich nämlich die Nerven und sage mir: Jetzt reicht's! Diese Situation dauert mir einfach zu lange. Unversehens verlasse ich mit irrwitziger Gebärde mein Versteck und laufe schreiend auf die Krokodile zu, um sie in die Flucht zu schlagen oder doch wenigstens zu einer Reaktion zu veranlassen. Doch sofort sehe ich mich mit einer Überraschung konfrontiert, einer Tatsache, die mir im Augenblick unerklärlich ist, mein Ungestüm jedoch auf der Stelle dämpft. Unglaublicherweise haben die Krokodile bereits einen Augenblick vor meinem Auftritt mit dem Abzug begonnen. Ist es die Folge einer geheimnisvollen Sinneswahrnehmung? Diese fesselnde Hypothese nimmt mich sofort in Beschlag. Willst du daraus ersehen, frage ich mich, daß zwischen diesen Tieren eine

Art Kommunikation stattgefunden hat? Fest steht jedenfalls, daß sich alle bei meinem Auftauchen bereits auf der Flucht befinden.

Mit verblüffender Schnelligkeit und Behendigkeit lassen sich die Ungeheuer in den Fluß fallen und bilden ein wirres Knäuel um sich schlagender Schwänze. Ich sehe im Wasser große Wellen schwappen und wieder verebben, in deren Rauschen das kurze Brüllen der Krokodile untergeht. Es ist das reinste Chaos. Um das Höllenspektakel noch zu steigern, mischt sich eine Herde träger Nilpferde ein, die bis zu diesem Augenblick im seichten Wasser geruht hatte. Beim ersten Durcheinander erheben sie sich schlagartig und treten ebenfalls blindlings die Flucht an. Nicht weniger aufgeregt sind die Störche und Marabus, die mit ihrem Schreien und Flügelschlagen die Panik noch fördern und sie an die Population des nahen Waldes weitergeben. Überall steigen nun kreischende Vögel auf, die Nilpferde grunzen, und in einiger Entfernung vom Ufer ertönt der Schrei der Elefanten. Erstarrt und vernichtet stehe ich am Ufer, das immer noch aufgewühlt ist – ich, der stumme Betrachter dieses Infernos, das ich selbst entfesselt habe und das mich nun mit Schuldgefühlen erfüllt.

Die Tage vergingen für mich und Freund Bardana rasch und intensiv. Seit Wochen lebten wir nun allein und abgeschieden an dem großen Fluß in enger Verbindung zu Landschaft und Tieren. Wir fügten uns in alles, was uns die Natur zu bieten hatte: brennende Sonne und Gewitter, Anstrengungen und Überraschungen, Glück und Verwirrung. Nichts konnte uns geistig in die Normalität des Lebens zurückversetzen, aus dem wir gekommen waren – im Gegenteil, wir hatten es ja ohne Bedauern hinter uns gelassen, und jeder neue Tag war noch besser als der gerade erst vergangene. Wir kampierten am liebsten an den waldigen Ufern und sammelten kurz vor Sonnenuntergang Holz, um in der Nacht ein Feuer zu unterhalten: Es sollte die Insekten und auch allzu neugierige Tiere fernhalten. Nachdem wir gegessen hatten, setzten wir uns vor die Flammen, tranken Tee, plauderten und träumten vor uns hin. Unterdessen floß der Nil ruhig dahin, und seine Tiere wurden immer stiller. Es war eine Atmosphäre, die einen unendlichen Zauber verströmte. Wir hätten schwören können, daß wir dem Garten Eden nahe waren, so schön erschien es uns. Dies alles lag direkt vor uns, als unzerstörbares Ebenbild der Ewigkeit, in dem keine menschliche Ordnung jemals die der Natur ersetzen konnte. Im Bewußtsein unseres Privilegs, so viel mehr sehen zu können als die in der Stadt zusammengepferchten Menschen in ihrem eintönigen Dasein, ließen wir der Phantasie, die das Bild vor uns wachrief, freien Lauf. Todmüde von den Anstrengungen eines erfüllten Tages legten wir uns schließlich ins Zelt und schliefen bis zur Morgendämmerung.

Doch eines Nachts brach unter den Tieren ein Lärm wie beim Jüngsten Gericht aus. Bereits bei Sonnenuntergang hatten wir bemerkt, daß sich ganz in der Nähe eine Gruppe Löwen aufhielt; nachdem sich die Raubtiere gerade diesen Ort als Jagdrevier ausgesucht hatten, war es nicht schwierig zu erraten, was nach Einbruch der Dunkelheit geschehen würde. Im schwindenden Licht hatten wir deshalb noch mehr Holz gesammelt, um ein lebhaftes Feuer in Gang halten zu können. Doch dann waren wir beide eingeschlafen.

Plötzlich hallt unsere Bucht von furchtbarem Gebrüll wider. Wir springen von unserem Lager auf und werfen Holz ins Feuer, das fast heruntergebrannt ist. Wahrscheinlich haben es die Löwen auf eine Schar Paviane abgesehen, die hier in der Nähe leben und nun wie wahnsinnig schreien. Die Belagerung dauert beinahe bis Mitternacht. Sie sind nicht mehr als zweihundert Meter entfernt und vermitteln uns mit ihrem herzzerreißenden Geschrei das Gefühl, daß wir uns im Zentrum des Geschehens befinden. Es folgt eine lange Stille. Doch dann beginnt ein weiterer erbarmungsloser Kampf, der eindrucksvolle Ausmaße erreicht. Die Löwen brüllen pausenlos, worauf die Paviane nicht weniger hysterisch antworten, bis wir an einem bestimmten Punkt in diesem barbarischen Konzert den Todesschrei eines Opfers zu hören glauben. Obwohl ich weiß, daß sich die Denkweise eines Pavians in höchster Not von der eines Menschen unterschiedet, entfährt mir der spontane Kommentar: »Ihr seid wirklich Affen! Warum bringt ihr euch nicht auf einen Baum in Sicherheit und bleibt dort einfach mucksmäuschenstill sitzen?« In das ohrenbetäubende Konzert mischen sich nun vom Fluß her die mächtig dröhnenden Stimmen der Nilpferde, die sich damit jedoch das Unheil vom Hals halten und es nicht herbeizitieren wollen.

Plötzlich brechen in unmittelbarer Nähe Äste, gefolgt von einem trockenen Knacken, wie wenn ein Kiefer einen Knochen packt. In der Annahme, daß sich ein Löwe hier niedergelassen hat, um in aller Ruhe seinen Teil der Beute zu verzehren, stecke ich den Kopf aus dem kleinen Zelt – und werde blaß: Ein Elefant kommt zielstrebig auf unseren windigen Unterschlupf zu. Wir wollen zum Feuer springen, um die Glut wieder anzufachen, doch es ist bereits zu spät: Der Elefant könnte erschrecken und uns einfach niedertrampeln. Ich ziehe mich also zurück. Wir vertrauen mit aufs äußerste angespannten Nerven auf den Zufall und hoffen, daß uns der Dickhäuter nicht bemerkt und weiterzieht, ohne uns in Grund und Boden zu stampfen. Doch schon haben wir die Bescherung: Er steht nun direkt vor dem Zelt, und wir hören, wie er den Baum über uns mit seinem Rüssel entlaubt. Es sind endlose Momente. Die Unbeweglichkeit wird fast schmerzhaft. Endlich zieht der Elefant ab.

Wir fachen das Feuer wieder an. Sein Schein beleuchtet einen einsamen Büffel ganz in der Nähe, der schnaubend die Flucht ergreift. Das Drama im Wald setzt sich weitere lange Stunden fort, doch mit weniger lebhaften Tönen. Erst beim Morgengrauen kehrt wieder Ruhe ein.

Die Sonne geht auf. Auf der anderen Seite der Bucht, wie grellgelbe Flecken im Gras verstreut, schlafen die satten Löwen – bis auf einen, der am spiegelnden Wasser kauert und träge säuft. Die Paviane hocken fast gleichgültig auf den knöchernen Ästen eines großen dürren Baums, direkt über den Raubtieren. Auf einer Erhebung ungefähr vierzig Meter von uns entfernt entdecke ich plötzlich einen großen Leoparden. Er scheint nicht weniger überrascht als wir, bleibt für einen Augenblick stehen und starrt uns an; doch seine Furcht ist offenbar größer als unsere, und so flitzt er wie ein Pfeil davon.

Eine weitere Nacht großer Anspannung bescherte uns hingegen ein Wolkenbruch, der uns in unserem Camp auf einem Inselchen mitten im Fluß überraschte. Das Inselchen entpuppte sich als grasbewachsener Morast, aus dem gerade ein paar hundert Quadratmeter festen Bodens ragten. Und genau auf dieser Art Floß hatten wir am Abend zuvor unser kleines Zelt aufgebaut, um uns ein Obdach für die Nacht zu schaffen.

Und da ist schon das Gewitter. Als erstes kündigen es die Elefanten mit einer Reihe gereizter Schreie an, die zwar weit entfernt sind, aber doch in der ruhigen Nacht durch Mark und Bein gehen. Aus dem Fluß ertönt daraufhin ganz nah das dröhnende »hoh hoh hoh!« eines ungnädigen Nilpferds. Ein Pavian scheint mit einer schrillen Verwünschung die passende Antwort darauf zu geben. Kurz danach prasselt ein Platzregen auf uns hernieder. Er geht rasch vorbei, doch als er versiegt, hängt in der Luft ein rätselhaftes Geräusch, das direkt aus dem Morast um uns herum kommt. Die Dunkelheit ist undurchdringlich, ich begreife jedoch, worum es sich handelt. Es ist das satte Aufklatschen von Krokodilfüßen im Morast, die beim plötzlichen Ausbruch des Gewitters den Fluß verlassen und sich auf festen Boden begeben haben. Es ist ein sonderbares Verhalten, und wir lernen es – nicht ohne Besorgnis – nun erstmals kennen. Es beunruhigt uns in der Tat, daß sie so gleichmütig und ohne die geringste Scheu vorrücken. Möglicherweise fühlen sie sich durch ihre gewaltige Größe unverwundbar, aber vielleicht spüren sie auch unsere völlige Ohnmacht und Hilflosigkeit. Dieser Gedanke mag sie unangemessen menschlich erscheinen lassen, aber angesichts unserer Lage taucht er spontan in mir auf. Bleibt die Tatsache, daß die Nacht stets die Verbündete der Krokodile und unsere Feindin ist.

Wir hören die Geräusche immer näher kommen, schließlich sind sie um uns herum, und der Kreis zieht sich enger und enger. Ich denke daran, die Angreifer mit der Stablampe zu blenden und so in die Flucht zu schlagen. Doch es stellt sich heraus, daß sie nicht funktioniert, weil die Birne durchgebrannt ist. Ich beschließe also, statt der Taschenlampe das Blitzlicht der Kamera einzusetzen, doch auch das ist eine vergebliche Hoffnung. Die Blitze, die die Krokodile zunächst außerordentlich erschreckt haben – ich merkte es daran, daß sie jedesmal lautstark zusammenfuhren –, lassen sie nun völlig kalt. Sie haben sich schon daran gewöhnt.

Das »tschak tschak tschak« ihres Vorrückens ist nur noch wenige Schritte entfernt und zermürbt uns. Nun ist es uns nicht einmal mehr möglich, aus unserem Unterschlupf zu stürzen und die Belagerer mit Hilfe des Überraschungsmoments in die Flucht zu schlagen. Man sieht überhaupt nichts, es wäre reiner Wahnsinn. Wir würden höchstens auf ein Krokodil treten und einen Schlag seines Schwanzes riskieren, was – bei richtiger Plazierung – durchaus verhängnisvolle Folgen haben könnte.

Um die Wende in dieser festgefahrenen Lage einzuleiten – nur Gott weiß, ob zum Guten oder zum Schlechten –, geht ein Schauer nieder, der mit solchem Getöse auf das Zelt donnert, daß er jedes andere Geräusch übertönt. Minuten, ja Stunden vergehen über diesem ungeheuren Wolkenbruch. Doch die neue Situation ist nicht weniger besorgniserregend, und das nicht nur wegen der fortgesetzten Bedrohung durch die unsichtbaren Krokodile, die mit Sicherheit noch immer um unser Zelt herumliegen. Aus tiefstem Herzen flehen wir nun den heiligen Nil an, daß er seine Wasser nicht vermehren und nicht zu einer Sturzflut anschwellen lassen möge. Der Einbaum ist weit weg, festgezurrt an einem undurchdringlichen Gewirr von Papyrusstauden und in unserer augenblicklichen Bedrängnis für uns unerreichbar. Doch in dieser Nacht steigt das Wasser des Flusses zum Glück nicht mehr höher.

Schließlich erreichten wir den tiefen, von Felsen eingefaßten Mäander der Murchison Falls – jener großen Wasserfälle, die jemand einmal als »das erstaunlichste Ereignis des Nils auf seinem ganzen langen Weg zum Meer« bezeichnete. Diese dröhnenden Wassermassen, die über senkrechte Felskanten von vierzig Metern Höhe herunterstürzen, ließen mehr an eine Explosion als an einen Wasserfall denken. Die Erde bebte bereits in ihrer Umgebung, und in der Luft, die ebenfalls zu zittern schien, hingen Wirbel von Wasserdampf. Die rötlichen lauwarmen Wasser, die in den Stromschnellen vor dem großen Fall wie Champagner schäumten, flossen die letzten Meter wieder geglättet über den felsigen Boden, bevor sie vom Abgrund verschlungen wurden. Es war, als ob sie selbst Überraschung und Furcht zeigten sowie eine Ungeduld in Erwartung der Dinge, die sich nun im nächsten Augenblick ereignen würden. Und dann wurde jede Form zunichte, sie stürzten nach vorn, fielen übereinander ins Leere und bildeten eine schwindelnde Brandung, deren Getöse den Takt angab: eine Natur, die wahnsinnig geworden war. Auch nach den Fällen blieb das nun wieder in einen Fluß verwandelte Wasser zwischen nackten Felsufern einen Kilometer lang aufgewühlt, bevor es sich endlich beruhigte.

Wir errichteten am Rand der Schlucht ein festes Lager, und nun begann eine neue Art von Entdeckung. Wir stellten nämlich ziemlich überrascht fest, daß sowohl die Krokodile als auch die Nilpferde bis dicht an den Wasserfall vordrangen. Besonders erstaunten uns die Nilpferde, die trotz ihrer deutlichen Vorliebe für stehendes, schlammiges Wasser in diesem von Schaum gekrönten Strudel in ganzen Gruppen auftauchten. Unserer Erwartung entsprach dagegen die Anwesenheit der Krokodile, denn hier gab es offensichtlich im Überfluß Fische von beachtlicher Größe. Der Nilbarsch zum Beispiel wiegt ausgewachsen zwischen zehn und zwanzig Kilo; ich hatte allerdings schon früher gehört, daß weiter nilabwärts sogar Exemplare von fünfzig und sogar hundert Kilo gefangen worden waren. Es gab Fische in solchem Überfluß, daß man durch die rötlichen Wellen hindurch mühelos die dunklen Konturen ganzer Schwärme von großen Barschen erkennen konnte. Für die Krokodile war hier also der Tisch gedeckt, und auch die Nilpferde schienen sich in diesem ungestümen Wasser ungestört und wohl zu fühlen. Mich überraschte dieses faszinierende und vielleicht auch nur scheinbare Bündnis zwischen den Nilpferden und den Krokodilen in solchen Gewässern jedenfalls stets aufs neue.

Die Nilpferdmütter beschützten aufs liebevollste ihre Jungen, rieben behutsam ihr Maul an ihnen und ließen ein zärtliches Grunzen hören. Jede Mutter hätte ihr Junges bis zum letzten Blutstropfen gegen einen Angreifer verteidigt. Ihre Wachsamkeit erlahmte nie angesichts der heimtückischen Krokodile, die, halb in den Wirbeln untergetaucht, ganze Stunden auf der Lauer lagen. Man hat schon mehr als einmal beobachtet, wie die Hauer eines Nildpferds einen der ungeschickten Räuber selbst von mittlerer Größe packten und die mächtigen Kiefer ihm das Rückgrat brachen.

Viele von diesen wahren Herrschern des Flusses streiften auf den Uferböschungen umher und gingen in dieser unebenen Umgebung des Nachts auf die Suche nach schmackhaftem Weidegrün. Doch die Krokodile waren nicht weniger rührig. Als ich mich eines Tages durch ein Dickicht kämpfte, drang mir der Gestank von Aas in die Nase, das ich zwar nicht sehen konnte, das aber ganz in der Nähe liegen mußte. Ich dachte, daß Löwen dieses Tier geschlagen hatten, und hielt die Augen offen; die Raubtiere konnten ja noch immer in der Nähe sein. An dieser Stelle fiel der dichte Wald terrassenförmig zum Fluß hin ab. Ich wußte, daß ein kurzes Stück weiter unten am Ende einer tiefen sumpfigen Bucht eine Lichtung lag; dorthin wollte ich. Ich schickte mich gerade an, über ein Hindernis zu klettern, da wurde das Strauchwerk unmittelbar unterhalb von meinem Standort so heftig geschüttelt, daß belaubte Zweige durch die Luft flogen. Gleichzeitig tauchte aus dem zurückschnellenden Geäst der riesige gekrümmte Rücken eines Krokodils auf. Einen Augenblick später rollte es die Böschung hinunter, überquerte in Windeseile die Lichtung, zu der ich unterwegs war. Dort ließ es sich ins Wasser fallen, das sich durch den Aufprall des massigen Körpers in zwei große silberne Flügel teilte. In der folgenden Sturzwelle versank das Ungeheuer. Ich blieb ein paar Sekunden wie festgewurzelt stehen. Doch als ich den ersten Schritt machte, wiederholte sich die Szene mit einem anderen Krokodil, das nur wenige Meter weiter weg war. Endlich schien die Luft rein. Ich stieg zu der Lichtung hinunter und stand plötzlich vor dem stinkenden Aas eines Nilpferds, auf das sich bereits die Geier gestürzt hatten. Für diesen leblosen Fleischberg empfand ich so etwas wie Mitleid. Der Platz war einsam und still, nur das Summen eines Mückenschwarms war zu hören. Die Luft waberte um die bereits in Verwesung begriffenen Gliedmaßen. Aus dem Wasser der Bucht, das sich inzwischen wieder beruhigt hatte, tauchten die Augen der beiden Krokodile von eben auf; ein Stück entfernt beobachteten mich die einer Herde von Nilpferden: Sie schienen bei ihrem toten Gefährten Wache zu halten.

Tag um Tag erforschte ich nun die herrlichen Wasserfälle, indem ich mich ihnen von jedem verfügbaren Felsen aus näherte. Doch insgeheim faßte ich einen Plan, von dem ich inzwischen wußte, daß ich ihn auch ausführen konnte. Er bestand darin, den Canyon der Krokodile und Nilpferde, die ich nun nicht nur als die Beherrscher des Flusses, sondern auch der Stromschnellen zu würdigen wußte, ein langes Stück hinunterzuschwimmen.

Dieser Impuls entsprang meiner innersten Lebensauffassung, die sich im engen Kontakt und in vollkommenem Einklang mit einer ungezähmten Natur entwickelt hatte. Schon immer hatte mich diese physische und mentale Veranlagung dazu veranlaßt, mit Erfolg jene äußersten Grenzen dessen zu sprengen, dem ich mich bisher in meinem Leben gegenübergesehen hatte. Es versteht sich von selbst, daß die nach und nach wachsende Erfahrung sowie die Einstellung, zu der ich allmählich gekommen war, immer wieder neue Wünsche und intuitive Eingebungen heraufbeschworen. Hierin lag der Ursprung jedes neuen Anstoßes, der niemals zufällig und unüberlegt, sondern immer rational und logisch motiviert war. Dessen war ich mir immer bewußt, und ebenso begründet war auch der empirische Versuch, in meiner tiefsten Seele uralte Instinkte zu wecken. Ich weiß noch nicht, wohin mich das einmal bringen wird, doch gewiß wird jeder Schritt, den ich in diese Richtung mache, immer fesselnd und anregend sein.

Mit jedem Tag wurde also mein Umgang mit der Umgebung, den Tieren und auch mir selbst souveräner. Ich näherte mich stufenweise dem Fuß des Wasserfalls und der heftigen Strömung, sprang von Felsen oder Bäumen ins Wasser und bezwang immer längere und schwierigere Abschnitte des Flusses. Natürlich gewöhnten sich die Tiere auch an meine Anwesenheit. Ich mußte sie, um Mißverständnisse auszuschließen, davon überzeugen, daß ich nicht hier war, um sie zu bedrohen, und erst recht nicht, um ihren Raubtierinstinkt zu wecken. Ich meine damit vor allem die Krokodile. Daher mußte ich mich ihnen gegenüber auch als starkes »Tier« durchsetzen, das mutig und fest entschlossen war, in diesem Fluß sein eigenes »Revier« zu verteidigen. Ich könnte es wirklich nicht erklären – jedenfalls nicht mit dem gesunden Menschenverstand –, doch mit jedem Mal, das ich ins Wasser sprang, wuchs meine Gewißheit, daß die Krokodile und die Nilpferde mich akzeptiert hatten. Diese Gewißheit war rein psychologischen Ursprungs und lag damit sicher außerhalb des normal Faßbaren; und doch resultierte sie aus einer außergewöhnlichen Befindlichkeit, die ich immer als den Zustand der »Gnade« bezeichne. Bereits früher hatte diese Gnade mir erlaubt, Berge in Angriff zu nehmen, die als unbezwingbar galten, und sie erfolgreich zu besteigen.

In der Tat verliefen die Dinge offenkundig nach meinen Wünschen und Erwartungen. Ich schwamm mitten unter den Tieren, die weder Nervosität noch Angriffslust an den Tag legten. Dann und wann, während die Krokodile sich unbeweglich am Ufer sonnten, blinzelte mich ein Nilpferd aus einem Strudel heraus an, blieb jedoch, wo es war. Und nur seine kleinen rundlichen Ohren, die über den Wasserspiegel ragten, ebenso wie die beiden wachsamen, kugelförmigen Augen, ließen so etwas wie instinktive Neugier ahnen.

UNTER BÜFFELN UND LÖWEN

1966

Am 17. Juli hatten Mohammed und ich bei Einbruch der Nacht im Jeep Ikoma passiert, ein kleines Kikuyudorf, das an der Straße zwischen dem Victoriasee und den weiten Ebenen der Serengeti liegt. Wir waren noch etwa zehn Kilometer weitergefahren und immer wieder von den tiefen Fahrrinnen durchgeschüttelt worden. Die Piste befand sich in miserablem Zustand und war so schwer erkennbar, daß sie sich im Licht der Scheinwerfer bei jeder Kurve im Dickicht zu verlieren schien. Schließlich hatten wir irgendwo im Schutz eines Gesträuchs angehalten. Sobald wir die Scheinwerfer ausgeschaltet hatten, war der Jeep Teil der Natur geworden: ein dunkler und undeutlicher Fleck wie die tausend anderen Schatten um uns herum, aus denen zahllose verstohlene Laute zu uns drangen. Wir verbrachten diese Nacht zusammengekauert in den Autositzen, und das war das letzte bequeme Lager vor meinem neuen Abenteuer im afrikanischen Busch.

Nach dem Experiment auf dem Victorianil unter Nilpferden und Krokodilen wollte ich mir durch eine extreme Probe aufs Exempel all das bestätigen lassen, was mich Afrika über seine urtümliche Natur und seine wilden Tiere gelehrt hatte. Ich hatte mich für diese Gegend entschieden, denn ich fand, daß sie sich besser als jede andere für meine Zwecke eignete.

Ich befand mich im Herzen der wilden Provinz Mara in Tansania, einem weiträumigen Gebiet, das im Süden und Osten an den großen Nationalpark der Serengeti grenzt. Doch auch im Norden und Westen, wo ich mich aufhielt, fand ich eine wunderbare Natur vor, die mir sogar noch faszinierender erschien, weil sie unberührt war. Abgesehen von einigen Dörfern, die an der einzigen, kaum befahrenen Straße lagen, öffneten sich ringsum grenzenlose Savannen und hügelige Wälder, die noch ganz ursprünglich waren, da sich hier der Mensch mit seinem Vieh wegen der Tsetsefliegenplage nicht hatte niederlassen können. Hier herrschten noch die wilden Tiere, die gegen die schreckliche Schlafkrankheit immun waren. All dies machte dieses Land zu einem wahren Paradies auf Erden.

Im Westen, um den Grumeti, erstreckt sich bis zum Victoriasee eine für diesen wilden Garten Eden typische Talsenke von mindestens zweitausend Quadratkilometern Ausdehnung. Hier observiert eine Forschungsabteilung von Wild Life vom Flugzeug aus die Wanderungen der Tiere.

Es wird wohl nicht mehr lange dauern, bis auch die Pufferzonen um den Grumeti, um Ikorongo, Loliondo und Maswa am Rande des Serengeti-Nationalparks an diesen angeschlossen werden. Dann wird man ein Netz von Straßen und modernen Lodges anlegen, und schließlich wird auch hier – wie bereits an so vielen anderen Orten – der Tourismus die Tiere stören, die bislang noch nie mit der modernen Welt in Berührung gekommen sind. Doch noch deutet in der Talsenke des Grumeti gottlob nicht das kleinste Zeichen auf den Menschen hin. An ihren abgelegenen und schwer zu erreichenden Rändern sind selbst Wilderer selten, und diese gehören ja schließlich zu den am schwierigsten zu bekämpfenden afrikanischen Plagen.

Ich hatte mir also das Tal des Grumeti für mein neues Abenteuer ausgesucht; auch hier würde ich wieder allein aufbrechen. Wie am Nil führte ich auch diesmal wieder keine Feuerwaffe mit mir, nur eine Machete – den *panga* – und einen Dolch. Zu meiner Ausrüstung gehörten außerdem ein Topf, in dem ich das Wasser vor dem Trinken abkochen konnte, ein Löffel, eine Tasse, eine Stablampe, die Kamera mit verschiedenen Objektiven und eine anderthalb mal zwei Meter breite Zeltbahn anstelle eines Zelts; auf dieses hatte ich im letzten Moment verzichtet, um das Gewicht meiner Ausrüstung zu reduzieren. Dazu kamen noch Lebensmittel für vier Tage, darunter drei kleine Büchsen mit Frucht-

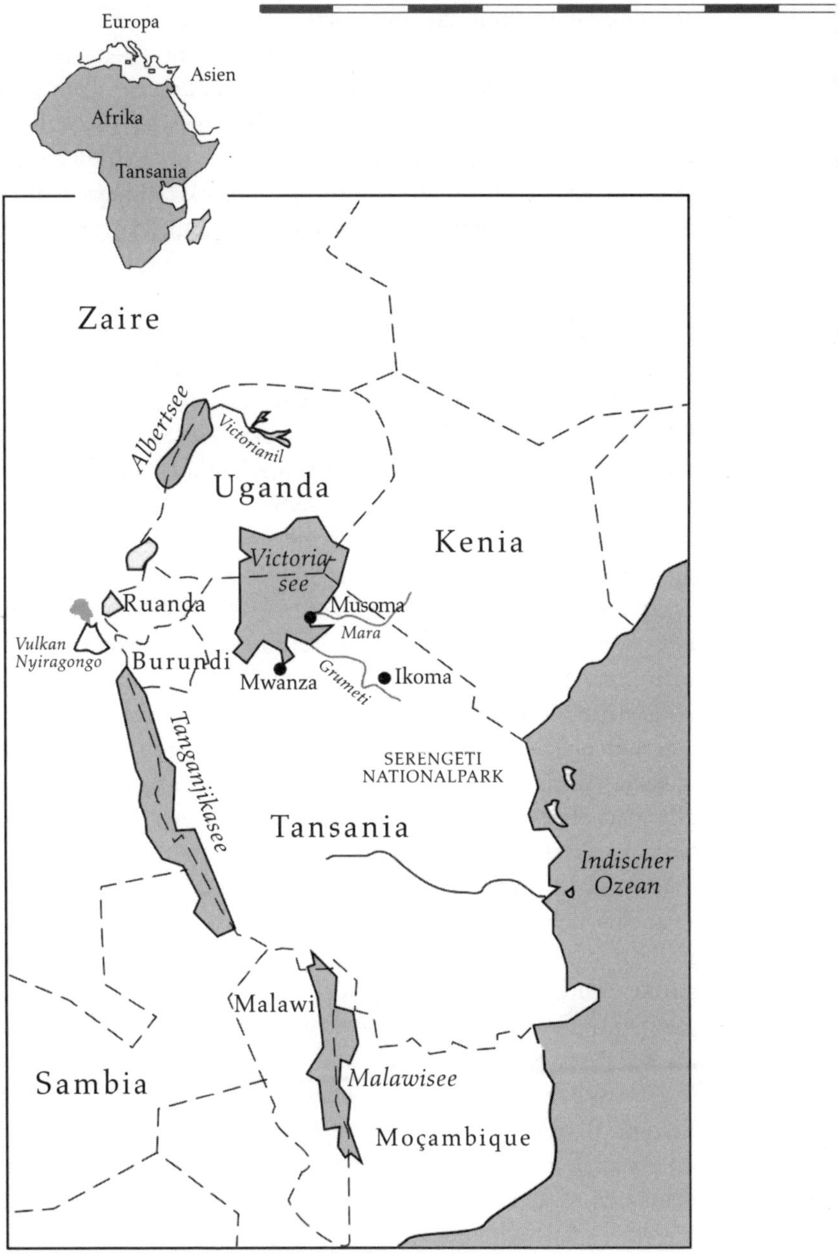
Europa
Asien
Afrika
Tansania
Zaire
Albertsee
Victorianil
Uganda
Kenia
Victoria-
see
Ruanda
Musoma
Mara
Vulkan
Nyiragongo
Burundi
Mwanza
Grumeti
Ikoma
Tanganjikasee
SERENGETI
NATIONALPARK
Tansania
Indischer
Ozean
Malawi
Sambia
Malawisee
Moçambique

saft und eine Feldflasche mit einem Liter Wasser. Alles paßte gerade in meinen Rucksack.

Von hier bis zur einzigen Straße am Victoriasee – dort wollte mein Freund mich in vier Tagen mit dem Jeep wieder abholen – waren es etwa hundert Kilometer Luftlinie. In Wirklichkeit betrug die Strecke in Anbetracht der unvermeidlichen Umwege um die Landschaftserhebungen letzten Endes mindestens hundertfünfzig Kilometer. Das bedeutete, daß ich pro Tag im Schnitt rund vierzig Kilometer schaffen und auf der Spur der Tiere durch Wälder und Savannen unwegsames Gelände umgehen mußte: auch rein sportlich gesehen ein anspruchsvolles Programm.

Für dieses heikle Unterfangen hatte ich alle Eventualitäten in Betracht gezogen. Doch die Unwägbarkeiten, die in meinem Fall sehr groß waren, ergaben sich daraus, daß ich allein und ohne Waffe war. Außerdem würde ich alle Schwierigkeiten allein durchstehen müssen, auch wenn es sich ganz banal um einen verstauchten Knöchel handelte.

Der Abschied von meinem Freund am nächsten Morgen ist kurz und trocken: »Ciao, bis in vier Tagen!« In solchen Fällen hat man fast Angst, sich zu sehr gehen zu lassen; jedes weitere Wort könnte die verborgene Aufregung enthüllen oder gar dazu führen, daß man aufgrund der momentanen Schwäche das ganze Projekt aufgibt. Also schweigt man, heuchelt Gleichgültigkeit, und schon gilt man als »harter Bursche«. Hinter einer derartigen Haltung verbirgt sich jedoch nichts anderes als Selbstschutz.

Ich mache mich recht geistesabwesend auf den Weg und strauchle daher ab und zu. Die Route, die ich einschlagen muß, führt den Fluß Remudi entlang: Das ist ein sicherer Anhaltspunkt. Die Bezeichnung Fluß ist in diesen Gegenden eher metaphorisch zu verstehen. In Wirklichkeit handelt es sich fast immer um trockene Rinnen, in denen nur sehr selten reichlich Wasser fließt, und zwar während der kurzen Regenzeit. Als ich auf den Remudi stoße, ist er in der Tat nicht breiter als ein Wassergraben, und sein Bett besteht aus rissigem, von der Sonne verbranntem Schlamm – abgesehen von einigen wenigen Pfützen stehenden Wassers. Er ist allenfalls durch die üppige Vegetationslinie zu erkennen, die seine Ufer säumt; seinem gewundenen Lauf zu folgen ist beschwerlich. Ich halte mich so weit wie möglich von seinem Bett fern und wandere durch dürre Akazienwäldchen, achte jedoch darauf, daß ich ihn nicht aus den Augen verliere.

Ich dringe durch weitläufiges hügeliges Gelände vor, das immer waldiger wird und in dem häufig drückende Stille herrscht. Hinter mir liegt der runde Hügel des Ikoma, meines besten Orientierungspunktes, der in jeder Senke verschwindet und kurz darauf wieder auftaucht. Von Zeit zu Zeit ergreifen bei meinem Auftauchen ganze Herden eleganter Oryx-Antilopen und springender Thomson-Gazellen die Flucht, während, in schweigsamer Wanderschaft begriffen, endlose Reihen von Weißbart-Gnus vorbeiziehen.

Grasbewachsene Lichtungen sind selten und tragen einen unbestimmten Gelbton. Meist ist der trockene Boden von verkrüppelten und zuweilen verdorrten, dornigen Akazien bedeckt. Es ist eine monotone und bedrückende Landschaft, in der die Sichtweite nie mehr als fünfzig Meter beträgt.

Der Niederwald zieht sich weiter hin, doch nach und nach wird das Gelände ebener. Die Fährten der Tiere nehmen zu, überkreuzen sich öfter, und schon tauchen auf dem staubigen Boden die Spuren von Löwen auf, raumgreifend und schwer. Daß ich lediglich einen kleinen Bereich um mich herum überblicken kann, beunruhigt mich. Hinter jedem Baum, jedem Gebüsch kann ein Raubtier lauern, und dort wird es inmitten dieser ausgestorbenen Landschaft bis zum letzten Augenblick getarnt sein. Ich bewege mich mit aller Vorsicht vorwärts, bis sich um die Mittagszeit der unübersichtliche Niederwald endlich wieder in die Savanne öffnet.

In der Ferne bemerke ich zur Linken eine Anzahl Geier, die am Rand einer Lichtung auf einem dürren Baum hocken: Es hat den Anschein, daß sie auf etwas warten. In ihrer Nähe liegt ein Tier auf der Erde, und irgend etwas bewegt sich bei ihm. Es wird sich wohl um Aas handeln, von dem einige Löwen oder vielleicht Hyänen fressen. Durch das Teleobjektiv der Kamera erkenne ich, daß es sich in der Tat um ein totes Tier handelt: Doch nicht etwa Löwen machen sich daran zu schaffen, sondern zwei Kikuyu. Unwillkürlich stoße ich einen Ruf aus. Die beiden springen auf, ergreifen ihre Gewehre und machen sich eiligst aus dem Staub, um am Ende im Busch zu verschwinden. Jetzt begreife ich. Es handelt sich um Wilddiebe. Und es wird mir bewußt, wie unvorsichtig es war, ihre Aufmerksamkeit auf mich zu lenken. Das kann gefährlich werden. Sicher halten sie mich für einen *game warden,* einen Wildhüter, und in diesem Glauben will ich sie auch lieber lassen. Da es sich um Gesetzlose handelt, könnten sie mich auch aus dem Weg räumen wollen, wenn sie herausfinden, daß ich unbewaffnet und obendrein Ausländer bin. Ich muß also bluffen und mich zum Schein mit ihrer Beute befassen, über die sich inzwischen bereits die Geier hergemacht haben. Es handelt sich um ein Zebra, das bereits gehäutet und halb zerlegt ist. Ich bemerke flüchtig, daß mich die beiden von einem Gesträuch aus aufmerksam beobachten. Ich rufe sie abermals an: »Hello! Come!«, weil ich dadurch glaubhafter zu wirken hoffe und mir Respekt verschaffe, so daß sie sich weiter zurückziehen. Überraschenderweise scheinen sich die beiden jedoch in ihr Schicksal zu fügen und machen bereits die ersten Schritte in meine Richtung. Doch dann überlegen sie es sich zu meinem Glück anders, ziehen sich zurück, erreichen wieder ihr Versteck und verschwinden endgültig.

Ich marschiere in rascherem Tempo weiter. Die Savanne, die auf den Wald folgt, wird immer unwegsamer, von Zeit zu Zeit stecke ich bis zur Brust im dichten, lederartigen Gras, das bisweilen messerscharf ist. Rasch ermüden da die Beine, ich muß nun häufige Pausen einlegen, die ich allerdings bei dem Gedanken einer hier möglicherweise drohenden Gefahr sofort wieder abbreche. Im Dickicht des Buschwalds, in den ich oft gerate, läßt mich aufgeregtes Paviangeschrei jedesmal zusammenfahren. Da ich die Störenfriede meist nicht sehe, bleibt die Angst, gleich wer weiß welchem Tier gegenüberzustehen. Wie um mich zu beruhigen, höre ich meist kurz darauf ihr unverwechselbares Keifen.

Ich durchquere gerade einen Nebenfluß des Remudi, der natürlich ausgetrocknet und von einer blühenden Vegetation gesäumt ist, als die Zweige nicht weit vor mir durch einen heftigen Stoß zur Seite schnellen. In nicht mehr als acht Metern Entfernung taucht aus dem Busch der schwarze Kopf eines Büffels auf. Ich bleibe auf der Stelle stehen und rühre mich nicht, so wie es auch ein Massai machen würde. Ich atme nicht einmal und spüre mein Herz wie wild klopfen. Auch der Büffel verharrt reglos und angespannt. Seine kalten Augen sind starr auf mich gerichtet. Es vergehen endlose Sekunden – vielleicht sind es fünfzehn, vielleicht zwanzig – unter dem Alpdruck seiner ausladenden und spitzen Hörner. Sie sitzen auf einem grobschlächtigen Leib von fast einer Tonne und werden mit launenhafter, schrecklicher Dummheit eingesetzt. Je nach Gemütsverfassung kann an ihre Stelle auch intelligente Durchtriebenheit treten, die der ohnehin schon bemerkenswerten des Elefanten noch überlegen ist. Meine Nerven sind zum Zerreißen gespannt, als der Büffel blitzschnell den Rückzug antritt. Im Flußbett stehen jedoch zwei weitere, die bis jetzt still und unsichtbar geblieben sind. Nun brechen auch sie hervor, stürmen in blinder Flucht davon und hinterlassen in der Vegetation eine breite Spur der Zerstörung.

Die Wolken, die fast den ganzen Nachmittag die Sonne verdeckten, konnten die Hitze trotzdem nicht dämpfen, und bereits vor dem Abend habe ich meinen Wasservorrat aufgebraucht. Ich rechnete damit, meine Feldflasche am Zusammenfluß mit dem Remudi füllen zu können, muß jedoch feststellen, daß dieser Lauf noch ausgedörrter ist als sein Zufluß. Ich setze meinen Weg im Flußbett fort und grabe ab und zu mit den Händen im Sand, aber vergeblich.

In dem grünen, unbeweglichen Schlauch herrscht eine seltsam unnatürliche Stille – als ob die Tiere, die ihn bewohnen, sich der Gefahr bewußt wären, die stets irgendwo lauert, als ob sie spürten, daß ein plötzlicher und gewaltsamer Tod jeden erwartet, der seine Anwesenheit verrät. Ein kurzes Stück weiter höre ich in der Tat einen kurzen Klagelaut, begleitet von einer heftigen Bewegung im Laub. Ein kleiner Vogel, der auf einem Zweig am anderen Ufer sitzt, macht mit metallischen Rufen, die in der Stille widerhallen, seiner Aufregung Luft. Einen Augenblick später dringt aus einiger Entfernung Flügelrauschen zu mir, von einem großen Vogel, der seinen schweren Körper in die Luft erhebt, um sich in Sicherheit zu bringen. Jetzt gibt es kein Halten mehr, und die gesamte Umgebung hallt wider von heftigem, gellendem Gelärm.

Erst kurz vor der Abenddämmerung entdecke ich in der Nähe des von der Sonne verbrannten Flußbetts die Reste eines ehemaligen Sumpfs. Im trockenen Schlamm, den die Glut des Tages an vielen Stellen aufgerissen hat, findet sich eine weitere kleine Vertiefung, die sicher von Elefanten gegraben wurde und in der ein wenig wäßriger Schlamm an die Oberfläche dringt. Die vielen Tiere, die regelmäßig an die einstige Tränke zurückkehren, haben sie mit ihren Exkrementen jedoch schon stark verunreinigt. Ich tauche den Topf an der Stelle, die mir am wenigsten ekelerregend erscheint, in die faulige Brühe, die aus der Fußstapfe eines Elefanten quillt, und hole eine graue Substanz heraus, die widerwärtig riecht. Sie bewegt sich sogar, dank unzähliger tausender Insekten, Keime und unsichtbarer Bakterien. Ich habe indes keine andere Wahl, wenn ich überleben will. Also überwinde ich meine Unentschlossenheit und gehe vorsichtshalber ungefähr dreihundert Meter bis zu der Stelle, an der lichter Wald beginnt. Denn falls doch noch Tiere an diese abscheuliche Lache kommen sollten, darf ich ihnen auf keinen Fall im Weg sein.

Vor Einbruch der Dunkelheit sammle ich Holz, mache Feuer, lasse die »kostbare« Flüssigkeit zweimal aufkochen, filtere sie durch ein Taschentuch und trinke sie gierig, solange sie noch ganz heiß ist. Ich befinde mich am sanft abfallenden Hang eines großen Hügels; den Erdboden hat ein Brand kahl gefegt. Die Akazien wachsen hier zum Glück so spärlich, daß sie einen weiten Ausblick gestatten. Dennoch wird dieser durch den dunklen Streifen Wald begrenzt, der den Grumeti säumt und genau vor mir liegt. Alles in allem stimmt mich die Umgebung wenig fröhlich.

Ich habe gerade angefangen, das Lager aufzuschlagen, als zwei Tüpfelhyänen erscheinen, gefolgt von einigen Schakalen. Sie beginnen mich neugierig zu umkreisen. Die Hyänen sind kecker, nähern sich bis auf ein paar Dutzend Meter, bleiben still stehen und nehmen Witterung auf. Es genügt jedoch eine brüske Bewegung von mir, um sie in die Flucht zu schlagen. Nun beginnen sie von weitem unheilvoll zu heulen und kommen dann wie Gespenster wieder zurück, diesmal viel näher als zuvor. Man kann die untersetzte und kräftige Tüpfelhyäne mit ihrem struppigen graubraunen Fell, dem hängenden Bauch und dem schräg abfallenden Rücken gewiß nicht als schönes Tier bezeichnen. Zu einem milderen Urteil tragen jedoch ihre großen ängstlichen Augen bei, die aufrecht stehenden runden Ohren und auch der schlaue Ausdruck, der an eine Promenadenmischung erinnert.

Die Schatten werden immer länger, die Konturen in der Landschaft verlieren an Schärfe und verschwimmen, bis um mich nur noch leeres Grau herrscht, das immer dichter und schließlich schwarz wird. Als ich in völliger Dunkelheit das Feuer wieder anfache, bemerke ich im Schein der Flammen eine Hyäne, die nur wenige Meter entfernt ist. Ich verjage sie mit einem brennenden Holzscheit. Doch durch diese dreiste Annäherung empfinde ich zum erstenmal ein Gefühl von Gefahr. Als ich kurz darauf ein Rascheln hinter mir höre, drehe ich mich mit einem Ruck um. Ich schalte die Stablampe an: Vor mir steht ein Büffel und stiert mich an. Instinktiv reiße ich die Kamera hoch, die bereits griffbereit daliegt, und feuere auf die schwarze Masse ein grelles Blitzlicht ab. Ich werde davon geblendet, doch auch das gewaltige Tier ist zusammengezuckt, und einen Augenblick lang befürchte ich, daß es angreifen könnte. Es tritt jedoch den Rückzug an und stampft davon.

Ich öffne eine kleine Büchse mit Fleisch, das ich kaum koste: Ich habe keinen Appetit. Ich werfe sie schließlich in die Flammen, damit die Hyänen nicht durch den Geruch angelockt werden. Nachdem ich mich auf der Zeltplane neben dem Feuer zusammengerollt habe, kann ich in der milden Wärme nachdenken – auch über die Unsicherheit, die mich befallen hat. Aus dem trockenen Holz, das ich ins Feuer werfe, lecken hohe rote Flammen. Ich verbinde sie mit einem imaginären primitiven Versöhnungstanz. Unsichtbar für meine Augen ruft eine Antilope, keckert eine Hyäne, schimpft ein Pavian, und in weiter Ferne läßt ein Löwe sein erstes nächtliches Brüllen hören.

Erwachen und aufspringen sind eins, als das ebenso laute wie hysterische Gelächter einer fernen Hyäne die Stille zerreißt; doch was meine Augen, die ich eben erst aufgerissen habe, nun gegen das Gefunkel der Sterne erblicken, werde ich wohl nie mehr vergessen. Über mir erkenne ich eine Handbreit entfernt ein abscheuliches, halb geöffnetes, sabberndes Maul und zwei runde glänzende Augen, die im Schimmer der Glut widerwärtig verdreht erscheinen und mich anstarren. Beim Aufspringen pralle ich um ein Haar gegen die stinkenden Kinnbacken, die mir leicht ein Stück Fleisch aus dem Gesicht hätten reißen können, wenn ich nicht rechtzeitig aufgewacht wäre. Mein plötzliches Auffahren erschreckt allerdings auch die furchtsame Hyäne, die mir schnell den Rücken kehrt, krumm und keuchend davonrennt und von der Dunkelheit verschluckt wird. Fast augenblicklich ertönt ein durchdringender Ruf, der von klagendem »ooouuuìp ooouuuìp ooouuuìp!« beantwortet wird. Es antwortet ein schauerlicher Schrei: »Hiiihiiihiiihiiiuuuup!« Plötzlich bricht ringsum ein irres Orchester hysterischer Laute aus, ein wahrhaftes ohrenbetäubendes Konzert. Ich bemerke, daß ich von einer großen Zahl von Hyänen und Schakalen umringt bin. Nun überstürzen sich die Ereignisse.

Gleichzeitig von Furcht und dem Zwang zu reagieren getrieben, packe ich die Stablampe und mache einige Schritte. Ihr Lichtstrahl zerschneidet die Dunkelheit wie ein Messer und spiegelt sich in den flackernden Augen der Hyänen wider. Ich schieße mit meinem Lichtbündel in alle Richtungen, und überall tauchen – als würden sie losgelöst in der Luft hängen – glühende Augen auf, die gleich wieder verschwinden. Ein trockenes Bellen in unmittelbarer Nähe veranlaßt mich dazu, mich blitzschnell umzudrehen: Eine Hyäne und drei Schakale stehen vor der Glut und werden nun von der Stablampe geblendet. Ich laufe auf sie zu. Die ängstlicheren Schakale flüchten aus dem Bereich des Lichtstrahls, die Hyäne jedoch trabt nur unwillig mit ihrem plumpen Gang davon, wendet sich wiederholt nach mir um und bläht die Nüstern. Ich kann es noch immer nicht glauben, daß diese feigen Tiere mich im Schlaf anfallen wollten. Und doch erinnere ich mich, gelesen zu haben, daß sich kein Tier der Welt so wie die Hyäne verhält, die zwar Aas frißt, aber durchaus auch imstande ist, selbst einen Löwen anzufallen, wenn er geschwächt oder verwundet ist. Ihre Krallen gehören zu den kräftigsten der Säugetiere, und die Kiefer können die Knochen der großen Raubtiere mühelos knacken. Die Stablampe beleuchtet weiterhin diese fälschlich für ängstlich gehaltenen Bestien; deren Verhalten erscheint mir inzwischen niederträchtig.

Ich ziehe mich ans Feuer zurück und fache es wieder an. Ich bin angespannt, doch ebenso entschlossen, diesen häßlichen Tieren den Rest der Nacht die Stirn zu bieten. Ich erwache in der Tat aus einem nervösen Halbschlaf, als mitten in der Nacht das lautstarke Brüllen von jagenden Löwen zu mir dringt. In der hügeligen Savanne ist es schwierig, die Geräusche genau zu orten und die Entfernung zu bestimmen, aus der sie kommen. Die Luftströmungen, die Dichte der Vegetation, die Unebenheit des Geländes, die Klangfülle der Nacht – all das trägt dazu bei, das Urteil zu verfälschen. Die Löwen sind auf jeden Fall in der Nähe, vielleicht dicht am jenseitigen Uferstreifen des Grumeti. Wer das wilde Afrika kennt, wird mir zustimmen, daß es im Dunkel keinen erschreckenderen Laut gibt als das nahe Gebrüll eines Löwen. Sobald es sich erhebt, verstummen alle Tiere für einen Augenblick; eine ähnliche Wirkung hat es offensichtlich auch auf mich, der ich allein, überreizt, waffenlos und erschöpft bin. Dies macht alle Sicherheit zunichte, in der ich mich zu wiegen glaubte. Wenn es in der Nähe wenigstens einen großen Baum gäbe, auf den ich klettern könnte ... Kurz und gut, im Moment wäre ich wirklich gern irgendwo anders. Ich lege Holz nach, kauere mich neben das Feuer und mache mich so klein, daß ich mit der Glut gleichsam eins werde.

Ich erkenne, wie verstört ich bin. Mein ganzer Schatz an Kenntnissen und Erfahrungen, den ich nach und nach zusammengetragen habe, scheint mir abhanden gekommen. Der Zweifel und die Dunkelheit lassen kritischen Fragen immer mehr Raum. War es nicht anmaßend und überheblich, sage ich mir, mich auf dieses Abenteuer einzulassen? Und doch muß ich mir, wie so oft in der Vergangenheit, diese besondere und harte Prüfung im vollen Bewußtsein und in der Gewißheit ausgesucht haben, daß ich auch in der Lage bin, sie zu bestehen. Begreiflicherweise, räume ich ein, macht sich unter diesen Umständen eine gewisse Schwäche breit, doch dann muß ich sie eben überwinden und so schnell wie möglich Abhilfe schaffen.

Die Morgendämmerung ist noch fern, vielleicht eine Stunde, als wieder kräftiges Gebrüll durch die Nacht schallt. Es wirkt so machtvoll und nahe, daß ich den Eindruck habe – und nur Gott weiß, ob es nicht wirklich so ist –, daß der Boden unter mir erzittert. Die Furcht überfällt mich wieder, und ich kauere mich noch mehr zusammen, so als ob ich gar nicht vorhanden wäre. Und dann ... plötzliches tiefes und durchdringendes Schweigen. Es ist das Schweigen, das etwas Unerwartetem vorangeht, eine völlige, unheilschwangere Stille. Jede Zelle in meinem Körper befindet sich im Alarmzustand. Ich starre in die Finsternis vor mir, doch ich kann nichts erkennen. In der nahen Senke höre ich nun ein leichtes Rascheln und den dumpfen Aufprall eines umgestoßenen Steins. Also, sage ich mir, kommt der Löwe in meine Richtung. Ich weiß, daß ich nun am besten selbst zu Stein erstarre, darum mache ich keine einzige Bewegung. Ich atme auch langsamer und halte den Atem schließlich immer wieder an, um noch das leiseste Geräusch und die geringste Bewegung wahrnehmen zu können. Doch es geschieht rein gar nichts. Ich frage mich, wie lange ich diese Anspannung noch ertragen kann. Inzwischen ist das Feuer abermals zu einem Haufen Asche heruntergebrannt; nur in der Mitte ist noch purpurne Glut übrig.

Ich sitze weiter regungslos da und wage kaum zu atmen. Plötzlich ertönt vom Fluß her ein heiseres dumpfes Knurren, das immer deutlicher wird. Ich werfe den letzten großen Ast ins Feuer, doch er will sich einfach nicht entzünden. Das Knurren kommt immer näher, und ich mache mich immer kleiner. Eine Reihe verhaltener Knurr- und Grunzlaute läßt erkennen, daß sie aus verschiedenen Rachen kommen. Vergeblich versuche ich, das Dunkel mit den Augen zu durchdringen, und horche angestrengt. Es wird mir klar, daß ich es mit einer ganzen Löwenfamilie zu tun habe, die sich mit diesen leisen, kehligen Lauten offenbar Nachrichten übermittelt. Die Jungen greinen, und aus dem hüstelnden und modulierten, ja klagenden Knurren der ausgewachsenen Tiere ist leicht herauszuhören, daß sie die Jungen damit antreiben wollen.

Es kommt mir wie eine Sinnestäuschung vor, daß ich mich mit meinem Lager mitten in einer Gruppe durchaus aktiver Löwen befinde. Als ob es hier nicht genug Platz gäbe... Doch wenn ich es mir recht überlege, hätte ich den Gang der Ereignisse leicht vorhersehen können: Im ganzen Umkreis ist dies das einzige Wasserloch, aus dem sie trinken können. Also gibt es für sie kein idealeres Jagdterrain.

Vor dem erloschenen Feuer kniend – ich kann diese Reglosigkeit nicht mehr ertragen –, fange ich jedes Geräusch auf, das verraten könnte, was sich rings um mich abspielt. Ich nehme vor allem den tatsächlichen Abstand zwischen mir und den Löwen wahr, die nun nämlich auf meine Seite des Grumeti gewechselt sind. Ich erahne die Richtung, in der sie vorrücken. Nun sind sie in unmittelbarer Nähe, nur noch ein paar Dutzend Meter entfernt, und wenden sich dem Sumpf zu. Ignorieren sie mich wirklich oder gehen sie mir nur aus dem Weg? Es tritt wieder eine unnatürliche Stille ein, die kurz darauf vom Krachen großer Äste und von schwerem Stampfen unterbrochen wird. Das dürfte ein flüchtender Büffel oder etwas Ähnliches sein. Abermals völlige Stille und wieder die Flucht mehrerer Tiere. Diesmal werde ich von einem an mir vorbeischießenden Schatten gestreift: eine Antilope. Es folgt das tiefe und hohle Keuchen des Löwen, der sie verfehlt haben muß. Der Gedanke, daß ich einen Löwen vor mir habe, den ich nicht sehen kann, während seine Augen mich vielleicht wie bei Tage beobachten können, macht mich richtig schwindlig. Der Alpdruck läßt erst nach, als das Knurren leiser wird und sich in Richtung Wasserloch entfernt. Endlich löst sich die Dunkelheit dieser irrsinnigen, nervenzerfetzenden Nacht auf. Das Licht kehrt zurück. Und nun sind meine Augen wieder so viel wert wie die des Löwen und der Hyäne.

Es ist 6 Uhr 20, als ich mir die Stiefel anziehe, nachdem ich sie sorgfältig ausgeschüttelt habe – schließlich hätte ein Skorpion oder anderes giftiges Ungeziefer auf der Suche nach Wärme dort hineingekrochen sein können. Ich verzichte darauf, noch einmal Wasser abzukochen, auch weil das Wasserloch nun von Löwen belagert ist; in der Feldflasche befindet sich bei meinem Aufbruch noch die Hälfte von dem »Wasser«, das ich in der Nacht aufgespart habe. Eine Hyäne kreuzt meinen Weg, einen bluttriefenden Knochen zwischen den Zähnen. Der zweite Tag meines Marsches hat begonnen.

Ich habe mich weit vom ausgetrockneten Bett des Grumeti entfernt, um die hohe Kette der Ngoheo-Hügel im Norden zu umgehen; doch nun muß ich mich dem Fluß unbedingt wieder nähern, weil ich nur dort früher oder später wieder auf ein Wasserloch stoßen werde. Solche Flußbetten werden talwärts nämlich nach und nach undurchlässig, und damit steigt die Wahrscheinlichkeit, daß sich unter dem sandigen Boden eine Wasserader findet.

Ich bin noch nüchtern, deshalb genehmige ich mir nach der ersten Stunde eine kleine Dose Kondensmilch. Vielmehr zwinge ich sie in mich hinein, obwohl ich keinen Hunger habe. Und so reduziert sich mein kostbarer halber Liter Wasser auf einen Schlag ganz erheblich.

Hier ist die Landschaft grenzenlos und von ungestümer Schönheit. Die dichten Wälder werden von gelben Grasmeeren abgelöst, und auf diese folgen die welligen und von der Sonne verbrannten Steppen, von denen ein bitterer, alkalischer Geruch ausgeht. Blaue Berge begrenzen in weiter Ferne den Horizont, vor dem sich das Licht unbarmherzig wie eine geschmolzene Substanz zitternd staut.

Ich arbeite mich in diesem versengten Paradies vor und raste dann und wann im Schatten dorniger Akazien, deren schirmförmige Kronen von gefleckten Stämmen getragen werden. Überall ringsum bewegen sich Tausende Tiere der verschiedensten Arten; doch am deutlichsten läßt sich ein Schwarm Heuschrecken vernehmen, die zirpen und zwischen meinen Beinen herumhüpfen. Die Luft ist von vielen Lauten erfüllt: den Schreien einer Unmenge Vögel, dem Gurren der Tauben und dem fernen Keifen der frechen Paviane. Die verrückten Gnus, die ohne erkennbares Ziel hin und her rennen, stiften die größte Verwirrung. In Herden von Hunderten, zuweilen Tausenden überziehen sie die Steppe wie ein wogender Strom. Ein untrüglicher biologischer Kompaß führt sie zu neuen Weidegründen. Der kurze leise Ruf, der aus ihren Kehlen dringt, läßt an einen Chor tibetischer Mönche denken. Raubtiere dagegen lassen sich nicht blicken, doch man ahnt ihre Anwesenheit irgendwo an einem schattigen Fleckchen, in der Tarnung des Strauchwerks. Nur einige Hyänen und abgezehrte Schakale, jene unzertrennlichen Räuber, haben ab und zu einen flüchtigen, schielenden Auftritt. Der Boden ist mit Spuren und Überresten wie Schlangenhäuten und weißen Ausscheidungen von verdauten Knochen übersät; da sind auch Gerippe, die fein säuberlich von Ameisen abgenagt wurden, und weitere Skelette: makabre Symbole des erbarmungslosen Gesetzes, das in dieser Ecke der Welt regiert.

Die Glut des Tages wird von Stunde zu Stunde unerbittlicher. Sehr bald schmilzt der Zauber der Dinge, denen ich begegne, und wird von der nackten und brutalen Realität abgelöst. Ich habe damit gerechnet, um die Mittagsstunde jenseits der Ngoheo-Hügelkette anzukommen. Um ein Uhr bin ich jedoch erst an ihrem Fuß angelangt, und sie scheint ausgedehnter, als ich vermutete. Mein jämmerlicher und ekelerregender Wasservorrat ist bis auf einen Rest aufgebraucht, und ich habe bereits die erste der kleinen Büchsen mit Fruchtsaft getrunken, die ich für den Notfall mitführe. Ich werde von Schwärmen von Tsetsefliegen und roten Löwenfliegen überfallen. Der Rucksack scheint sich in Blei verwandelt zu haben. Die Hitze trübt Fähigkeiten und Sinne. Häufig erreiche ich den nächsten Schatten einer Akazie nur unter Aufbietung aller Kräfte; einmal lasse ich mich gar zu Boden fallen, ohne den Rucksack abzunehmen. Doch ich muß sofort wieder aufstehen, denn das bißchen Luft in Bodenhöhe brennt und ist nicht einzuatmen. Außerdem wimmelt es auf der Erde von angriffslustigen Ameisen. Meine Beine schmerzen. Bereits gestern abend mußte ich um die rechte Ferse einen Verband anlegen, und nun ist auch die linke arg in Mitleidenschaft gezogen. Wie ein Wunder weht dafür von Zeit zu Zeit ein glühender Luftzug, der durch die Dornen der Akazien streift. Dann schließe ich die Augen und glaube das Pfeifen des Sturms in den Bergen zu hören. Es ist nur eine Illusion, doch sie scheint mir ein wenig Erleichterung zu verschaffen. Wenn ich mich im Schatten befinde, sorgt der Schweiß, der unter meiner Jacke verdunstet, einen Augenblick lang für Erfrischung, jedoch auf Kosten der kostbaren Feuchtigkeit, die der Körper verliert. Das sind die kurzen Momente der Ruhe auf meiner Hetzjagd von einem Baum zum nächsten, bevor oder nachdem ich wieder in das erbarmungslose Sonnenlicht mit seinen versengenden Strahlen eingetaucht bin. Mit Ausnahme der Geier und der Marabus, die ab und zu auffliegen, bin ich das einzige Wesen, das sich in dieser Hölle vorwärts bewegt. Sogar die scheuen Gazellen und die unermüdlichen Gnus verharren nun unter den Akazien, ohne sich zu rühren; wenn ich vorbeikomme, beschränken sie sich darauf, den Kopf ein wenig in meine Richtung zu drehen.

Am frühen Nachmittag bin ich noch immer dabei, die großen Hügelketten zu umgehen, doch im Süden taucht ganz weit weg endlich der Grumeti auf. Er ist an dem dichten Gürtel von Bäumen erkennbar, die an seinen Ufern wachsen. Von der Höhe des Vorsprungs, auf dem ich mich befinde, sieht er wie ein riesiger grüner Python aus, der sich durch die gelbe Savanne schlängelt. Ich genehmige mir die letzte Büchse mit Ananassaft.

Schließlich erreiche ich den Grumeti. Auf einer Lichtung ungefähr hundert Meter vom Fluß entfernt steht einsam und aufrecht ein riesiger trockener Baum. Heute nacht werde ich dort oben schlafen. Doch ich bemerke sehr rasch, daß sich ein Leopard dieses bleiche Baumgerippe als Lauerposten ausgesucht hat. Davon zeugen außer der strategischen Lage dicht am Wasser, wenn es denn welches gibt, die tiefen Kratzspuren, die die Raubkatze am Stamm hinterlassen hat. Am Fuß des Baums entdecke ich auch seine Exkremente; der Boden ringsum ist mit den Resten der Knochen seiner Opfer bedeckt. Wenn der Leopard Beute gerissen hat, zerrt er sie gewöhnlich in die Krone eines Baums hinauf, um sie dort gut »abhängen« zu lassen. Selbst die Geier wagen es nicht, diese gut bewachte Speise anzurühren. An den kahlen Ästen sind noch die gedörrten Reste eines Tieres erkennbar. Der Schauplatz ist nicht unbedingt einladend, doch in der ganzen Gegend ist das die Stelle, die sich am besten für ein luftiges Lager eignet. Für heute nacht werde ich also den Leoparden entthronen und kann nur hoffen, daß er nicht seine älteren Rechte geltend machen wird.

Ich suche das trockene Flußbett in beiden Richtungen ab und stoße endlich auf eine Lache mit Flüssigkeit. Auch sie ist von den Tieren aufgewühlt, aber auf jeden Fall besser als die von gestern abend. Ich wiederhole die Prozedur des langen Abkochens, bevor ich die Brühe heiß hinunterschlucke. Doch ich habe sofort das Gefühl, daß heute abend etwas nicht stimmt: Ich verspüre im ganzen Körper ein merkwürdiges Schwächegefühl. Dennoch mühe ich mich beharrlich am waldigen Flußufer ab, um mir ein paar lange Lianen zu beschaffen, mit denen ich mich an dem großen Stamm hinaufziehen kann. Nachdem ich diese Lianen über eine Astgabel in fünf, sechs Metern Höhe geworfen habe, klettere ich dreimal an ihnen hinauf und herunter. Erst zur Erkundung, dann um den Rucksack nach oben zu zerren und schließlich, um in einem wahrhaft akrobatischen Manöver den mit dem abgekochten Wasser gefüllten Topf hinaufzuziehen.

An diesem Punkt überfällt mich Unwohlsein. Es ist ein schlimmer Moment, denn ich glaube zu ersticken und kann nichts dagegen unternehmen. Trotz der Erstarrung, die mich erfaßt, versuche ich das Hemd auszuziehen, denn es verursacht mir Beklemmungen. Da sitze ich auf einem großen Ast und fuchtle krampfhaft herum, um den Gürtel mit dem Dolch zu lösen, den ich um die Hüfte trage. Nachdem ich ihn durch den Hosengürtel gezogen und um einen festen Ast geschlungen habe, schließe ich ihn wieder. Dies alles geschieht in einem Zustand verminderten Bewußtseins, in der jeder Beschluß nur ein ferner geistiger Reflex ist. Schließlich vernebelt sich mein Blick, während ich in der Nähe meines Baumes ein Nashorn beobachte, das sich zum Fluß wendet. Und so bleibt auf meiner Netzhaut das Bild des Nashorns haften, eines Nashorns, das immer größer wird. Vielleicht, weil meine Augen nun nichts mehr sehen: Ich bin ohnmächtig geworden.

Ich weiß nicht, wieviel Zeit vergangen ist, bis ich, eingeklemmt zwischen zwei Ästen, wieder zu mir komme, vor mir die riesige rote Sonnenscheibe: Sonnenuntergang. Alles ringsum schweigt. Ein Nashorn entfernt sich still. Ich erinnere mich, daß ich es bereits gesehen habe. Vorhin ging es zur Tränke, nun kehrt es zurück. Ich mache eine einzige Bewegung, und schon wird mein Magen von konvulsivischem Brechreiz geschüttelt. Ich gebe den ganzen wäßrigen Schlamm von mir, den ich geschluckt habe. Die Nacht senkt sich rasch herab, die Luft wird frisch, und ich atme endlich tief den guten Geruch Afrikas ein.

Ein kleines Stück des Neumondes erscheint im Westen und mildert das Dunkel der Nacht. Es ist nicht kalt, so daß ich bis Mitternacht mit entblößtem Oberkörper liegenbleiben kann. Ein paarmal schlage ich hysterische Hyänen und lärmende Schakale in die Flucht. Ich lasse sie bis an den Baum herankommen, dann richte ich die Stablampe auf sie – einen Augenblick sind sie von dem Lichtstrahl wie gelähmt, dann suchen sie das Weite.

In dieser Nacht vollzieht sich wie in allen Nächten das grausame Ritual des Überlebenskampfes. An keinem anderen Ort der Welt ist der Tod so präsent wie in der Savanne – er dominiert alles. Bald werde ich von einer Salve widerhallenden Gekläffs geweckt, das aus dem Dickicht am Grumeti schallt. Dazwischen ertönt unverkennbar der grausige Schrei des Leoparden. Dieser Schrei erhebt sich mehrmals in der Nacht. Anfangs kräftig, endet er in einem heiseren seufzenden Ton in der Art des Geräusches, das beim Fällen eines Baums entsteht: »Grah-ha grah-ha grah-ha«. Auf solche Einschüchterungsversuche antworten die Paviane jedesmal mit immer schrilleren Verwünschungen. Der dramatische Wortwechsel dieser beiden Tierarten, die einander nichts als den Tod wünschen, dauert bis zum Morgengrauen. Ich widerstehe der Verlockung, die Stablampe anzuknipsen und Richtung Fluß zu halten, und bleibe geduckt auf meinem Ast – denn ich bin mir darüber im klaren, daß ich dem Leoparden den Platz weggenommen habe.

Als sich am Himmel zögernd das erste bläuliche Licht abzeichnet, kann ich von meinem Baum aus eine Szene beobachten, die sich mit Fug und Recht idyllisch nennen läßt. Die Natur sinkt in dieser letzten Stunde vor Sonnenaufgang in tiefe Stille. Auch die Vögel und die Insekten schweigen noch. Es ist nicht das geringste Knistern zu vernehmen, und kein Blatt wird auch nur vom kleinsten Windhauch bewegt. Der ideale Moment also für die wehrlosesten Tiere, die jedoch die Fähigkeit entwickelt haben, mit Hilfe äußerst komplexer Informationen, die nur sie selbst erfassen können, zu überleben. Und nun tauchen sie lautlos aus dem Wald, dem Busch und dem hohen verdorrten Gras ringsum auf. Allein oder zu zweien nähern sie sich unendlich vorsichtig, halten nach wenigen Schritten inne, um sich umzusehen, die Ohren zu spitzen und Witterung aufzunehmen. Ganz allmählich bewegen sie sich so zur Tränke. Es ist das sanfte Antlitz einer feindlichen und grausamen Natur, das sich nur zeigt, wenn kein Löwe da ist, um Angst und Schrecken zu verbreiten.

Ich mache mich durch einen ausgetrockneten Sumpf wieder auf den Weg, der beschwerlich ist, weil der von großen Tieren aufgewühlte Boden in der glühenden Hitze aufgesprungen und hart geworden ist. Ich erreiche den Saum eines kleinen Waldes, der parallel zu einem ebenfalls ausgetrockneten Nebenfluß des Grumeti verläuft. Da ich diesen Wald durchqueren muß, suche ich seine schmalste Stelle; doch es sind immer noch ein paar hundert Meter Dickicht. Während ich mich da durcharbeite, folge ich verschiedenen Tierfährten; je tiefer ich in dieses üppige Stück Urwald vordringe, desto größer wird meine Wachsamkeit – wie bei den Geschöpfen, die ich kurz vorher beobachtet habe. Ich horche auf jedes noch so leise Geräusch und spitze die Ohren. Nach hundert Schritten bemerke ich, daß ich eine Elefantenherde vor mir habe. Auf der Stelle erstarre ich zwischen dem Laub und warte, daß die Dickhäuter das Feld räumen. Doch es hat nicht den Anschein, daß sie weiterziehen wollen, so daß nach zwanzig Minuten ich mich gezwungen sehe, meinen Platz zu verlassen – auch wegen der großen Hitze, die sich hier staut. Vorsichtig und unhörbar wie eine Raubkatze versuche ich sie zu umgehen. Doch wie weit ist ihre Herde verstreut? Ich stoße auf einen großen Bullen, der mir den Rücken zukehrt. Vielleicht markiert gerade dieser alte Elefant das Ende der Herde. Die stehende Luft dürfte dafür sorgen, daß er mich nicht wittern kann. In der kleinen Furche, der ich folge, kann ich mich völlig lautlos bewegen; leider zwingt sie mich auch dazu, dicht an dem Elefanten vorbeizugehen, der ausgerechnet in diesem Augenblick das Bedürfnis hat, sich zu erleichtern: Zwei mächtige Plop-Plops explodieren aus dem Riesen, der über mir aufragt, und ich ersticke beinahe.

Jenseits des Waldes erstreckt sich eine große Fläche von Pfahlrohr, das mit dem englischen Namen *elephant grass* treffender bezeichnet wird. Dieses Rohr scheint so dicht wie Zuckerrohr zu stehen und ist an manchen Stellen über zwei Meter hoch. Ich folge abermals der Spur eines Tieres, sonst wäre ein Vorwärtskommen unmöglich; dennoch muß ich mir in Augenhöhe meinen Weg mit den Händen bahnen. Es ist ein äußerst gefährliches Terrain, schließlich könnte ich auf einen Büffel stoßen. Kaum habe ich das zu Ende gedacht, steht schon einer direkt vor mir. Ich pralle beinahe gegen seine massigen Hinterkeulen, die unbeweglich wie Säulen dastehen. Vielleicht sucht er hier Schutz vor der Sonne, die inzwischen erbarmungslos herunterbrennt. Zum Glück verliere ich nicht die Nerven und ziehe mich Zentimeter um Zentimeter zurück, bis ich einen Sicherheitsabstand zwischen uns gebracht habe, der mir einen schnellen Rückzug erlaubt. In größter Eile gehe ich den Pfad zurück, der mich hierhergeführt hat. Dann mache ich einen Bogen um das ausgedehnte Röhricht, während ich der Frage nachhänge, was geschehen wäre, wenn mir der Büffel seine Vorderseite zugekehrt hätte.

Nachdem ich abwechselnd Waldungen und Lichtungen durchquert habe, ist endlich der runde und unverwechselbare Hügel in Sicht, der auf der Karte unter dem Namen Kirawira verzeichnet ist und die einzige Erhebung zwischen dem Grumeti und dem Ruana darstellt. Während ich durch das Gras gehe, das von der glühenden Hitze nur teilweise vergilbt ist, setzen sich an meinen Beinen Zecken fest: Diese extrem gefräßigen Schmarotzer der Grassteppen sind, wenn es ihnen gelingt, sich in der Haut festzusaugen, eine Qual für die Tiere, aber noch mehr für die Menschen. Wenn man eine Zecke ausreißt, die gerade ihren Rüssel in die Haut bohrt, verursacht das eine lästige Infektion. Um den Parasiten abzulösen, ohne Schaden zu verursachen, muß man ihn nur mit einem Tropfen Petroleum betupfen oder, noch einfacher, eine brennende Zigarette daranhalten: Doch ich bin Nichtraucher, und Petroleum habe ich erst recht nicht. Während ich im hohen Gras weitergehe und diese Überlegungen anstelle, sehe ich direkt vor mir zwei Löwen. Ich bleibe abrupt stehen. Die Löwen liegen im Schatten einer kleinen Akazie in etwa sechzig Metern Entfernung, starren mich unverwandt an, bleiben jedoch in der Haltung einer ägyptischen Sphinx liegen. Ich bin von der drohenden Gefahr, Furcht und der Erwartung meines unmittelbar bevorstehenden Todes wie gelähmt. Einen Augenblick lang ist mein Gehirn völlig leer, ich kann keinen klaren Gedanken fassen. Als sich die beiden wilden Tiere schließlich aufrichten und unbeweglich stehenbleiben, mich aber nach wie vor unverwandt anstarren, erwache ich aus meiner Betäubung. Es ist, als ob mir meine verkrampften Beine plötzlich den Dienst verweigerten. Irgendwo habe ich gelesen, daß gerade die Schwäche der Opfer die Angreifer noch stärker und sicherer macht. Absurderweise ist genau das unmittelbar nach dem Blackout mein erster Gedanke. Doch gleich darauf und noch halluzinativer klickt etwas in meinem Hirn. Es ist wie ein geheimnisvoller Mechanismus, der sich aller Vernunft entzieht, und mir ist, als würde ich mir selbst plötzlich von außen zusehen. Unter diesem merkwürdigen und schwindelnden Einfluß mache ich langsam und völlig verrückt einen Schritt auf die beiden Raubtiere zu und dann noch einen. Es ist wirklich absurd. Einerseits bremst mich die schreckliche Angst, andererseits treibt mich eine unwiderstehliche, unerklärliche Neugier dazu. Kurz, es ist, als ob ich gespalten wäre, als ob mein normales Menschsein mit all seinen Begrenzungen von einem starken, gelassenen Alter ego an der Hand genommen und sicher durch eine ebenso undefinierbare wie fremde Logik geführt würde. Es erscheint mir zumindest so. Läßt sich dies nicht vielleicht damit erklären, daß in der menschlichen Natur noch irgend etwas aus Urzeiten schlummert, das nun durch diesen extremen Reiz wieder erwacht und die Oberhand über das gewinnt, was uns modernen Menschen logisch und normal erscheint?

Unterdessen habe ich ein Dutzend Schritte auf die Löwen zu gemacht, die immer noch unbeweglich und aufmerksam dastehen. Nun ist ihr Blick nicht mehr direkt auf mich gerichtet: Da sie schräg zu mir stehen, sieht es so aus, als ob sie in eine andere Richtung schauten. Sie haben keine Mähne, sind also Weibchen. In der geistigen Verwirrung, die der plötzlichen Begegnung folgte, habe ich unbewußt eine Hand an den Dolch gelegt, doch nun ziehe ich sie sofort in der Einsicht zurück, daß diese Gebärde etwas albern ist. Glaube ich denn ernsthaft, mit zwei Löwen kämpfen zu können? Mit der anderen Hand ergreife ich dafür einen kurzen Stock, der allenfalls geeignet ist, eine kleine Schlange vor meinen Füßen zu verscheuchen. Der *panga* befindet sich im Rucksack, und die Kamera habe ich umgehängt. Ich hüte mich jedoch, sie einzusetzen: Jetzt die beiden Tiere im Sucher einzufangen und auf den Auslöser zu drücken, wäre nackter Wahnsinn.

Abermals ein, zwei, drei, vier Schritte. Die Löwinnen schauen mich weiterhin mit leicht erhobenem Kopf verstohlen an, zeigen jedoch keine anderen Anzeichen von Nervosität. Gemessen, bedächtig und behutsam setze ich weiter einen Fuß vor den anderen. Und endlich geschieht das Unfaßbare, auf das ich nichtsdestotrotz gehofft hatte: Die wilden Tiere wenden sich dem dichten Buschwald in ihrem Rücken zu und verschwinden mit hängendem Schwanz darin. Gleichzeitig tauchen jedoch aus dem Gras drei weitere gelbbraune Leiber auf. Nun sind es fünf Löwen: zwei, die sich zurückziehen, und drei, die an Stelle der anderen auftauchen. Zwischen mir und den Neuankömmlingen liegen nicht mehr als dreißig Meter. Wieder überfällt mich große Unentschlossenheit, doch ich setze – abermals von meinem ersten Impuls erfaßt – meinen Weg ruhig fort, als ob nichts wäre. Ich achte jedoch darauf, mich in der Mitte zwischen ihnen und dem Buschwald zu halten, damit sie den Rückzug antreten können, ohne sich von mir bedroht zu fühlen.

Es sind alles Löwinnen, doch seltsamerweise entdecke ich kein Junges. Daher inspiziere ich die Umgebung aus den Augenwinkeln: Wehe mir, wenn ich zwischen eine Mutter und ihr Junges geriete. Die drei Löwinnen stehen immer noch mächtig und unbeweglich da und schauen mir nun direkt in die Augen. Ich gehe weiter, als ob ich mich mitten in einem abenteuerlichen Traum befände, nach wie vor von zwiespältigen Überlegungen hin- und hergerissen. Meine Massai-Freunde würden gewiß nicht billigen, was ich in diesem Moment tue, doch noch irritierender ist, daß auch etwas in mir mein Vorgehen tadelt. Ich denke wieder an die

Jungen, die ich nicht sehe, die sich aber dennoch ganz in der Nähe aufhalten können, als eine Löwin eine Grimasse zieht, die von einem hohlen, tiefen Knurren begleitet wird. Es klingt mehr als unglaublich, doch gerade das läutet den letzten Akt dieses Schauspiels ein, in dessen Verlauf fünf Löwen angesichts eines wehrlosen Menschleins den Rückzug antreten. Abermals ist es mein zweites Ich, das mich nach rechts lenkt; nach wenigen Schritten betrete ich die Stelle, an der die Tiere gelagert haben. Ich kann das Geschehen nicht anders als absurd und tollkühn bezeichnen; doch andererseits habe ich die Reaktion der Löwen in gewisser Hinsicht auch erwartet. Jedenfalls war es das aufregendste Vabanquespiel, das ich jemals gespielt habe.

Die Hitze ist inzwischen grausam geworden und der Durst unerträglich. Wie gestern kreisen dicht über mir spindeldürre Marabus und große Geier, deren über den Boden gleitende Schatten mich zusammenfahren lassen. Nun muß ich mich aus dem Busch am Grumeti nordwestlich in die glühende Savanne wenden, die mich nach einem Marsch von dreißig Kilometern an den Ruana führen wird. Es ist der dritte Tag meines Weges, und bevor ich den Fluß verlasse, finde ich endlich eine Wasserstelle, deren Wasser weniger faulig ist als das der vergangenen Tage. Nachdem ich es richtig abgekocht habe, kann ich nun endlich meinen Durst nach Herzenslust löschen. Danach fülle ich die Feldflasche und tauche schließlich völlig angezogen in den Tümpel, um die angenehme Feuchtigkeit so lange wie möglich am Körper zu spüren.

Als ich aufbreche, trage ich den mit Wasser gefüllten Topf wie einen Eimer. Ihn muß ich als erstes austrinken. Die Hitze ist allerdings so groß, daß meine Kleidung aufgrund der raschen Verdunstung binnen fünfzehn Minuten trocknet und steif wird.

Erstaunt beobachte ich, daß die Tiere in der Hitze ihren Gang verlangsamen und sich schließlich, als die Sonne den Zenit erreicht, unter die Bäume legen und nicht mehr rühren. Gelähmt von der Glut, verschmelzen sie gleichsam mit den Sträuchern, in deren spärlichen Schatten sie sich geflüchtet haben. Wer weiß, sage ich mir, wie ich in ihren Augen wirke – bin ich doch das einzige Wesen, das sich in diesen Stunden, in denen die Sonne zu schmelzen scheint, durch die Savanne bewegt, während sie von Luftspiegelungen durchflirrt ist.

Ich wickle mir ein Kleidungsstück um den Kopf und gieße ab und zu Wasser darauf, um die sengende Hitze zu mildern. Die Grassteppe ist endlos und nur hier und da mit dünnen Bäumchen und niedrigem Gesträuch durchsetzt. Der Grumeti mit seinen Waldungen liegt nun weit hinter mir und läßt sich nur noch als dunkle Linie am Horizont erahnen.

In der absoluten, lastenden Stille dieser heißen Stunde höre ich zu meiner Linken plötzlich Gestampfe: Drei Büffel brechen aus einem kleinen Dickicht hervor und galoppieren auf mich zu. Aus ihrem Elan schließe ich, daß sie mir nicht sehr wohlgesinnt sind. Auf der Stelle halte ich an und knie mich wie die Massai hin, damit die Büffel von ihrem Vorhaben ablassen. In der Tat stoppen sie die wilde Jagd fünfzig Meter vor mir, bleiben unbeweglich stehen und stieren mich an. Bis jetzt bin ich eher überrascht als ängstlich und ändere darum meine Taktik nicht. Es vergehen lange Minuten, ohne daß sich etwas tut. Nun scheinen sich zwei von ihnen etwas zu beruhigen und bewegen zumindest den Schweif. Der dritte jedoch, immer noch erstarrt, stiert mich weiterhin an. Von Zeit zu Zeit hebt er den Schädel, nimmt heftig Witterung auf, und nimmt, während er den Kopf in den Nacken wirft, das furchterregende Aussehen eines Tieres an, das zum Angriff übergehen will. Das Warten hat indessen die Angst geschürt. Es ist kein einziger Baum in der Nähe, der mir Deckung geben könnte. Ich knie nach wie vor, rühre mich nicht und lasse die Tiere keinen Augenblick aus den Augen. Inzwischen nimmt mir die Hitze den Atem. Plötzlich beginnt der gereizteste von den dreien, der nicht aufgehört hat, mich anzustieren, mit dem Vorderlauf in der Erde zu scharren; dann stößt er ein langes Schnauben aus, das von seiner Erregung kündet. Er scharrt abermals. Nun nehmen auch die beiden anderen wieder eine bedrohliche, starre Haltung an. Und schließlich greifen mich die drei schwarzen, schnaubenden Schwergewichte unversehens an. Ich reagiere augenblicklich, werfe den Rucksack zu Boden, ergreife den *panga*, springe auf und reiße – zur Verteidigung bereit – die Klinge hoch. Noch habe ich mich im

Griff, doch ich weiß, daß ich gegenüber diesen wild gewordenen Furien nichts ausrichten kann. All das spielt sich innerhalb weniger Sekunden ab. Zwei der riesigen Tiere ändern wenige Schritte von mir die Richtung und stürmen dicht an mir vorbei. Der dritte jedoch kommt schnurstracks wie ein gewaltiger Felsbrocken auf mich zu. Ich glaube, das Weiße in seinen Augen zu sehen, als ich, bevor er mich auch nur berühren kann, nach rechts springe und gerade noch seinen Hörnern ausweiche, die mich im nächsten Augenblick durchbohrt hätten. Zum Glück weiß ich über die Angriffstaktik eines Büffels gut Bescheid: Er geht mit erhobenem Kopf zum Angriff über und senkt ihn erst im letzten Moment, um sein Opfer in die Luft zu schleudern. Als nicht weniger segensreich erweist sich, daß ich früher Turner war.

Mein Sprung, mit dem ich mich praktisch über ein Horn katapultiert habe, war indessen so unpräzise, daß ich beim Aufkommen beinahe über den Boden rolle. Der Büffel setzt jedoch, ohne im geringsten die Richtung zu ändern, seinen wahnsinnigen Galopp noch zwanzig Meter weit fort, bevor er zum Stehen kommt. Die drei Kaffernbüffel sind nun wieder beisammen, drehen sich mit einem Ruck zu mir um und beginnen erneut das nämliche Ritual, das ihrem Angriff voranging. Trotz meiner Bestürzung habe ich mich so weit unter Kontrolle, daß ich mich wieder hinknien kann – bereit, den nächsten Angriff zu überstehen. Doch wie lange werde ich die Spannung dieses recht einseitigen, aussichtslosen Stierkampfs noch aushalten?

Es verstreichen weitere endlose Minuten, während meine Nerven zum Zerreißen gespannt sind. Plötzlich scheint einer der drei die Gruppe zu verlassen und entfernt sich etwa zehn Meter; dann dreht er sich jedoch plötzlich wieder um und zeigt abermals Angriffslust. Auch die beiden anderen legen ähnliche Anzeichen an den Tag. Nur dreißig Meter entfernt stehen die Büffel stur und starr da und stieren mich an. Ich meinerseits falle noch mehr in mich zusammen, um in ihren Augen kleiner und weiter entfernt zu erscheinen. Die gespannte Situation bleibt mindestens zehn Minuten in der Schwebe, bis die Angreifer schließlich mit demselben Ungestüm, das sie hierhergetrieben hat, wie die alleinigen

Herren dieser Welt in die Grassteppe galoppieren und schließlich verschwinden.

Das schreckliche Turnier hat über eine halbe Stunde gedauert; ich bin mit den Nerven am Ende. Ich hebe den Rucksack und den Topf wieder auf, der in dem Durcheinander natürlich umgefallen ist, und steuere die nächste Akazie an, die sich in mindestens einem Kilometer Entfernung befindet. Unter diesem Baum sitze ich eine gute Viertelstunde, um den Schreck zu verdauen.

Während ich dann weitergehe, drehe ich mich beim geringsten Rascheln sofort furchtsam um. Inzwischen meine ich überall nur noch Büffel zu sehen und zu hören. Ich denke über den Vorfall nach und gehe mit mir zu Rate: Warum in aller Welt bin ich angegriffen worden? Im Augenblick kann ich mir diese Frage nicht überzeugend beantworten. Es stimmt zwar: Das Kleidungsstück, das ich auf dem Kopf trage, ist rot, und rot sind auch die Stiefelschäfte und ein Behälter, der aus dem Rucksack lugt. Doch ich weiß, daß die afrikanischen Büffel nicht auf lebhafte Farben reagieren, wie es bei den Stieren der Fall ist. Aufgrund dieser und anderer Erwägungen finde ich endlich den eigentlichen Grund heraus, der viel offenkundiger ist, als es zunächst scheint. Ich war ganz einfach das einzige Lebewesen, das sich in dieser Hitze bewegte, während alle anderen Tiere der Savanne in völliger Unbeweglichkeit vor sich hin dämmerten. Das genügte schon, um diese mächtigen, launischen Tiere zu stören oder besser zu provozieren. Reizbar, wie sie sind, könnten sie sicher sogar Löwen außer Gefecht setzen. Also war menschliches Fehlverhalten einmal mehr der Auslöser für einen Beinahezusammenstoß mit möglicherweise tragischem Ausgang.

Die Sonne, die nun dicht über dem Horizont steht, verlängert die Schatten der über die freie Ebene verstreuten Termitenhaufen. Hier gibt es nichts, was man als Baum bezeichnen könnte, und kein dichtes Grasbüschel; die Sonnenglut scheinen keine Lebewesen überlebt zu haben bis auf die Termiten, deren hohe Erdkegel so regelmäßig sind, daß sie von Menschenhand gemacht scheinen. Doch gerade auf einem dieser Hügel, der inmitten von spärlichem, dürrem Gras liegt, erhebt sich ein einsamer Gepard: eine prächtige Statue auf ihrem Postament. Ich nähere mich diesem ungewöhnlichen Denkmal ganz sacht und bemerke sehr bald, daß sich dort auch ein Gepardenjunges aufhält, das ab und zu hinter dem Termitenhügel hervorlugt. Als der Vater meine Anwesenheit bemerkt, flüchtet er in großen Sprüngen, auf dem Fuß gefolgt von seinem Jungen, das über die Unebenheiten des Terrains stolpert und so jämmerlich klagt, daß es wie der Schrei eines kleinen Vogels klingt.

Es ist sechs Uhr abends, und die Sonne geht vor einem Himmel unter, der in Flammen steht und sich von Orange über Zinnoberrot zu tiefem Indigo verfärbt. Die Schönheit dieses Sonnenuntergangs wird nur von intensiven Erinnerungen und Sehnsüchten erreicht, die ihn begleiten. Sehr bald ist die Savanne in die Schatten der Dämmerung gehüllt, die das Auge leicht täuschen können, so daß das harmloseste Gesträuch die bedrohliche Gestalt von Tieren annimmt, die auf der Lauer liegen.

Ich komme zu einem Buschwald aus gedrungenen Akazien, wo ich mein Lager vorbereite. In der Feldflasche ist nur noch wenig Wasser. Doch wenn ich es rationiere, dürfte es genügen, bis ich morgen den Fluß erreiche. Ein Wind kommt auf, der erst über die ausgedörrte Hochebene fegt und dann wütend gegen die Zweige anstürmt wie das Meer gegen die Felsen. Ein dunkler Vorhang in den Farben der Nacht schließt sich um mich. Meine Augen gewöhnen sich rasch an die Finsternis, so daß ich wieder die Dinge um mich herum unterscheiden kann – auch weil inzwischen Milliarden Sterne ihren Glanz verbreiten.

Bis zum nächsten Tag ertönt nur ein einziger Schrei, der Schrei der unvermeidlichen Hyäne. Nur der Wind kann eine Nacht lang diesen Winkel der Welt besänftigen, in dem ein ewiger Kampf um Leben und Tod herrscht.

Gegen Mitternacht erhalte ich dennoch Besuch. Wenige Schritte von der Stelle entfernt, an der ich mich hingelegt habe, höre ich undefinierbare Geräusche. Ich spitze die Ohren, und als sich die sonderbaren Laute wiederholen, fahre ich auf. Ich schalte die Stablampe an: Zwei glühende Augenpaare tauchen wie aus dem Dunkel herausgestochen auf; sie gehören zu zwei großen Stachelschweinen. Überrascht, doch ganz und gar nicht erschrocken halten sie für einige Augenblicke inne und beginnen dann wieder unbekümmert an ein paar Wurzeln zu nagen.

Es ist der vierte Tag meiner einsamen Reise. Die Sonne wird erst in einer halben Stunde aufgehen, doch ich habe mich bereits auf den Weg gemacht, um mir ein wenig von der Qual der Hitze und des Durstes zu ersparen. Ich steuere direkt auf die Berge zu, die sich am Horizont abheben: Das ist die richtige Richtung, um den Ruana an der geeignetsten Stelle zu überqueren. Ein Stück dahinter liegt der Victoriasee.

Hier ist die nackte und endlose Savanne wirklich abschreckend, denn sie besteht nur noch aus spitzen, steinharten Erdzacken. Es ist eine Wüste, die mit unzähligen winzigen Termitenhügeln bedeckt ist: eine einzige Qual für die Füße, die inzwischen auch von Wunden übersät sind. Und doch gibt es hier zahllose Gazellen, Zebras und Gnus – einen ganzen Wald von Beinen. Vor allem die Gnus machen mich etwas nervös, denn aus der Ferne sehen sie wie schwarze Büffel aus. Nach den gestrigen Erlebnissen achte ich peinlich darauf, jeden weiteren Zwischenfall zu vermeiden.

Endlich stehe ich vor dem von der Sonne ausgetrockneten Ruana, und am späten Nachmittag kommt auch wieder der Grumeti in Sicht. Ich stoße auf eine Hütte von Eingeborenen, die jedoch nicht mehr bewohnt ist. Sie ist seit Beginn meines Abenteuers das erste Anzeichen menschlichen Lebens. Aus der kahlen Erde vor der Hütte wachsen zwei Wassermelonen. Wer weiß, vielleicht sind sie aus einem Kern gewachsen, den jemand weggeworfen hat, der zufällig in der Regenzeit hier vorbeikam. Eine der beiden Früchte hat die Größe einer Kokosnuß. Sie ist also noch lange nicht reif und außerdem von der glühenden Sonne verbrannt, aber ich schlinge sie trotzdem hinunter, um meinen Durst ein wenig zu stillen.

Etwas weiter talwärts stoße ich am Ufer auf weitere Hütten, die diesmal bewohnt sind. Ich ziehe es jedoch vor, diskret einen Bogen um sie zu machen. Der Grumeti besteht hier aus einer Reihe langgezogener Lachen mit trübem Wasser. Ich folge seinem Lauf und weiche ab und zu meine Kleidung ein, um mir Erleichterung zu schaffen. Ich tauche gerade meine Jacke in eine Lache, als ein Eingeborener auf mich zukommt und mir bedeutet, ihm zu folgen. Ganz in der Nähe gleich hinter einem dunklen Buschwald tauchen die Hütten eines *shamba*, eines kleinen Dorfes, auf. Dort steht eine Gruppe von Männern und Frauen, die alle auf mich zu warten scheinen. Sie reden in ihrem für mich unverständlichen Idiom. Ich gehe auf sie zu. Ein Mann tritt vor und schwingt einen Bogen, ein anderer ergreift einen großen *panga*.

»Gun«, Gewehr, fragt der erste wiederholt auf englisch. »No gun«, antworte ich. Ich versuche ihm begreiflich zu machen, daß ich kein Gewehr besitze. Daraufhin zieht er mich am Arm in die Nähe eines dichten Gesträuchs und deutet auf etwas, das sich da drinnen befindet. Nun klärt sich alles auf: Dort hat sich ein großer Python zusammengerollt, und davor liegen zwei tote Ziegen, die die Beine nach oben gestreckt haben und durch die Hitze bereits aufgebläht sind. Die Eingeborenen haben den Python überrascht, als er sich gerade daran machte, die Ziegen zu verschlingen, nachdem er sie erdrückt hatte. Die Dorfbewohner gingen mit Speeren und Pfeilen auf den Python los, der sich – nur leicht verwundet – in das Gesträuch retten konnte. Da die Eingeborenen keine anderen Waffen hatten, blieb ihnen nichts anderes übrig, als abzuwarten.

Angesichts dieser Umstände ist meine Reaktion ebenso heftig wie unerwartet. Ich bin selbst davon überrascht. Später, nachdem ich alles hinter mir habe, werde ich mir darüber noch so meine Gedanken machen. Doch nun, im Eifer des Gefechts, setze ich den Rucksack ab, entreiße einem Mann den *panga* und dringe in das Gesträuch vor, um den Python zu töten. Es ist ein gewaltiges Exemplar von über fünf Metern Länge und hält sich zusammengerollt in der Defensive. Bevor er ins Dickicht kroch, war es den Eingeborenen gelungen, ihn mit zwei Pfeilen zu treffen, und auch ein Speer hat ein paar tiefe Kratzer hinterlassen; doch das Tier wirkt noch immer sehr lebendig und munter.

Ich bewege mich vorsichtig durch das Gesträuch, den *panga* schwingend. Das Überraschungsmoment ist auf meiner Seite, und so versetze ich der Schlange – die Machete mit beiden Händen umklammernd, um die Kraft zu verstärken – einen fürchterlichen Hieb. Das Reptil zuckt auf. Schnell lockert es die festen Windungen seines Leibes, wendet sich um, reißt den Kopf hoch und stürzt sich mit aufgesperrtem Rachen auf mich. Ich weiche mit einem Sprung aus. Und ich Dummkopf hatte geglaubt, den Python fein säuberlich in Stücke gehauen zu haben. Doch ich habe die lederharte Haut kaum geritzt.

Nun ereignet sich das Unwahrscheinliche, und es bedarf schon mehr als eines kräftigen Adrenalinstoßes, um sich ihm zu stellen. Anstatt mich zurückzuziehen, nähere ich mich dem Reptil noch entschlossener ein weiteres Mal, und es gelingt mir, es zu einem zweiten Angriff zu provozieren. Ich habe nämlich seine schwache Stelle entdeckt: den Fang. Der Python, der so dick wie mein Oberschenkel ist, zögert nicht, erneut anzugreifen. Er hat sich einen halben Meter hoch aufgerichtet und dicht hinter dem Kopf bildet sich ein gefährlicher, S-förmiger Bogen. Alle Muskeln angespannt, schwankt er kurz mit dem Kopf und schnappt dann blitzschnell mit dem aufgerissenen Rachen nach mir. Doch er trifft auf die Klinge des *panga*, der quer in seinen Kiefer eindringt. Die Schlange zieht sich blutend zurück.

Ich habe mein Ziel erreicht: den Schlag so zu führen, daß er den Rachen genau in dem Moment trifft, in dem er am weitesten gedehnt ist. Ich gebe zu, es ist eine Mischung aus präzisem Kalkül und Reaktionsschnelligkeit dazu nötig. Jedenfalls war es kein Zufallstreffer, denn dasselbe wiederholt sich nach einer Minute noch einmal. Und diesmal bringt der Hieb, den ich abermals in den Rachen des Python führe, die Entscheidung. Das Reptil gibt sich geschlagen, rollt sich zusammen und verbirgt seinen Kopf unter den Windungen seines Leibes. Ich ziehe den Dolch und dringe auf das Tier ein, ohne noch auf bemerkenswerten Widerstand zu stoßen.

Das Ganze spielt sich unter den verblüfften Blicken der Dorfbewohner ab, die sich vor dem Gesträuch versammelt haben. Sie packen die Schlange, die inzwischen tot ist, am Schwanz, der immer noch zuckt, und schleppen sie ins Freie. Männer, Frauen und Kinder umringen mich. Jemand bahnt sich seinen Weg durch die Menge, gefolgt von einem alten Mann, der mit Mühe ein großes Gefäß aus gebranntem Ton trägt. Es ist mit klarem Wasser gefüllt und wird vor mir abgestellt. Wo sie es in dieser mörderischen Dürre her haben, bleibt ein Geheimnis; ohne Zweifel ist es das größte Geschenk, das sie mir machen können. Ich stille meinen Durst, reinige meinen Dolch vom Blut, schieße ein paar Fotos und schultere wieder meinen Rucksack. Dann gebe ich allen zum Abschied die Hand und mache mich wieder auf den Weg.

Doch mir wird schmerzlich bewußt, daß sich etwas in mir verändert hat. Diese letzten Tage waren aufwühlend und von anhaltendem, aufreibendem Streß erfüllt, der mehr nervlicher als körperlicher Natur schien. Mit dem Resultat, wie mir nun erst bewußt wird, daß sich meine Fähigkeiten ungeheuer, ja gleichsam ins Übermenschliche gesteigert haben. Aber es sind keine positiven Fähigkeiten, wie ich gerade eben beim Abschlachten des Python bewiesen habe. Ich kann einfach nicht akzeptieren, daß ich es war, der dieses Blutbad angerichtet hat – gerade ich, der die Tiere, alle Tiere so sehr liebt.

Ich kann es mir nur so erklären: Nur mit Hilfe von beschleunigten Reflexen konnte ich sogar die blitzschnellen Bewegungen eines angreifenden Python voraussehen und darüber hinaus gleich zweimal hintereinander ins Ziel treffen – in das sehr kleine und bewegte Ziel, wie es der Rachen einer mit voller Wucht zuschnappenden Riesenschlange darstellt.

Wie in Trance durchlebe ich die Stunden, die mich noch von jenem Ort trennen, an dem mein Marsch zu Ende geht. Meine Gedanken schweifen ab, schwanken verloren zwischen Ängsten und Überschwang, zwischen Stolz und Gewissensbissen. In den kommenden Jahren werde ich oft an die Menschen dieses kleinen Dorfes denken, das ich so rasch wieder verließ und dessen Name ich nicht einmal weiß, obwohl mir sein Bild so unauslöschlich eingeprägt ist. Diesen Menschen muß ich wie eine Art Don Quichotte erschienen sein, der aus dem Nichts auftauchte, um gleich darauf wieder zu verschwinden. Ich würde gern eines Tages wieder dorthin zurückkehren, um mir von ihnen das Abenteuer eines gewissen weißen *bwana* erzählen zu lassen. Ich möchte darauf wetten, daß ihre Schilderungen große Ähnlichkeit mit den alten Legenden haben werden, in denen von einem mythischen Helden berichtet wird, der den schrecklichen »Drachen« besiegte. Auf diese Art, kann ich mir denken, entstehen die Sagen, die mündlich vom Vater an den Sohn weitergegeben werden.

Ich erahne in der Ferne eine verfallene Brücke, die über den Grumeti führt. Das muß die Straße sein, die Musoma mit Mwanza am Victoriasee verbindet. Es ist sechs Uhr abends am 21. Juli, und hier findet ein weiteres Abenteuer, das ich nie mehr vergessen werde, sein Ende.

Ich rolle mich neben dieser Brücke zusammen, auf der keinerlei Verkehr herrscht. Hier, inmitten eines Chors von Fröschen und Insekten, der vom Sirren der Stechmücken kontrapunktiert wird, schlage ich mein letztes Lager auf. Am nächsten Morgen werde ich durch die Ankunft meines somalischen Freundes geweckt, der mit seinem Jeep aus Musoma kommt, um mich abzuholen.

VIERZIG TAGE: ICH UND DER TIGER

1968

Ich war an diesem Vormittag in Bukittinggi – einer kleinen Stadt im westlichen Teil Sumatras – nicht der einzige vor dem Käfig des Tigers, doch die Augen des Raubtiers glühten nur auf, wenn sein Blick dem meinen begegnete. Die schrägen gelben Pupillen funkelten in seltsam beklemmender Helligkeit. Das Tier, das erst mit übereinander gelegten Pranken dalag, stand nervös auf und zeigte sich mir in seiner ganzen gewaltigen Größe. Es war ein wahrhaft prachtvoller Tiger, doch dieses Gefängnis hatte ihn offenbar in einen Dämon verwandelt. Der Haß, der von ihm ausging, bewies es. Der Tiger stellte die Ohren auf, das Fell um den mächtigen Nacken sträubte sich, er blähte die Nüstern und begann, mit dem Schwanz die Flanken zu peitschen. Alles deutliche Anzeichen dafür, daß er wütend war.

Ich schaute ihn mit festem Blick an, mein Auge in seinem Auge, nur eine Spanne durch die Stangen, die uns trennten, von ihm entfernt. Doch das gefiel dem Tiger nicht, und er verzog sein Gesicht zu einer wilden Fratze, stürzte mit einem Satz auf mich zu, den Rachen weit aufgerissen, und stieß ein Fauchen aus, das mich zurückweichen ließ. Aus seinem erschreckenden Maul, aus dem immer wieder ein langes Knurren ertönte, ragten bebend vier kräftige Reißzähne hervor. Er hatte mich vorher noch nie gesehen, doch aus irgendeinem unerfindlichen Grund schien sein Haß einzig gegen mich gerichtet. In Wahrheit hatte dieser Tiger wohl schon einmal einen Blick wie den meinen erlebt, erfüllt von unendlicher Gier nach seinen Geheimnissen, und nun lebte in ihm durch den Ausdruck meiner Augen möglicherweise seine schlimmste Erinnerung wieder auf.

Erst vor zwei Monaten, sagte mir jemand, war er im Wald in eine Falle geraten und gefangen worden. Es hatte jedoch zwei Jahre gedauert, bis es soweit war, und in diesem Augenblick verschmolz ich für ihn vielleicht mit dem Mann, dem er dieses Gefängnis zu verdanken hatte. Welch traumatische Erfahrung, welch schreckliches Los für ihn, der in Freiheit Herr des Dschungels gewesen war – er, der Tiger, der unter seinen Opfern Angst und Schrecken wie kein zweites Tier verbreitete. Doch das herrliche Raubtier hatte das Unglück gehabt, sich mit einer anderen Sorte Raubtier messen zu müssen: dem Menschen.

Ich war selbst gerade erst aus dem tiefsten Dschungel zurückgekehrt, in dem ich einundvierzig Tage lang gelebt und mit einem Tiger wie diesem sozusagen Verstecken gespielt hatte. Doch ich hatte nie die Gelegenheit gehabt, ihm aus solcher Nähe in die Augen zu schauen. Und nun hatte ich durch puren Zufall das stolzeste und eleganteste Tier, das heute die Erde bewohnt, direkt vor mir.

Von den großen Karnivoren, Fleischfressern, die heute noch diesen Planeten bevölkern, kannte ich nur den Tiger noch nicht – jedenfalls nicht in seiner natürlichen Umgebung. Und deshalb hatte ich beschlossen, nach Sumatra zu gehen, einer noch so gut wie unberührten Insel und dank des ausgedehnt, fast undurchdringlichen Dschungels, der sich im mittleren und südlichen Teil erstreckt, äußerst vielversprechend. Und so kam ich 1968 in Sebanga an, wo ich wie erwähnt einundvierzig Tage auf der Spur des Tigers verbrachte.

Das prächtige asiatische Tier, das seit jeher als Inbegriff von Kraft und Unbesiegbarkeit gilt, ist bis heute im Fernen Osten eine Art heiliges Wesen, das gleichzeitig gefürchtet und verehrt wird. Es ging deshalb in die Mythologie und sogar in die Religion einiger Völker ein. Der Tiger hat in diesen Gegenden fast magische Bedeutung und ist – in zahllosen Legenden wie auch im Aberglauben – stets der grausame Protagonist. Daher fürchten ihn alle, obwohl ihn in Wirklichkeit die wenigsten jemals gesehen haben. Er ist hier in der Tat als »Menschenfresser« abgestempelt; doch der Gerechtigkeit halber sei gesagt, daß auch Löwen, Jaguare

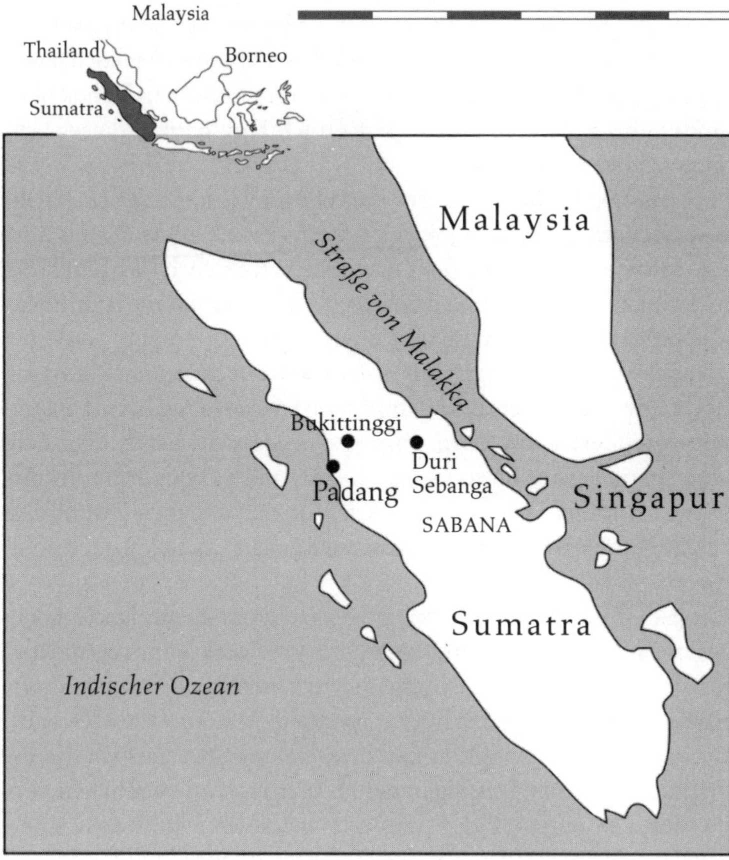
Malaysia
Thailand
Borneo
Sumatra
Malaysia
Straße von Malakka
Bukittinggi
Duri
Sebanga
Padang
Singapur
SABANA
Sumatra
Indischer Ozean

und mehr oder weniger alle großen Fleischfresser zuweilen Menschen töten. Das Phänomen des Menschenfressens, für das die großen Raubtiere gleichwohl nur in Ausnahmefällen anfällig sind, ließe sich lange erörtern, doch ich möchte mich zu diesem Thema kurz fassen.

Wenn wir davon ausgehen, daß alle Tiere die Neigung haben, dem Menschen aus dem Weg zu gehen, versteht es sich von selbst, daß er von einem wilden Tier nur selten angegriffen wird, solange es sich nicht auf irgendeine Art von ihm provoziert fühlt. Man muß allerdings in Betracht ziehen, daß eine einzige schlechte Erfahrung, die der Tiger mit einem Menschen gemacht hat, ihn leicht traumatisieren und damit sein normales Verhalten dauerhaft verändern kann. Dann wird er den Menschen nicht mehr aus einer natürlichen Scheu heraus meiden, ihn aber auch nicht aus Hunger anfallen – es sei denn, es handle sich um ein altes und einzelgängerisches Tier, das nicht mehr fähig ist zu jagen –, sondern ihn aus purer Rache töten, einfach, weil er mit der menschlichen Gestalt seine erlittene Erfahrung verbindet. Ein solches wildes Tier reagiert in diesem blutigen Akt seine nervöse Erregung und die daraus resultierende Aggressivität ab. Vor allem das Tigerweibchen kann zuweilen höchst spektakulär Dutzende Menschen reißen, bevor es gelingt, es zur Strecke zu bringen. Doch das bedeutet auch, daß dieser Tiger, der zur mordenden Bestie geworden ist, den Dschungel, den er als sein heimlicher Herrscher unermüdlich durchstreift, verlassen und sich an den Rand der Dörfer begeben muß, um seinen Blutdurst stillen zu können.

In Duri, der letzten Ortschaft, die im Dschungel von Sebanga über eine Straße zu erreichen ist, wird viel über den Tiger gesprochen, und auch hier wird er von allen gefürchtet, obwohl ihm kaum einer je begegnet ist. Und wer ihn gesehen hat – so betont man hier gern mit ironischem Nachdruck –, hat nicht mehr darüber berichten können. In diesen Gegenden lebt er in der Vorstellung der Eingeborenen besonders als gerissener Einzelgänger, der schnell wie der Blitz ist. Ich bekomme den guten Rat, ihn erst zu fangen, falls ich wirklich darauf Wert lege, in seine Nähe zu gelangen. Ich muß über diesen Gedanken lächeln, denn es liegt mir fern, einem

Tier Schaden zuzufügen – besonders, wenn es sich um einen Tiger handelt. Außerdem würde ich damit Gefahr laufen, aus ihm eine weitere gefährliche Bestie zu machen. Und wie sollte ich ihn überhaupt fangen? In Duri hat niemals jemand einen Tiger lebend gefangen, und die wenigen, die in der Nähe der Dörfer zur Strecke gebracht wurden, waren gerade die Menschenfresser.

Es ist der 8. Oktober, und ich schlage fünfzehn Kilometer von Duri entfernt mein Lager am Rand einer alten Piste auf, die vor vielen, vielen Jahren von einer amerikanischen Ölgesellschaft angelegt wurde; nun ergreift der Dschungel allmählich wieder Besitz von ihr. Ich habe an der Stelle angehalten, an der die Fährte des Tigers aufgetaucht ist. Franz Sumopawiro, der indonesische Freund, der mich begleitet, hat sie gegen Abend bemerkt. Nun kann er meine Sachen gar nicht schnell genug von seinem Landrover abladen und wieder losfahren, um vor Einbruch der Dunkelheit wieder in Duri zu sein. Kurz nach unserem Eintreffen hier hat er nämlich einen merkwürdigen Schrei gehört, ähnlich einem unterdrückten Seufzen, aber viel kraftvoller. »*Harimau*, Tiger! Allerdings dürfte er nicht ausgewachsen sein, denn er macht allzu viel Radau.« Soweit der Kommentar von Franz, der vor seiner Rückfahrt nach Duri um jeden Preis sein Gewehr bei mir zurücklassen will. Aber stammt dieser Schrei wirklich von einem Tiger, frage ich mich zweifelnd?

Inzwischen bricht die Nacht herein, und der Dschungel ist von vielen weiteren Geräuschen erfüllt. Es hat tagsüber viel geregnet und tröpfelt überall noch. Ich tappe im Halbdunkel herum, dringe in das Dickicht ein und schneide drei lange Äste ab. Dann kreuze ich, sie nach Art der nordamerikanischen Indianer, breite meine Zeltbahn darüber und zwänge mich darunter. Diese Nacht werde ich, umgeben von meinem Gepäck, auf der nackten Erde schlafen.

So beginnt ein langer und unbequemer Aufenthalt – nicht so sehr wegen der Stechmücken und der roten Ameisen, die verdammt zwicken, als vielmehr wegen der beunruhigenden Gedanken, die mich ständig verfolgen und sich in meinem Kopf ins Riesenhafte steigern. Nichts ist ansteckender als die Furcht der anderen. Ich sitze zusammengekauert im immer dichteren Dunkel, und in meinem Hirn nehmen die schrecklichen Geschichten, die ich in den letzten Tagen über die gestreiften Bestien von Sebanga gehört habe, Gestalt an. Man erzählt sich, daß eine von ihnen zwölf Opfer gemacht habe, eine andere acht; die letztere hatte angeblich vor einiger Zeit mit einem einzigen Angriff drei Männer getötet, die nebeneinander auf dem Boden hockten. Angeblich entdeckte ein Bursche namens Livain am Rand eines Dorfes eine kleine Senke, in der vierzehn menschliche Schädel lagen: das Versteck, in das der Tiger seine gräßliche Beute geschleppt hatte. Und doch, sage ich mir, dürfte auch dieser Fleischfresser ein Naturell haben, das sich nicht allzusehr von dem der anderen fleischfressenden Raubtiere unterscheidet. Es ist nur eine Vermutung, doch dafür sprechen meine Erfahrungen, die ich schon früher mit Wölfen, Löwen, Jaguaren und Leoparden gemacht habe. Wenn mir jedoch diese langen Seufzer ans Ohr dringen, die sich ab und zu im dunklen Wald erheben, dann werde ich von quälender Unruhe ergriffen. Und schon wieder dringt aus der Tiefe des Dschungels ein schauerlicher Ruf heran.

Natürlich gelingt es mir die ganze Nacht lang nicht, auch nur ein Auge zuzumachen, so daß ich das Morgengrauen mit einem Gefühl der Erleichterung willkommen heiße. In den beiden folgenden Tagen habe ich viel Arbeit mit der Konstruktion einer Art Wetterschutz aus vier gekreuzten Pfählen, die eine Zeltbahn stützen; darunter hänge ich die Hängematte und alle meine Sachen auf. Und dann haue ich noch ringsum mit dem *parang*, meiner Machete, eine kleine Lichtung, die mir im ständig feuchten und erstickenden Dschungel etwas Luft verschafft.

Diesen ersten Tagen harter Arbeit folgen regelmäßig fast schlaflose Nächte, weil die tausend Fragen, die unaufhörlich auftauchen, die konstante nervöse Spannung ins Übermaß steigern. Meine Zweifel sind eigentlich ungerechtfertigt, denn sobald die Nacht anbricht, ereignet sich praktisch gar nichts mehr. Doch die Ängste und Vorurteile dieser Menschen haben offensichtlich auch mich angesteckt. Um die Wahrheit zu sagen, würde ich im Augenblick nicht mehr so sehr auf die Harmlosigkeit eines Tigers schwören, auch wenn er ein Kind des Dschungels ist. Der Unterschied zwischen meinem neuen Gemütszustand und der vorgefaßten Meinung der Einheimischen ist nur noch sehr gering. Und so keimt, ohne daß ich mir dessen richtig bewußt werde, ein Gefühl auf, das zwar nicht direkt auf eine Rivalität mit dem Tiger hinausläuft, wohl aber auf ein Konkurrenzdenken, das von dem Wunsch getragen ist, mich mit seiner Schlauheit messen zu wollen. Ich bin bereits so weit, daß ich wie die Einheimischen darüber nachdenke, den Tiger wirklich zu fangen.

Halb unbewußt beginne ich einen Plan zu entwerfen, der dem Tiger keine Schmerzen bereiten darf, aber zugleich auch meine Sicherheit garantiert. Ich habe vor, das Tier mit einem Köder anzulocken, der über einer tiefen Grube angebunden ist, die ich vorher gegraben und gut getarnt habe, denn genau dort hinein soll der Tiger fallen. Doch er wird darin nicht länger als zehn, fünfzehn Minuten ausharren müssen, denn ich werde ihn anschließend mit folgendem Manöver wieder in die Freiheit entlassen: Ich will einen Baumstamm so präparieren, daß er von einer gut festgezurrten Liane gehalten wird. Im gewünschten Moment wird ein kleines Feuer, das ich anzünde, diese Liane durchbrennen, und so wird der Stamm von selbst in die Grube stürzen. Natürlich darf er den Tiger nicht treffen; vielmehr wird er etwa auf halber Höhe in der Grube steckenbleiben und dort eine Art Brücke bilden. Über diesen Stamm kann das Tier die Grube verlassen und flüchten. Natürlich werde ich mich in der Zwischenzeit in Sicherheit gebracht haben. Der Plan, den ich da ausgeheckt habe, überzeugt mich, und so werde ich ihn in die Tat umsetzen.

In der Zwischenzeit ist Franz zu Besuch gekommen, und als er von meinem Projekt erfährt, ist er begeistert. Nach ein paar Tagen kommt er zurück und bringt zwei Männer mit, die von nun an, wie ich hoffe, bei mir im Lager bleiben werden. Zuerst wollen die beiden absolut nichts von einer Übernachtung im Dschungel wissen. Doch als sie sehen, daß ich nach wie vor unversehrt bin, obwohl ich meine Nächte in einer Hängematte verbringe, die den vier Winden ausgesetzt ist, stimmen sie schließlich zu und bleiben. Später dann werden sie schließlich verkünden, daß der *harimau* gar nicht so ein bösartiger Teufel ist, wie man immer glaubt.

Einen halben Kilometer von meinem Lager entfernt grabe ich also mit Hilfe der drei Freunde eine große runde Grube, die vier Meter tief ist. Der Boden ist wie ein Trichter geformt, damit der Tiger nicht die Möglichkeit hat, sich nach oben zu werfen. Dann tarne ich den Schacht und binde an seinem Rand eine lebende Ziege fest, die Franz zu diesem Zweck mitgebracht hat. Dabei kalkuliere ich natürlich so, daß der vom Köder angelockte Tiger bei seinem Sprung in der Grube landet, noch bevor er der ahnungslosen Ziege auch nur ein Härchen krümmen kann.

Es vergehen die ersten vierundzwanzig von Zittern und Bangen erfüllten Stunden, doch es passiert nichts. Das Warten im Lager wird sehr bald zermürbend und auch eintönig: Tagsüber herrscht unbeschreiblich drückende Hitze, und am Abend jagen sich die Gewitter. Ein Platzregen in der sechsten Nacht nach meiner Ankunft ist besonders heftig. Am Morgen danach entdecke ich in der schlammigen Piste zu meiner Überraschung die tiefen Abdrücke von Tigerpranken. Er muß unmittelbar nach dem Regen vorbeigekommen sein, näherte sich bis auf hundertfünfzig Meter dem Lager und verschwand dann mit einem mächtigen Satz im Dschungel. Ich verfolge erregt diese Spuren, die mich schließlich direkt zur Grube führen. Sobald mich die Ziege sieht, beginnt sie zu meckern; doch nun glaube ich auch ein Knurren zu hören. Ich komme vorsichtig näher. Es scheint alles in Ordnung zu sein. Das Knurren jedoch wiederholt sich. Zweifellos kommt es aus dem Schacht. Ist vielleicht ein Tigerjunges darin gelandet, ohne das Laubdach zu beschädigen, das die Öffnung noch immer tarnt? Und wo befindet sich jetzt die Mutter? Hier in der Nähe, vielleicht auf der Lauer? Wenn dem so wäre, würde ich in höchster Gefahr schweben. Mardi, einer der beiden Indonesier, die bei mir sind, reicht mir das Gewehr, eine alte Springfield-Armory Baujahr 1903, die mir Franz sicherheitshalber aufgenötigt hat. Die Waffe ist so altersschwach, daß ich damit nicht einmal ein Kaninchen totschlagen könnte. Dennoch halte ich sie im Anschlag und gehe auf die Grube zu. Es vergehen endlose Minuten; die Ziege meckert weiter. Endlich bin ich dort – und nun bekommt Mardi, der sich zwanzig Schritte hinter mir befindet, eine Flut von Verwünschungen zu hören, die er selbstverständlich nicht deuten kann. Es stellt sich nämlich heraus, daß die Grube zu drei Vierteln mit Wasser gefüllt ist, und dieses verdächtige Knurren ist das widerhallende Gurgeln zweier Kröten, die dort hineingefallen sind. Ich bin wütend. Ich brauche einen vollen Tag, um den Schacht mit einem Eimer auszuschöpfen, den ich an einem Seil hinunterlasse.

Am nächsten Tag finde ich neue Fährten um das Lager herum, in nur etwa hundertzwanzig Metern Entfernung von der Hängematte. Darunter ist auch die eines Bären, des Todfeindes des Tigers. Ich kehre zur Grube zurück, um sie zu inspizieren. Verdammt, sie steht wieder unter Wasser! Die heftigen, jahreszeitlich bedingten Regenfälle, die uns arg zusetzen, haben den Boden wie einen Schwamm durchtränkt und dringen ungehemmt in jeden Hohlraum ein. Ich muß mir eingestehen, daß diese Art Falle zur Zeit völlig unbrauchbar ist, und entdecke außerdem, daß die Ziege der denkbar schlechteste Köder ist, um einen Tiger anzulocken. Wenn ich ihn fangen will, muß ich deshalb andere Methoden anwenden.

Auf den weniger unwirtlichen Lichtungen des Dschungels leben verstreut in Familienverbänden die Sakai, Eingeborene, die vermutlich von einer uralten Rassenmischung zwischen austroasiatischen Negritos und den malaiischen Jakun abstammen. Sie kommen aus den malaiischen Dschungeln und haben sich vor undenklichen Zeiten in den tiefen Wäldern Sumatras angesiedelt. Gegenwärtig beträgt ihre Zahl nicht einmal dreißigtausend, so schätzt man jedenfalls.

Es vergeht kein Tag, an dem ich in der Umgebung meines Lagers nicht einem Sakai begegne. Diese kleinwüchsigen und hageren Eingeborenen erweisen sich als sehr sanft und gesellig; sie sind immer überaus freundlich. Wie sie mich da so ungeschützt sehen, machen sie sich Sorgen und bieten mir sogar ihre einige Kilometer entfernten Hütten an, da ich nicht »im Schlund des Tigers enden« solle. Das machen sie mir mit äußerst lebhaften Blicken deutlich, die vom aufgeregten Tonfall ihrer Ausrufe noch unterstrichen werden. Ich bedanke mich, werde aber natürlich nicht in ihre Hütten übersiedeln. Wir verständigen uns mehr durch Zeichen als durch Worte, doch wir verstehen einander ausgezeichnet. Anfangs hielten sie mich für einen Irren, und nun verwirrt sie die Tatsache, daß sich die Bestie des Nachts hier herumtreibt und ganz dicht an mich herankommt, mich jedoch nicht anfällt. In ihren Augen wäre es nur logisch, wenn das passieren würde. Sie schließen daraus, daß ich wahrscheinlich ein Zauberer bin. Die Sakai sind Animisten und so abergläubisch, daß sie den Tiger für die Reinkarnation einer Seele halten, die sich bei Einbruch der Nacht bis zum nächsten Morgen in ein wildes Tier verwandelt. Da sie immer mit Geschöpfen gelebt haben, die sie zum Mythos erhoben, würden sie niemals einen Tiger töten. Sie empfinden im Gegenteil gleichermaßen Ehrfurcht wie Angst vor ihm und erflehen jedesmal, bevor sie sich auf den Weg machen, den Schutz ihrer Gottheiten. Bei Anbruch der Nacht ziehen sie sich in ihre Pfahldörfer zurück, wo sie die ganze Nacht über ein Feuer unterhalten. Im Lauf der folgenden Tage scheint mein Beispiel, das sie erst beunruhigte, dafür zu sorgen, daß sie weniger ängstlich sind und sich sogar immer später auf den Heimweg machen. Die Nacht bleibt für sie jedoch weiterhin ein Tabu. Diese Menschen, die ursprünglich Nomaden waren, siedeln sich im Wald an, nachdem sie ein kleines Stück Land mit Hilfe primitiver Brandrodung urbar gemacht haben. Dort pflanzen sie Knollen und Getreide an und errichten schließlich ihre einfachen Pfahlhütten. Die Sakai fischen außerdem mit Reusen und sind äußerst geschickte Fallensteller. Sie fertigen Reusen wie Fallen aus ausgesuchten Zweigen und besonders widerstandsfähigen Stricken an, die sie aus einer *rotàn* genannten Kletterpflanze drehen. Wie der Tiger sind sie Kinder des Dschungels und unwissentliche Verbündete, was die Jagd auf Hirsche und Wildschweine betrifft. Ansonsten meiden sie einander oder halten zumindest gebotenen Abstand.

Sehr schnell werde ich mit den Sakai von Sebanga vertraut und profitiere bei der Konstruktion einer neuen Falle auch von ihren Fertigkeiten.

Ich hatte mich nicht mit der Pleite der überschwemmten Grube abgefunden, und nun sind die Sakai da, um mir zu helfen. Doch ich bin mir sicher, daß sie es nur tun, weil sie begriffen haben, daß es nicht meine Absicht ist, den Tiger zu töten oder ihn für immer einzusperren. Nachdem nun alle Unklarheiten über mein Vorhaben aus dem Weg geräumt sind und sie wissen, daß ich nichts Böses im Schilde führe, beginnen wir quasi spielerisch im östlichen und westlichen Dickicht neue Fallen vorzubereiten, um den Tiger endlich zu fangen. Und so entstehen zwei bodenlose Käfige aus Stämmen, die mit entsprechenden Zwischenräumen durch die kräftigen, fest zusammengedrehten Stengel des *rotàn* verbunden sind. Nach einigen Experimenten nehmen wir das Aas eines Wildschweins als Köder, weil es dem Tiger mehr als alles andere Appetit macht. Diese Köder, die natürlich die Sakai beschaffen, werden an einer Seite unter dem Käfig aufgehängt und mit einer primitiven, aber sensiblen Vorrichtung verbunden. Sie besteht aus einem aus Baumrinde geflochtenen Netz, das vor dem Köder angebracht und »scharf« gemacht wird, so daß es hochschnellt, sobald das Raubtier dagegen stößt. Durch diesen Stoß löst sich der Käfig aus seiner Verankerung und fällt auf den Tiger, der – ohne einen Schlag abzubekommen – nun darin eingeschlossen ist und wie in einer Menagerie nur hin- und her»tigern« kann.

Das erste und zweite Mal reagiert der Tiger nicht auf die Fallen und nähert sich ihnen nur auf ein paar Meter. Endlich stelle ich nach ein paar gewittrigen Tagen fest, daß der Besucher an die westliche Falle geraten ist. Unglaublicherweise ist jedoch gar nichts passiert. Der Käfig hat sich nicht gelöst, obwohl der Köder und das Netz sichtlich von seinen Krallen zerfetzt sind: Ein Sakai hatte im letzten Moment vergessen, den Sicherheitsmechanismus zu entriegeln. Wir müssen also die Falle wieder funktionstüchtig machen und abermals in aller Geduld abwarten.

Am nächsten Tag stellen wir fest, daß beide Käfige nach unten gestürzt sind, ohne jedoch den Tiger gefangenzusetzen. Den Spuren nach zu urteilen, muß in die eine ein Panther oder ein Leopard getappt sein und in die andere ein Bindenwaran: Tiere, die viel kleiner als der Tiger sind und deshalb durch die Käfigstäbe schlüpfen können. Abermals an der Nase herumgeführt, arbeite ich mit der Hilfe der Freunde den ganzen Tag, um die schweren Käfige wieder hochzuhieven. Das Warten auf den Tiger beginnt allmählich, an meinen Nerven zu zerren.

Die Sakai, die inzwischen die Gewohnheit angenommen haben, das Lager täglich zu besuchen, überhäufen mich mit Geschenken, die ich, wie es bei ihnen der Brauch ist, mit Naturalien erwidere: einer Tasse Kaffee, ein paar Zuckerwürfeln, einem alten Gürtel und vor allem mit leeren Flaschen und Büchsen. Und so kommen in meinem Camp lebende Tiere aller Art an, die sie geschickt gefangen haben und die ich regelmäßig mit entsprechendem Taktgefühl früher oder später wieder in die Freiheit entlasse. Einige sind wirklich sonderbar und putzig. Etwa der Mäusehirsch, eines der kleinsten Huftiere der Erde, und das gemächlich dahinbummelnde Schuppentier, das mit seinem Panzer an einen großen Tannenzapfen erinnert. Doch am sympathischsten sind ohne Zweifel die Plumploris mit ihren ebenso komischen wie anmutigen, langsamen Bewegungen und den großen Glubschaugen der Nachttiere, die immerwährendes Erstaunen auszudrücken scheinen. Dann sind da auch noch einige der seltsamsten Vertreter der Vogelwelt von Sumatra, etwa der eigentümliche Nashornvogel und das auffallende Rebhuhn, dessen prachtvolle rote Livree von seinem rabenschwarzen Gefieder absticht. Tag für Tag verwandelt sich also das Lager mehr in eine Art Zoo, der mir nicht wenig Schwierigkeiten praktischer Natur bereitet. Das Schuppentier zum Beispiel versucht immer wieder, den provisorischen Tisch zu erklimmen, dessen Platte aus aneinandergereihten Hölzern besteht; es bringt diese systematisch in Unordnung und wirft alles um, was darauf steht. Der sympathische Lori, der als typisches Nachttier die Helligkeit meidet, verrichtet dagegen sein Geschäft unter der Zeltplane – mit nicht weniger katastrophalen Folgen. Doch der Zoo breitet sich auch über das Lager hinaus aus, in das Dickicht des Waldes und vor allem auf die höheren Bäume, deren Kronen dank des Sonnenlichts, das sie erreicht, von tierischem Leben erfüllt sind. Dort oben findet nämlich die intensivste Photosynthese statt, die alle nur denkbaren Triebe und Früchte hervorbringt – zum Nutzen der Arten, die den Dschungel bevölkern. Das gewährleistet, daß hier auch die Fleischfresser vorfinden, was zu ihrer Ernährung und damit zu ihrer Arterhaltung dient.

Genau über dem Lager haust eine lebhafte Familie von schwarzen Affen, die die Eingeborenen *chingkuak* nennen. Ich weiß nicht, inwieweit das, was ich beobachte, dem normalen Verhalten dieser Primaten entspricht: Seitdem ich mich hier eingerichtet habe, habe ich kaum Anzeichen für einen Ortswechsel erkennen können. Natürlich ziehen sie jeden Tag auf einen anderen Baum um, aber ihr Aktionsradius ist doch minimal. Um ihre Runde um das Lager zu machen, brauchen sie nur eine Woche. Sie sind ständig um mich herum und turnen vom Morgengrauen bis zur Dämmerung auf denselben Ästen. Im Gegensatz zu ihren Vettern, den Siamangen und den Gibbons, die ebenfalls ständig ihre spektakulären und von lautem Heulen begleiteten akrobatischen Künste vorführen, beschränken sich die *chingkuak* auf ein fast schon diskretes Geplapper auf der Basis eines endlosen »Krakra«. Zum Ausgleich richten sie in den Kronen, in denen sie sich aufhalten, eine unglaubliche Zerstörung an und lassen Früchte und Äste fallen, die mich oft genug um mein Leben zittern lassen. Um ihre lustigen Manöver aus der Nähe verfolgen zu können, klettere ich häufig an den langen, kräftigen Lianen bis dicht unter das grüne Gewölbe hinauf. Doch das erschreckt sie nicht im geringsten, sie scheinen eher amüsiert, bleiben ruhig sitzen, lugen durch das Laubwerk und verfolgen mit ihren runden und beweglichen Augen, denen nichts entgeht, jede meiner Bewegungen.

Die wirklichen Herrscher dieses Dschungels sind jedoch die Insekten. Da gibt es eine nicht näher bestimme Art kleiner, von den Eingeborenen *agas* genannter Fliegen, die ihre Anwesenheit durch brennende Bisse verraten. Nicht weniger aggressiv sind auch bestimmte gestreifte Mücken, deren hohes und hysterisches Summen wie ein elektrischer Rasierapparat klingt. Ihre Stiche sorgen dafür, daß die betroffenen Hautstellen rasch zu eitern beginnen. Das alles ist natürlich lästig, doch den vitalen Atem des Waldes spürt man eben vor allem in diesem wimmelnden Universum jener kleinen, allgegenwärtigen geflügelten Wesen.

Trotz der täglichen Verbesserungen, die ich dem Lager zuteil werden lasse, und obwohl ich mich von Tag zu Tag mehr der Mühsal anpasse, die einem diese Natur auferlegt, bleibt das Leben im

Dschungel doch immer noch aufreibend. Um sich ein Bild davon zu machen, muß man selbst einmal versuchen, wochenlang zwischen wilden Tieren, Insekten und Reptilien zu biwakieren, bei unaufhörlichem Regen und erstickender Hitze. Sich diese Natur nur vorzustellen ist etwas völlig anderes, als darin zu leben. Man bedenke zum Beispiel, daß in dieser Gegend Sumatras pro Jahr im Durchschnitt sieben Meter Regen fallen und die ständige Feuchtigkeit derart hoch ist, daß selbst die Dinge, die zum Schutz unter der Zeltbahn aufgehängt sind, binnen weniger Tage grünlicher Schimmel überzieht. Ein Paar Schuhe, das ich vier Tage lang nicht getragen habe, hat sich in der Zwischenzeit in zwei klebrige, grünliche Nester schwarzer Riesenameisen verwandelt, die darin bereits ihre Eier ablegen wollten. Nach einem halbstündigen Orkan – der in den ersten vierzehn Tagen zweimal losbrach – stieg das Wasser im Lager auf siebzig Zentimeter. Es dauerte jedesmal eineinhalb Tage, bis es wieder abgelaufen war. Nach einer dieser Überschwemmungen entdeckte ich sogar einen großen Fisch, der im Schlamm neben der Hängematte steckengeblieben war. Am Morgen nach einer Regennacht tauchen auf dem schlammigen Terrain in der Regel die verschiedensten Fährten von Tieren auf – der Rechenschaftsbericht des nächtlichen Lebens, das sich ringsum abspielt. Die Abdrücke sind so deutlich und detailliert, daß man aus ihnen auch mit sehr wenig Erfahrung selbst Motiv und Gemütslage der Tiere lesen kann, von denen sie stammen. Die markantesten und zuweilen an Verwüstung grenzenden sind natürlich die der Elefanten, die so groß und tief sind, daß man zusammengekauert darin verschwindet. Doch meine Aufmerksamkeit gilt vor allem der Fährte, die der Tiger hinterlassen hat. Ich spreche von *einer* Fährte, denn es handelt sich in der Tat um einen einzelnen Tiger, dessen Revier dies hier ist, durch das er regelmäßig seine Streifzüge unternimmt. Dieses Gebiet verteidigt das Raubtier gegen jeden Versuch seiner Artgenossen, hier einzudringen, aufs grimmigste. Als ich hier mein Lager aufschlug, habe ich mir also ahnungslos diesen einen Tiger ausgesucht: Er ist der Hauptdarsteller in meinem Abenteuer. Im ganzen Umkreis gibt es weder Spuren von Tigerjungen noch von anderen ausgewachsenen Exemplaren; ich weiß allerdings, daß die Paarungszeit noch weit entfernt ist. Die einzige Periode des Jahres, in der Männchen und Weibchen zu zweit – oder bedrängt durch einen zweiten Bewerber – umherstreifen, dauert nämlich nur von November bis Ende März.

Obwohl der Verlauf der Fährte ganz zufällig erscheinen mag, folgt das Tier auf seinen Wanderungen einer genauen Route, die in groben Zügen die Form eines Dreiecks hat und deren Umfang rund vierzig Kilometer beträgt, die es in neun bis zwölf Tagen zurücklegt. In jedem Abschnitt des Territoriums, das es auf seinen täglichen Beutezügen auswählt, wandert das Raubtier unermüdlich hin und her und legt sich erst auf die Lauer, wenn es einen Ort gefunden hat, der sich für einen Hinterhalt anbietet. Dann greift es bei passender Gelegenheit arglistig an und überrascht sein Opfer: Dabei duckt sich der Tiger wie eine Katze und pirscht sich mit schlängelnden Bewegungen dicht über dem Boden von hinten an. Sein Geruchssinn ist zwar nicht so stark ausgeprägt wie sein Gehör, jedoch immer noch bemerkenswert. Zu seinem Pech strömt er jedoch einen unverwechselbaren Geruch aus, den die Tiere von weitem erkennen. Und dann verbündet sich der ganze Dschungel gegen die reißende Bestie: Die Affen schnattern von den Baumwipfeln herab, und die Vögel flattern unruhig von Zweig zu Zweig und alarmieren mit ihrem Gekreisch die Tiere am Erdboden. Wenn das geschieht, bleibt dem Tiger nichts anderes übrig, als von seinem blutigen Plan Abstand zu nehmen und in einen anderen Abschnitt seines Reviers zu wechseln. Dafür muß er ständig in Bewegung bleiben, so daß er durch das dauernde Kreuz und Quer in einer einzigen Nacht gut und gern vierzig Kilometer zurücklegt.

Für die Strecke, die er in seinem langgezogenen Dreieck abgeht, braucht er durchaus nicht zufällig mindestens zehn Tage. Auch die geometrische Form und die Entfernungen haben etwas mit Logik zu tun. Zum Beispiel bleibt der Tiger am Punkt A, an dem er ein Opfer gerissen hat, ein paar Tage: So lange braucht er, um seine Beute aufzufressen (vorausgesetzt, es handelt sich um ein Tier mittlerer Größe, etwa eine Antilope oder ein Wildschwein).

Dann begibt er sich zum Punkt B, der acht bis zehn Kilometer entfernt ist, und hält sich dort – je nachdem, was er vorfindet – kürzer oder länger auf, bevor er zum Punkt C zieht; dort macht er abermals halt und kehrt schließlich in den Abschnitt zurück, aus dem er aufgebrochen ist. Diese ständigen und fast regelmäßigen Ortswechsel sind notwendig, um das Wild zu verfolgen, das spätestens zwei oder drei Tage nach dem Auftauchen des Raubtiers sein angestammtes Gebiet in Panik verläßt.

Nicht selten entdecke ich um das Lager die Fährten des Tigers, von denen die meisten in Richtung des Köders verlaufen. Diese enormen Abdrücke im aufgeweichten Erdreich sind für mich wie ein offenes Buch, aus dem ich die Persönlichkeit dieses unsichtbaren Herrschers über den Dschungel herauszulesen versuche. Doch dann kommt der Tag, an dem mir bewußt wird, wie absurd dieser aus einer Art Rivalität entstandene Wettstreit mit ihm ist, und ich beschließe, auf mein Vorhaben, ihn zu fangen, zu verzichten. Wie könnte ich mit einem derartigen Wunder an Wildheit und Schlauheit konkurrieren? Ich lasse jedoch nicht davon ab, sein faszinierendes Verhalten zu studieren, und unternehme weiterhin alles, um ihm zu begegnen. An einigen Stellen am Rand der alten Piste, neben der ich mein Lager aufgeschlagen habe, ist der Tiger lange auf der Lauer gelegen. Einmal hat er sich mit einem Satz von mindestens fünf Metern in das Dickicht gestürzt: sicher der blutrünstige Sprung auf eine Beute. Alles war aus den Zeichen im Gelände abzulesen – aus den typischen, tief eingekerbten Kratzspuren, die dem Anlauf vorausgehen, ebenso wie aus den Exkrementen, die er gewohnheitsmäßig ausscheidet, bevor er zum Angriff übergeht. Die neue Runde Versteckspielen mit dem Tiger, die nur von meiner Seite aus spielerisch gemeint ist, nimmt bisweilen groteske Züge an, als ob sich nicht ein Tiger und ein Mensch gegenüberstünden, sondern zwei denkende, starrköpfige menschliche Wesen. Es kommt vor, daß ich mich nördlich des Lagers am Rand der Piste auf die Lauer lege und kurz darauf feststelle, daß der Tiger im Süden vorbeigekommen ist, als ob er mich verhöhnen wolle; und wenn ich in den Dschungel eindringe, um ihn aufzuspüren, kann ich anschließend feststellen, daß seine

Fährte in der Mitte der Piste verläuft, auf der vorher nicht das geringste Anzeichen für seine Anwesenheit zu entdecken war.

Der Tiger ist immer in der Nähe und belauert mich, das kann ich spüren; und doch wird jede meiner Anstrengungen zunichte gemacht – weniger durch das schwierige Gelände als vielmehr durch sein zurückhaltendes Gebaren als Einzelgänger.

An einem bestimmten Punkt beschließe ich, es mit dem traditionellen »Nest« auf einem Baum zu versuchen. Also baue ich mir eine durch die Vegetation gut getarnte Plattform etwa vier Meter über dem Boden, die von drei großen Pfählen zusammengehalten wird. Darunter bringe ich als Köder ein totes Wildschwein an, dessen Verwesungsgeruch die ganze Zeit über die stehende Luft verpestet. Ich verbringe dort oben drei Nächte hintereinander in zusammengekauerter Haltung, im Kampf mit den Gewittern, den Mücken, dem Schlaf und in solcher Dunkelheit, daß ich Mardi, der oft an meiner Seite ist, nicht einmal als Schatten erkennen kann. Am vierten Abend fällt mein Blick zufällig auf etwas, das wie aus dem Nichts aufgetaucht ist und sich dort hinten auf der Piste bewegt. Endlich der Tiger. Durch das Laub getarnt, beobachten ihn Mardi und ich mit angehaltenem Atem – aufmerksam und ohne uns zu rühren, als ob wir hypnotisiert wären. Das Tier nähert sich rasch und überquert nun ein sumpfiges Stück, das nicht mehr als zweihundert Meter von uns entfernt ist. Wenn es sich von der Seite her zeigt, erscheint es so riesenhaft und massig, daß ich für einen Augenblick glaube, es müsse sich um eines der wenigen Nashörner handeln, die in diesen Wäldern noch zu finden sind. Die Farben haben sich nun ins Grau der Dämmerung aufgelöst, und das ließ mich zweifeln. Doch es ist wirklich der Tiger, er nimmt mit federndem Schritt auf dem Gelände bald nach rechts, bald nach links Witterung auf und wiegt dabei rhythmisch den Kopf. Als er kaum noch hundert Meter von uns entfernt ist, merkt er etwas. Er bleibt schlagartig stehen und erstarrt, wie es nur ein Tier in der Wildnis kann. Hat er uns gerochen? Nein, er hat nur den Köder gewittert und bewegt sich – seiner Sache sicher – wieder in seiner gewohnten Taktik, die für den, der sie miterlebt, wahrhaft eindrucksvoll ist.

Er nähert sich wie in Zeitlupe und streift dabei den dichten Pflanzenbewuchs, so daß er mit ihm gleichsam eins wird. Um seine Chancen zu vergrößern, verharrt er immer wieder nach wenigen gemessenen Schritten. Das Raubtier ist sich dessen nicht bewußt, daß die gerade entdeckte Beute leblos ist und nicht vor ihm flüchten kann. Oder es weiß das sehr wohl und muß dennoch das instinktive Ritual der Täuschung und des Überraschungsangriffs vollziehen. Der Tiger schleicht sich darum kunstreich an, scheint immer wieder mit seiner Umgebung zu verschmelzen, erstarrt häufig und macht sich dadurch praktisch unsichtbar. Doch plötzlich springt er geschmeidig und leise auf das Dickicht zu, kriecht hinein, um sich auf die Lauer zu legen, und verschwindet aus meinem Blickfeld. Doch seine Verschlagenheit wird ihn nicht lange ruhen lassen. Und in der Tat taucht er nicht mehr als fünfundzwanzig Meter vom »Nest« zwischen den Zweigen auf, regungslos, den Blick fest auf das tote Waldschwein gerichtet; er wirkt gleichmütig und majestätisch wie eine Sphinx. Dieses Bild, das so voller Erwartung und Tatkraft ist, läßt mein Herz schneller schlagen.

Mardi hat sich an meiner Seite ganz klein gemacht und zittert vor Angst. Langsam und so geduckt, daß es mit dem Bauch über den Boden kriecht, betritt das riesige Raubtier die Lichtung und setzt nun zum großen Sprung an: ein einzigartiges Schauspiel, das ich unbedingt auf Zelluloid bannen will. Dafür liegt die Kamera mit einem Blitzlicht schon bereit. Nur noch einen Augenblick. Ich sehe die Szene bereits vor mir, wie diese enormen, mit Krallen versehenen Pranken sich zum Sprung abstoßen, auf dem Aas des Wildschweins auftreffen und sich hineingraben. Ich halte den Finger bereits ungeduldig auf den Auslöser. Doch überraschend hält der Tiger inne, reckt sich, hebt den Kopf und nimmt heftig Witterung auf. Was geht da vor sich? Irgend etwas hat sein Mißtrauen erregt, und unversehens macht er einen großen Satz – aber in die entgegengesetzte Richtung, zum Dschungel hin, in dem er verschwindet. Mit aufs äußerste angespannten Nerven warten wir darauf, daß sich in der inzwischen hereingebrochenen Nacht noch etwas ereignet. Doch vergeblich.

Am nächsten Tag bin ich mit der Konstruktion eines weiteren »Observatoriums« beschäftigt, fünfhundert Meter entfernt und mitten im Urwald auf einem belaubten Baum, unter dem sich den Spuren nach zu urteilen der Tiger bereits früher auf die Lauer gelegt hat. Ich bringe darunter einen anderen Köder an und ziehe mich geduldig auf meinen Posten auf dem Baum zurück, diesmal allein.

Es vergeht ein Tag nach dem anderen, und das Warten wird nervenaufreibend monoton. Vom Morgengrauen bis zur Abenddämmerung bleibe ich zusammengekauert dort oben, fünf Meter über dem Boden, und warte darauf, daß sich der Tiger entschließt aufzutauchen. Keiner zwingt mich dazu, ich kann gehen, wann immer ich will, doch dieses wilde Tier ist für mich zu einer Obsession geworden wie Moby Dick für Kapitän Ahab. Ich habe nur wenige ähnlich zermürbende Zeiten des Wartens erlebt, und nach und nach wird, je weiter die Hoffnung auf einen Erfolg schwindet, das Leben im Dschungel für mich härter.

Inzwischen habe ich die Belagerungszeiten geändert. Ich wache nun nicht mehr tagsüber, sondern nachts auf dem Baum. Den Tag verbringe ich dagegen im Lager auf der Hängematte, solange die Hitze nicht unerträglich ist. Dann packt mich die Sucht nach dem Tiger, und ich beginne wieder herumzustreifen – auf der Suche nach seinen Spuren, die wie durch Zauberei verschwunden sind. Doch eines Tages stoße ich endlich wieder auf seine Fährte. Sie führt deutlich sichtbar, siegessicher und stetig bis auf hundertfünfzig Meter an mein Lager heran und verschwindet dann im Dschungel. Ich kehre augenblicklich in mein »Nest« zurück und liege dort – allein und ohne mich zu rühren – über neununddreißig Stunden hintereinander auf der Lauer. Alles vergeblich. Zwei Sakai kommen und informieren mich, daß sie gut ausgeprägte Abdrücke am Rand der Piste einige Kilometer vom Lager entfernt gefunden haben. Natürlich klettere ich sofort vom Baum, um hinzulaufen, doch als ich am Lager vorbeikomme, greife ich in einem Wutanfall diesmal nicht zur Kamera, sondern zum Gewehr. Natürlich ist das lediglich eine Geste grimmigen Protestes, die vor allem auf die enorme Ermattung und die in so vielen Tagen aufreibenden Wartens aufgestaute Spannung zurückzuführen ist. Mehr steckt nicht dahinter, davon bin ich überzeugt, denn in meinem Innersten weiß ich genau, daß ich niemals die Waffe auf den Tiger richten könnte, falls ich auf ihn stoßen sollte.

Ich komme zu der angegebenen Stelle, doch ich kann dort keine Fährte erkennen. Sicher ist sie vom letzten Platzregen ausgelöscht worden. Das macht mich in meinen bösen Rachegelüsten noch wütender und verwirrter. Ich dringe ins Dickicht ein und schlage mich stundenlang schwitzend und fluchend in allen Richtungen durch, torkle wie ein Betrunkener vorwärts, krieche bäuchlings durch den Schlamm, kämpfe mich durch Brombeersträucher, Sümpfe und Röhricht – mit dem einzigen Ergebnis, daß ich schließlich blutend und fix und fertig wieder herauskomme. Nachdem ich auf diese Weise meine negativen Energien abreagiert und mein seelisches Gleichgewicht wiedergefunden habe, kommt mir nun der Gedanke, mich abermals mit dem Tiger in seinem angestammten Territorium messen zu wollen, eher lächerlich vor. Schließlich ist mir sattsam bekannt, daß selbst das riesigste und unbeholfenste Exemplar dieser Spezies mühelos in Bereiche des Dschungels vordringen kann, in denen auch der geschickteste Mensch nur unter größter Mühe ein paar Schritte vorankommt. Und wie soll ich außerdem einen Tiger im Gewirr eines Sumpfs überraschen oder ihn im permanenten Halbdunkel auf dem Waldboden erkennen, auf dem man sogar eine Kobra mit einer Wurzel verwechseln kann? Nein, hier ist der Tiger der unbestrittene Herrscher. Um nur die geringste Chance zu haben, ihn zu überraschen, bleibt mir nichts anderes übrig, als mich wie bisher am Rand der kleinen Lichtung auf die Lauer zu legen, die er auf seinen Jagdausflügen immer wieder aufsucht.

Ich muß also zu meinem Baum zurückkehren und wieder mit dem Warten beginnen. Es ist inzwischen der 11. November und der vierunddreißigste Tag, den ich im Dschungel verbringe. Ich kann noch mindestens eine Woche bleiben und hocke Tag und Nacht in völliger Einsamkeit zwischen den Zweigen. Doch von diesem Augenblick an scheint sich etwas Neues in mir zu entwickeln.

Sobald ich in meinem erhöhten Observatorium angelangt bin, von dem aus ich den Wald überblicken kann, entdecke ich fast überrascht, daß ich mich am interessantesten Ort der Welt befinde – dem idealen Punkt, um die kleinen und großen Geheimnisse dieses grünen Universums auszuspähen, das doch sonst so hermetisch ist, von allem Besitz ergreift und allen Eindringlingen feindlich gesinnt ist. Kleine Gruppen von Affen leben in den höchsten Baldachinen des dichten Laubs, die den Himmel zu berühren scheinen und von denen der Weite und Ruhe suchende Blick mehr denn je angezogen wird. Ich komme mir hier unten ganz winzig und von dem hängenden Grün erdrückt vor. Von oben dringen die meisten, wahrhaft ohrenbetäubenden Geräusche heran. Zumal im Morgengrauen, wenn die Kronen noch von Dunst eingehüllt sind, ertönt eine Reihe eindrucksvoll klagender Schreie, die zum Beispiel von den Siamangen ausgestoßen werden, um potentielle Eindringlinge von ihrem Territorium fernzuhalten. Diese Affen, die den ganzen Tag vom Nichtstun beansprucht werden, sind wirklich sonderbar. Während ich in meinem durch das Laubwerk getarnten Hinterhalt fast unbeweglich verharre, sehe ich mich von Zeit zu Zeit von einem Rudel schwarzer Affen umringt, die auf etwas höher gelegenen Ästen hocken, die langen Schwänze baumeln lassen und sich ihrer aufwendigen Körperpflege widmen. Ein plötzliches Zucken des Schwanzes, gefolgt von einem dumpfen Brummen, zeigt an, daß mich einer gesehen oder gerochen hat. Doch meine völlige Erstarrung wirkt auf sie fast immer beruhigend. Die Ängstlicheren werfen mir frostige Blicke zu, schütteln mißbilligend den Kopf und ergreifen ebenso geräuschvoll wie blitzschnell die Flucht.

Ein leichtes, von leisem Grunzen begleitetes Stampfen, das aus dem dichten Unterholz dringt, verrät die Anwesenheit eines oder mehrerer Wildschweine. Doch es kann sich ebenso um Waldschweine handeln. Diese Tiere ziehen immer in kleinen Rotten umher. Die Bachen beider Arten erkennt man an den Ferkeln, die sie im Schlepptau haben. Auf der Suche nach Raupen und Würmern durchwühlen sie den Boden, halten plötzlich inne, sobald sie mich wittern, und von diesem Augenblick an verrät nicht das geringste Geräusch mehr ihre Anwesenheit. Das Wild weiß sich bei drohender Gefahr still zu verhalten. Doch sobald sie merken, daß dieser bedrohlichen Situation keinerlei Konsequenzen folgen, beginnen sie wieder durch das Dickicht zu trippeln und entfernen sich mit mißbilligendem Grunzen im Gänsemarsch.

Aus der unausgesetzten Unbeweglichkeit des Unterholzes und durch die brütende Luft lugt der dunkle Umriß des toten Waldschweins, das ich dort hingelegt habe, um den gefräßigen Tiger anzulocken. Neben dem aufgedunsenen, in Verwesung übergegangenen Leib taucht ab und zu der schmale Kopf eines Warans auf, der Witterung aufnimmt und sich dann wieder still in Bewegung setzt. Diese gelbbraunen Bonsai-Saurier sind die beharrlichsten Räuber meiner immer mehr zerfallenden Köder. Häufig muß ich einschreiten, damit sie mir nicht ein Stück nach dem anderen verschlingen. Die Tiere des Waldes sind im allgemeinen klein. Die Natur hat damit für ihr Überleben vorgesorgt, denn so können sie vor den Raubtieren ins Pflanzengewirr flüchten. In dieser stillen Reglosigkeit fällt mein Blick plötzlich auf einen langen schwarzgelben Leib, der unaufhaltsam durch das Gras und die kleinen Büsche kriecht, die ihn perfekt tarnen. Es überläuft mich kalt, als mir wieder einfällt, wie viele Giftschlangen diese Wälder bevölkern; gleichzeitig aber bin ich von der Anmut und Harmonie fasziniert, mit der sich das Reptil um alle Hindernisse schlängelt.

Und so schärft in diesem Schlupfwinkel der jungfräulichen Natur und der Ruhe, in dem ich lerne, die Dinge früher mit dem Instinkt als mit den Augen zu erkennen, die Stille auch das Gehör und den Geruchssinn; doch zuweilen – wie gerade eben – bleibt mir auch das Herz fast stehen. Daß ich mich alldem öffne, hängt zum großen Teil mit meiner eigenen Einsamkeit zusammen, die mit Sicherheit zur richtigen Beziehung zu dieser ungebändigten Natur beiträgt. Es wird mir plötzlich bewußt, daß die Erde nicht dem Menschen gehört, sondern daß vielmehr auch wir nur Geschöpfe dieses Planeten sind.

Diese Wälder drücken die Urkraft der Natur wahrhaft aus – hier ist man einer Macht ausgeliefert, die sich jeder Kontrolle entzieht, hier spürt man den Verlust einer Fähigkeit, die wir in alter

Zeit besaßen, die uns heute jedoch abhanden gekommen ist. Es ist eine feindliche, tyrannische Natur, erfüllt von einer rätselhaften, beängstigenden Einsamkeit. Dennoch – auch wenn es wie ein Widerspruch klingt – hüllt mein Innerstes der faszinierende Schleier des Mysteriums immer mehr ein.

Solange in dieser unglaublichen Welt aus Raum, Zeit und Schweigen die Sonne noch nicht durchgedrungen ist und die Nebel aufgelöst hat, sondert alles Feuchtigkeit ab, und die Riesen des Waldes strecken ihre starren, glänzenden Äste wie müde Tiere von sich. In den höheren Baldachinen mit ihren malerischen Arkaden hingegen verflechten sich belaubte, ebenfalls glänzende Zweige, von denen gewundene Lianen wie gekappte Seile herabhängen oder sich wie große Ankertaue von Ast zu Ast spannen. Fast könnte man meinen, daß es sich über diese hohen Bäume mit ihren dichten Kronen, die sich aneinander drängen, trefflich spazieren läßt. An ihrem Fuß hingegen dringt aus dem Boden ein Gewirr unförmiger und schlüpfriger Wurzeln – in ständigem Kampf untereinander und mit den Stämmen, an denen sie sich in zäher Umklammerung nach oben schieben. Fast überall verflechten sich die Spitzen dieser Fangarme mit dem Laub, das sich von den Bäumen herabneigt, zu einer Einheit, bis sich schließlich richtiggehende pflanzliche Säulengänge bilden. Am Boden jedoch herrscht der Verfall, der Moder, aus dem in der Hitze scharfer Geruch aufsteigt. Darunter schimmern undeutlich dickflüssige, grüne, mit grauem, klebrigem Schlamm vermischte Wasserlachen, die durch den tropischen Zersetzungsprozeß weiter verunreinigt werden. Das üppige Unterholz zwischen ihnen ist zuweilen so dicht, daß selbst eine Schlange kapitulieren müßte.

Tag um Tag erlebe ich diese einzigartige Landschaft, gleiche mich ihr an und lasse sie so sehr in meine Phantasie eindringen, daß eine Empfindung die andere jagt. Alles hier ist von solcher Wirklichkeit und Gegenwärtigkeit erfüllt, daß es zugleich anzieht und abstößt. Deshalb kann dies alles übergangslos zur Beglückung oder zum Alpdruck werden. Es ist schwierig, diese Gemütsbewegungen zu erfahren, ohne durch ein tiefes Tal der Mutlosigkeit zu gehen, in dem die Isolation eine entscheidende

Rolle spielt. In diesem extremen Einsiedlerdasein neigt man oft dazu, in einen Dämmerzustand zu versinken, in dem jeder Tag mit dem nächsten verschmilzt und jede Nacht sich in die folgende auflöst. Es ist, als ob die Zeit an diesem Ort von einer Lähmung ergriffen wäre und ich immer mehr von den Geheimnissen der außergewöhnlichen Welt, die mich umgibt, aufgesogen würde. Doch dadurch keimen in mir neue Impulse. Oder sind es eher Reflexe ferner Naturtriebe, die nun wieder erwachen? Niemals habe ich mich so wie in diesen Tagen als ein Teil der Natur gefühlt, bin derart in ihr aufgegangen.

Die Laute und Gerüche des Waldes ziehen mich an; ich suche sie, sauge sie wollüstig ein. Ich bilde mir ein, daß ich nun alle Geräusche des Urwalds kenne – alle Stimmen seiner Tiere sind mir so vertraut geworden, daß ich beim bloßen Hören eine genaue Vorstellung mit ihnen verbinde. Vor allem die Schreie der Vögel vermitteln mir ein intensives Gefühl von Vertrautheit, Lebenskraft, freudiger Erregung; zuweilen empfinde ich jedoch auch ein gewisses Maß an Melancholie. Im Dschungel Sumatras gibt es Hunderte Vogelarten, die in den dichten Baldachinen der Urwaldriesen wohnen. Nirgendwo scheinen Vögel und Bäume so untrennbar zueinander zu gehören wie an diesem Ort. Andere Arten haben sich den Sümpfen des Dschungels angepaßt. Dort brechen sich ihr trauriges Klagen und noch mehr ihre plötzlichen schrillen Schreie, die durch das ringsum herrschende Schweigen ungeheuer verstärkt werden, schließlich in einer Kaskade dröhnender und beunruhigender Laute. Das wühlt mich auf, doch gleich darauf werde ich von einem neugierigen Grünling aufgeheitert, der in unmittelbarer Nähe von Zweig zu Zweig hüpft und mit der lebhaften Farbe seines Gefieders protzt. Er piepst und gluckst ebenso beharrlich wie aufdringlich, äugt aufgeweckt zwischen einem Refrain und dem nächsten herüber und neigt sein Köpfchen zur Seite, als ob er auf das, was er mir gerade erzählt hat, besonderen Nachdruck legen wolle.

Vom ersten Augenblick an, in dem ich mich auf den Wald gewissermaßen eingestimmt habe, fällt mir auf, daß selbst die tiefste Stille kaum wahrnehmbar vom dumpfen Summen der Insekten durchsetzt ist: Milliarden winziger Kreaturen, denen in ihrem Dasein die Anwesenheit des Eindringlings nicht bewußt oder aber zumindest gleichgültig ist. Es umgibt mich also immer eine Art Hintergrundmusik, zu der das unaufhörliche mechanische Zirpen der Zikaden gehört, das mißliche Quaken der Frösche und Kröten, der bereits erwähnte riesige Chor der Vögel und nicht zuletzt der lärmende Kontrapunkt der Gibbons. Das Orchester wechselt entsprechend der jeweiligen Stunde des Tages oder der Nacht, doch die Luft ist ständig von Klängen erfüllt, die sich über das allgemeine Schweigen hinwegsetzen.

Der Wald ist demnach vor allem das Reich der Insekten, was durch die Tatsache bestätigt wird, daß ihre Mägen mehr Pflanzenfasern verdauen als jede andere hier lebende Tierart. Auch in bezug auf die Insekten sind die Pflanzen dem Menschen voraus. Denn sie haben gegen diese Plagen seit undenklichen Zeiten einen Verteidigungsmechanismus entwickelt. Und so stürzen sich die Insektenschwärme jeden Tag wild entschlossen und erbarmungslos auf alles, was ihnen in den Weg kommt. Viele sind auch für mich ein beständiges Unheil, dessen ich mich nicht erwehren kann, selbst wenn ich mich in dicke Kleidungsstücke hülle, unter denen ich in meinem Schweiß fast zerfließe. Ich spüre ihre Bewegungen überall, über und unter der Kleidung – sie verursachen ein unerträgliches Jucken, das ich nicht einmal mit wildem Kratzen lindern kann. Die Schwärme von Stechmücken, die Wolken von großen und kleinen Fliegen, die Viehbremsen und beißwütigen Ameisen sind in der Tat eine Folter. Und doch ertappe ich mich manchmal dabei, durch die Einsamkeit und das träge Verfließen der Zeit bedingt, auch gegenüber diesen Tyrannen nachsichtige Neugier zu entwickeln. Und so verlebe ich äußerst angenehme Stunden damit, sie zu beobachten, insbesondere die kurioseren Arten. Träge, aber zielstrebig kriecht eine Schabe über einen nahen Zweig. Eine auffallende weiße Blüte scheint wie durch Zauberei auf einem dürren Zweig aufgebrochen zu sein, doch es handelt sich dabei um ein räuberisches Insekt, eine Heuschreckenart, die die Gestalt einer Blume nachahmt, um eine kleine Biene auf der Suche nach Nektar zu fangen. Ich hätte sie nicht einmal bemerkt, wenn sie sich nicht direkt vor meiner Nase niedergelassen hätte. Ihr Körper wirkt zart und zerbrechlich und ist einem unschuldigen Blümchen zum Verwechseln ähnlich. Die Mimikry ist in dieser Natur so ausgeglichen, daß Beutetiere und Räuber gleichermaßen unkenntlich sind. Da sind zarte blaue und bunte Schmetterlinge, die sich schwerelos auf einer Blume niederlassen, nachdem sie wie vom Wind getragene Blütenblätter umhergeflattert sind. Gelbe Pillendreher und verschiedene andere Käfer wandern von Knospe zu Knospe, während die kleinen grünen Libellen mit ihren großen blauen Augen einander heiter verfolgen. Eine wunderschöne, auffallend gefärbte Raupe hängt ausgestreckt von einem schmalen Blatt herab, und eine Spanne höher kreist eine summende Hummel beharrlich um eine Pflanzenwucherung, die ein feuchtes, milchiges Sekret absondert und bereits andere Insekten angelockt hat. In einem dunstigen Sonnenstrahl, der plötzlich die dichten Schatten durchbricht, entdecke ich einen Wirbel von Millionen unendlich kleiner Wesen, im Vergleich zu denen die Mückenschwärme, die ab und zu durch den Lichtstrahl tanzen, wie Scharen von Riesen wirken. Inzwischen hat sich eine Schwadron gieriger Ameisen eines abgestorbenen Stücks Rinde bemächtigt, während genau daneben einige bernsteinfarbene Weberameisen völlig davon in Anspruch genommen sind, zwei Blätter aneinanderzunähen. Mit ihren besonders kräftigen Beinen und mit Hilfe der ebenfalls starken Kiefer krabbeln diese arbeitsamen Kreaturen an den Rändern der Blätter entlang, durchstechen sie und ziehen hauchdünne Fäden hindurch. Doch in diesem Spiel des Stechens und Einfädelns, Stanzens und Heftens wird eine von ihnen direkt in mein Hemd katapultiert. Eine kleine Spinne mit extrem langen Beinen ist währenddessen emsig damit beschäftigt, sich ihre Bühne aus Seide zu knüpfen. Doch unklugerweise spannt sie ihre Falle direkt über meinem Kopf aus. Ich zerstöre sie, als ich mich erhebe, um mir die Beine zu vertreten. Eine andere farbige Spinne rollt sich am Rand eines Blattes zusammen und gibt vor, ein Knöspchen zu sein. Auch sie wird mit diesem Betrug ihre Beute fangen, die von der trügerischen Speise angelockt wird. Insekten aller Art wimmeln also überall herum, angezogen von den

Pflanzensäften und verfolgt von ihren schlauen räuberischen Artgenossen, die jedoch ihrerseits wiederum Eidechsen und Vögeln als Beute dienen.

Der Tag neigt sich dem Ende zu. Am Himmel leuchten die letzten Strahlen des Sonnenuntergangs auf. Sie scheinen eine Schlacht gegen die hereinbrechenden Schatten zu führen, die alle Konturen verwischen. Es wird dunkel, und das heißt in diesen Breiten, daß sofort die Nacht herabfällt. Das Leben der Vögel scheint innegehalten zu haben. Es schweigen auch die Affen, und bereits vorher sind die Zikaden verstummt. Doch die Lücke, die ihr Schweigen im großen Orchester hinterlassen würde, wird rasch vom Lärm der sangesfreudigen Grillen gefüllt, die an ihre Stelle treten; schließlich vervielfältigen sich auch die verschiedenartigsten durchdringenden Modulationen der Laubfrösche. Zum neuen Gesang gesellt sich das ferne Gewimmer des Ziegenmelkers, der mit aufgesperrtem Schnabel auf unsichtbaren Lichtungen umherschwirrt und mit jedem Atemzug einen Schwarm Insekten schluckt. Aus der Vielzahl der neuen Stimmen ist auch der Ruf der Schleiereule herauszuhören. Ein neues Leben ist also anstelle des alten erwacht. Es ist ein lärmendes Leben, das sich in der Dunkelheit verbirgt und dessen Stimme auch intensiver und dröhnender ist als die Laute am hellichten Tag. Doch das eigentliche Wunder, das die warmen Nächte im Wald belebt, sind die Glühwürmchen. Tausende dieser Leuchtkäfer füllen in heiterer Unordnung die Luft und lassen rhythmisch ihren hellen Liebesruf hören. In manchen Momenten kommt man sich wie auf den Zweigen eines riesenhaften Weihnachtsbaums vor. Erst der kühle Morgennebel wird diese lebenden Lampions zerstreuen und sie zwingen, zwischen den Blättern Schutz zu suchen.

Das Orchester der nächtlichen Klänge hat also zu perfekter, unveränderter und anhaltender Harmonie gefunden. Die Luft steht. Nichts außer der Erinnerung an schwere Kumuluswolken, die bei Sonnenuntergang über den Himmel trieben, läßt auf einen Wetterumschwung schließen. Doch plötzlich zucken heftige Blitze auf. Es folgt das Gemurmel fernen Donners, das den ganzen Wald einen Augenblick lang verstummen läßt. Dann erschallt in dem entstandenen Vakuum der dumpfe Schrei eines Siamangs, der aus dem Schlaf gerissen wurde. Gerade in dieser unnatürlichen Stille ist die latente Drohung zu spüren.

Die Blätter beginnen zu rauschen. Ein Windstoß fegt durch den Wald, darauf ein zweiter und dritter und weitere, die immer länger anhalten und das Laub schließlich ohne Unterbrechung schütteln. Ich taste im Dunkel herum und mühe mich ab, die Kamera in eine Schutzhülle zu stecken; dann rüste ich mich meinerseits gegen den drohenden Regen, indem ich mich in ein Stück Leinwand hülle. Auf einen Schlag entzündet sich der Himmel; ein mächtiges, ausdauerndes Getöse zerreißt die Luft und läßt sie erzittern. Die Blätter werden vom Wind durcheinandergewirbelt, und schon klatschen die ersten Tropfen hernieder. Einen Augenblick später prasseln sie herunter, und plötzlich kommt der erwartete Platzregen – betäubend, als ob sich alle Schleusen geöffnet hätten: ein Bündnis von Regen, Wind, Blitz und Donner. Es ist, als ob der Himmel den Ozean aufgesogen hätte und ihn nun tosend über dem Wald wieder ausgieße. Die zuckenden Blitze zerschneiden pausenlos das Dunkel. In dieser unbarmherzigen Atmosphäre, in der sich alle Urelemente zu einem Generalangriff der Naturkräfte vereinen, entdecke ich rings um mich durch den stürmischen Wasservorhang hindurch einen neuen, spukhaften Wald. Von Zeit zu Zeit wirkt er wie weißglühend, und ich sehe, daß sich die belaubten Zweige wie in einem Veitstanz schütteln. Schließlich brechen sie und werden vom Wirbel des Orkans mitgerissen. Obwohl ich mich an den Stamm meines Baumes presse, werde auch ich von der Wut der Elemente geschüttelt – wie ein Schiffbrüchiger, der sich an das Wrack klammert, das von der Drift abgetrieben wird.

Schließlich erschöpft sich der Zorn des Himmels. Die Windstöße werden schwächer, die Blitze seltener, und der Donner hallt gedämpft in immer weiterer Ferne wider. Das Gewitter ist zu Ende, doch der Regen hat noch nicht aufgehört: Die fallenden Tropfen trommeln noch immer auf die Blätter. Der Regen findet in diesen Breiten immer doppelt statt: Erst fällt er vom Himmel und dann von den triefenden Bäumen.

Ich klammere mich noch immer an meinen Baum, zusammengekauert und wie zerschlagen. Da ich nicht schlafen kann, fällt mir nichts Besseres ein, als dem Rhythmus der Wassertropfen zu lauschen, der ringsum wie von Tamburins erschallt. Schließlich gelingt es mir, mir ein musikalisches Motiv darüber vorzustellen.

Der Morgen bricht an, und das ist ein hinreißendes Erlebnis. Abermals bin ich von der Majestät des Waldes hingerissen, der im völligen Schweigen daliegt, wie es eben nur auf einen Sturm folgt. Der Dschungel ist in seinen üblichen Zustand der Reglosigkeit und Stille verfallen, in dem alles in der sanften Ruhe verharrt, die dem neuen Tag vorangeht. Dichte Nebelspiralen stauen sich zwischen den Baumkronen, über dem Boden liegt leichter Dunst, und der angenehm säuerliche Geruch aufgeweichter Blätter steigt zu mir auf. Alles, was sich meinem Blick darbietet, scheint ruhig, verlassen, irreal. Eine letzte Fledermaus, die als Nachzügler vorbeiflitzt, läßt mich zusammenzucken.

Aus der lastenden Stille, die seit kurzem wieder eingetreten ist, erhebt sich die Klage eines durchnäßten Vogels. Ein Seidenschwanz beginnt zu kreischen, ein Nashornvogel knattert; ihm antwortet ein zweiter. Dann sind die Siamangs an der Reihe, und von ihrem weithin schallenden kehligen Keifen erwacht der Wald wieder zu neuem Leben, das seine Anwesenheit herausschreit, wie es nur die Natur vermag. Nun klingen von den Wipfeln der Bäume wellenartig tausend Rufe heran, überschneiden sich in allen Richtungen und schallen zu mir herab, der ich ein regloser Beobachter dieses Wunders bin.

Plötzlich dringen leuchtende Sonnenstrahlen durch die immer noch regenschweren Baumkronen und illuminieren den ganzen Wald. Ein neuer Tag intensiven Lebens bricht an. Und meine Gefährten sind abermals die tausend demütigen Geschöpfe, die zu der jungfräulichen Natur gehören. Es ist eine Natur, die ich liebgewonnen habe, obwohl mein Vorhaben trotz aller Mühsal, die es mir bereitete, eine enttäuschende Wendung genommen hat. Und sie hat mir auch die heilsame Lektion der Bescheidenheit erteilt. Von nun an wird es mir noch schwerer fallen, die Anmaßung der Menschen zu ertragen. Jedenfalls habe ich durch diese weitere

Erfahrung noch besser begriffen, wie wenig der Mensch über sich selbst wüßte, wenn er zum Vergleich und Maßstab nicht die große unberührte Natur hätte mit all den wilden Kreaturen, die in ihr existieren. Um uns der Natur zu nähern, um in ihr leben zu können, müssen wir gerade von den Tieren lernen, unseren fernen Verwandten, die immer wachsam und mit den unendlichen Signalen, die sie aus unserem Universum empfangen, in Einklang sind. Nur diese Geschöpfe haben sich noch ein genetisches Gedächtnis bewahrt und können sich deshalb auf ihren Instinkt verlassen. Nur sie wissen noch immer um das, was man zum Leben und Überleben in der Natur braucht. Sie kennen sie und haben deshalb keine Angst, sondern leben in Harmonie mit ihr und lassen es auch nicht zu verhängnisvollen Mißverständnissen kommen. Nicht, daß wir wieder wie die Tiere werden müßten, aber wir sollten doch versuchen, sie wirklich zu begreifen und auf jeden Fall in ihnen unsere kostbaren Wurzeln zu entdecken, um uns unserer selbst endlich bewußter zu werden.

Und der Tiger? Was ist mit »meinem« Tiger? Erst jetzt wird mir bewußt, daß ich die gestreifte Raubkatze, die ich wie besessen verfolgte, völlig vergessen habe. Sie könnte auch hier unten sein, in unmittelbarer Nähe. Oder hat sie sich vielleicht verkrochen, weil die Paarungszeit näher rückt, oder – noch einfacher – beschlossen, das Versteckspiel mit mir, dem Eindringling, zu beenden?

Um an den Tiger heranzukommen, habe ich unglaubliche und manchmal sogar tadelnswerte Dinge angestellt. Ich bin ihm in den Dschungel gefolgt, habe ihm auf den Lichtungen aufgelauert, ihn aus der Höhe der Bäume ausgespäht – und das vierzig Tage lang. Doch es hat zu nichts geführt. Er hat eine Gerissenheit gezeigt, die ich wirklich nicht erwartet hatte. Er hat jedoch niemals versucht, mich anzufallen – trotz seines Rufs als hinterhältige, aggressive und grausame Bestie. Ich muß sagen, daß er sich lediglich darauf beschränkte, mich zu »dulden«, und jeden direkten Kontakt vermied. Im Grunde war er es, der *meiner* Hinterlist ausgesetzt war, die ich eigentlich bei ihm vermutete – und zwar durch meine provozierende Belagerung. Ein solches Wesen kann einem nur große Sympathie und höchsten Respekt einflößen.

Wenn man über ein Tier und sein Verhalten spricht, neigt man leider immer dazu, alles und jedes auf seinen Instinkt zurückzuführen, auf eine rein physisch-biologische Anlage und nicht auf eine psychologisch motivierte Haltung – als ob es lediglich einem mechanischen Reflex folgte, der nichts mit seinem individuellen Charakter zu tun hat. Doch in Wahrheit schien es mir vielmehr, als hätte der Tiger in der Art, in der er meiner Umzingelung in der geschilderten Weise auswich, eindeutig eine gewisse Fähigkeit zu denken bewiesen. Intelligenz und Empfindungsvermögen sind also nicht das alleinige Vorrecht des Menschen. Unter Berufung auf meine besondere Erfahrung und vielleicht auch darauf, daß ich eine Art animalischen Verhaltens wiedererlangte, glaube ich, daß ich mehr als einmal soweit war, mich mit dem Tiger zu identifizieren; daraus folgere ich, daß die angenommene Kluft, die den Menschen vom Tier trennt, eher schmal ist – um so mehr, als dieses Tier häufig auch das unmittelbar begreift, was für den Menschen nicht zu erfassen ist oder was er zumindest nur sehr langsam dechiffrieren kann. Ein souveränes Tier wie der Tiger verfügt über Wissen, auch wenn er vielleicht nicht weiß, daß er weiß; doch er erfaßt – das habe ich erfahren können – sehr gut den Sinn hinter den Dingen. Besitzt er also Bewußtsein und Selbstbewußtsein? Ich habe erlebt, wie Menschen angesichts dieses Gedankens sich mit Grausen abwandten – Menschen, die gerade diese Raubkatze vermenschlichten und damit ihrer Natur nicht gerecht wurden, gleichzeitig aber die Ansicht vertraten, daß das Wissen einer höheren Tierart dem reinen Instinkt und gleichsam dem Wind entspringe, der ihr alles erzähle. Nur mit größter Mühe können solche Leute akzeptieren, daß bei einem Tier das Empfangen und Senden von Botschaften in gewissem Maß außersinnlich abläuft, also mit großer Schnelligkeit über Kanäle geleitet wird, die sich völlig von unserem Sinnesinventar unterscheiden. Und wenn man ihnen dann noch sagt, daß diese von uns fremden Erfordernissen und Verhaltensweisen geleiteten Tiere auch durchaus Gefühle zeigen können, gilt das als pure Ketzerei. Obgleich ich Tiere nicht vermenschlichen und damit zu einer Karikatur machen will, hatte ich dennoch die Empfindung, daß »mein« Tiger mehr als einmal Gemütsbewegungen zeigte. Oder gewann ich diesen Eindruck vielleicht, weil ich selbst in mir diese animalische Sensitivität entwickelt hatte?

In den vierzig Tagen, die ich nunmehr auf Sumatra in unmittelbarer Nähe des Raubtiers verbrachte, ist es nicht das erstemal, daß ich Betrachtungen wie diese anstelle; doch nun ziehe ich das Resümee und daraus meine Schlußfolgerungen. Ich fasse den endgültigen Entschluß, nach so langer Zeit vom Baum herunterzusteigen und mir einzugestehen, daß er, der Tiger, die Partie gewonnen hat, die wir miteinander gespielt haben.

Als Mardi ankommt, um mich wie gewohnt mit Lebensmitteln für die nächsten vierundzwanzig Stunden zu versorgen, teile ich ihm meine Entscheidung mit: Ich werde ins Lager zurückkehren und es bereits morgen abbrechen.

Es steht also ein weiteres Kapitel meines faszinierenden Abenteuers, in die Empfindungswelt der Tiere einzudringen, vor dem Abschluß. Durch diese neuen Erfahrungen habe ich außerdem den Zauber und die Würde der Natur wie auch das Wunder der Freiheit noch besser kennengelernt. Einst besaß auch der Mensch Zugang zu diesen Geheimnissen, die zum Ursprung der Dinge zurückführen und wieder an die alten gemeinsamen Werte anknüpfen – doch er verlor ihn. Diesmal habe ich meine Lektion, die ich lernen sollte, vom ureigensten Symbol des Lebens in der Wildnis erhalten: vom Tiger selbst.

KRAKATAU: ZEUGEN EINER NATURKATASTROPHE

1968

Morgens aufzuwachen mit dem Gedanken, daß ich mich seit einigen Tagen auf einer einsamen Insel aus rauchender Lava in der Sundasee befinde, ist die beste Voraussetzung für ein neues Abenteuer und die Freude auf den Tag, der vor mir liegt. Diese Gelegenheit bietet sich mir im Dezember 1968: Ich bin hier, um die Reste des berühmten Vulkans Krakatau in Augenschein zu nehmen, der vor fünfundachtzig Jahren überraschend ausgebrochen ist.

Wahrscheinlich hat mich an diesem Morgen in meinem Zelt ein Windstoß geweckt, der in der halben Stunde, die dem Sonnenaufgang vorausgeht, steifer war als die anderen. Meinem Blick bietet sich das stürmische Meer dar, das mich sofort gefangennimmt. Lange verfolge ich das Fest der großen Wogen, die sich brausend und schäumend überschlagen, bevor sie sich an dem schwarzen vulkanischen Küstenstreifen brechen. In der Nähe ragen Teile eines riesigen Baumstamms, den die Sturzwellen an Land geworfen haben, aus dem Sand. Seine knochigen, polierten Wurzeln, die hell gegen den schwarzen Untergrund abstechen, recken sich monströs in die Höhe und fügen sich gut in die urtümliche Umgebung ein. Nicht weit von der Küste treibt in der Drift ein ansehnliches Wrack, das von der starken Strömung geschaukelt wird. In der Gischt des bewegten Meeres zeichnen sich in kaum sieben Kilometern Entfernung scharf die Reste von Rakata ab, jener Insel, die 1883 von diesem extremen Ausbruch zerfetzt wurde.

Obwohl es erst Morgen ist, ist die Luft bereits klamm und der Horizont voll von schwerem Gewölk. Hier spürt man die Nähe des Äquators. Die Gipfel der Berge auf den weiter entfernten Inseln sind bereits unter der bleiernen Mütze untergetaucht; doch erst am Nachmittag wird sich das Wetter wie gewöhnlich verschlechtern, dann brechen Gewitter los, die sich bis spät in die Nacht hinziehen und Blitze und Donner produzieren, denen andauernder Regen folgt. Vom Krater streichen besonders starke Schwefelausdünstungen herunter. Auf dieser Lava hat der Wind die Übermacht, entfesselt bisweilen Sandstürme und peitscht derartige Brecher hoch, daß einen der Gedanke, aufs Meer hinauszumüssen, erschaudern läßt.

Ich lagere im Schutz einer buschigen Kasuarine, einer der wenigen Pflanzen, die auf der Insel vorkommen. Zwischen ihren Ästen konnte ich außer der Hängematte auch eine breite Zeltbahn aufhängen, um das Regenwasser zu sammeln, das einzige, kostbare Trinkwasser, das mir zur Verfügung steht. Wie jeden Morgen breche ich zu einem Erkundungsgang auf und bleibe so lange wie möglich auf dem bequemen Sandstreifen, den die Brandung hart gestampft hat. Der Vulkan ist seiner Beschaffenheit entsprechend unfruchtbar, doch ab und zu stoße ich auf ein Gewirr grüner Waldreben, die in den vom Meer angeschwemmten pflanzlichen Überresten Wurzeln geschlagen haben und ihre schwachen Fühler in Richtung der nackten Asche des Hinterlands ausstrecken: eine Kriegserklärung des Lebens an die zerstörerische Kraft des Vulkans. Langsam und mühsam kommt also der Prozeß der Rückeroberung in Gang, für den gemäß den Gesetzen der Natur das Meer und der Himmel sorgen. Von den Wellen und Winden werden aus entfernten Gebieten nämlich Samen, Sporen, Insekten und selbst das eine oder andere kleine Tier hierhergebracht. Aus den Hecken der Kletterplanzen ragt das fragmentarische Wrack eines Kanus, vielleicht einst Zeuge eines mysteriösen Dramas. An dieser östlichen Seite steigt Krakatau in gleichförmigen, von einer Aschenschicht bedeckten Hängen sanft an, doch als ich nach und nach den vulkanischen Kegel umkreise, werden die Abhänge immer rauher und zerklüfteter, zerfurcht von tiefen Schluchten, die steil bis zum Meer abstürzen.

Als ich um ein Vorgebirge biege, nimmt mir die Erregung den Atem. Finstere, von der brüllenden Brandung unterspülte und

Indonesien
Sumatra
Krakatau
Java
Sumatra
Javasee
Telukbetung
Kalimbang
Krakatau
Sundastraße
Java
Sundasee
Indischer Ozean

zerfressene Aschenwände fallen aus einer Höhe von hundert Metern senkrecht ab. In der Mitte des festesten dieser Aschenriegel streckt sich weitläufig und aufgewühlt eine Kaskade von erstarrtem Magma aus. Die weißen Brecher, die die Lavaflut in ihrer ganzen Breite säumen, schäumen beim Zusammenprall mit dem großen Strom auf, der dank einer optischen Täuschung immer noch in Bewegung zu sein scheint. Selten habe ich bis zum heutigen Tag einem Schauspiel beigewohnt, das so sehr an die Uranfänge des Planeten gemahnt. Da ich eine Schnorchelausrüstung mitgebracht habe, nutze ich eines Tages eine kurze Gefechtspause des Meeres aus, um meine Neugier zu stillen, und tauche in diese dunklen Wasser; damit kann ich mein Bild von dieser ungeheuer wilden Natur vervollständigen. Der Meeresboden, der auf der einen Seite der Insel abgeflacht und felsig und nicht mehr als zehn Meter tief ist, fällt dagegen am gegenüberliegenden, östlichen Abhang kurz hinter der Brandungsgrenze in die Tiefe ab. Meeresflora fehlt hier völlig, doch das Wasser ist durch Plankton getrübt. Um Nahrung zu beschaffen, bin ich auf Tauchjagd gegangen, doch es gelang mir nie, auch nur einen Fisch an die Oberfläche zu bringen; die Haie, klein, aber allgegenwärtig, schossen beim Geruch des Blutes herbei – ich nahm sie um mich herum nur als flüchtige Schatten wahr – und raubten mir sogar die Harpune.

Jeden Tag während meines Aufenthalts auf der Insel steige ich mehrmals zum weiten Krater hinauf und erkunde ihn. In seiner Mitte erhebt sich ein zerbrochener Kegel mit zwei rauchenden Öffnungen. Die östliche ist die eindrucksvollere. Aus ihr steigen ständig Dämpfe und Gase auf, die vor allem nach einem Gewitter an Heftigkeit zunehmen. Diese Rauchsäulen stauen sich zuweilen und erzielen dabei wirkungsvolle Effekte, die an Schneeformationen erinnern. An den inwendigen Halden dieser früher aktiven Schlünde – vielleicht sind sie es ja noch immer – liegen schlammige Abschnitte, in denen man einsinkt. Der Boden ist derart heiß, daß man Angst bekommt, die Stiefelsohlen könnten schmelzen. In diesen kochenden Vertiefungen, die erst vor kurzem von den eruptiven Gewalten geformt wurden, bewege ich mich durch einen unaufhörlichen Wirbel weißer Emissionen; sie sind jedoch nicht schädlich, es handelt sich um mit Schwefeloxyd gemischten Wasserdampf. Es gibt eine einzige gefährliche Stelle, die man meiden muß, denn hier treten giftige Dämpfe aus, vermutlich von Sulfid und Arsen.

Der Eindruck beim Eindringen ins Innere eines rauchenden Kraters ist überwältigend. Vor allem der östliche Schlund ist beunruhigend. Auf seiner Sohle, von der aus man nur einen kleinen Kreisausschnitt des Himmels sieht, sind die Schatten tief und die Geräusche verdächtig: Bei jedem fauchenden Ausstoß von Dampf zuckt man zusammen, bei jedem Stein, der unter den Füßen wegrollt, plumpst einem das Herz in die Hose. An einer Seite erheben sich erodierte rauchige Halden, über der anderen hängen dunkle Lavafelsen, die von Gelb zu Rot, Rostbraun und Violett changieren. Hier und da tauchen seltsame Gebilde kalkhaltiger Salze auf – Ablagerungen der Dämpfe, Sedimente von Schwefel, Kalziumkarbonat, Eisen, Kupfer und Magnesium, sowie von Aragonit umsäumte Spalte, die in Abständen bläuliche Gase von extrem hoher Temperatur ausstoßen. Fast überall ragen erkaltete Lavamassen in bizarren Formen auf. Ich weiß, daß es nicht ratsam ist, sich lange in diesem Rachen aufzuhalten, und doch bin ich hier unten von der Magie des Ortes wie festgenagelt. Es kommt mir vor, als ob ich eine phantastische Reise in den Bauch der Erde unternähme, in eine Welt, die noch aus Feuer besteht. Dabei verfolgt mich ständig der Gedanke an jenen unglaublichen Ausbruch im Jahr 1883, den größten in der überlieferten Geschichte, dessen Epizentrum genau hier lag.

Von diesem Augenblick an begann das Jahr null der neuen Insel Krakatau, die sich in den folgenden Jahren wieder mehr oder weniger erholen sollte. Das neue Krakatau besteht nämlich aus einer Anhäufung der ausgespienen Materie, die nun erstarrt ist und auf der ich seit Tagen zwischen Wirklichkeit und Imagination lebe. Nur ein einziger Seufzer des zur Zeit schlafenden Giganten würde genügen, um von neuem und in wenigen Augenblicken das Aussehen all dessen zu verändern, was ich nun erblicke. Dessen bin ich mir völlig bewußt. Doch um meine übermächtigen Emotionen deutlich zu machen, sollte ich die unglaubliche Geschichte Krakataus kurz erzählen.

Obwohl sie ein tropisches Paradies zu sein scheinen, sind die Inseln Java und Sumatra geologisch betrachtet in Wirklichkeit die instabilsten und gefährdetsten Regionen der Erde. Hier laufen die beiden Bögen der großen Bruch- und Faltungszonen der Erdkruste zusammen – die jungen Faltengebirge, die von den Alpen über den Himalaja laufen, sowie der Saum des Pazifischen Ozeans. Sie schufen die größte vulkanische Zone der Welt mit rund fünfhundert Vulkanen, von denen hundertsiebzehn noch tätig sind.

Krakatau, eine grüne Insel in der Sundastraße von etwa dreißig Quadratkilometern Ausdehnung, stand vor 1883 lediglich in dem Ruf, ein Nest von Piraten zu sein, die Frauen vom Festland raubten. Von den drei erloschenen Kratern – Rakata, Danan und Perboewatan – erreichte der höchste, Rakata, knapp achthundertzwanzig Meter. Im Vergleich zu den übrigen Kolossen, die die Sundastraße säumen, fanden die niedrigen Kegel dieser kleinen Insel so gut wie keine Beachtung. Selbst die Geologen ließen Krakatau links liegen – in den Untersuchungen, die sie 1880 abschlossen, hatten sie die Insel nicht einmal unter die »Aktiven« aufgenommen, die den Feuerring des Pazifik bilden. Und selbst, bevor die unvermutete Eruption begann, maß man den heftigen Vorboten der bevorstehenden Tragödie, die drei Monate lang am Himmel über der Sundastraße standen, nicht viel Bedeutung bei. Kurzum, niemand ahnte, daß der unmaßgebliche Krakatau in jenen Jahren der gefährlichste Vulkan der Erde war. Nach der Tragödie an jenem schicksalhaften 27. August 1883 sollte dieser Ausbruch als der furchtbarste seit Menschengedenken in Erinnerung bleiben; ja, er zählte zu den größten, wenn nicht gar zu den gewaltigsten und spektakulärsten unter allen bekannten vulkanischen Eruptionen.

Am Morgen des 20. Mai 1883 erwacht Krakatau von wiederholtem Donnergrollen, das in einem Radius von fünfhundert Kilometern widerhallt, aus seinem langen Schlaf. Aus dem Kegel des Perboewatan steigt eine mehr als zehn Kilometer hohe feurige Dampfsäule auf, und überall im Umkreis regnet es glühende Asche. In den folgenden Tagen nehmen die Ausbrüche nach und nach an Heftigkeit ab.

Man gibt sich der Illusion hin, daß es im Schlund des Vulkans nun nicht mehr brodelt und daß das Ungeheuer für die nächsten zweihundert Jahre wieder in Schlaf versinken wird, wie es schon 1680 der Fall war. Doch in den Tiefen Krakataus erreicht der Druck wieder die Eruptionsgrenze. Ein Wassereinbruch in den Herd des Vulkans erzeugt eine enorme Menge Dampf. Das weißglühende Magma steigt durch den Schlot des Vulkans nach oben, während die unaufhaltsame Kraft seiner Gase die Materie komprimiert, die die Öffnungen des Rakata, Danan und Perboewatan fest verstopft hatte. Als der Druck auf das Dach des Herdes sich immer weiter verstärkt, ist die Katastrophe unausweichlich. Der Perboewatan kapituliert als erster. Aus seinen Eingeweiden erhebt sich mächtiges Gebrüll – auch jene immensen Kräfte, die den Planeten in seinen Uranfängen formten, müssen so geklungen haben –, und eine siebzehn Kilometer hohe Säule aus Dampf und Gesteinsschutt wird zum Himmel hochgeschleudert. Es ist dreizehn Uhr am Sonntag, dem 26. August. Der letzte Akt im Drama von Krakatau hat begonnen.

Unmittelbar nach dem gewalttätigen Präludium wird die Insel von Wolken und Flammen eingehüllt. Über alle Küsten an der Sundastraße brechen ungeheure Sturzseen herein, die Tod und Zerstörung bringen. Inzwischen fällt dichter Regen aus glühender Asche und Lava, der drei Tage lang alles in Finsternis hüllt; sie wird nur durch die Feuergarben erhellt, die aus dem Vulkan schießen. Niemand kann sehen, wie Krakatau versinkt. Erst ein paar Jahre danach werden die Wissenschaftler die kolossale Katastrophe detailliert rekonstruieren.

Nach dem ersten furchtbaren Ausbruch spuckt der Vulkan tosend weiter sein Magma aus. Dann beginnt sich unter den Kegeln ein Vakuum zu bilden: Der Gigant gräbt sich sein eigenes Grab. Am 27. August nimmt um 4 Uhr 40 der Prozeß des »großen Zusammenbruchs« seinen Anfang, der um 16 Uhr 30 abgeschlossen sein wird. Doch bereits um 10 Uhr 02 spielt sich der massivste Einbruch Krakataus ab, die heftigste Demonstration der Naturgewalten. Der Danan wird in seinen Grundfesten erschüttert, das weißglühende Gewölbe des Abgrunds, der sich unter dem Vulkan gebildet hat, bekommt einen Sprung, die letzten Stützen geben nach, und wie in der fürchterlichen Vision eines Alptraums stürzt die Insel ein, versinkt in der Tiefe und reißt einen großen Teil des Meeresbodens mit sich. Das Meer, das sich in den ungeheuren Feuerschlund ergießt, wird durch eine Explosion von unvorstellbarer Wucht zurückgeschleudert. Die Säule aus Dampf und Lavabrocken, die aus dem riesigen aufgewühlten Kessel aufsteigt, erreicht diesmal die Höhe von fünfzig, vielleicht sogar achtzig Kilometern.

Das Brüllen der Krakatau-Vulkane, der lauteste »Urknall«, der in der Geschichte der Menschheit dokumentiert ist, ist bis in fünftausend Kilometern Entfernung zu hören, auf einem Viertel der Erdoberfläche. Die Druckwelle der Luft rast siebeneinhalbmal um den Globus, bis sie zur Ruhe kommt. Von den entstandenen Strudeln angesogen, zieht sich das Meer wieder von den Küsten zurück und bildet aufgrund der Explosion ein gigantisches Wassergebirge, das sich kreisförmig ausdehnt, in alle Richtungen wälzt und in dem Maß anwächst, in dem das Meer flacher wird. Eine rasende Woge von dreißig bis vierzig Metern Höhe bricht über die Küsten herein, zerstört Dörfer und Wälder, fegt Hügel weg, reißt die wenigen Überlebenden der vorangegangenen Sturzwellen mit sich und erhöht die Zahl der Opfer auf 36 417. An der Küste von Java dringt die große zerstörerische Woge achtzehn Kilometer weit ins Landesinnere, bis zum Dorf Paminbang. Auf offener See verfolgt die riesenhafte Sturzwelle ihren Kurs weiter, peitscht die Küsten des Indischen Ozeans und des Atlantiks und wühlt sogar die Wasser des Ärmelkanals auf. Auf der anderen Seite der Sundastraße flutet sie in den Pazifik und bricht sich im Hafen von San Francisco. Hier und da graben sich Korallenmassen in den Sand, von denen einige Hunderte von Tonnen wiegen. Das Kanonenboot *Berouw* mit vier Kanonen an Bord wird rund zwei Kilometer ins Hinterland von Sumatra geworfen und strandet auf einer Höhe von neun Metern über dem Meeresspiegel.

Drei Viertel von Krakatau, eine Fläche von etwa zweiundzwanzig Quadratkilometern, ist im Eruptionskanal versunken, der wahrscheinlich fünftausend Meter tief ist. Nur die geborstene

Spitze des Rakata ist noch erhalten. Wo sich früher die Mitte der Insel erhob, ist nun eine Caldera entstanden, eine runde Senkung von sieben Kilometern Durchmesser und einer Tiefe von 1830 Metern, die sich nach der Explosion gebildet hat. Die Menge der festen Materie, die vom Vulkan ausgespien wurde, wird auf insgesamt zwanzig Kubikkilometer geschätzt, von denen zwei Drittel in einem Radius von sechsunddreißig Kilometern ins Meer fallen und Bimssteinschollen bilden, die häufig einige Meter hoch sind und die Schiffahrt lange Zeit behindern. Die restliche Materie – 600 000 Kubikmeter – bleibt hingegen für einige Jahre in Form feinster Asche in der Atmosphäre hängen. Zwei Wochen nach dem Ausbruch beginnt sich die Staubwolke in einer Höhe von dreißig Kilometern nach Westen zu drehen. Innerhalb eines Monats hängt sie über dem gesamten Tropengürtel, und nach weiteren sechzig Tagen ist die Luft fast auf der gesamten Erdoberfläche von Aschenteilchen erfüllt, die teilweise die Sonne verdunkeln. Summa summarum wurde berechnet, daß der Ausbruch auf Krakatau eine Energiemenge freigesetzt hat, die wahrscheinlich tausendmal stärker war als die größte Wasserstoffbombe.

Und doch, der Vulkan ist noch nicht erloschen. Nach vierundvierzig Jahren des Schweigens findet ein leichter unterseeischer Ausbruch statt, der ein Jahr später, 1928, auf dem Rand der Caldera, wo sich einst die Kegel des Danan und des Perboewatan erhoben, eine drei Meter hohe kleine Insel entstehen läßt. Die Insel verschwindet mehrere Male und kommt wieder zum Vorschein, bis schließlich Ende 1941 nach vielen heftigen Ausbrüchen ein hundertzweiunddreißig Meter hoher Kegel aus Vulkantuff emportaucht. Damit ist der Anak Krakatau geboren, der Sohn Krakataus. Die Untersuchungen, die Geologen über die Zusammensetzung der neuerlich ausgestoßenen Materie anstellen, klingen recht beruhigend: Der Anteil an Silizium liegt unter der gefährlichen Grenze. Niemand sollte allerdings diesem schrecklichen Ungeheuer trauen, da es nach wie vor in den Tiefen um die zerstückelte Insel herum arbeitet.

Angelockt von dieser seiner Geschichte, wollte ich Krakatau kennenlernen; nun bin ich da. Aber es war nicht einfach, hierherzukommen. In Labuhan, einem javanischen Dorf an der Sundastraße, gelingt es mir endlich, jemanden aufzutreiben, der geneigt ist, mich zum Anak Krakatau überzusetzen. Das allgemeine Widerstreben ist teils durch die schlechte Jahreszeit bedingt, doch vor allem hängt es mit der kaum verhohlenen Furcht der Seeleute zusammen, sich diesen wenig vertrauenerweckenden Gestaden zu nähern.

Nachdem ich bei der Behörde eine Erklärung unterzeichnen mußte, daß ich jegliche Verantwortung dafür selbst übernehme, was mir ab diesem Augenblick zustoßen kann, mache ich mich endlich an Bord eines Fischerboots auf. Es folgen sieben Stunden, in denen wir auf den Kämmen schwarzer Wogen hin und her geworfen werden, unter einem bleiernen Himmel, an dem bald ein Gewitter ausbricht. Der Steuermann Amad Rais ist der einzige in der Region, der Krakatau kennt: Er sagt, daß er bereits zweimal dort gewesen sei. Doch gegen Abend, als ich ihn zwingen muß, Kurs auf den Anak zu nehmen, gesteht er endlich ein, daß er noch nie einen Fuß auf diesen »verfluchten Fleck Erde«, wie er ihn nennt, gesetzt hat. Mit Krakatau meinte er eigentlich nur die unbewohnten Inseln Rakata, Lang und Verlaten, die den Anak ringförmig umgeben. »Auf dem Anak«, und da ist er mit seinem Bootsmann Losmen einer Meinung, »gibt es kein Wasser, kein Leben, kein Holz, um Feuer zu machen, sondern nur Asche und tödliche Dämpfe. Warum wollen Sie ausgerechnet dahin?« fragen mich beide bekümmert.

Wir sind nur noch wenige Meilen von der Insel entfernt, und tatsächlich weht bereits der scharfe Geruch ihrer Ausdünstungen zu uns herüber. Es ist eine Warnung, doch ich habe mich entschieden und werde um nichts in der Welt darauf verzichten, mich am Anak absetzen zu lassen. Die Luftströmungen sind in dieser Jahreszeit konstant; deshalb werde ich mein Lager luvwärts an der östlichen Seite der Insel aufschlagen. Als wir dort ankommen, stellen wir fest, daß es unmöglich ist, am Strand anzulegen, und ebenso ausgeschlossen, Anker zu setzen.

Das Meer vor dem Strand ist offen, und während die Strömung das Boot auf die See hinaustreiben will, droht die starke Brandung, es umzuwerfen oder zumindest auf Sand laufen zu lassen. Es vergehen vierzig Minuten mit vergeblichen riskanten Versuchen. Es ist fast dunkel, als mir endlich der entscheidende Gedanke kommt: Ich werde ans Ufer schwimmen, ein langes Tau um die Hüfte, an dem entlang ich, sobald es festgemacht ist, mein Gepäck heranziehen kann.

Gesagt, getan; die Landung ist geschafft. Das Boot dreht Richtung Labuhan ab und verschwindet rasch in der Nacht. Von diesem Augenblick an beginnt für mich eines der begeisterndsten Erlebnisse, die in den legendären Südmeeren noch möglich sind. Als Amad Rais nach acht Tagen mit seinem Boot zurückkehrt, um mich abzuholen, ist er nicht wenig erstaunt, mich in froher Stimmung vorzufinden. Ich weiß, daß meine Reise nach Krakatau ihm völlig überflüssig und absurd erscheint. Doch es war ja mein ausdrücklicher Wunsch, diese einmalige Natur – die sich, kaum entstanden, durch die kleinste Laune des Vulkans schon wieder verändern kann – in direktem, aufregendem Kontakt zu erleben. Nach mir wird vielleicht kein anderer Mensch mehr dieses Stück Erde in seiner augenblicklichen, unverwechselbaren und unsteten Form erleben, die sich unauslöschlich in mein Gedächtnis eingeprägt hat.

AUF MELVILLES SPUREN

1969

Wie viele Leser eines Abenteuerbuchs mögen schon einmal solchen Überschwang empfunden haben, daß sie sich in die Hauptfigur der Erzählung hineinversetzen und die vom Autor beschriebenen Gefühle nachvollziehen, ja sie gleichsam miterleben konnten? Nun, mir jedenfalls ging es so bei der Lektüre von *Taipi*, dem ersten Buch von Herman Melville, das nach seinen Angaben auf einem Abenteuer basierte, welches er selbst in der Südsee erlebt hatte. Melville berichtet in der ersten Person, wie er – um dem unerträglichen Leben an Bord eines Walfängers zu entrinnen – mit einem Gefährten über die rauhen Berge von Nuku Hiva, einer Insel der Marquesasgruppe, flieht und in eine zauberhafte Talebene gelangt, wo er eine Zeitlang von einem Kannibalenstamm gefangengehalten wird. Es ist eine packende Geschichte, reich an aufregenden Wendungen, und sie schildert eine Reihe von Situationen, die auf mich ganz und gar nicht unwahrscheinlich wirkten. Und doch wurde die Geschichte von vielen für das Produkt einer »blühenden Phantasie« gehalten. Leider fällen die Rezensenten häufig solche Urteile, einfach weil sie niemals über den Rand ihres Schreibtischs hinausschauen. Doch wie oft schon habe ich – obzwar unter ganz anderen Umständen als Melville – vergleichbare physische und psychologische Spannungen am eigenen Leib erfahren. Es fällt mir deshalb schwer, diesen Bericht, den der Autor als authentisch und der Wahrheit entsprechend bezeichnet hat, für Fiktion zu halten. Vielmehr wachsen in mir die Neugier und der Wunsch, mich auf diese ferne Insel zu begeben, sie zu erleben und mich ihr zu stellen. Allerdings verliere ich dabei nicht aus den

Augen, wieviel Zeit seit Melvilles Erlebnissen vergangen ist und daß sich auf dieser Insel seither mit Gewißheit vieles verändert hat.

Am Abend des 28. September 1969 gehe ich also von Bord der *Cambodja,* die in dieser Nacht an der Reede im Zentrum der Bucht von Taiohaé vor Anker liegt. Zu jener Zeit war es sehr problematisch, zu den Marquesasinseln zu gelangen. Mit dem Flugzeug waren sie nicht zu erreichen, denn es gab dort noch keine Landepisten. Nur ein paarmal pro Jahr, aber völlig unregelmäßig, kam von Papeete ein Frachtschiff herüber; doch wegen eines Feuers, das an Bord gewütet hatte, war es zur Zeit meines Besuchs gerade nicht einsatzfähig. Zum Glück nahm ausgerechnet in diesen Tagen der alte Dampfer *Cambodja* auf seiner letzten Ozeanfahrt Kurs auf Marseille, wo er abgewrackt werden sollte, und landete bei dieser Gelegenheit auch an der Insel Nuku Hiva an. Das war für mich die ideale Gelegenheit.

Ich komme also in Taiohaé an. Am Strand findet an diesem Abend ein großes Fest statt, und unter dem geräumigen Palmendach der Gemeinde haben sich zu diesem Anlaß ein Großteil der Besatzung und die paar Passagiere der *Cambodja* eingefunden. Alle sind da, Insulaner und Europäer kunterbunt durcheinander, und es fehlt auch nicht Marc Perret, der französische Regierungsvertreter für den Verwaltungsbezirk der Marquesasinseln.

Ich habe eine Vision, die mir durch den Kopf schießt und mich schaudern läßt. Plötzlich sehe ich, wie sich alles vor mir wie unter Vorwegnahme einer unbestimmten, grotesken Wirklichkeit verändert: In wenigen Jahren wird der Tourismus hier alles kommerzialisiert und zerstört haben, so wie ich es bereits anderswo erlebt habe. Aber was denke ich da eigentlich? Das, was heute abend hier stattfindet, ist noch immer echt und spontan – zumindest erweckt es diesen Anschein. Schließlich raffe ich mich auf und lasse mich von der natürlichen und unbewußten Anmut begeistern, auf die sich die jungen Mädchen vor mir so gut verstehen. Sie erbeben im typischen *mahàu,* dem Ritual der Marquesas, das von ungeschliffenem und eindrucksvollem Gesang begleitet wird. Nun vollführen auf ein Zeichen des *pakého,* des Tanzmeisters hin, zwanzig halbnackte Männer und Frauen wiegende Bewegungen und stoßen kurze rhythmische, gutturale Laute von seltsamer Zauberkraft aus: »Hù-ha-ha-a-hù! Hò-he-he-hò!« Es ist der zeremonielle Willkommensgruß der Inselbewohner von Nuku Hiva und hat nichts mit der *aparima* und dem *tamuré* Tahitis zu tun, die viel süßlicher und inzwischen auch affektiert wirken. Hier auf den Marquesas ist der Ausdruck der Freude noch rauh und echt wie die Menschen, vielleicht weil sie völlig isoliert von der Welt leben. Der Tanz geht nun in einen wilden Rhythmus über, die schwitzenden Körper bewegen sich zuckend und lassen die harten Pflanzenfasern der *pareu* wie Peitschen schnalzen. Ich könnte mir vorstellen, daß Herman Melville, wenn er heute hier wäre, nur wenig Neues im Vergleich zu dem entdecken würde, was er in jener Zeit sah.

Ich bin, wie gesagt, durch Melvilles Buch hierhergekommen, in dem er von seinem faszinierenden Abenteuer auf dieser Insel berichtet. Die Geschichte läßt sich etwa so zusammenfassen: Der Matrose Melville fährt seit achtzehn Monaten auf dem Walfänger *Acushnet* zur See, der den Spitznamen »Dolly« trägt und im Pazifik auf der Jagd nach männlichen Walen kreuzt. Das Leben an Bord ist ihm unerträglich geworden, deshalb beschließt er zu desertieren. Als das Schiff vor Nuku Hiva in der Bucht von Taiohaé vor Anker geht, setzt er seinen Plan mit seinem Freund Tobias in die Tat um. Aus Angst, von dem fürchterlichen Kapitän geschnappt zu werden, flüchten die beiden in die Berge, um abzuwarten, bis das Schiff wieder in See sticht. Doch dort oben im dichten Wald finden sie nicht die Früchte, von denen sie sich ernähren wollten. Tagelang streifen sie ziellos zwischen unbegehbaren Bergen, Schluchten und Wasserfällen umher und erdulden viele Entbehrungen. Vom Hunger getrieben, steigen sie schließlich in das Tal hinab, das sich vor ihnen öffnet, und stehen vor der bangen Frage: Hapaa oder Taipi – ist dies das Tal der Guten oder das der Kannibalen? Melville betrachtete nur die Taipi als Menschenfresser; doch in Wirklichkeit waren das zu jener Zeit mehr oder weniger alle Insulaner auf Nuku Hiva. Wie dem auch sei, unsere beiden Helden landen schnurstracks in dem gefürchteteren der beiden Täler, in dem der Taipi. Die immer packendere Geschichte berichtet nun von den Erlebnissen der beiden Gefangenen des Taipi-Stammes

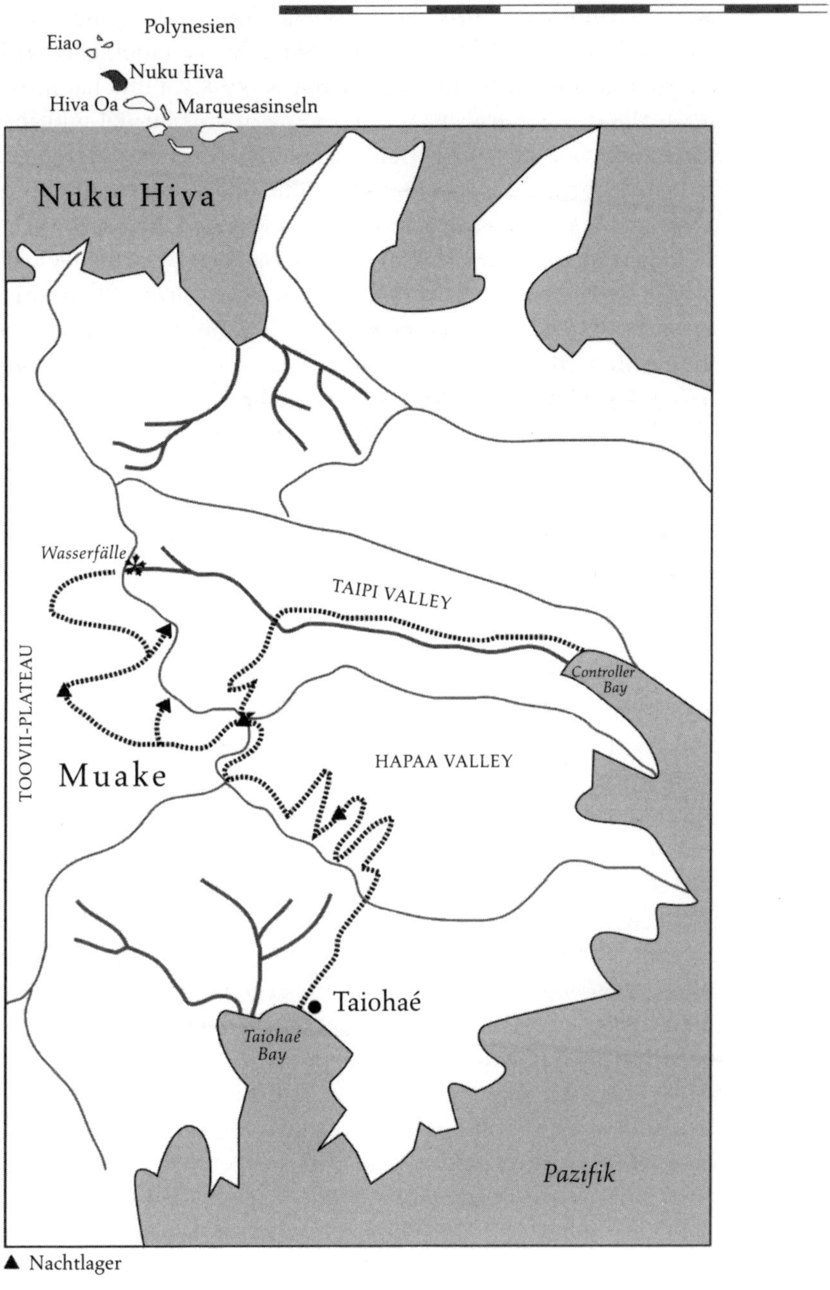
Polynesien
Eiao
Nuku Hiva
Hiva Oa
Marquesasinseln
Nuku Hiva
Wasserfälle
TAIPI VALLEY
Controller Bay
TOOVII-PLATEAU
HAPAA VALLEY
Muake
Taiohaé
Taiohaé Bay
Pazifik
▲ Nachtlager

bis zum Tag ihrer wundersamen Flucht zur See. Doch am meisten fesselte mich die abenteuerliche Entdeckungsreise der beiden durch eine feindliche und unbekannte Berglandschaft inmitten einer Natur, die sich bis heute weder durch die Zeit noch durch die Umstände verändert haben mag. Wenn ich mich nämlich so umsehe, macht die Insel den Eindruck, als wäre sie so geblieben, wie Melville sie beschrieben hat. Ich bekomme deshalb immer mehr Lust, den Spuren seines Weges Schritt für Schritt zu folgen.

Bereits in Tahiti habe ich herausgefunden, daß ich nicht der erste war, der diesen Plan gefaßt hat: Es wurden mir sogar die Namen einiger Ausländer genannt, die an den von Melville beschriebenen Orten Nachforschungen angestellt hatten. Doch offenbar waren auch sie wie die Literaturkritiker zu dem Schluß gekommen, daß der Autor alles erfunden habe. Einer soll sich selbst zu der These verstiegen haben, daß Melville nie seinen Fuß auf diese Insel gesetzt habe. Eine solche Vermutung zu akzeptieren wäre für mich eine Enttäuschung gewesen, und so bin ich hier, um der Wahrheit auf den Grund zu gehen.

Nur ganz wenige in Taiohaé kennen den Namen Melville, und das sind auch nur diejenigen, die zeitweilig im Dienst einer der seltenen Expeditionen standen, die von weither gekommen waren, um auf des Dichters Spuren zu wandeln. Louis Taikiteetini, genannt Kukù – darauf legt er Wert –, ist einer von denen, die einen Forscher begleiteten, und steht in dem Ruf, sich in der Materie am besten auszukennen. Ich werbe ihn an und versuche, ihm so viele nützliche Angaben wie möglich aus der Nase zu ziehen, nicht ohne sie natürlich mit der gebotenen Vorsicht zu filtern. Als typischer Marquesianer – rauh und wild, aber auch freundlich – unterscheidet sich Louis nicht von all den anderen Eingeborenen, die in diesem abgelegenen Teil der Welt leben und die Neigung haben, sich nur allzugern die Meinung anderer zu eigen zu machen. In der Tat kann ein Ausländer von einem Einheimischen alles Gewünschte zu hören bekommen, wenn dieser annimmt, daß dem Fremden die Geschichte gefällt. Ich wüßte allerdings nicht zu entscheiden, ob sie eher aus Naivität oder aus Schlauheit so handeln. Jedenfalls erfahre ich von Louis, daß der wundervolle breite

Kranz von Gebirgskämmen, der die Bucht von Taiohaé umschließt, von zwei Pässen durchschnitten wird: vom Teaaoa, dem höheren, und dem Teavanui rechts davon, den laut meinem Informanten Melville bei seiner Flucht wählte.

Und so beginnt »mein« Abenteuer auf den mutmaßlichen Spuren des berühmten amerikanischen Erzählers. Louis begleitet mich bis auf die andere Seite des Teavanui, wo mich die erste Enttäuschung erwartet. Der bequeme Pfad, der bis hierher angestiegen ist, hält sich von nun an auf den sanften Abhängen über den kleinen Tälern der Hapaa und scheint bis in jene Ferne weiterzuführen, in der die Senke des Tals der Taipi zu erahnen ist. Genügen also nur wenige Stunden zügigen Marsches, um die tollkühne Durchquerung zu wiederholen, für die Melville angeblich sechs Tage brauchte? Ich stelle Louis diese Frage, doch er beharrt auf Melvilles sechstägigem Herumirren und antwortet mir getreulich: »Ach, er ist wirklich eine weite Strecke gegangen.« Und er fügt hinzu: »Vielleicht hat er einige Male haltgemacht, doch *ce type-là* hat sich ausgekannt, das ist klar!« Ich lächle über Louis' Bemerkung, doch ich verwerfe diese einfache Lösung. Melville kann sich das alles nicht aus den Fingern gesogen haben. Von seinen literarischen Fähigkeiten einmal abgesehen, war er ursprünglich nicht Erzähler, sondern ein echter, durch die härtesten Herausforderungen gestählter Seebär, und seinen Geschichten ist ansonsten ein so hoher Wahrheitsgehalt zu eigen, daß die Annahme, es habe sich gerade bei seinem ersten Buch *Taipi* nicht um eine autobiographische Erzählung gehalten, höchst unwahrscheinlich ist. Nach diesem ersten enttäuschenden Resultat habe ich den Wunsch, allein zu sein und mich von nun an ungehindert in alle Richtungen zu wenden, ohne Einflüssen von außen ausgesetzt zu sein. Ich bitte Louis deshalb, nach Taiohaé zurückzukehren.

Ich verlasse den ebenen Pfad, klettere den Berg zur Linken hinauf und dringe in den Wald aus Kasuarinen, Pandangs und anderen Pflanzen ein, die alle von Rohr und gewundenen Wurzeln erstickt zu werden scheinen. Es ist ein fast undurchdringliches und sumpfiges Gewirr, zumal in der Nähe der Gebirgsbäche. Den Rest des Tages und den ganzen nächsten Tag erkunde ich systematisch die Kämme, die die Täler der Hapaa überragen, bis zum höchsten Gipfel, dem Muake, den der Schriftsteller seiner Erzählung zufolge erreichte und anschließend überschritt. Melvilles Buch immer in der Hand, studiere ich jede Seite und vergleiche sie mit der Wirklichkeit, die sich in Details völlig mit seiner Schilderung deckt.

Vom Gipfelplateau des Muake aus, auf dem ich mich nun befinde, hat Melville die Landschaft so beschrieben: »Die melancholische Bucht von Nuku Hiva lag unmittelbar am Fuß einer kreisförmigen Bergkette, auf der grüne Abhänge, unterbrochen von tiefen Mulden und im Wechsel mit anmutigen Tälern, insgesamt den anmutigsten Anblick boten, den ich jemals erlebt hatte.« Und vor Beginn seines Abenteuers: »Die Bucht hat ungefähr die Form eines Hufeisens. Vom Meer ist sie nur durch einen schmalen Arm zu erreichen, der an beiden Seiten von kleinen Inseln bewacht wird, die sich in Kegelform hundertfünfzig Meter hoch erheben. Gleich dahinter weicht der Strand auf beiden Seiten zurück und beschreibt einen weiten Halbkreis. Ringsumher ragt die Insel gleichförmig über dem Wasserspiegel auf... Während ich weiter in den Anblick dieses Paradieses versunken war, empfand ich ein Gefühl des Bedauerns bei dem Gedanken, daß ein so bezauberndes Schauspiel durch die Abgelegenheit dieser Inseln der Welt immer verborgen bleiben würde.« Es war wirklich eindrucksvoll. In seinen Beschreibungen hatte Melville eine geradezu fotografische Präzision bewiesen.

Damals hatten sich die beiden Flüchtlinge in die Berge gewandt: Sie waren zuversichtlich, dort oben ein sicheres Versteck zu finden, in dem sie sich verbergen und von wilden Früchten ernähren konnten, bis der Walfänger wieder in See gestochen war. Danach wollten sie nach Taiohaé zurückkehren und hofften, von den Eingeborenen so gut aufgenommen zu werden, daß sie bei ihnen bleiben und auf eine passende Gelegenheit warten könnten, die Insel wieder zu verlassen. Von diesem ersten Vorhaben berichtet der Autor weiter: »Wir beschlossen, auf einen Kamm zu klettern, der leichter zu besteigen schien als die anderen und nach unserer Ansicht zu den dahinter liegenden Gipfeln führen mußte.« Der häufige Regen schützte sie zumindest vor ihren Häschern, die sie auf den Schoner zurückbringen und die dafür übliche Prämie einstreichen wollten. Sie gerieten in ein dichtes Röhricht, in dem das Vorwärtskommen zur unerträglichen Anstrengung wurde. »Das Rohr war so biegsam, daß es, kaum daß wir darübergestiegen waren, in seine ursprüngliche senkrechte Position zurückschnellte; außerdem ließ es keinen Lufthauch durch.« Endlich waren sie – auf allen vieren, um nicht bemerkt zu werden – auf dem Kamm angekommen und hatten ihren Weg in einem unendlichen Auf und Ab in Richtung des Muake, der höchsten Erhebung, fortgesetzt. Heute sind die Täler der Hapaa verlassen, doch in jener Zeit wurden sie nach der Überlieferung von rund tausend Menschen bewohnt. Da sie sich nun in Sicherheit wähnten, waren Melville und Tobias aufrecht zum Gipfel des Muake weitergegangen, »als wir plötzlich aus den Tälern zu beiden Seiten in der Ferne einen wahren Schwall von Schreien hörten: Die Eingeborenen hatten uns entdeckt. Wir legten uns auf den Boden, um sie zu beobachten: Sie machten ungeheuren Lärm und rannten in tausend verschiedene Richtungen; sie mußten wahnsinnige Angst haben.« Die beiden wollten jedoch keine Zeit verlieren. Melville fährt fort: »Wir machten uns sofort wieder auf den Weg und liefen den Bergrücken entlang, bis wir zu einer fast senkrechten Wand kamen« – es gibt sie in der Tat nicht weit von der Stelle, an der ich mich jetzt befinde – »die sich uns anfangs als unüberwindliches Hindernis in den Weg zu stellen schien und uns jede Hoffnung auf ein Weiterkommen nahm.« Doch schließlich hatten sie den Felsen bezwungen und waren am späten Nachmittag auf dem Gipfel dieses Berges angekommen. Die Spitze des Muake »lief in einem endlosen, vorspringenden Kamm von Basaltfelsen aus, die mit Schmarotzerpflanzen bedeckt waren«. Dort oben erwartete Melville und Tobias eine riesige Enttäuschung: »Der Berg fiel nicht wie erwartet direkt zum gegenüberliegenden Abhang ab, um sich zu weiten Talböden zu öffnen, sondern war nur der Anfang einer Reihe von etwa gleich hohen Gipfeln, die sich weiter erstreckten, als unser Blick reichte. Die abschüssigen Hänge bedeckte üppigste Vegetation, die hier und da von dichten Laubwäldern gesprenkelt wurde.« Doch in dieser Vegetation waren laut Melville keine fruchttragenden Bäume zu entdecken; und doch gab es diese Früchte, die großen saftigen *tuaya*, die ich selbst finde und esse.

Darauf kehrten die beiden Taiohaé endgültig den Rücken und begannen, das unbekannte Gebiet des jenseitigen Abhangs zu erforschen. Überraschend hatten sie einen Pfad entdeckt, der am Absturz entlangführte: Ohne Zweifel handelte es sich um einen Kriegspfad. Sie hatten Angst, denn sie befürchteten, auf eine Schar von Wilden zu stoßen, und zogen es deshalb vor, in einer düsteren Schlucht Zuflucht zu suchen, um dort die Nacht zu verbringen. Um auf ihre Sohle zu gelangen, mußten sie sich durch eine Art Felsenschacht hinablassen und dabei an »kräftige Wurzeln, die aus der Wand ragen und von Feuchtigkeit triefen«, klammern. Am nächsten Morgen kletterten die beiden wieder nach oben und wandten sich ins Innere der Insel.

Trotz dieser Zitate, die zuweilen der wirklichen Landschaft entsprechen, will sich das Mosaik von Melvilles einzigartigem Abenteuer nicht zu einem stimmigen Bild fügen: Noch immer wird jegliche Beweisführung durch zu viele Lücken und Widersprüche vereitelt. Wo sind die »stillen Wasserfälle« geblieben, die mir Melville verheißen hat? Es regnet häufig und heftig, es ist kalt, die Natur ist rauh, chaotisch und häufig in Nebel getaucht. Gründe genug, um müde und mutlos zu sein. Doch als die Wolken aufreißen und die hohen, imposanten und wunderschönen Fälle vor mir auftauchen, so wie sie der Autor beschrieben hat, ist das ein überwältigender Augenblick. Nun fügt sich das ganze Abenteuer von *Taipi* wie durch Zauberei zusammen, steht mir klar und wahr vor Augen, so wie es im Buch beschrieben ist, das ich völlig zerlesen immer noch in der Hand halte, obwohl ich den Inhalt auswendig kann. Nach soviel Herumirren und immer neuen Hypothesen ist die Entdeckung der drei Wasserfälle für mich so, als ob ich in einem Puzzle die Stelle für das entscheidende Anschlußstückchen gefunden hätte. Und nun lassen sich alle anderen Bruchstücke mühelos einsortieren, um das Bild zu zeigen, das ich mir so sehr erhofft habe.

Es wird mir klar, daß ich nun auf der richtigen Spur bin, und ich finde jenseits des Gebirgskamms, der die Wasserscheide bildet, die erste Schlucht, in die sich Melville und sein Freund Tobias an schlüpfrigen Wurzeln hinabließen, um unerfreulichen Begegnungen auf dem Pfad aus dem Weg zu gehen. Der Pfad verläuft wirklich am Rand des Absturzes, und hier hatte sich der Autor gefragt, ob alle, die ihn begingen, danach quasi ins Tal hinunterspringen mußten. Wie Melville war ich also am Anfang in die Betrachtung der Bucht von Taiohaé versunken gewesen, und nun erkannte ich um mich herum mühelos die Einzelheiten der von ihm beschriebenen Landschaft wieder: die drei großen Wasserfälle, die düsteren Schluchten, die Bodensenken auf dem abgelegenen Toovii-Plateau, die murmelnden Bäche auf der Talsohle und schließlich das eindrucksvolle Tal der kannibalischen Taipi, das noch völlig ursprünglich ist: ohne die geringste Spur menschlichen Lebens, verlassen und so einsam, wie es wohl in der Vergangenheit niemals gewesen war.

Melville klagt in dieser Gegend über unerklärliche Schmerzen in seinem Bein; dennoch schleppt er sich, obwohl er fiebert, mit seinem Begleiter auf der Suche nach einem sicheren Ort weiter. Als er einen Zweig zur Seite schiebt, entdeckt er jenes Tal, das sich später als der gefürchtete und nichts Gutes verheißende Wohnsitz der Taipi erweist, und verspürt derartige Erregung, daß er sich zu der Behauptung erkühnt: »Der Anblick des Garten Eden hätte mich nicht in größere Verzückung versetzen können ... An allen Seiten war das Tal von steilen grünen Abhängen eingeschlossen, die nicht weit von der Stelle, an der ich mich befand, zusammenliefen und einen Kreis von grasbewachsenen Hängen und Abgründen mit glitzernden Wasserfällen bildeten. Doch das Schönste an diesem Panorama war das dichte Grün, das nach meinem Eindruck den besonderen Zauber jeder polynesischen Landschaft ausmacht. Überall unter mir, vom Fuß des Absturzes bis zum oberen Rand, an dem ich mich unbewußt ausgeruht hatte, war das ganze Tal von derart dichtem und üppigem Laubwerk bedeckt, daß es unmöglich war festzustellen, um welche Bäume es sich handelte. Doch vielleicht waren in dieser Landschaft die stillen Wasserfälle noch imponierender, deren Strahlen, nachdem sie die steilen Hänge hinuntergehüpft waren, in der für das Auge undurchdringlichen Vegetation des Tales verschwanden. Über dem ganzen Panorama lag tiefstes Schweigen.« Melville wurde jedoch das Gefühl nicht los, daß es sich bei diesem Tal um ebenjenes handle, das die schrecklichen Taipi bewohnten; deshalb machte er kehrt und wandte sich in Richtung des fernen Toovii-Plateaus.

»Welch schrecklicher Marsch«, bemerkt der Schriftsteller. Fieber, Durst, Schwäche durch den Hunger, die zermürbende Anstrengung des Auf und Ab durch Rohr, Wurzeln und Abstürze zwangen die beiden Flüchtlinge schließlich zum Aufgeben. Sie beschlossen, auf dem kürzesten Weg abzusteigen, und folgten dem Fluß, der in das verrufene Tal führte, das sie klugerweise zunächst gemieden hatten. Zu diesem Entschluß trug auch Tobias bei, der feststellte: »Die Bewohner einer so wonnigen Gegend müssen einfach gute Menschen sein.« Der anfangs mühelose Weg wurde nach und nach schwieriger, und die Schlucht, in die sie hinabstiegen, immer steiler und schmaler. Sie verbrachten dort eine dritte Nacht, die nicht angenehmer als die vorherigen war. Um die Mittagszeit des nächsten Tages vernahmen sie zum erstenmal Getöse und gelangten kurz darauf an den Rand eines der drei Wasserfälle, die mindestens zweihundert Meter in den Abgrund stürzten. Diesen Absturz und wie sie ihn bewältigten hat Melville mit außergewöhnlicher Eindringlichkeit beschrieben. Er schildert ausführlich den tollkühnen Abstieg, bei dem er und Tobias sich nur mit den Händen an schwindelerregenden langen Wurzeln festhalten, die an den Seiten der Wasserfälle herabhängen. Obwohl die Beschreibung die Atmosphäre dieses Ortes trifft und auch die Tatsache, daß sich die beiden Flüchtlinge nur in der beschriebenen Weise hinunterlassen konnten, um die Talsohle zu erreichen, ihre Entsprechung findet, dürfte das wohl kaum direkt bei den Wasserfällen geschehen sein – es sei denn, sie hätten sich viel weiter zur Rechten (von der Quelle aus gesehen) gehalten, wo durch die örtlichen Gegebenheiten der Absturz deutlich zugänglicher ist. Bevor ich jedoch zu diesem Schluß kam, folgte ich wortgetreu der von Melville beschriebenen Route, denn ich wollte bis zu der Stelle kommen, wo der große mittlere Wasserfall ins Leere stürzt.

Angesichts des dichten und besonders hohen Röhrichts, das auf dem abschüssigen Boden die Sicht auf den Himmel nimmt, bin ich mehrere Male gezwungen, zu meiner Orientierung auf den Wipfel eines Pandang zu klettern, der schwindelerregend über dem Abgrund schwankt. Diese Form der Erkundung kostet mich einen ganzen Tag und zwingt mich zu akrobatischen Kunststückchen aller Art – ganz abgesehen von der schweren Arbeit, mir mit der Machete meinen Weg durch das Labyrinth von Röhricht und Wurzeln zu bahnen. Die letzteren sind in der Tat so dünn und fest, daß ich mich an sie wie an kräftige Seile hängen kann. Nun erblicke ich unter mir den Fluß: Er strömt tosend in dem düsteren Schlauch dahin, der ihn bis zum Rand des großen Wasserfalls bändigt. Mit einem Seil, das ich zum Glück mit mir führe, seile ich mich ein Dutzend Meter an einem Felsriß mit überhängendem Pflanzenbewuchs ab und kann schließlich meinen Fuß in das schlüpfrige und reißende Flußbett setzen. Ich lasse das Seil für den Rückweg hängen und gehe im Flußbett in Richtung der Wasserfälle weiter. Und da sind sie endlich. Ein wildes und ungestümes Schauspiel tut sich vor mir auf. Ich schieße ein paar Fotos und möchte am liebsten angesichts der Demonstration einer solchen Kraft verweilen. Doch die Furcht, daß ein unerwarteter Regenguß den Fluß plötzlich sintflutartig ansteigen lassen könne, veranlaßt mich zum Rückzug.

Ich schließe daraus, daß Melville sich keinesfalls am Rand dieses Wasserfalls befunden haben kann, sondern die bereits erwähnte logischere Route wählte. Diese Ungenauigkeit in Melvilles Erzählung scheint mir jedoch begreiflich und zu rechtfertigen, denn die Schönheit und Einzigartigkeit der drei hohen Wasserfälle konnte von einem Mann wie ihm in seinem Bericht nicht übergangen werden. In irgendeiner Form mußte er sie in seinen Erlebnissen unterbringen und in der dramatischsten Phase seiner Flucht lebendig werden lassen.

Am Rand der Fälle, an dem ich mir die geeignetsten Felsen aussuche, an denen sicher auch Melville abstieg, wende ich nun dieselbe Taktik an, die er so wirkungsvoll beschrieben hat. Ich lasse mich also in die Schlucht gleiten, indem ich mich an die Wurzeln klammere, die von den Felsen herabhängen. Die Marquesaner nennen diese besonders langen und unglaublich robusten Wurzeln *tamuaòa*. An der betreffenden Stelle seines Buches, die sich auf seine akrobatischen Leistungen bezieht, schrieb der Autor durchaus glaubhaft: »Die Zweige, an denen ich über dem Abgrund hing, schwankten hin und her, und ich erwartete jeden Augenblick, daß sie reißen würden. Erschrocken versuchte ich die einzige große Wurzel in meiner Nähe zu ergreifen, doch vergeblich; ich konnte sie nicht erreichen, versuchte es immer und immer wieder, bis ich beinahe verrückt wurde, mich gegen einen Fels stemmte, einen großen Schwung nahm und die Wurzel, sobald ich an sie herankam, verzweifelt ergriff. Sie zitterte heftig, doch zum Glück gab sie nicht nach.« Die Flüchtlinge waren schließlich am Boden angelangt, im Tal der Taipi. Dort blieben sie einige Zeit als Gefangene der wilden Stämme, die sie zugleich aber auch als Gottheiten betrachteten.

Die Erzählung Melvilles bekommt nun eine neue Dimension, in der sich der überschwengliche Abenteurer auch als Ethnologe und Naturforscher beweist. In seinen Erläuterungen gibt es eine schauerliche Stelle über den Tabuwald, den die Eingeborenen Hoolah Hoolah nennen. An diesen heiligen Orten, die als Opferaltäre dienten, kamen die früheren Häuptlinge der Kannibalenstämme zu ihren Kriegsritualen zusammen und veranstalteten bei diesen Anlässen offenbar gräßliche Festmahle mit Menschenfleisch. Diese Zusammenkünfte fanden im Schatten der magischen *tiki* statt, der grausamen Götzenbilder, die aus Lavagestein und Holz gehauen waren.

Die bisher nur bruchstückhaft vorliegende Geschichte dieser *tiki* könnte zu einem besseren Verständnis des Ursprungs und Falls der Bevölkerung Ozeaniens führen. Das Tal der Taipi ist heute völlig verlassen. Es gibt zwar eine menschliche Niederlassung, Taipivai, doch sie befindet sich an der Peripherie der Controller Bay und wird nur von einigen hundert Menschen bewohnt. Zu Melvilles Zeiten waren es dagegen Tausende. Sie wurden vor einem Jahrhundert durch den Kontakt mit den Weißen dezimiert, die als Gegenleistung für die Unterstützung, die sie erhielten, lediglich Geschlechtskrankheiten, Tuberkulose, Lepra, Alkohol, Drogen und andere Plagen mitbrachten. Angeblich überlebten nach einer Epidemie im Jahr 1912 nur achtundzwanzig Eingeborene.

Die für diese Inseln typische Ortschaft Taipivai besteht heute aus primitiven, weit verstreuten Hütten, die im Dickicht der Palmen und Brotfruchtbäume verborgen liegen. Die Luft ist heiß und von blutsaugenden Insekten verseucht, von denen die lästigen kleinen Nono-Fliegen die schlimmsten sind. Weiter im Inselinneren stößt man in der dichten wilden Vegetation ab und zu auf steinerne Fundamente: die Ruinen der einstigen Taipi-Niederlassungen. Einige Tage lang treibe ich mich in der Ortschaft herum und befrage jeden, der mir in den Weg kommt, um zu begreifen, doch ich komme zu keinem Ergebnis. Sie hüten eifersüchtig die Geheimnisse ihrer Vergangenheit und denken nicht daran, auch nur einen Zipfel davon zu enthüllen. Und doch höre ich von der einen oder anderen Seite, daß der heilige Wald von Hoolah Hoolah noch immer existiere. Ich habe immer mehr Grund zu der Annahme, daß dieser Ort auf sein Volk noch immer einen gewissen Einfluß, ja vielleicht sogar eine wirklich unheilvolle Macht ausübt.

Dann ereignet sich eines Tages unverhofft ein Wunder. Ich weiß wirklich nicht, wem oder was ich das zu verdanken habe. Eine alte Frau kommt mit liebenswürdigem Gesichtsausdruck auf mich zu und lächelt mich lange wortlos an, bis auch ich sie schweigend anlächle. Darauf reicht sie mir einen kleinen Korb aus geflochtenen Palmblättern, den sie bisher verborgen gehalten hat. Er ist mit den süßesten und saftigsten Mangofrüchten gefüllt, die ich jemals gegessen habe. Ein Mädchen neben ihr, das ein bißchen Französisch radebrecht, sagt mir, ich solle Kehika – das ist der Name der alten Frau – folgen. Nach wenigen Minuten kommen wir alle drei durch Kaffeefelder zur Tenne einer schönen Hütte, neben der kerzengerade und unbeweglich eine ebenfalls alte Frau steht, die uns zu erwarten scheint. Während ich auf sie zugehe, verspüre ich ein gewisses Unbehagen, eine Art Scheu vor dieser Person vor mir, die ich nun kennenlernen werde. Sie ist hochgewachsen und mager, das Gesicht vom Alter gezeichnet, welches dennoch ihre stolze Würde nicht tilgen konnte. Sie strahlt einen Zauber aus, dem man sich nicht entziehen kann. Die Polynesier würden es als *mana* bezeichnen, als mystische Kraft, die die Natur durchdringt und auf diesen Inseln Ausdruck absoluter Macht ist. Die Frau, die über dieses *mana* verfügt, heißt Teikìtekàioho – das erfahre ich später von dem Mädchen – und ist von hoher Geburt im alten Geschlecht der Taipi. Sie stammt von Fayaway ab, Melvilles sanfter Gefährtin während seines Aufenthalts auf der Insel. Unser Gespräch beschränkt sich auf wenige Worte, die überdies in der Übersetzung nur bruchstückhaft wiedergegeben werden; doch die resoluten und durchdringenden Blicke dieser ehrfurchtgebietenden und edlen Frau, die mich treffen, scheinen mir weit mehr als Worte auszusagen.

Als Teikìtekàioho und die alte Kehika sich verabschieden, gibt mir das Mädchen, das nicht zufällig bei mir geblieben ist, ein Zeichen, ihm auf dem Pfad in den Wald zu folgen. Nach einer halben Stunde tauchen aus dem Dickicht die dunklen Formen der großen *tiki* von Hoolah Hoolah auf, überwuchert von Farnkraut und gewundenen Lianen. Ich bin von heftiger Erregung ergriffen, in der alle Beschreibungen von Melville wieder lebendig werden.

Vor mir sehe ich rohe, aus vulkanischem Gestein geschnittene Skulpturen, die schaurige menschenähnliche Wesen darstellen und mit ihren kurzen Beinen und dem enormen Bauch entfernt an Buddhastatuen erinnern. Sie versinken im Dickicht, und es ist schwierig, ihre wirklichen Züge zu erkennen. Nur die großen runden Augen treten aus den kaum modellierten Gesichtern hervor. Doch mit ein paar Hieben der Machete lege ich die kurzen Arme der Idole frei, die mit ihren breiten Händen die überdimensionalen Bäuche festhalten. Die Monstrosität dieses Symbols kommt hier äußerst wirkungsvoll zum Ausdruck, doch vor allem beeindruckt die Bedeutung dessen, was diese *tiki* in der Vergangenheit darstellten. Heute sind sie nur noch der Schatten jener Unglücklichen, die ihnen geopfert wurden.

Mühsam gelingt es mir, mit Hilfe des Mädchens eine Geländeskizze zu erstellen. Da ist eine erste Gruppe von vier *tiki*, die ein weitläufiges Rechteck bildet. Unter ihnen zeigt mir das Mädchen Vehéa, den Häuptling. Weitere fünf Figuren und einige symbolische Steine sind dagegen in einer Reihe angeordnet, und in dieser Gruppe erkennt sie Ouòko und Outùku, die umgestürzt sind. Mit leichtem Unbehagen spüre ich, daß in diesem Wald wie bei Teikìtekàioho das *mana* wirkt, nur noch intensiver. Dieser Ort, sagt das Mädchen, ist *tapu*, das heißt tabu, also verboten, denn er ist von einer wunderbaren Macht beherrscht. Nur kultische Handlungen könnten unheilvolle Folgen abwenden. Das *mana* und das *tapu* stehen miteinander in enger Beziehung, die Kraft des einen entspricht der Kraft des anderen. Das ist jedenfalls die Auffassung der Polynesier.

An eine dieser immer noch furchterregenden Gottheiten gelehnt, lächelt meine Begleiterin selbstbewußt. Schließlich schüttle ich diese unerforschlichen Gedankengänge ab und beschäftigte mich lieber mit den schönen Formen dieser jungen Frau, die in einen himmelblauen Pareo mit großen weißen Blüten gewickelt ist. Die glatten Haare, die offen über die kupferfarbenen Schultern fallen, die ostentativ zur Schau gestellte Reihe der perlweißen Zähne und die ausdrucksvollen Augen in ihrem anmutigen, markanten Gesicht – einen Augenblick lang habe ich wirklich den Eindruck, daß sie einem Bild von Gauguin entstiegen ist.

AM ENDE DER WELT

1971

KAP HOORN

Der Gedanke, ans Kap Hoorn zu fahren – dem gefürchtetsten und legendärsten Felsen in der Geschichte der Seefahrt – war mir nach der Lektüre einiger Bücher gekommen, die erzählten, wie Dutzende Schiffe spukhaft vom Orkan an das Kliff geworfen worden waren und dort Schiffbruch erlitten hatten: Laut Chroniken neunundsiebzig bis zum Jahr 1925. Es ist die unglaubliche Geschichte von Menschen, die in diesen Meeren kämpften und das Glück hatten, davonzukommen und darüber berichten zu können. Doch es ist auch das Zeugnis all derer – und sie machten den größeren Teil aus –, die mit ihren Schiffen einen geheimnisvollen Tod gefunden hatten, den sie vielleicht am Ende sogar herbeisehnten. Diese ungemein bewegenden und von Ergriffenheit überfließenden Berichte weckten in mir schließlich die Neugier, diese unbarmherzigen Klippen, die die Drakestraße am äußersten Ende der Welt beherrschen, mit eigenen Augen zu sehen.

Ende Dezember 1970 komme ich in Punta Arenas an, und hier wird mir sofort das Ausmaß der Hindernisse deutlich, die sich meiner Reise in den Weg stellen. Auch wenn es paradox klingt: Es wäre viel einfacher, die Antarktis zu besuchen, als zum äußersten Felsen des südamerikanischen Kontinents zu gelangen. Ich höre es von Admiral Guillermo Barro Gonzales persönlich, dem Kommandanten der chilenischen Seezone Nummer drei, an den ich mich gewendet habe. Der Grund dafür ist einfach: Die Stützpunkte auf den polaren Gletschern haben eine gute Verbindung zum Kontinent, auf Kap Hoorn hingegen gibt es nichts, nur unvorstellbar triste und öde Riffe, die von fürchterlichen Stürmen gepeitscht werden. Einst war dieser äußerste Süden von Yagan- und Yamana-Indios bevölkert, die hier ihre Fischgründe hatten, und bis vor einigen Jahrzehnten wurden die Kanäle Feuerlands noch zuweilen von den Fischkuttern auf der Jagd nach roten Seespinnen oder Fischottern durchpflügt; doch dies alles gehört inzwischen der Vergangenheit an. Die jungen Leute haben kein Interesse mehr daran, das abenteuerliche Leben ihrer Väter zu führen, und werden lieber Gauchos oder Kaufleute. Ich wende mich also in höchster Not an die Admiralität von Punta Arenas, wo noch der Geist der ruhmreichen Expeditionen in die Antarktis lebendig ist, und dort erhalte ich trotz aller Probleme großzügige Unterstützung, die typisch für die traditionelle Gastfreundschaft der Marine auf der ganzen Welt ist. Von dort kommt nach ein paar Tagen am 8. Januar die ungeduldig erwartete Nachricht: Das Barometer steigt, und demzufolge wird im Kampf der Elemente eine kurze Pause eintreten. Das muß ich ausnützen und reise sofort ab.

Ein Militärflugzeug bringt mich nach Puerto Williams. Hier befindet sich der chilenische Marinestützpunkt am Beagle-Kanal und außerdem die südlichste Stadt der Erde. Das Torpedoboot *Fuentealba* ist zum Auslaufen bereit und wird mich ans Kap Hoorn bringen. Es ist ein speziell ausgerüstetes Schiff mit einer Elitebesatzung, die in der Lage ist, in schwierigen Situationen jede nur denkbare Lösung zu finden. Diese Menschen besitzen einen Instinkt für diese Meere, und nicht zufällig sind einige Nachfahren der Yagan-Indios. Normalerweise haben sie die Aufgabe und auch das Privileg, die Leuchttürme auf den gefährlichsten Felsen am äußersten Ende des südlichen Archipels zu überwachen, der ungefähr dreißigtausend Inseln umfaßt. Der Leuchtturm von Kap Hoorn gehört zu jenen, die nur unter großen Gefahren zu erreichen sind; er besteht aus einem kleinen Turm, gestützt von einem Gerüst gekreuzter Holzbohlen, die durch ein wenig Zement auf dem Felsen festgehalten werden. Er wurde irgendwann, an einem Tag, an dem Windstille herrschte, am östlichen Teil des felsigen Kaps errichtet.

Während der gesamten Operation blieb das Schiff, da es nirgends ankern konnte, abfahrbereit mit laufenden Motoren auf offener See. Der alte Leuchtturm wird von drei Gasflaschen gespeist, die nur für sechs Monate reichen. Doch häufig vergehen auch zehn Monate, bevor die Flaschen ausgetauscht werden können. Beim letzten Auswechseln, wird mir gesagt, warf die Brandung das Beiboot gegen einen Felsen, und es hätte um ein Haar ein Unglück gegeben.

Die Überfahrt auf der *Fuentealba* dauert rund neun Stunden und wird bereits auf dem Beagle-Kanal interessant, in dem sich üppige grüne Wälder spiegeln. Danach geht es über nicht allzu hohe Dünung an die Peripherie der Nassau-Bucht, die von kleinen Inseln durchsetzt ist, auf denen sich Robben und Kormorane drängen. Schließlich gelangen wir in die gewundenen Rinnen zwischen den Wollastoninseln. Einige dieser Meerengen sind nicht breiter als achtzig bis hundert Meter, und hier gibt sich – angelockt von ausgedehnten Algenbänken – eine Vielzahl von Sturmvögeln und anderen Arten der Magellanstraße mit Geschnatter und fröhlichen Flugmanövern ein Stelldichein. Ausgelassene Fischotter springen aus dem Wasser und tauchen erst unmittelbar vor dem Kiel des Schiffes wieder ein.

Und endlich Kap Hoorn. Im diesigen Gegenlicht hoch und öde. Die dunklen, zackigen Konturen seiner höchsten Erhebung lassen an den Dreizack des Neptun denken, der drohend gegen die unbekannten einsamen Weiten des Ozeans gerichtet ist. An Bord sind alle verstummt, ehrerbietig und furchtsam beim Anblick der legendären Insel, die vor uns liegt. Es wird nach einer relativ geschützten Stelle Ausschau gehalten, an der wir an Land gehen können. Kapitän Figueroa hat seine Entscheidung getroffen: Er wird an der nordöstlichen Küste landen. Die Wassertiefe nimmt hier plötzlich von dreiunddreißig auf zwanzig Meter ab. Wir sind etwa einen Kilometer von der Küste entfernt. Ein Schlauchboot wird zu Wasser gelassen, um uns an Land zu bringen. Das Wasser ist überraschend ruhig, wir können also mühelos auf einen Felsen zuhalten. Es ist 21 Uhr 40. »Adios, amigo!« rufen mir die drei Matrosen zu, als das Boot wieder ablegt. Bald setzt sich auch das

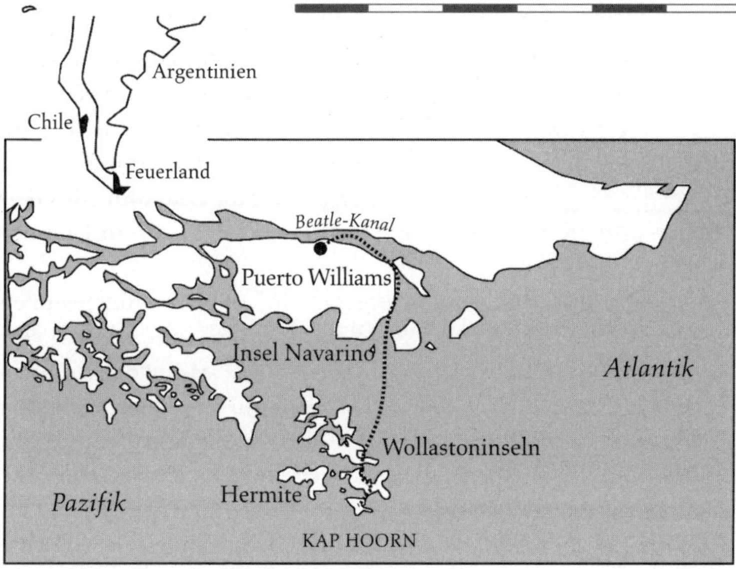
Argentinien
Chile
Feuerland
Beatle-Kanal
Puerto Williams
Insel Navarino
Atlantik
Wollastoninseln
Hermite
Pazifik
KAP HOORN

Chile
San-Martin-See
Argentinien
Cerro Mariano Moreno
Cardiel-See
Viedma-See
PATAGONIEN
KONTINENTALGLETSCHER
Viento-Paß
Rio Leona
Rio Chico
Estancia
Argentino-See
Santa Cruz
Rio Santa Cruz
Calafate
Atlantik
zu Pferd
im Boot

Schiff wieder in Bewegung und entschwindet rasch im letzten Licht der Abenddämmerung.

Ich baue das Zelt auf. Um ein Uhr nachts bin ich fertig. Bei Tagesanbruch tobt ein Orkan. Das Meer brüllt und kocht mit endlosen schäumenden Wellenkämmen. Im trüben Nebel, der alles umgibt, erblicke ich flüchtig die gegenüberliegende Herschelinsel. Sie wird von eindrucksvollen Sturzwellen gepeitscht, die sich am Riff brechen und mindestens dreißig Meter hoch aufbäumen. Hagelböen beschädigen in kürzester Zeit die Leinwand, die ich als zusätzliche Verstärkung über dem Zelt angebracht habe, und reißen sie schließlich in Fetzen, die bei jeder Angriffswelle des Sturms wie Peitschenhiebe schnalzen.

Ich muß flüchten, um das Schlimmste zu verhüten, und mir unbedingt eine Stelle suchen, die natürlichen Schutz bietet. Ich finde sie durch Zufall ganz in der Nähe, als ich mich durch vermeintliches Gesträuch bewege und erkenne, daß es sich dabei um dicht geschlossene Baumkronen handelt, die an der Oberfläche vom ständigen Wind geglättet sind. Es ist ein für den äußersten Süden typischer Buchenhain aus niedrigen und äußerst widerstandsfähigen Bäumchen. Um dort einzudringen, haue ich mit der Machete einen kurzen Tunnel aus; und schon sitze ich im Schutz eines geräumigen natürlichen Unterschlupfs. Er ist naß und dunkel, aber von zuverlässigen, wenn auch kleinen Stämmen getragen. Ein Vogel, der sich ebenfalls vor dem Sturm in Sicherheit gebracht hat, sitzt piepend auf einem Ast und beäugt mich in aller Ruhe. Ich kehre zum Zelt zurück, um es mitsamt seinem Inhalt zu bergen, und komme gerade noch rechtzeitig, bevor es völlig zerstört ist.

Der Sturm tobt vierundzwanzig Stunden lang, dann läßt er nach und verstummt zeitweilig, und für kurze Augenblicke taucht hinter einem Schleier die Sonne auf. Ich ziehe den Schluß, daß Schlechtwetter auf dieser Insel der Normalzustand ist. Damit muß ich mich eben abfinden, während ich erhebende Tage erlebe und die Insel kreuz und quer durchwandere: Sie ist nicht größer als Elba. Vom Meer aus gesehen, scheint sie aus sanft welligem Gelände zu bestehen, das mit gelbgrünen Wiesen bewachsen ist;

doch in Wirklichkeit ist sie hauptsächlich eine Abfolge von Sümpfen und Morasten, aus denen üppig Binsen und dichte Gramineen sprießen, durchwachsen von niedrigem Gesträuch verschiedener Arten, das häufig rote Beeren trägt. Zwischen den Morasten wachsen ausladende Mooskissen neben dicht wuchernden Pflanzenballen, die mit kleinen weißen Blüten besetzt sind; sie erinnern an das Leimkraut im Gebirge und verleihen der Insel die einzige sanfte Note. Die höheren Rücken sind felsig und mit Blöcken und Felssplittern übersät, die von Flechten überzogen sind. An den geschützteren Abhängen tauchen dagegen dichte Buchenwälder auf, deren Form vom Wind geprägt ist; von weitem sind sie wegen des dunkleren Grüns ihrer Kronen, das gelegentlich von bleichen verdorrten Zweigen gesprenkelt ist, kaum zu erkennen. Auf den weiten Hochebenen öffnen sich häufig tückische Torfgruben, in denen man einsinkt. Wenn man nicht achtgibt, gerät man an den zerklüfteten Rand eines Schachts, der fast immer von der Blütenpracht des Ehrenpreises getarnt ist. Diese Schluchten weisen nicht selten auf das Vorhandensein gefährlicher unterirdischer Bäche hin. Außerdem gibt es zahllose kleine Seen, die Heimstätten ganzer Familien von Magellangänsen.

Selbstverständlich leben hier vor allem Arten, die ihre Nahrung ausschließlich aus dem Meer beziehen. In erster Linie sind das die Pinguine, darunter der typische Goldschopfpinguin, der seitlich am Kopf zwei Schöpfe aus goldgelben Federn trägt und in großen Kolonien direkt auf den nackten Felsen von Kap Hoorn nistet. Dann gibt es verschiedene Gruppen des weniger spektakulären *Spheniscus maggelanicus*, die ihre Nester zwischen dem Strauchwerk des Hinterlands in einem Labyrinth von Höhlen und Tunneln bauen und dem Menschen gegenüber so vertrauensselig sind, daß sie mir erlauben, mich ihnen zu nähern, bis ich sie fast berühren kann.

Ich dringe zur Küste vor, wo es zwischen Felsen und steinigen Stränden möglich ist, und stoße immer wieder auf die Gelege von Vögeln, die hier im extremen Süden beheimatet sind; beharrlich umkreisen mich Seeadler in geringer Höhe. Doch am meisten beeindrucken mich an diesen Gestaden die Anhäufungen riesiger

Algen, die von den Sturzwellen angeschwemmt wurden. Von den hohen Felsen hängt gigantischer Riesentang mit seinen langen schwarzen Fangarmen; die Haufen von *Durvillea utilis*, die fest in den halb überfluteten Felsen verwurzelt sind, wogen dagegen in der Brandung und bewegen sich wie ein Knäuel langer Wasserschlangen hin und her.

Die westliche Spitze der Insel ist meiner Meinung nach der beste Aussichtspunkt, auch wegen der wundervollen Klippen, die sich hier aus dem Meer erheben. Doch der Westwind – jener berüchtigte Wind, der Kap Hoorn seinen schlechten Ruf eingebracht hat – erreicht hier eine unglaubliche Stärke: Ich kann mich auf der Höhe des Riffs, lediglich vom Gegenwind gehalten, sogar in die Leere vor mir beugen, ohne einen Absturz befürchten zu müssen.

Und endlich kommt für mich der am heißesten ersehnte Tag meiner Reise, als ich das »richtige« Kap Hoorn erreiche. Von der Bucht im Südwesten, zu der ich über die Kämme der Insel gelangt bin, steuere ich auf den großen isolierten Felsen zu, gegen den bereits der weiße Schimmer der hohen Brandung des äußersten Südens zu erkennen ist. Als mich nur noch ein paar hundert Meter von diesem Orientierungspunkt trennen, zwingt mich ein abschüssiges Riff zu einem Umweg über einen grasbewachsenen Abhang. Und so erreiche ich, ohne daß es mir im ersten Moment richtig bewußt wird, den mythischen Felsen von Kap Hoorn. Noch bevor ich einen Ausblick auf diese strenge Landschaft habe, entdecke ich den ziemlich armseligen Leuchtturm. Er ist nicht größer als eine Straßenlaterne und auf dem Kamm durch ein einfaches, rotlackiertes Holzgestell verankert. Der bedenkliche Zustand eines derart wichtigen Warnsignals, dessen Existenz hier fast wie ein Wunder wirkt, ist unglaublich.

Ich beuge mich über diesen südlichsten aller Balkone, denn aus unwillkürlicher Neugier will ich mich erst einmal vergewissern, ob der Kontinent wirklich hier endet oder ob es noch etwas dahinter gibt – und sei es auch nur eine kleine Insel, auf der sich der Kontinent fortsetzte. Das würde den Zauber wohl etwas schmälern, doch ich empfinde ihn voll und ganz angesichts der geheimnisvollen Leere, die sich unter meinen Füßen auftut und mich zum Träumen bringt. Aber nun taucht in mir all das auf, was ich gelesen und mir ausgemalt habe, und wird durch die Geräuschkulisse des Ortes noch eindringlicher verstärkt. Von unten erschallt ein mächtiges Dröhnen, das aus der Tiefe des Ozeans zu dringen scheint; es ist, als ob sich unvorstellbare und übermächtige Wesen miteinander im Kampf wälzten und dabei in einem fort brüllten. Als ich mich tiefer über den Abgrund beuge, sehe ich das Meer, das – bereits düster und vom Wind aus Südwesten aufgewühlt – gischtet und durch den Zusammenstoß der großen Wellen mit den ersten Felsen aufkocht. Der Fels zur Linken zieht nun meine Aufmerksamkeit auf sich; es ist derselbe, den ich mir als Orientierungspunkt ausgesucht hatte, um von der südwestlichen Bucht hierher zu gelangen. Von dieser Seite aus ragen seine hohen Wände senkrecht aus der ohrenbetäubenden Brandung; und doch spazieren auf seinem breiten, faltigen Scheitel, als ob es die einfachste Sache der Welt wäre, Hunderte, ja vielleicht Tausende Goldschopfpinguine herum. Es ist kaum zu glauben, aber diese unnahbaren Geschöpfe geben mir das Gefühl, daß ich hier nicht ganz allein bin.

Ich habe also das legendäre Kap Hoorn erreicht und kann nun, die »Brüllenden Vierzig« im Rücken, hinaus zu den eisigen Flächen der »Heulenden Fünfzig« schauen, wo die mächtigen Naturgewalten sich mit der Phantasie des Menschen, der davor steht, verbinden. Aber das alles genügt mir noch nicht. Ich will noch weiter – wenn es denn möglich ist, bis an die äußerste Grenze. Also begebe ich mich die hohe Wand hinunter. Ich steige über einen ersten langen, grasbewachsenen Grat ab, den das Salzwasser abgefräst und gelb gefärbt hat. Hier geht der Bergsturz in einen Haufen aufeinandergestapelter Granitblöcke über, die teils in gefährlichem Gleichgewicht balancieren. Ich klettere auch darüber. Zwischen den Felsen lugen auf immer spärlicher werdenden bemoosten Erdschollen zahlreiche liebliche gelbe Blümchen hervor, die wie Knöpfchen aussehen. Nun stürzt die Wand an einer Seite jäh ab, während sich an der anderen einige Meter lang eine glatte und kompakte Platte erstreckt. Ich steige hier mit großer Vorsicht und einigen Schwierigkeiten ab, denn ich habe statt der Bergschuhe die Gummistiefel angezogen. Das Aussehen dieser ausgewaschenen und etwas verblichenen Platte demonstriert die wütende Kraft des Meeres, dem sie ständig ausgesetzt ist und das nun ganz nahe immer wieder Breitseiten auf sie abfeuert. Ich bin am äußersten Rand angelangt, unter dem der Felsen zu meinen Füßen im schäumenden Inferno verschwindet. Aber vielleicht kann ich auf den Felsen zur Rechten noch einige Meter tiefer hinunterkommen, indem ich einige Falten in der Wand ausnutze. Ich versuche es, bis ich von einem aufprallenden Wasserschwall übergossen werde, zum Glück ohne böse Folgen. Das ist nun wirklich das alleräußerste Ende, über das man nicht hinausgelangen kann, und ich verweile hier, um die aufwühlenden Eindrücke in mir aufzunehmen. Ich sehe die gekräuselten Kämme der hohen Wogen, die mir mit großer Geschwindigkeit von der offenen See entgegenkommen und sich fast bis in meine Höhe aufbäumen. Plötzlich stoßen sie gegen die ersten Felsen, breiten sich weit aus, brechen sich und schleudern Wasserlawinen, schäumende Kämme und wirbelnde Sprühnebel hoch. Dann bricht, als sie noch näher kommen, das Chaos aus: ein blendendweißer Weltuntergang aus kochenden Ausbrüchen und Strudeln, einem gewaltigen Anstieg des Wassers, hinter dem sich sofort ein Abgrund aufreißt; aber schon nach wenigen Augenblicken wird er wieder von der tobenden Materie gefüllt, die keine Gefechtspause kennt. Ich sehe, wie aus dem dunstigen Aufruhr um mich herum Wasserfetzen und Schaumzungen aufsteigen, die größer sind als ich und wie Konfettikaskaden herunterregnen. Es ist der letzte Akt eines gewaltigen Rituals, das sich endlos wiederholt. Das Tosen in der Luft erreicht gewaltige Ausmaße, rüttelt an den Felsen, an die ich mich klammere, und erreicht seine größte Lautstärke, wenn die Woge den knapp neben mir aufragenden, zwanzig Meter hohen Felsen einhüllt und überschwemmt.

Ich kehre spät am Abend ins Lager zurück und bin am nächsten Tag bereits frühmorgens auf dem Marsch zur höchsten Erhebung der Insel. Es ist ein Granitfelsen von mindestens vierhundert Metern Höhe, der steil zum Kap hin abstürzt. Vor drei Tagen habe ich es bereits einmal versucht, doch der anhaltende Regen zwang mich auf halbem Weg zur Umkehr. Darum ließ ich an dieser Stelle im Schutz eines Felsens die Bergschuhe und ein Kletterseil in einem Plastiksack zurück. Doch der starke Wind und der hartnäckig prasselnde Regen zwingen mich auch heute, mein Vorhaben aufzuschieben.

Gegen Mitternacht werde ich plötzlich von drei Hornsignalen geweckt, die in der Luft widerhallen. Es ist das Schiff, das mich vor dem verabredeten Zeitpunkt abholt. Ich laufe zur Küste. Nach dem Austausch von Lichtzeichen fährt ein Beiboot am Lichtstrahl eines kräftigen Bordscheinwerfers entlang auf mich zu. Das Meer ist nun, bei Ebbe, relativ ruhig. Die Schaluppe legt an einer fast ebenen Felsplatte an, und zwei Matrosen und ein Offizier kommen an Land; die übrige Besatzung bleibt in der Schaluppe. Der Oberleutnant teilt mir ohne Umschweife mit, daß ich sofort mit ihnen an Bord kommen müsse, weil sie so schnell wie möglich von der Insel aufbrechen wollen: Ein großes Tief sei im Anzug und werde eine lange Schlechtwetterperiode bringen. Bei dem Gedanken, daß ich meine wertvolle Kletterausrüstung zurücklassen muß, die ich auf halber Höhe am Berg deponiert habe, trifft mich fast der Schlag. Und außerdem stimmt mich auch die Vorstellung traurig, daß ich nun nicht mehr wie erhofft den Gipfel der Insel erreichen werde. Und wie soll ich außerdem – ohne Seil und Bergschuhe – mein nächstes Ziel, die Gletscher Patagoniens, in Angriff nehmen? Also bitte ich den Leutnant, mir sechs Stunden zu gewähren, damit ich mein wertvolles Material holen kann. Ich füge noch hinzu: »Sie könnten inzwischen mein Lager abbrechen und alles aufs Schiff bringen.« – »In Ordnung!« erwidert der Offizier. »Ich muß mich aber darauf verlassen können, daß Sie in sechs, maximal sieben Stunden wieder zurück sind!« Inzwischen ist es fast ein Uhr nachts.

Blitzschnell ziehe ich die Stiefel an, schultere den Rucksack, so wie er daliegt, packe die Stablampe und mache mich im Laufschritt in die regnerische Nacht auf. Doch bereits nach einer Viertelstunde stolpere ich über irgend etwas und lande kopfüber in einem Gesträuch. Beim Sturz öffnet sich unglücklicherweise die

Lampe, und die Birne zerbricht. Ich müßte ins Lager zurückkehren, um sie auszutauschen, doch die Ersatzteile befinden sich vielleicht bereits gerade auf dem Meer, auf dem Rückweg zum Schiff. Nach einem Augenblick des Zögerns entschließe ich mich, trotzdem meinen Weg im Dunkeln fortzusetzen.

Ich bewege mich nun mehr oder weniger tastend vorwärts, strauchle immer wieder nach wenigen Schritten und rolle ein Stück weiter. Es ist ein mühseliges, eigentlich völlig verrücktes Unterfangen, trotzdem arbeite ich mich vorwärts, laufe wie ein Wahnsinniger und habe das Gefühl, daß ich in meiner Kleidung wie eingepökelt bin, vom Regen oder von meinem Schweiß oder von beidem. Die einzigen Anhaltspunkte, die ich vage erkennen kann, sind die schwarzen und undeutlichen Umrisse der Erhebungen. Doch dank der ziemlich guten Kenntnis des Geländes, die ich mir in diesen Tagen inzwischen erworben habe, genügen wenige Zeichen, um mich die gefährlichen Zonen wie Klüfte und Sümpfe erahnen und damit meiden zu lassen. Nachdem ich wie ein Verrückter gerannt bin, erreiche ich bereits um 2 Uhr 15 den Felsen, unter dem ich das Seil und die Bergschuhe deponiert habe: eine wirklich gute Leistung. An diesem Punkt muß ich mir allerdings eingestehen, daß es nicht so sehr die dringende Notwendigkeit ihrer Bergung war, die mich dazu gebracht hat, sondern eher der brennende Wunsch, diesen Berg zu besteigen, an dem mir so besonders viel liegt.

Ich setze meinen Weg in Richtung Gipfel fort, doch es ist noch immer dunkel, und ich riskiere abzustürzen. Also mache ich halt und kauere mich im Schutz eines Felsens zusammen. Ich bin dem Wind ausgesetzt und ziemlich entkräftet, außerdem bin ich nur sehr dünn bekleidet und zittere vor Kälte. Ich halte diese lähmende Unbeweglichkeit nur eine Viertelstunde durch, und als ich den Aufstieg fortsetze, beginnt es gerade erst schwach zu dämmern. Ich erkenne jedoch, daß der Gipfel inzwischen zum Greifen nahe ist. Ich gelange fast bis nach ganz oben, muß mich jedoch wegen des starken Windes, der über den Gipfel fegt, abermals zurückziehen und mich unter einen hohen Grasbusch kauern. Dort beschließe ich zu bleiben, bis es völlig hell geworden ist. Ich will nämlich die weite Landschaft von oben nicht nur betrachten, sondern auch fotografieren. Nachdem ich über eine Stunde gewartet habe, setze ich mich um 4 Uhr 40 wieder in Bewegung. Doch unter dem dunklen Gewölk des Sturms tagt es nur ganz sachte, und es dauert eine weitere gute halbe Stunde, bevor ich ein erstes Foto schießen kann. Als erstes fällt mir auf, daß von dieser Felsspitze aus das schwache Lichtlein des Leuchtturms zu sehen ist, das unter mir auf dem Riff zittert. Im hoffnungslos zagen und nebligen Licht sehe ich die ganze gelbe Insel von Kap Hoorn sanft ausgestreckt vor mir liegen. Es überrascht mich doch einigermaßen, wie lang die Strecke ist, die ich in der Nacht zurückgelegt habe. Doch noch lebhafter ist meine Empfindung, als ich das Schiff erkenne, das auf offener See vor der Küste, von der ich aufgebrochen bin, vor Anker liegt und dort auf mich wartet. Es ist der Öltanker *LSM Morel*, der so groß ist, daß er fünfzig Mann Besatzung braucht. Doch das erfahre ich natürlich erst, nachdem ich an Bord gegangen bin, denn von hier oben erscheint er nur als kleiner dunkler Fleck vor der geschützten Ostküste der Insel.

Der Gipfel besteht aus massivem Granitgestein, das dicht mit Moos und Flechten bedeckt ist. Große dunkelgrüne, ledrige Grasbüschel rascheln im Wind und wogen über dem Abgrund. Das Meer wirkt von hier aus sanft, doch an den Riffen der Westküste, die völlig von weißen Schaumkronen gesäumt sind, zeigt es sein wahres Gesicht. Und von hier aus ist ganz deutlich die Linie zu erkennen, an der sich die beiden Ozeane Atlantik und Pazifik treffen. Die beiden Strömungen stoßen aufeinander und vermengen sich unter lautstarkem Aufruhr. Dieses lange weiße Band, das sich vom Vorgebirge der Goldschopfpinguine gewunden in das offene Meer Richtung Südosten schiebt, bis es sich am diesigen Horizont verliert, ist überaus imposant.

Große, flache, mit Flechten bewachsene Platten sind im Schutz eines Felsblocks kunterbunt durcheinandergeworfen: Es handelt sich bestimmt um Zeugnisse menschlicher Anwesenheit. Da sie an einer windgeschützten Stelle etwas abseits liegen, nehme ich an, daß sie in der Vergangenheit als eine Art Unterschlupf dienten, vielleicht für die alten feuerländischen Indios, die sich nach neueren Erkenntnissen während der Jagdsaison sogar bis zu diesen Inseln vorwagten. Ich kann jedoch auch nicht ausschließen, daß diese großen Steine ein Schiffbrüchiger aufgestapelt hat, der auf der Insel festsaß und vor seinem Tod auf der höchsten Spitze seinen Ausguck errichtete, um von hier aus die Aufmerksamkeit eines vorbeifahrenden Schiffes auf sich zu lenken.

Der Gipfel besteht praktisch aus zwei Felsspitzen, die durch eine Bresche getrennt sind. An der höchsten und beherrschenden Stelle errichte auch ich einen Steinhügel, den ich zum Zeugnis meiner Anwesenheit aufschichte. Schließlich fotografiere ich Stück für Stück die gesamte Umgebung, auf die ich von hier aus einen Ausblick habe: als erstes natürlich die abschüssigen Riffe von Kap Hoorn, die heute unter dem düsteren Himmel des neuen Tages noch tückischer als gewöhnlich wirken.

Auf diesem hohen Felsvorsprung der Bergspitze über dem Meer, der der Antarktis so nahe ist, lasse ich noch einmal meine Phantasie schweifen, die wie immer weit über das Sichtbare hinausgeht. Es sind Visionen von verheerenden Stürmen, riesenhaften Brechern, driftenden Eisschollen und Gestaden, die von den Elementen aufgerissen sind und nur von der Wucht der Orkane erreicht werden können. Schiffbrüche aller Art tauchen vor mir auf, was in diesem apokalyptischen Panorama noch erschütternder wirkt. Hinter mir im Norden ist das Archipel der von Einbuchtungen und Rinnen zerfurchten Wollastoninseln mit seinen zerfransten, unzusammenhängenden Formen in nebliges Violett getaucht. Natürlich gibt es in der Natur weder Ordnung noch Unordnung, doch angesichts eines so ausgedehnten Friedhofs zerfetzter Inseln kann ich nur an die Ruinen einer Welt denken, die langsam untergeht.

Um 5 Uhr 30 beginne ich mit dem Abstieg von der Spitze, und genau um sieben Uhr, auf die Minute pünktlich, kommt die Schaluppe an dem Felsen an, den ich gerade erreicht habe. Es ist keine Spur mehr von meinem Lager zu erkennen.

EISIGE EINÖDE

Es ist Februar 1971, und seit meinem Besuch an der Laguna San Rafael ist ein Monat vergangen. Daß ich zum Hielo Continental, dem ausgedehnten Gletscher Patagoniens zurückgekehrt bin, hat zwar kein Zauberwind bewirkt, wie es ein Orientale ausdrücken würde, aber immerhin der unablässige Antrieb meiner Erinnerungen. Auch diesmal begleitet mich Folco Doro Altan, der italienische Freund, der bereits als Junge nach Buenos Aires übersiedelte und schon vor dreizehn Jahren mit mir in dieser Gegend gewesen ist.

Gedankenverloren bewegen wir uns Schritt für Schritt fast mechanisch vorwärts. Wir marschieren über eine riesige Fläche aus porösem Eis in einem der einsamsten Winkel der Welt: einem Ort, den wir in gewisser Hinsicht gleichsam als unser Eigentum betrachten dürfen, weil wir uns hier so lange aufgehalten haben. Einige der höchsten Bergspitzen wie die Cerros Adela, Ñato, Luca und Mariano Moreno, der mit seinen 3537 Metern der höchste in ganz Südpatagonien ist, haben wir nämlich bereits 1958 – alle in Erstbesteigungen – bezwungen.

Wie vor dreizehn Jahren sind wir auch diesmal aus der Pampas über den Viento-Paß hierhergekommen, nachdem wir fünfundzwanzig Kilometer durch das urtümliche Tal des Rio Tunel aufgestiegen sind. Ich muß noch immer bei der Erinnerung an unseren Aufenthalt in der letzten *estancia* auf unserer Route schmunzeln. *Estancias* sind die für diese Gegenden typischen Farmen der Viehzüchter, und die, auf die ich mich beziehe, liegt zwischen dem Viedma-See und dem Eingang des erwähnten Tals. Sie gehört den Alvorsens, einer Familie norwegischer Abstammung. Wir haben dort nur noch Pedro angetroffen, den ältesten der drei Brüder, der die beiden anderen überlebt hat. Er bestätigte uns, daß auch der alte Madsen gestorben war. Andreas Madsen war eine wichtige Persönlichkeit in der Geschichte der Pioniere Südpatagoniens. Ebenso war der Indio Muñoz nicht mehr da; er war einige Jahre zuvor beim Durchwaten eines Flusses ertrunken. Pedros Mutter, die fünfundachtzig Jahre alt oder noch älter und über jedes biologische Maß, das normalerweise für den Menschen gilt, erhaben war, arbeitete im Augenblick unserer Ankunft auf dem Feld und wendete das Heu, das sie am Tag vorher selbst gemäht hatte. Als sie uns erkannte, rief sie: »Ja caramba!« Dann ließ sie alles stehen und liegen und lief in wild entschlossener mütterlicher Haltung auf uns zu. Nachdem sie erfahren hatte, daß wir ohne Gewehr in die Kordilleren vorgedrungen waren, hatte sie ihren Kriegsruf refrainartig Dutzende Male wiederholt. Für sie waren diese Täler das Reich der hungrigen Pumas. Wie es ihre Gewohnheit war, hatte uns die Frau auch diesmal mit einer Herbheit behandelt, die geradezu feindselig wirkte; doch wenn man dieses ausdruckslose, alte und runzlige Gesicht genau betrachtete, bemerkte man, daß in ihren Augen- und Mundwinkeln ein kaum angedeutetes, uneingestandenes Lächeln saß, und das war Grund genug, um Nachsicht walten zu lassen. Als der Augenblick des Abschieds gekommen war, ließ sie sich die letzte Gelegenheit nicht entgehen, ihre mürrische Art herauszukehren. Sie unternahm mit einer Hand den zerstreuten und vergeblichen Versuch, die weißen Haare wieder in Ordnung zu bringen, die gerade ein Windstoß zerzaust hatte, und tat ihre Meinung kund: »Der Sommer ist zu Ende, die Wolken werden sich nicht von den verschneiten Gipfeln heben, und ihr werdet einen Dreck sehen!«

Schließlich waren wir aufgebrochen, beladen mit unseren Rucksäcken, die schwer wie Steine waren. Kaum hatten wir das Tal des Rio Tunel betreten und die Hängebrücke über den reißenden Fluß passiert, die heute leider nicht mehr existiert, drängte sich mir das Gefühl auf, daß hier die Zeit stehengeblieben war. Nichts hatte sich seit dem letzten Mal verändert. Die Wälder, die Wasserläufe, die großen Wiesen und die mit Blumen betupften Sümpfe, die Vögel und Tiere, die sich völlig still verhielten – alles war wie damals, Erinnerung und Nostalgie überfluteten mich und nahmen den ihnen zustehenden Platz in der Wirklichkeit ein. Jahrelang hatte ich den Lockruf dieser Gegenden vernommen und ein ungeheures Bedürfnis empfunden, sie wiederzusehen, und nun war ich endlich wieder hier und wollte und konnte auch nicht die winzigste Kleinigkeit außer acht lassen. Und so nahm ich nach und nach all die Formen und Farben, die mein Blick nur wahrnehmen konnte, in mich auf und genoß den Frieden der Natur, die mich umgab, und auch den Frieden in mir.

Ich war also in meine Gedanken versunken, als ein plötzlicher Lufthauch, begleitet von einem flüchtig vorbeistreifenden dunklen Schatten, meinen Kopf in die Höhe schnellen ließ: Es war ein Kondor, der mit ausgebreiteten Flügeln in geringer Höhe seine Kreise zog. Ihm folgte ein zweiter. Getrieben von unbezähmbarer Neugier – diese Erfahrung hatte ich bereits in der Vergangenheit gemacht –, drehten die beiden geflügelten Riesen mehrmals ihre Runde über uns und spreizten bei jeder engen Kurve die Endfedern ihrer Flügel. Sie taxierten uns mit messerscharfem Blick und trugen den nackten, mit einem Kamm versehenen Kopf und die charakteristische weiße Halskrause zur Schau: zwei Männchen. Sie waren so ansehnlich, daß ich lange fasziniert ihren stolzen, bedächtigen Flug beobachtete, ohne mich zu rühren. Dann erhoben sie sich einer nach dem anderen mit leichtem Flügelschlag majestätisch in die Höhe, ließen sich von einer aufsteigenden Luftströmung forttragen und lösten sich bald im eisigen Blau auf.

Kolonnen von in Freiheit aufgewachsenen Schafen folgten träge hintereinander ihren Pfaden über sumpfige Lichtungen; doch im Talinneren wurden sie spärlicher, und bald verschwanden sie schließlich ganz. Aber damit war die lebhafte Gegenwart tierischen Lebens keineswegs zu Ende: An ihrer Stelle schlüpften nun überall in hellen Scharen Kaninchen herum, eine wahre Plage in diesen Gegenden. Immer häufiger tauchten zwischen den sumpfigen Lachen der Talsohle auch große weiße Magellangänse auf. Bevor sie davonflogen, blieben sie gewöhnlich lange stehen und beäugten uns mißtrauisch, bis wir auf wenige Schritte an sie herangekommen waren. Diese Gänse fliegen jeden Tag in geschlossenen Formationen aus den fernen Ebenen herbei und kehren am Abend dorthin zurück.

Die Buchenwälder mit ihren großen ausladenden Kronen wichen nun immer größeren Abschnitten mit verdorrten Stämmen, die nach wie vor noch standen: den Resten der alten Wälder, die von den Pionieren brandgerodet worden waren, um guten Weiden

Platz zu machen. Diese mächtigen verknöcherten Stämme, diese weißen Gebeine der Bäume gegen den dunklen Himmel, diese grotesken, in tragischem Glanz aufzuckenden Sinnbilder, in denen der kalte Wind sein Klagelied sang, ließen den Zauber spüren, der noch heute von Dingen ausgeht, die ein Geheimnis umhüllt.

Plötzliches Gezwitscher durchbrach die Stille und kündigte den raschen und farbenfrohen Flug der *cunurus*, der magellanischen Papageien, an. Ihr wunderschönes rotgrünes Gefieder brachte eine heitere Note in die strenge Landschaft, und auch sie setzten sich, von Neugier getrieben, ab und zu auf die verdorrten Äste des nächsten Stammes und schienen ihn damit gleichsam wieder zum Leben zu erwecken.

Am nächsten Morgen kamen wir nach einstündigem Marsch in fünfhundertachtzig Metern Höhe am Fuß einer riesigen Buche an. Sie war der letzte große Baum auf diesem fast ebenen Abschnitt des Tals, bevor es steil in Richtung der vereisten Pässe anstieg. Zu unserem Erstaunen fanden wir unter der großen Buche den Stoß Stämme wieder, den wir vor dreizehn Jahren zum Schutz unseres Lagers mit unseren eigenen Händen aufgeschichtet hatten. Der Schutzwall befand sich noch in demselben Zustand, in dem wir ihn verlassen hatten. Wenn man nach so vielen Jahren etwas entdeckt, das man selbst am Ende der Welt errichtet hat, wird einem doch ganz anders ums Herz.

Stunde um Stunde setzten wir jenseits unseres alten Stützpunkts unseren Weg fort und stießen immer weiter in unbewohnte, ja unbewohnbare Gebiete vor. Nur die Kondore zogen ab und zu hoch am Himmel ihre flüchtigen Kreise. Die letzten kümmerlichen, krumm gewachsenen Bäumchen reckten ihre Kronen talwärts: eine Folge der vorwiegend eisigen Winde, die von Westen hereinbrechen, nachdem sie über den Hielo Continental gefegt sind. Nun gab es ringsum nur noch unfruchtbare Abhänge, zerklüftete und abschüssige Böschungen und ungestüme Sturzbäche, die unter den nahen Gletschern hervorquollen; die Landschaft beherrschten die weißen Bergspitzen, die wie Kondorschnäbel aus einer dichten Halskrause von Wolken emporragten.

Alsbald erreichten wir in 1530 Metern Höhe den Viento-Paß, die Pforte in ein eisiges Nichts. Der patagonische Kontinentalgletscher öffnete sich vor uns ohne jedes Maß und präsentierte sich als eine an Rauheit nicht zu überbietende Fläche ewigen Eises, der wir trotzen mußten. Mehr noch als die ungeheure Ausdehnung und Kolossalarchitektur der Gipfel und Gletscher versetzte uns das intensive Blau des Himmels in Erstaunen, das nach Osten mehr und mehr verblich und schließlich im Weiß der Schneeberge verschwamm. Einfach einen Sattel zu überqueren und sich in einer so völlig anderen Welt wiederzufinden, war wie ein Wunder. Nun erhob sich vor mir nicht nur ein riesiger Gletscher, es bot sich auch ein schier unglaubliches Phänomen, das völlig unstofflich schien: nur Form und Licht, ein Meer aus Licht, in dem ungeheure, von den kalten Strömungen mitgerissene Wolkenformationen trieben, denen auf der Stelle blaue Schatten folgten, welche sie auf die blendende Hochebene warfen. Wir hatten jenseits des Passes haltgemacht, um am Rand des Gletschers zu biwakieren, und sind nun ganz früh am Morgen in Richtung des Cerro Mariano Moreno aufgebrochen.

Es ist etwa zehn Uhr am 9. März. Bereits im Morgengrauen hatte sich vor uns ein dichtes Nebelmeer gebildet, das von Zeit zu Zeit die ohnehin spukhaften Umrisse des Cerro Moreno verschluckte. Unter der fahlen Dunstschicht jagen sich ungestüme Windstöße und wirbeln kleine stechende Eisnadeln auf, die uns heftig im Gesicht treffen. Das unbeständige Wetter scheint sich nun zu einem Sturm zu entwickeln, doch das ist in Patagonien normal. Wir messen dem also nicht viel Bedeutung bei und setzen unseren Weg fort. Wir können uns allerdings nicht den einen oder anderen kleinen Seitenhieb auf die sympathische Unheilsprophetin, die alte Alvorsen verkneifen, die einen vorzeitigen Wechsel der Jahreszeit befürchtet hatte.

Plötzliche Risse im Nebel geben die düstere Aussicht auf die Abhänge des Cerro Moreno frei, der sich gegen einen fast violetten Hintergrund abhebt. Übereinandergestapelte milchige Wolkenmassen, die in ihren klaren gewölbten Konturen wie riesige Wogen aussehen, ziehen vom Ozean her und rollen über den Hielo

Continental. Hinter uns dagegen gleiten und wallen aus der Richtung des Cordon Adela und des Cordon Marconi, von wo wir gekommen sind, dichte weiße Nebelschleier, die sich mit tintenschwarzen Haufenwolken mischen. Wie rasend wehen sie die eisbekrönten Bergstürze hinauf. Gelegentlich lösen sie sich auf einen Schlag jenseits eines Gipfels auf, als ob sie aufgesogen würden, und lassen weiße Fetzen und Ausfaserungen zurück, die sofort von den Wirbelstürmen gepackt werden. Außerdem gibt es Felsnadeln, die von den Schneestürmen überzuckert sind, und überhängende Eispilze, die unversehens aus dem Nebelschleier auftauchen, der sie noch vor einem Augenblick verhüllte und sie ebenso rasch wieder zudeckt. Diese Demonstration endloser Formen und Naturgewalten sorgt dafür, daß einem beinahe angst und bange wird, doch gleichzeitig bietet sie ein außergewöhnliches Schauspiel, wie es nur in dieser wilden Natur möglich ist.

Das trockene und rauhe Eis, über das wir anfangs marschierten, ist nach und nach in das Leichentuch einer glasierten Schneekruste übergangen, die hier im Herzen des Hielo Continental dicker geworden ist und tückisch die Gletscherspalten tarnt. In manchen Abschnitten ist auch nicht die kleinste Kräuselung zu entdecken, die darauf hinweist; der Weg wird also sehr gefährlich, und wir müssen uns anseilen. Folco Doro durchsucht nervös den Rucksack, in dem sich seiner Meinung nach das Seil befinden muß. Doch es ist nicht da. Er hatte es oben auf dem Rucksack befestigt, und von dort hat es sich wohl bei einem der hundert Sprünge, die wir seit Beginn des Gletschers über die Gletscherspalten machen mußten, gelöst. Um die Strecke wieder zurückzugehen, würden wir sechs bis acht Stunden brauchen; vor allem aber ist die Chance, das Seil zu finden, äußerst gering – geschweige denn unsere Spuren, denn wir bewegen uns in einer Zone aus blankem Eis.

Ein segensreiches Stück Seil von fünf Metern Länge, das ich beim Durchstöbern meines Rucksacks finde, löst das Problem, allerdings auf eher riskante Weise.

Es klart immer seltener auf. Himmel und Schnee verschmelzen in blendender Weiße. Nur ab und zu schimmert ein flüchtiger Schatten durch, und es ist schwierig festzustellen, ob es sich um eine Bergspitze oder vielmehr um eine Moräne, eine dunkle Wolke oder ein Anzeichen für eine verborgene Gletscherspalte handelt. Alles ist an diesem Ort möglich, der aus den Proportionen geraten scheint.

Als die schlimmsten Stunden vorbei sind, wird das Wetter um die Mittagszeit besser und belohnt uns für unsere Ausdauer. Ich gehe weitere lange Stunden und teste bei jedem Schritt mit dem Eispickel die Festigkeit der Eisbrücken über den Gletscherspalten, die überschritten werden müssen. Mein Kamerad hält direkt hinter mir das kurze Seilstück gespannt, jederzeit bereit, mich herauszuziehen, falls sich unter meinen Füßen der Abgrund öffnen sollte: ein Unterfangen, das nur gelingen würde, falls die Gletscherspalte schmal wäre. Wir erreichen schließlich den Fuß des hohen Berges. An der Seite des Cerro Moreno ragt ein großer dunkler Kegel auf, der in der Unendlichkeit des Schnees durch den Wechsel von Schatten und Licht noch mächtiger erscheint. Es ist ein abgetrennter Felsen, der aus dem Meer von Eis emporragt. Wir beschließen, ihn zu erklettern und auf seiner Spitze zu biwakieren. Es ist ein idealer Aussichtspunkt, um jede Einzelheit des Sonnenuntergangs in uns aufzunehmen, der sich bereits eindrucksvoll ankündigt.

Während die Stunden langsam verstreichen, sehen wir wie erwartet von dieser hohen Kanzel aus, wie sich die Landschaft unter dem Einfluß der unterschiedlichsten Lichtverhältnisse, dem Wechsel von dunklerem zu blasserem Himmel verwandelt. Und so bewundern wir einen irisierenden Lichtstrahl, der durch die Wolken bricht; im nächsten Augenblick bildet sich dichter Dunst, der einen Kamm umhüllt. Durch diese plötzlichen Umschwünge können natürlich nur verschwommene Formen und dunstige, von changierenden Farben übergossene Kuppeln entstehen, die gegen Ende des Tages von Gelb in Rot übergehen, dann von Mauve in Violett. Doch noch vor Sonnenuntergang tut sich ein Riß aus reinem Blau auf, der plötzlich die Gipfel ringsum hervorhebt und eine schöne Aussicht auf die Wände bietet, die bizarr von überhängendem Eis aufgebläht sind und auf denen auch unheimliche Nadeln mit geradezu unglaublichen eisigen Pilzkappen emporragen. Von oben gesehen erweisen sich die ruhigen leuchtenden Schneeflächen als noch ausgedehnter, und die prächtigen Amphitheater der Kessel, die Labyrinthe der Gletscherspalten sowie der mächtige Eisstrom des Hielo Continental, der nun in seiner Gesamtheit zu erkennen ist, wirken noch imponierender. An manchen Stellen wird diese erstarrte Flut unversehens von Seracs aufgewühlt und von parallel verlaufenden, sich dahinschlängelnden Moränengürteln zerfurcht. Und fast überall heben sich kleine grüne Seen von dem chaotischen Hielo ab.

Bevor sich die letzte Vorstellung des Sonnenuntergangs – jene wunderbare Unwirklichkeit, die der sterbende Tag hervorruft und die sich, falls es keinen Wetterumschwung gibt, am nächsten Morgen beim Aufgehen der Sonne wiederholen wird – ihrem Ende zuneigt, dringt mein Blick bis in jenes Gebiet, das mir bis jetzt ein Geheimnis geblieben ist. Nachdem der Hielo einen riesigen Bogen beschrieben hat, wird er dort in der Weite zum Viedma-Gletscher und mündet in den fernen gleichnamigen See, in den er noch ein gutes Stück hineinragt. Dort hält der riesige Gletscher, der sich in die Pampa bis auf zweihundertfünfzig Meter über dem Meer erstreckt, plötzlich an – doch nur deshalb, weil die gemäßigte Temperatur in diesen Niederungen dazu beiträgt, sein weiteres Vordringen zu verhindern und ihn zum Schmelzen zu bringen. Ausgehend von diesem Beispiel, kann ich mir vorstellen, wie sich die Alpengletscher zur Zeit der großen Vergletscherung bis in die Po-Ebene ausgebreitet haben müssen.

Hinter mir steigt die mächtige Wand des Cerro Moreno senkrecht und gewaltig auf. Ich sehe im Geiste den Weg noch vor mir, dem ich 1958 bis hinauf zum Gipfel folgte. Um jenes Unternehmen durchführen zu können, mußte ich mit meinen drei Kameraden gute dreißig Stunden in Folge auf den Beinen bleiben, das heißt eine Nacht, den nächsten Tag und nochmals eine Nacht. Das war von entscheidender Bedeutung. Die Tatsache, daß wir die Strecke zum Großteil in den sichereren Nachtstunden bewältigten, ermöglichte uns ein rasches Tempo, und überdies vermieden wir damit die beschwerliche Verlegung von Lagern und Raststellen.

Wie vermutet, färbt sich der Himmel nachts purpurn – eine Dämmerung, die hoffen läßt. Doch sobald die Sterne zu scheinen beginnen, fährt unerwartet ein ungestümer Wind herunter, der Schneegestöber mit sich führt. Sofort fürchten wir, daß ein Wetterumschwung folgen wird, doch zum Glück handelt es sich um falschen Alarm. Der Himmel schmückt sich nämlich zu vorgerückter Stunde über und über mit Sternen. Der Wind jedoch läßt nicht nach. Ich verbringe die ganze Nacht in Erinnerungen an die intensiven Momente, die ich vor so vielen Jahren erlebt habe und die greifbar auch in all der Unsicherheit und den Zweifeln wieder auftauchen. Bis zum Morgengrauen betrachte ich die schönen Sterne der südlichen Hemisphäre, die um das Kreuz des Südens kreisen.

Im Osten wird der Himmel allmählich heller und gibt der Landschaft Konturen, die jetzt leider deutliche Anzeichen eines Wetterwechsels erkennen läßt. In den Abstürzen des Cerro Moreno haben sich nämlich einige drohende Wolkenformationen verfangen, und in der Ferne kündigen sich auf den weißen hohen Flächen des Hielo als üble Vorboten bereits die dunklen, wallenden Schatten von Gewitterwolken an: Der Sturm wird jeden Augenblick losbrechen.

Zunächst bildet sich dicker Nebel, der über den Hielo dahinfliegt und bald zu uns aufsteigt. Aus dem Nichts bildet sich unversehens eine Wolke, die in dem sie umhüllenden Nebel gleich wieder zu zerbröckeln scheint. All das wirkt so ungeheuerlich, daß es uns in kürzester Zeit in Unruhe und Furcht versetzt. Wir brechen in Windeseile auf, verstauen so schnell wie möglich alle Sachen in unseren Rucksäcken und ergreifen im Laufschritt die Flucht den Moränenabhang hinunter, um den ebenen Hielo zu erreichen. Zum Glück sind unsere gestrigen Spuren im tiefen Schnee noch gut zu erkennen. Es steht jedoch zu befürchten, daß sie sich bei den ersten mit Schneegestöber beladenen Windstößen wieder füllen und blitzartig verschwunden sein werden. Doch es beginnt erst am Ende der langen Traverse zu schneien, die wir laufend unter dem lastenden Himmel hinter uns bringen, gepeitscht von einem Sturm, der tosend über die Fläche fegt. Als wir am Ende des

Marathons angekommen sind und über die Moränen den Rückweg zum Viento-Paß antreten, bricht der Sturm in seiner ganzen rauhen Heftigkeit aus. In der Nähe des Passes werden wir immer wieder von Windstößen zurückgeworfen, die Schneemassen gegen uns schleudern. Obwohl sich ein kurzes Stück weiter die Wolken zu heben scheinen, verdunkelt sich der Himmel über uns noch bedrohlicher, und der Schneefall geht in Hagel über. Es sind klitzekleine harte Körner, die unsere Hände mit Wucht treffen und geräuschvoll gegen die gefrorene Kleidung schlagen. Auf halber Strecke, auf einer Anhöhe zwischen dem Paß und der Talsohle des Tunel, geht der Hagel schließlich in Regen über, der nicht weniger beißend ist, und sehr bald sind wir jämmerlich durchnäßt und erschöpft.

Es ist fast Abend. Der Sturm hoch über uns läßt nach wie vor sein Gebrüll hören, das an das tosende Brausen des Ozeans erinnert. Und doch – es ist kaum zu glauben und gegen jede Vernunft – gleitet zwischen hohen Wolkenfetzen, die im Regen erneut aufwallen, unerschütterlich in weiten Kreisen ein Kondor. Welches auch immer der unwillkürliche Antrieb gewesen sein mag, der ihn hierher in diesen Sturm führte – das Schauspiel, das dieser Kondor nun mit seinem feierlichen Flug bietet, ist zugleich überwältigend und irreal.

An einem schwierigen felsigen Abschnitt werden wir von der Nacht überrascht und müssen ihn fast tastend bezwingen. Um Mitternacht gelangen wir zu der großen Buche auf der Talsohle und dem Unterschlupf, den wir vor so vielen Jahren gebaut haben.

Es mag unglaubwürdig klingen, aber wir sind glücklich.

PER BOOT BIS ZUM OZEAN

Als der junge Naturforscher Charles Darwin 1834 gezwungen war, seine Erforschung des Santa Cruz abzubrechen, der das südliche Patagonien durchfließt, bezeichnete er dieses Land als »verwünscht und unfruchtbar«. Ein hartes Urteil, das gewiß durch die großen Mühen beeinflußt war, die ihn seine Aufgabe gekostet hatte. Einundzwanzig Tage lang waren die Schaluppen der ruhmreichen *Beagle* von der Mannschaft einen großen Teil der Strecke an den rauhen Ufern des Flusses und gegen die Strömung gezogen worden. Doch in all dieser Zeit war Darwins Expedition lediglich hundertfünfundvierzig Meilen vorgedrungen. Das Ziel schien noch fern, die Kette der Anden war kaum erst zu erkennen, und die Lebensmittel wurden knapp. Sie mußten umkehren.

Erst neununddreißig Jahre später wagte es die Expedition von Feiber, den ungestümen Fluß abermals zu befahren. Doch die erste wirkliche Erforschung dieses riesigen patagonischen Wassersystems war das Verdienst von Francisco Moreno im Jahr 1877. Der Geograph fährt mit fünf Matrosen den Santa Cruz in einem kleinen Boot hinauf: eine Gewaltleistung, die einen Monat in Anspruch nimmt. Sie erreichen den ersten großen See und nennen ihn Lago Argentino. Unter vollen Segeln versuchen sie mehrmals, ihn zu überqueren, werden jedoch immer wieder von Wogen und Stürmen zurückgeworfen; schließlich werden sie an sein Ostufer in der Nähe der Mündung eines ungestümen Flusses geschleudert, wo sie sich mit knapper Not retten können, aber fast ihren gesamten Vorrat verlieren. Wie durch ein Wunder überlebt der Forscher den Angriff eines Pumaweibchens – so ist es jedenfalls in den Büchern überliefert – und gibt diesem Fluß zur Erinnerung an die Rettung aus der Gefahr den Namen La Leona. Von einer Gruppe Tehuelche-Indios geführt, setzen Moreno und seine Männer ihren Weg zu Pferd durch ein Tal fort, das sie zum zweiten großen See vor den Kordilleren führt: dem Viedma, der mit dem ersten eben durch La Leona verbunden ist. Sie setzen ihre Erkundung erst im Osten und dann im Nordwesten im Shehuen-Tal fort, das auch unter dem Namen »Pfad der Indios« bekannt ist, und entdecken einen dritten, überwältigenden See, dessen Wasser durch eine Bresche in den Kordilleren, den Rio Pascua, in den Pazifik münden. Sie taufen ihn San Martín. Zu Pferde kehren sie zum Ausfluß des Santa Cruz zurück und fahren ihn mit dem inzwischen reparierten Boot stromabwärts. Fünf Monate nach Beginn der Reise sind sie wieder an der Atlantikküste angelangt, von der sie aufgebrochen waren.

Seitdem ist fast ein Jahrhundert vergangen, doch man kann sagen, daß die Urtümlichkeit dieser südlichen Länder unversehrt geblieben ist, gleichsam wie eine trotzige Herausforderung an das Verstreichen der Zeit und den Fortschritt. Es sind dürre und grenzenlose gelbliche Ebenen, über die der kalte Wind – nachdem er sich seiner Feuchtigkeit auf den verschneiten Gipfeln entledigt hat – ohne weitere Hindernisse in sich unablässig jagenden Böen fegt, die durch die struppigen Gräser und die trockenen Gesträuche pfeifen und Staubwolken aufwirbeln. Je weiter man ins Hinterland kommt, desto mehr werden diese weiten Ebenen – die typischen, trostlosen südlichen Pampas – von Plateaus und Hügelketten abgelöst, die immer tiefer von den abschüssigen *barrancos,* den Abstürzen der gewundenen, in Richtung Meer fließenden Flüsse, durchschnitten werden. Im Westen ragen die weißen Bergketten der Kordilleren immer strenger und unerbittlicher auf. Selten durchziehen befestigte Straßen diese verlassenen Heidelandschaften.

Nur wenige Flüsse kann man mit einem Floß überqueren – einer Art Fähre, die an einer Rolle über ein von einem Ufer zum anderen gespanntes Stahlkabel gleitet; sie finden sich immer an strategischen und gut geeigneten Stellen. Über den Santa Cruz führt nur eine einzige Brücke kurz vor seiner Mündung in den Atlantik in der Nähe der gleichnamigen Provinzhauptstadt. Auf dem Rio La Leona gibt es zwischen dem Lago Viedma und seiner Einmündung in den Lago Argentino dagegen nicht einmal eine Furt.

Die *estancias,* die berühmten Schaffarmen, sind spärlich und weit verstreut. Nach dem Wind, der das Land souverän regiert, sind die Tiere die eigentlichen Herrscher über diese riesigen Weiten. Millionen von Merino- und Corriedales-Schafen sind hier sich selbst überlassen, um in Freiheit zu weiden und sich zu vermehren, und teilen sich das magere Futter mit den Guanakos, den Straußen, den wilden Kaninchen und den wundervollen *baguales,* den wilden Pferden der Pampa.

Die Kolonisierung Patagoniens, durchgeführt von gesetz- und skrupellosen Männern, ging zum größten Teil unter äußerst blutigen Umständen vonstatten. Einige Pioniere, Großgrundbesitzer, metzelten die *peones* – Landarbeiter, die zum größten Teil Indios waren – systematisch nieder. Dann kamen bessere Zeiten, das Unrecht und der schnelle Reichtum hatten ein Ende, und schließlich gewannen die Berufenen die Oberhand: Menschen, die für diese großen Einöden empfänglich und fähig waren, ihr eigenes Wesen mit dem starken und harten Charakter der Pampa zu vermischen. Wenige jedoch fanden hier ihre bleibende Heimstatt; es sind alles ebenso starrköpfige wie prachtvolle Menschen, die in spartanischer Genügsamkeit leben.

Nachdem wir vom Hielo Continental Patagoniens zurückgekehrt waren, verbrachten Folco Doro Altan und ich eine Nacht in der *estancia* der Brohmes, mit denen wir seit langer Zeit befreundet waren und bei denen wir bereits auf dem Hinweg Rast gemacht hatten. Von dort waren wir am 1. März zu Pferd über die Meseta del Viento zum Lago San Martín aufgebrochen, dem nördlichsten der drei großen Seenbecken am Fuß der Anden. Für den Hin- und Rückweg brauchten wir vier Tage, und auf dieser Strecke berührte mich eines ganz besonders. Ich entdeckte nämlich einen eindrucksvollen »Friedhof« von Guanakos, den wilden Kamelen dieser Breiten, die in gewisser Hinsicht an die peruanischen *vicuñe* erinnern. Auf diesen hohen Plateaus, die noch von Schnee gesprenkelt und vom Wind kahl gefegt sind, leben diese äußerst leichtfüßigen, aber scheuen, prächtigen Tiere mit den eleganten Bewegungen und den sanften Augen zwar ungestört und in zahlreichen Herden, doch da sie wehrlos sind, werden sie immer seltener. Auf meinem Weg hatte ich auf der Hochebene Meseta del Viento Hunderte von mumifizierten Kadavern dieser Tiere entdeckt. Sie hatten sich tragischerweise mit den Hinterläufen in den *alambrados* verfangen, den tödlichen Eisendrähten, die von den *estancieros* über Tausende von Kilometern durch ganz Patagonien gespannt sind, um ihre Schafe einigermaßen zusammenzuhalten. Es kommt in der Tat einer Ausrottung gleich, obwohl ein lokales Gesetz angeblich die Guanakos schützt – doch das ist nichts als blanke Ironie.

Ein weiterer bemerkenswerter Vorfall auf dieser Reise zum Lago San Martín ist ebenfalls mit den Guanakos der Meseta del

Viento verbunden. Drei dieser Tiere zeichnen sich vor dem Hintergrund der vereisten Berge scharf gegen den Himmel ab: ein unvergeßliches Bild. Ich schieße ein paar Fotos, die ich mit dem Teleobjektiv wiederholen will; doch meine Hast macht mein Pferd unter mir nervös. Beim ersten Klicken bäumt es sich plötzlich auf – da ich nicht darauf gefaßt bin, werde ich in die Luft geschleudert, während ich die Kamera noch ans Auge halte. Es muß ein spektakulärer Sturz sein, dennoch bin ich während des Fallens besorgter um die Unversehrtheit meiner Kamera als um meine eigene. Und in der Tat geht sie auf dem steinigen Boden nicht zu Bruch, doch nur, weil ich sie mit meiner Hand schütze. Das Ergebnis ist, daß die Kamera zwar heil geblieben ist, aber meine linke Hand kann ich nicht mehr gebrauchen. Ich umwickle sie mit einem Taschentuch und stecke sie in einen Wollhandschuh – mehr ist im Augenblick nicht möglich.

Die drei folgenden Nächte hatte ich sehr starke Schmerzen, später ließen sie allmählich nach. Doch erst in Puerto Santa Cruz, wo wir unser Abenteuer nach insgesamt einundzwanzig Tagen abschließen sollten, hatte sich mein kleiner Finger, der ein wenig krumm scheint, wieder so gekräftigt, daß auch die Sehnen auf dem Handrücken wieder voll funktionierten.

Wir kehren also erst einmal zur *estancia* in Punta del Lago zurück, in das gemütliche Haus von Juan Carlos Brohme, und unternehmen von hier aus eine neue, besonders ehrgeizige Durchquerung, die zusammen mit der gerade beendeten zum Lago San Martín genau die Route in umgekehrter Richtung darstellt, die vor einem Jahrhundert der Geograph Francisco Moreno bereiste. Dieses neue Ziel schließt ein, daß wir mit einem Schlauchboot eine Strecke von ungefähr vierhundertsiebzig Kilometern flußabwärts fahren, die uns erst den Rio La Leona und anschließend den Rio Santa Cruz hinunterführt. Es ist in unseren Tagen die erste Befahrung dieser Strecke vom Lago Viedma bis zum Atlantik ohne die Benutzung eines Motorboots.

Wir befinden uns an der Boca Leona am südöstlichen Ufer des Lago Viedma; es ist der Nachmittag des 12. März 1971. Da uns die Vorbereitungen länger in Anspruch nehmen, können wir erst um

Der Yukon mäandert durch die immens weite und wilde Ebene Alaskas, in der Nähe des Polarkreises.

Der hohe rauchende Vulkan ragt leuchtend aus den düsteren Wolken unter ihm auf.

Die Insel Unimak, zwischen Pazifik und Beringmeer gelegen, wird von einem silbern erscheinenden Kegel dominiert: dem Vulkan Shishaldin.

Niemand konnte ein besserer Lehrmeister sein als die *morani,* die jungen und stolzen Krieger der Massai.

Die Murchisonfälle, »das erstaunlichste Ereignis des Nils auf seinem ganzen langen Weg zum Meer«.

Auch nach dem Gefälle bleibt der Fluß zwischen nackten Felsufern noch lange wild und aufgerührt, bevor er sich nach einem Kilometer endlich wieder beruhigt.

Sumatra. In der Fallgrube für den Tiger.

Der Krakatau.

»In kochenden Höhlungen, die vor kurzem von Eruptionen geformt wurden, bewege ich mich durch einen unaufhörlichen Wirbel weißer Emissionen; es gibt jedoch nur eine einzige gefährliche Stelle, an der giftige Dünste austreten.«

Kap Hoorn. »Ich bin am äußersten Rand angelangt, unter dem der Felsen zu meinen Füßen im schäumenden Inferno verschwindet.«

Im Krater des Nyiragongo.

Im Inneren des Nyiragongo liefern sich die Urkräfte des Planeten ihre unvorstellbaren Kämpfe, die nebelhaften roten Reflexe des ungeheuren Feuers brechen sich an den hohen konzentrischen Wänden.

Die Quelle des Amazonas. »Genau an dieser Stelle entsteht ein kristallklarer Bach, der gluckernd weiterfließt, obwohl wir uns mitten in der trockenen Jahreszeit befinden.«

Rio Padámo.
Die schwere *curiara* wird durch den Wald geschoben.

Das Biwak am Cerro Marahuáca.

Mit den Pygmäen an den Quellen des Nduye.

Der Salto Angel, zwanzigmal höher als die Niagara-Fälle. Tausende Tonnen flüssiger Materie zerstäuben in kurzer Zeit, erreichen den Grund als prasselnder Regen und Nebel.

17 Uhr 45 abfahren. Es kommt uns zustatten, daß in dieser Jahreszeit die Tage noch lang sind. Gut drei Stunden lassen wir uns von der starken Strömung treiben, die uns jedoch großzügig eine Reihe von gewaltigen Schnitzern vergibt, welche vor allem auf der mangelnden Koordination zwischen mir und Doro beruhen. In einer Stromschnelle zum Beispiel versucht jeder von uns einem Felsen, der aus der Strömung ragt, auf andere Art auszuweichen; wir rudern also in zwei verschiedene Richtungen und zerschellen beinahe an dem Hindernis, das wir eigentlich umfahren wollten. Dazu kommt noch die besorgniserregende Tatsache, daß das sehr leichte Gummiboot in schnellen und ungestümen Flüssen wie diesem wesentlich empfindlicher auf den Wind als auf das Ruder reagiert. Andererseits war der Grund, daß wir uns für das aufblasbare Boot und nicht für ein geeigneteres kanadisches Kanu entschieden, ganz einfach seine Größe und sein Gewicht – für uns entscheidende Faktoren. Ich muß allerdings hinzufügen, daß wir diese Flüsse mit größerem Optimismus einschätzten, als angebracht ist. Vor allem haben wir nicht den hartnäckigen Wind berücksichtigt, der fortwährend über das Wasser streicht. Wir haben uns auch keine ernsthaften Gedanken über die endlosen Schleifen und Kehren des Santa Cruz gemacht, die häufig so dicht aufeinanderfolgen, daß sich das Wasser niemals rasch wieder beruhigen kann; sie begünstigen und verschlimmern vielmehr eine Abfolge von Wirbeln, die dafür sorgen, daß wir immer wieder die Gewalt über das Boot verlieren. Wir haben uns vor allem auf die Tatsache verlassen, daß es auf einer Strecke von rund fünftausend Kilometern ein Gefälle von nur zweihundertfünfzig Metern gibt. Doch auch darin irrten wir, denn die ungeheuren Massen dieser ungestümen Strömung – der Rio Santa Cruz wälzt gut und gern siebenhundertfünfzig Kubikmeter Wasser pro Sekunde zum Meer – entwickeln eine Art Eigendynamik, die die Strömung beschleunigt. Kurz, unsere Talfahrt in einem Boot auf diesen zwei großen Flüssen war insgesamt ein Abenteuer voller unvorhergesehener Ereignisse, doch deshalb nicht weniger eindrucksvoll, sondern im Gegenteil noch mitreißender durch den erregenden Kampf mit gleichen Waffen – oder besser mit bloßen Händen.

Am nächsten Tag gelangen wir kurz nach Mittag in den Lago Argentino. Er ist beängstigend. Auf den grünen, von Kämmen gekrönten Wassern bilden sich in der Ferne parallel hintereinander verlaufende, lange, schäumende Brecher, die in der durchsichtigen Luft brüllend auf das Ufer zukommen und schließlich wie ein Meer in stürmischem Aufruhr gegen den Uferstreifen branden. Dieser See bedeckt wie der Viedma und der San Martín eine Oberfläche von tausenddreihundert Quadratkilometern. Vor uns befindet sich also eine riesige Wasserfläche, am Horizont von braunem Festland gesäumt, das im Westen in blaue Berge übergeht; über ihnen ragen weiße Gletscher auf. Ein unermeßlicher Himmel liegt über allem, und am Schnittpunkt mit den Kordilleren fliegen weiße Wolken darüber, die wie kompakte leuchtende Scheiben aussehen. Sie wirken wie phantastische Raumschiffe, die aus anderen Welten gekommen sind.

Der Ausfluß des Santa Cruz befindet sich sieben Kilometer weiter südlich. Doch wie soll man mit einem einfachen Gummiboot durch diese tollwütigen Wogen des Sees fahren? Wir warten den ganzen Nachmittag und auch die darauffolgende Nacht, daß sich das Wasser beruhigt. Doch vergeblich. Also geben wir am nächsten Morgen die Hoffnung auf eine Wetterbesserung auf und beschließen, unsere ganze Ausrüstung am Ufer entlang zu tragen. Wir gehen folgendermaßen vor: Erst transportieren wir das Boot ein Stück weit, dann die Rucksäcke, und so geht es auf jedem Abschnitt dreimal hin und zurück. Schließlich sind aus den sieben Kilometern, die uns von der Mündung des Flusses trennen, fünfunddreißig geworden.

An den wilden Ufern des Sees schnüren Füchse einer südlichen Art. Sie sind so groß wie Wölfe, und obwohl von Natur aus unruhig, harren einige ganze Stunden unbeweglich aus und warten, daß die Brandung einen Fisch ans Ufer wirft. Gestern abend habe ich am Lager versucht, mich mit einem dieser Füchse vertraut zu machen. Erst floh er ängstlich, doch dann beruhigte er sich angesichts meiner friedlichen Haltung und ließ mich so weit an sich herankommen, daß ich ihn fast berühren konnte.

Bis neun Uhr abends befahren wir nun einige Stunden den Santa Cruz. Bereits jetzt wird deutlich, daß uns dieser Fluß ab jetzt an jeder Biegung so zu schaffen machen wird, daß wir den Stürmen zwischen hohen Wogen, tobenden Strudeln und aus dem Wasser auftauchenden Felsen ständig mit unseren Ruderschlägen trotzen müssen. Am nächsten Tag, dem vierten seit der Abfahrt vom Lago Viedma, erwartet uns eine besonders harte Etappe. Der Fluß fällt zwischen hohen zerklüfteten Ufern Hals über Kopf und rauschhaft ab, und in seinen Windungen, Kehren und Schleifen überkreuzen sich die Strömungen alle paar hundert Meter. Der unbarmherzige Wind nagelt uns zuweilen gegen eine steinige Untiefe, so daß der Bug steckenbleibt und wir einige Sturzwellen kassieren. In den sandigen Zonen, von denen es in diesem Abschnitt viele gibt, verdichtet sich in der Luft eine Art Wüstenwind, der blind macht und die Herrschaft über das Boot nicht eben leichter macht. Gegen zwei Uhr nachmittags sind wir gezwungen, am Ufer anzulanden. Erst um 18 Uhr 20 können wir weiterfahren.

Von der Anstrengung erschöpft und etwas nervös verbringen wir unser viertes Nachtlager innerhalb eines schmalen Mäanders auf einundsiebzig Grad westlicher Länge. Wir sind wie trunken vom Wind, frösteln und fallen vor Müdigkeit beinahe um, unterhalten aber dennoch die ganze Nacht ein behagliches Feuer. Bereits um sieben Uhr morgens brechen wir wieder auf, um eine unverhoffte Flaute auszunutzen.

Ein kurzes Stück fließt der Fluß geradeaus. Doch bereits nach dreißig Kilometern, kaum daß wir das hügelige Gebiet verlassen haben, beginnen abermals in immer dichterer Folge die engen Schleifen, die wie gestern die Strömungen ineinander verknäulen und ihnen keine Zeit lassen, sich wieder zu entwirren. Dieser Abschnitt erweist sich als der gefährlichste der ganzen Reise.

Alles beginnt an einem Knie, in dem uns ein enormer Wasserstrudel erwartet; er kocht um uns herum auf und brodelt, doch diesmal bewahrt uns der Wind davor, daß wir in ihn hineingezogen werden. Nachdem wir diese Gefahr überstanden haben, scheint Ruhe einzukehren; doch die Verschnaufpause ist nur kurz, denn kaum haben wir eine zweite Biegung hinter uns gebracht, bemerken wir, daß die Kraft der Strömung schneller wird. Abermals ein Augenblick des Stockens, und das Gummiboot beginnt sich um sich selbst zu drehen, so daß wir keine Möglichkeit mehr haben, es zu steuern. Wir spüren, wie es von unten angesogen wird, als ob der Fluß es verschlingen wolle, und trotz aller Kraftanstrengungen mit den Rudern gelingt es uns nicht, es aus diesem Schraubstock zu befreien. Kurz darauf lockert der Strudel den Zugriff auf seine Beute, und das Boot gleitet ruhig von selbst weiter.

Leider geriet die Strömung darauf nach und nach wieder in unruhige Wallung. Diese plötzlichen und nicht vorhersehbaren Strudelbildungen folgten einander so rasch, daß wir Angst hatten, nicht mehr herauszukommen. Zumindest ein paar Stunden lang standen wir unter extremer Anspannung und setzten an beiden Seiten die Ruder, um das Schlimmste zu verhüten. Zum Glück waren wir endlich mit dem Boot vertraut, und auch die Koordination unserer Bewegungen hatte sich wesentlich verbessert.

Das Abenteuer wäre, wie aus den erlebten Wechselfällen hervorgeht, etwas unglücklich, wenn nicht gar vergeblich, hätten wir nicht zum Ausgleich zumindest kurz die Gelegenheit zu wohltuender Entspannung, gepaart mit lebhaftem Interesse für all das, was uns der Fluß in seiner überschwenglichen Lebendigkeit bieten kann – dies allerdings nur, wenn der Wind und die Stromschnellen es erlauben. Dann entspannen wir uns abwechselnd im Schutz des Gepäcks, während der andere mit dem Ruder das Gummiboot von hinten umsichtig steuert. In diesen Augenblicken der Gnade, in denen man den Blick und die Gedanken schweifen lassen kann, bemerken wir sehr bald, daß wir von einer Art Garten Eden der Tiere umgeben sind, der aus Formen und Räumen besteht, in welchen sich die ausgedörrten, im Wind wogenden Graslandschaften ausbreiten. Unter den hier lebenden Tieren bezaubern uns vor allem die Guanakos, die in den frühen Morgenstunden in Rudeln zur Tränke ans Ufer herunterkommen. Unbeweglich nehmen sie mit erhobenem Kopf und vorgestrecktem Hals Witterung auf und bieten mit ihren starr auf uns gerichteten Augen und senkrecht hochgestellten Ohren den majestätischsten und edelsten Anblick in dieser urtümlichen Natur. Prachtvoll sind auch die *baguales,* die ungezähmten Pferde, die immer in Bewegung sind und durch das staubige Grasland stampfen, aber, wie alle Tiere von Neugier getrieben, in kleinen Gruppen am Fluß erscheinen und mit geblähten Nüstern, wirrer Mähne und wehendem Schweif wie gebannt stehenbleiben, um uns zu beobachten; daraufhin setzen sie sich auf ein für uns nicht wahrnehmbares Zeichen hin mit wallenden Mähnen wieder in Bewegung. Sie entfernen sich mit donnerndem Hufschlag, bis sie wie eine leichte Wolke in der Grassteppe verschwinden. Nicht so majestätisch, aber dafür immer für eine Überraschung gut sind die kleinen und komischen Straußvögel, die Nandus, die aus unerfindlichen Gründen in geschlossenen Reihen immer nur rennen und rennen. Viel interessanter sind jedoch die vielen Familien der Wasservögel, die immer zahlreicher werden, je näher wir dem Meer kommen. Häufig hören wir den durchdringenden Ruf einer einsamen Möwe. Doch den eindrucksvollsten Anblick bieten die Gänsegeschwader, die sich aus dem Wasser, in dem sie eben noch ruhig geschwommen sind, bei unserem Näherkommen schlagartig in einem wirren Durcheinander von Flügeln erheben. Nach wenigen Sekunden haben sie sich wieder zu einem Schwarm organisiert, der sich nun auf der Suche nach ungestörteren Gewässern zum Himmel hinaufschwingt.

Ein weiterer Tag ist vergangen, und auch der folgende, unser sechster, verläuft praktisch ereignislos. An diesem Abend erreichen wir den 69. Längenkreis etwas stromabwärts von der großen Brücke, über die die einzige Straße führt; sie verbindet den Norden des Landes mit dem tiefen Süden. Am nächsten Morgen, dem 18. März, bereiten uns nicht die Winde, sondern die Gezeiten Probleme. Trotz der Entfernung, die uns noch immer vom Ozean trennt, hat uns in der Tat bereits gestern der Tidenhub die Auswirkungen von Ebbe und Flut spüren lassen. Von der Stelle, an der wir gestern landeten, können wir erst um neun Uhr vormittags weiterfahren und stranden kaum dreieinhalb Stunden später abermals in einer sumpfigen Untiefe. Wir versuchen vergeblich, da herauszukommen und das Boot hinter uns herzuziehen. Der

Fluß ist zwar inzwischen enorm breit geworden und läßt deutliche Strömungen erkennen, doch die Gezeiten sorgen immer wieder dafür, daß uns innerhalb kürzester Zeit alles begegnen kann: unvermutete Untiefen oder auch ebenso überraschende Überflutungen, brodelnde Wassermassen, die talwärts fluten, oder statt dessen eine tosende Brandung, die gegen diese Strömung emporsteigt oder sie schräg durchpflügt. In diesen Wassern beträgt nämlich der Höhenunterschied zwischen Ebbe und Flut vierzehn Meter, und die Wasserschranke, die flußaufwärts dringt, hat eine Geschwindigkeit von etwa elf Kilometern pro Stunde.

Der Mündungstrichter erreicht an bestimmten Stellen eine Breite von sieben Kilometern und gehört im Grunde genommen bereits zum Meer. Um eine Vorstellung davon zu geben, wie unvermittelt der Gezeitenwechsel erfolgt, sei erzählt, daß ich irgendwann vorschlage, entlang des Flußbetts eine kurze Erkundungstour zu unternehmen. Folco Doro und ich entfernen uns vom Boot, das wir in einer Untiefe auf einer der sumpfigen Bänke zurücklassen. Doch plötzlich werden wir von tosenden Wassermassen eingeholt und sehen, wie aus dieser Richtung flußaufwärts eine breite Front von Sturzseen auf uns zukommt. Blitzschnell rasen wir zum Boot zurück und erreichen es gerade noch rechtzeitig, bevor es von der Strömung ergriffen wird.

Nun sind wir nur noch wenige Kilometer von Puerto Santa Cruz entfernt. Wir können die Stadt noch nicht sehen, aber wir wissen, daß sie unmittelbar hinter einem Vorgebirge liegt. Wir rudern energisch, um nicht von der Strömung abgetrieben zu werden. Der Himmel über uns ist bleiern, und die inzwischen tiefstehende Sonne erscheint nur noch als matte Scheibe. Nun findet unsere Mühsal, die in unseren Gesichtern tiefe Spuren hinterlassen hat, bald ein Ende. Wir haben diese Reise vor sieben Tagen begonnen, doch davor lagen bereits zwei extrem harte Wochen in den Bergen. Nun sind wir glücklich und wollen uns gerade entspannen, als schlagartig wenige Meter vor uns das Wasser aufreißt und für einen Augenblick ein schwarzweißes Ungeheuer daraus auftaucht, dem in kurzer Entfernung ein weiteres folgt. Zweifellos handelt es sich um magellanische Schwertwale, von deren

Vorkommen in diesen Gegenden wir bereits wußten. Überflüssig zu sagen, daß wir unsere Ruder so fest packen, wie es unsere Kraft noch erlaubt; doch erst muß ich natürlich die Rücken unserer gefährlichen Besucher auf Film bannen.

Um 19 Uhr 15 haben wir Puerto Santa Cruz endlich erreicht. Diese typische südliche Stadt ist nicht viel größer als ein Dorf und doch die Kapitale eines Gebiets, das die Größe der Britischen Inseln erreicht. Unser Freund Brohme, der in etwa wußte, wann wir ankommen würden, hat aus Punta del Lago über Funk den Präfekten und den Polizeichef informiert, die uns nun am Ufer empfangen. Es ist eine liebenswürdige Geste zum Abschluß der fünf Tage, die wir auf dem Fluß verbracht haben. So lang hat unsere Fahrt von den Gletschern der Anden bis zum Meer gedauert.

NYIRAGONGO: ABSTIEG IN DIE HÖLLE

1972

Wenn ich mein Leben betrachte, das von so vielen außergewöhnlichen Dingen und Situationen erfüllt war, könnte ich eigentlich nicht sagen, ob mich die Besteigung eines Achttausenders im Himalaja am meisten faszinierte oder der einsame mehrtägige Aufenthalt auf den Klippen von Kap Hoorn, die Durchquerung einer Wüste oder der wochenlange Aufenthalt in den Tiefen eines unerforschten Urwaldes. Sicher weiß ich jedoch, daß meine Phantasie und meine Erregung beim Anblick eines aktiven Vulkans jedesmal Purzelbäume schlugen und ich unwillkürlich an die Anfänge der Welt denken mußte. So war es mir bei den Vulkanen in Alaska und Indonesien ergangen, besonders auf Krakatau, und so erging es mir nun wieder auf dem Nyiragongo im Herzen Afrikas. Dieser Vulkan in Zaire (dem früheren Kongo) demonstriert vielleicht besser und deutlicher als die anderen, die ich kennenlernte, wie die Geburtswehen des Planeten ausgesehen haben müssen. Er ist ein rauchender Kegel von 3450 Metern Höhe, der sich über dem dichten Tropenurwald erhebt, und auf dem Grund seines Kraters – unter einer Reihe von Ringen und senkrechten Wänden – brodelt tosend ein See aus siedendem Magma.

Es war im April 1972; ich war in aller Frühe mit einigen anderen vom Fuß des rauchenden Berges aufgebrochen. Mindestens dreieinhalb Stunden kletterten wir den steilen, mit hohem, nassem Wald bedeckten Kegel empor, bis sich ein gutes Stück über der Baumgrenze vor uns unversehens ein Abgrund öffnete, der sich im Nebel verlor.

Wir hatten den breiten, felsigen Rand des Vulkans erreicht; der Regen, den ein tobender Wind von unten herauftrieb, war eisig geworden und schmeckte nach Schwefel. Die vier Zairer, die mit mir gekommen waren, hatten sofort den Rückweg angetreten, während ich mein Lager, geschützt vor den Windstößen, die gegen die Außenseite des Vulkans anrannten, aufschlug und das Zelt ein kurzes Stück unterhalb des Gipfelgrats auf den abschüssigen Felsen der Kraterinnenwand verankerte. Der Regen prasselte weiter, und innerhalb kurzer Zeit hatte sich in einem Behälter unter der Zeltleinwand so viel Trinkwasser gesammelt, daß es für eine Woche reichte. Ich lag zusammengekauert im Zelt, umgeben von meiner Ausrüstung, die ich wahllos in den Unterschlupf geworfen hatte, und war vom Regen völlig aufgeweicht. Als einzige Ablenkung konnte ich den auf die Plane trommelnden Tropfen und dem Wind lauschen. Ich kam mir in dieser kleinen Unterkunft wie begraben vor, die ihrerseits in dichten Nebel gehüllt war, welcher auch den Rest des Berges verschluckte.

Irgend etwas weckt mich plötzlich. Im ersten Augenblick weiß ich nicht, wo ich mich befinde, und gerate kurz in Verwirrung, dann begreife ich. Während ich im Durcheinander meiner schrecklich kalten und feuchten Sachen noch immer stumpf unter der Leinwand verharre, bemerke ich, daß sich draußen etwas verändert hat. Ich höre nicht mehr das Geprassel des Regens und die Böen – an ihre Stelle ist vielmehr ein neues und mächtiges Geräusch getreten, wie ein stürmisches Meer, das sich an den Klippen bricht. Auch das wenige matte Licht, das durch die Leinwand dringt, scheint nun lebhafter geworden zu sein. Schließlich verlasse ich das Zelt und bleibe beeindruckt von dem Anblick, der sich mir bietet, stehen. Aus dem kreisförmigen Schlund, der aus dem Grund des Kraters auftaucht, steigt eine wallende Rauchsäule auf, die so hoch getrieben wird, daß sie sich mit dem grauen Gewölk vereint. Man könnte meinen, der Himmel selbst habe sich gerade aus diesem unheimlichen Luftloch erhoben. Unter meinen Füßen weicht eine dunkle kompakte Wand zurück und stürzt mit einem Satz zweihundert Meter bis zu einer breiten, faltigen Terrasse ab, die ebenso wüst ist wie alles übrige ringsum.

Das ist der erste große Ring des Vulkans, unter dem abermals eine kurze raucherfüllte Wand absinkt; darauf folgt unmittelbar ein zweiter Ring, in dessen Mitte sich schließlich schnaubend der feurige Schlund aufsperrt. Wegen des Rauchs, der ohne Unterlaß aufsteigt, ist der See aus flüssigem Magma noch immer nicht zu erkennen, doch ich weiß, daß er dort unten ist. Ich kann mir dieses Mysterium auch so vorstellen.

Der Nyiragongo ist seit einigen Monaten in Aufruhr. Seine flüssige Lava brodelt ungestüm in der Tiefe, und die Luft ist von düsterem Fauchen erfüllt, das zuweilen so gewaltig ist, daß es die Felsen erzittern läßt. Die Ausdünstungen von Gas und Dämpfen sind von äußerster Heftigkeit: Sie formen sich zu riesenhaften Pilzen, Garben und Strudeln, die phantastisch ineinanderwirbeln. Nur die Natur kann sich diesen Erfindungsreichtum erlauben. Doch erst mit Einbruch der Nacht beginnt das eigentliche Schauspiel. Erst röten sich die Rauchwolken und schleudern Blitze gegen den Himmel und die umgebenden Felsen; dann reißen die Dämpfe – zweifellos urzeitlichen Gesetzen folgend – über der glühenden Höhlung auf und teilen sich in so viele Äste, daß sie sich fast auflösen. Hier zeigt sich nun eine neue und machtvolle Welt, wie sie vermutlich zu Beginn der Schöpfung ausgesehen hat. Ein See aus leuchtendem geschmolzenem Gestein, der in dem paffenden Schlot eingeschlossen ist, pulsiert konvulsivisch, als ob er in Panik geraten wäre; und über die von schwarzen Zinnen bekrönten Schluchten schießen scharlachrote, violette und orangefarbene Reflexe: Es sind die Farben der geschmolzenen Materie, die jeweils deren Hitzegrad und Turbulenz entsprechen. Die Strahlen dieser Lichtblitze beleuchten mein Zelt, und die ausströmende Wärme mildert die Rauheit der Nacht auf dem hohen Berg, obwohl ihre Quelle einen Kilometer Luftlinie entfernt ist. Häufig wirbelt auch, vom Wind getragen, eine unangenehme Bö von schwefligem Nebel hoch, die mit Schwefeldioxyd gesättigt ist.

Die Stunden vergehen; es beginnt wieder zu regnen, doch ich kann mich noch immer nicht von diesem außergewöhnlichen Schauspiel losreißen, das sich in jeder der vier Nächte, die ich hier oben verbringe, wiederholen wird. Während ich auf diese konzentrischen Abhänge hinunterblicke, habe ich das Gefühl, als ob ich in einem kreisförmigen Universum hinge, das nicht von dieser Welt ist, und mein Innerstes erzittert zwischen Furcht und Begeisterung. Hier wird das alte Märchen von den Drachen wahr, die aus dem Mittelpunkt der Erde aufsteigen und Feuer speien. Doch vor allem liegt hier der Ursprung von Dantes Inferno mit seinen Gruben und Höllenkreisen. Nyiragongo oder die Wirklichkeit einer imaginären Reise. Das sind meine Gedanken, während ich in der regnerischen Nacht meines ersten Biwaks hier oben angewurzelt stehe.

Der nächste Tag erscheint mir wie das Versprechen einer Gefechtspause, zumindest was den Regen angeht. Der Himmel ist ständig von Wolken und Rauchschwaden verhangen, doch zumindest zeitweise erlaubt mir die klare Luft darunter, den weiten zylindrischen Kessel in seiner Gesamtheit zu betrachten. Er ist über eineinhalb Kilometer breit und fällt in einer Abfolge senkrechter Abhänge zum Mittelpunkt hin ab. Wie erwähnt ist der Vulkan seit einigen Monaten besonders aktiv; der starke Wind peitscht die großen Rauchwolken jenseits des Kraters über die westlichen Hänge des Berges bis hinab in den üppigen Wald und schlägt sicher auch die wilden Tiere in die Flucht.

Im Krater liegt am Fuß des Absturzes eine erste Plattform aus Lava, und ein Stück weiter taucht eine zweite auf, von der vorhergehenden deutlich durch einen kreisförmigen rauchigen Felsvorsprung abgesetzt – entsprechend der konzentrischen Abfolge von Wänden und Terrassen, die für den Vulkan typisch sind. Noch weiter unten, im Zentrum des Kraters und von den massenhaften Ausdünstungen verborgen, befindet sich der große schnaubende Schlund, in dem der Lavasee kocht. In den wenigen Augenblicken, in denen ein Sonnenstrahl die untere Plattform beleuchtet, scheint diese mit frischer Lava bedeckt, die wie geronnenes Blut aussieht.

Ich beginne meine Erkundungstour und klettere an der zweihundert Meter langen senkrechten und zerklüfteten Tuffwand hinunter. Ich lande auf der ersten Plattform. Sofort beeindruckt mich jene ungewöhnliche Art Lava, die von oben Ähnlichkeit mit getrocknetem Blut hatte. In Wirklichkeit erweist sie sich als dünne Kruste, die mehr oder weniger brüchig die gesamte Oberfläche bedeckt. Da sie hohl ist und dank ihrer Wabenstruktur leicht zerbröckelt, gibt sie unter meinem Gewicht nach, so daß ich bisweilen mehr als einen halben Meter tief einbreche. Es handelt sich um ursprünglich autopropulsive Lava, das heißt, daß sie im Moment des Ausbruchs von einer starken Gaskonzentration aktiviert wurde. Diese Lava, die aus der Mitte des Schlundes strömte, überschwemmte binnen wenigen Sekunden das gesamte Plateau und leckte sogar an der großen, zweihundert Meter hohen Mauer, die ich gerade hinabgestiegen bin. Laut den Erkenntnissen über diesen kürzlich erfolgten Ausbruch, der auf eine noch immer wachsende Aktivität des Nyiragongo hinweist, scheint es sich um eine gashaltige Lavawelle zu handeln, die vor ein paar Wochen nach oben schoß. Die Einheimischen erinnern sich, daß Ähnliches bereits früher geschehen war.

Natürlich beunruhigt mich das Bewußtsein, daß von nun an bei jedem Schritt eine ebenso heftige wie blitzschnelle Eruption zu erwarten ist. Doch der Impuls, der mich dazu treibt, hier unten auf Entdeckungsreise zu gehen – wenn auch in ständiger Alarmbereitschaft –, ist so stark, daß ich das Risiko auf mich nehme. Schließlich, aber vielleicht rede ich mir das auch bloß ein, läßt sich schwer feststellen, ob meine Exkursion in das Innere des Nyiragongo wirklich so viel verrückter und vermessener ist als der normale, aber ereignislose Alltag.

Ich bewege mich in Richtung Kraterzentrum, aus dem eine wallende graue Rauchsäule aufsteigt. Die Plattform dieses ersten Rings, den ich zu überqueren begonnen habe, ist dreihundert Meter breit, wie gesagt von extrem brüchiger Lava bedeckt und überdies von quer verlaufenden tiefen Rissen zerfurcht, die ich umgehen muß. Diese Spalten in Verbindung mit der krustigen, spröden Oberfläche lassen an die dunklen Moränenrisse eines Gletschers denken – mit dem Unterschied, daß unter mir nicht Eis, sondern Feuer ist.

Ich bin am Rand des zweiten kreisförmigen Absturzes angelangt, einer senkrechten Wand von einigen Metern, die deutlich die erste Plattform von der zweiten trennt. Nun verspüre ich begreifliche Erregung, sei es, weil ich von weißen Dämpfen eingehüllt bin, die wie ein bedrohliches Vorspiel aus dem Boden aufsteigen, oder weil dieser Absturz aus glatten, mit Schwefel besetzten Blöcken besteht, die einen wenig vertrauenerweckenden Eindruck machen. Ich habe außerdem den Verdacht, daß diese neue Ebene, die nur aus Rissen und Rauch zu bestehen scheint, an der Oberfläche noch heiß ist und vielleicht ebenfalls unter meinem Gewicht nachgibt. Sie sieht in der Tat wie eine dünne Schicht von treibendem Packeis aus, aber eisig ist sie nun gerade nicht. Um meinen Pessimismus durch die Probe aufs Exempel Lügen zu strafen, werfe ich einen schweren Basaltblock auf die Fläche. Doch daß sein Aufschlag ziemlich dumpf klingt, überzeugt mich noch nicht. Nun beschließe ich, den Absturz hinunterzuklettern, und klammere mich an die warmen und rauchigen Kanten dieser Felsen. Meine Furcht wächst bei jeder Bewegung und erreicht in dem Moment ihren Höhepunkt, indem ich die senkrechte Wand loslasse und mich auf die flache Kruste gleiten lasse. Noch immer argwöhne ich, daß der Boden unter mir nachgeben und sich zu einem feurigen Schlund öffnen könnte. Doch das ist nicht der Fall. Aus der fest gewordenen Kruste steigt die Hitze dennoch nach oben und wird von der Luft zurückgestrahlt. Eine gewisse Gefahr besteht also durchaus: nämlich, daß die Sohlen meiner Schuhe schmelzen.

Aus dieser neuen Perspektive bietet sich dank des wallenden Rauchs und der Lichter, die ihn mit unheimlichen Reflexen durchdringen, ein wahrhaft eindrucksvolles Panorama. Die Luft riecht scharf nach Schwefel und Schwefeldioxyd und ist sicher nicht zum Atmen geeignet. Alles hier hat eine provisorische und tragische Note.

Für heute lasse ich es gut sein; ich mache also kehrt, klettere die Wand hinauf und kehre in mein Lager am Kraterrand zurück. Am nächsten Tag arbeite ich mich mit schon größerem Selbstvertrauen wieder bis zur zweiten Plattform hinunter und stoße nun weiter in Richtung des feurigen Schachtes vor. Meter für Meter luchse ich dem Vulkan mehr von seinen Geheimnissen ab und entdecke auch seine Schwachstellen: Sie werden meine Stärke sein. Und so gelingt es mir, die schädlichen Gase und die mörderischen Hitzewellen einzukalkulieren und ihnen auszuweichen, da ich ja keinen entsprechenden Schutzanzug trage.

Während ich mich nach links und dann wieder nach rechts wende, dringe ich immer weiter in die Lavafelder vor, die den Feuerschacht einfassen. Ich bewege mich in einem ständigen Dämmerlicht aus Rauch und Lavasinter, und da alle Formen vor mir verschwimmen, habe ich das Gefühl, daß ich eine gewaltige Distanz zurücklege und von viel größeren Dimensionen umgeben bin, als es der Wirklichkeit entspricht. Doch in jedem Fall bin ich allein zwischen tödlichen Elementen. Denn hier unten auf der zweiten Plattform befinde ich mich nicht nur kaum dreihundert Meter über dem Feuersee, es bedeutet vor allem auch, daß ich gut vierhundert Meter von der nächsten Stelle entfernt bin, die mir zumindest einen gewissen Schutz bieten kann. Um dorthin zu gelangen, muß ich jedoch einen Lavaabsturz erklettern. Und wenn ich mich von dieser einigermaßen sicheren Stelle weiter zurückziehen will, muß ich wieder die zweihundert Meter hohe Wand erklimmen, um an den Rand des Kraters zu meinem Biwak zu gelangen.

Mein Ziel ist es, den Saum des Feuerschachtes zu erreichen, wo sich auf grandiose Weise die Gewalten der Schöpfung und der Zerstörung manifestieren. Um zum Rand dieses abgrundtiefen brennenden Sees zu gelangen, muß ich eine Zone durchqueren, die zum Teil eruptive Aktivität zeigt, in der ohne Gefechtspause ein Zyklon von schwarzem Rauch zischt und einen Hagel von roten Lavastückchen ausspeit. Es herrscht Halbdunkel wie beim Weltuntergang. Die Oberfläche, auf der ich mich vorwärts taste, wird immer brüchiger und heißer und ist von breiten Rissen und erstarrten Lavaschichten durchschnitten, die vor kurzem heruntergeregnet und inzwischen erstarrt sind.

Schließlich kann ich in unmittelbarer Nähe einer Zinne, deren Existenz an dieser Stelle eine gewisse Festigkeit zu gewährleisten scheint, über den Rand des großen Schlundes schauen. Durch den Rauch kann man noch nichts von dem kochenden Ungeheuer darunter erblicken, doch das Schnauben und die Detonationen des Mahlstroms dröhnen zu mir herauf. Senkrecht unter meinen Füßen taucht flüchtig die verwüstete Oberfläche der unmittelbaren Umgebung auf: ein wahres Chaos aus zerfetztem Basaltgestein. Fast überall finden noch weitläufige Absenkungen statt, und aus den Rachen, die sich rings um mich auftun, recken sich unwirkliche kristalline Gesimse, die von frischer Lava bespritzt und mit Stalaktiten besetzt sind. Über diesen Strukturen ist deutlich eine Reihe von Schmelzöfen und Spalten erkennbar, aus denen unsichtbare, aber versengende Ausdünstungen dringen.

Ich kehre zum Lager zurück. Aufgewühlt von diesem uranfänglichen Ritual und mehr denn je auf das neugierig, was sich darunter befindet, doch noch immer vom Rauch verhüllt ist, steige ich bei Einbruch der Nacht wieder hinunter. Es ist die Stunde, in der die rauchigen Ausdünstungen schwächer werden und den Blick auf das Schauspiel freigeben, das dieser feurige Abgrund bietet, welcher nun, im Dunkel, lebendiger denn je ist. Auch am nächsten Abend steige ich wieder hinunter, um dieses einmalige Erlebnis noch intensiver in mich aufzunehmen.

Vor mir liegt in geringer Entfernung der magische See des Nyiragongo. Er brennt im nächtlichen Dunkel, und an den hohen konzentrischen Wänden brechen sich die nebelhaften roten Reflexe seines ungeheuren Feuers. Im Inneren des Schlundes liefert sich die Urkraft des Planeten ihre unvorstellbaren Kämpfe. Eine zuckende Masse aus flüssigen Gasen färbt sich, breitet sich aus und zeichnet gegen den Himmel und überall ringsum phantastische Effekte. Nun schießt die aus den unruhigen Tiefen aufgestiegene Materie mit einem gewaltigen Schwall in die Luft. Das Magma ist ununterbrochen in heftigster Bewegung und wirbelt Wogen hoch, die sich tosend am schwarzen Basalt brechen, ihn rot färben und durch den Aufprall in weißglühende Fetzen reißen. Es ist die phantastischste Brandung, die man sich nur vorstellen kann. In der grellen Abfolge mehrerer Eruptionen bildet sich fast im Zentrum des Sees ein großer Strudel, der das Magma im Kreis wirbelt, wieder in die Eingeweide der Erde saugt und dabei rauchige und säuerliche Absonderungen ausstößt. Sollte das vielleicht der Geruch der Sterne sein? Kurz darauf bricht unter dem harten Basalt, der sie gefangenhält, die weißglühende Lava mit erneutem Toben hervor. Es bilden sich phantastische goldfarbene Fontänen und Strahlen, die mehr als fünf Meter hoch sind. Die Luft erzittert bei diesen Explosionen, die Lichtreflexe verbreiten sich ringsum in immer unheilvollerem Wetterleuchten und machen diesen Ort zu einem immer größeren Inferno. Das Anschwellen und Abfließen der rotglühenden Masse vollzieht sich in einem gleichsam automatischen Zyklus: Fontänen, Strahlen und Explosionen heben das Magma enorm an, die Oberfläche des Sees hebt sich und strömt über, schrumpft jedoch schnell zu einem Strudel im Zentrum, der sie in die Tiefe der weißglühenden Materie zurücksaugt.

Das unheimliche Lichtspiel an den Wänden, der beunruhigende Orkan der flüssigen Glut, die soeben aus dem Abgrund emporgeworfen wurde, das mysteriöse Bündnis der Elemente, die zu dieser unglaublichen Demonstration der Naturgewalten beitragen – all das macht diesen Ort zugleich schauerlich und wunderschön. Hier scheint die Erdgeschichte noch nicht begonnen zu haben. Nichts hier scheint endgültig, sondern verändert sich unentwegt dank dieser unwiderstehlichen Kräfte. Möglicherweise kann nichts anderes auf der Welt den Ursprung aller Dinge besser veranschaulichen. In der Tat bin ich hierhergekommen, um meiner Vorstellung davon, wie sich dieser Planet – so wie vor Millionen Jahren – neu erschafft und formt, neue Nahrung zu geben. Genau das erlebe ich in diesem Moment. So muß sich dies alles unendlich lange vor dem Auftreten des Menschen ereignet haben.

Hier unten in der Nacht, in der machtvollen und einsamen Tiefe dieser ungewöhnlichen Natur zu verweilen, bedeutet, von unbestimmtem Schrecken ergriffen zu werden: Es ist, als ob man die Dimension der Zeit verläßt und die Urängste des Menschen wiederentdeckt. Wer weiß, wie viele vergleichbar furchtbare Landschaften in den Uranfängen des Lebens unsere fernen Vorfahren in Angst und Schrecken versetzten, falls sie damals bereits existierten.

Die Ausdünstungen der Gase, die ich auf dem Grund dieses in Flammen stehenden Schachtes eingeatmet habe, lassen mich zusammen mit den Anstrengungen, dem Regen und der Erregung dieser Tage die Erschöpfung deutlich spüren. Doch erst am fünften Tag beschließe ich, wieder zurückzukehren. Und nun habe ich abermals Anlaß zur Verwunderung. Am Rand des Vulkans, nur ein paar Dutzend Meter von meinem Zelt entfernt, entdecke ich das Skelett eines Elefanten. Ich frage mich, wie und warum ein so großes Tier zum Sterben hier heraufgekommen ist, aber ich finde darauf keine Antwort. Man hat sich diese Frage ebenso vergeblich gestellt, als in der Nähe der Caldera des Kilimandscharo der Balg eines Leoparden gefunden wurde.

IN DEN WÄLDERN DES ORINOKO

1967 und 1973

Bei der Erforschung der Wassersysteme dieses Planeten stieß man nirgends auf ein ähnlich merkwürdiges, widersprüchliches und umstrittenes Naturphänomen wie die Verbindung zwischen den großen Flüssen Orinoko und Amazonas, in die die Wasser der zugehörigen südamerikanischen Bassins abfließen. 1639 wurde sie von einem unternehmungslustigen Forschungsreisenden entdeckt, doch damals gab es nur wenige, die ihm Glauben schenkten. Die Überlieferung ebenso wie die Logik wollten es nämlich, daß die großen Flüsse der Erde durch Bergketten oder zumindest durch Erhebungen voneinander getrennt waren; bis dahin hatte es sich in der Wirklichkeit immer erwiesen, daß jeder Fluß auf einen hydrographischen Plan festgelegt ist, daß er also nicht gleichzeitig zwei verschiedenen Bassins angehören kann.

Etwa ein Jahrhundert später befährt ein anderer Forschungsreisender einen Abschnitt der geheimnisvollen Gewässer, den Casiquiare, in seiner gesamten Länge und weist sowohl die Existenz einer Bifurkation des Orinoko als auch die Tatsache nach, daß dessen Wasser tatsächlich mit dem Amazonasbecken in Verbindung stehen. Doch abermals kapituliert die Wissenschaft nicht vor diesen Beweisen, und so wird 1798 eine Karte herausgegeben, die die folgende schroffe Anmerkung enthält: »Die Verbindung zwischen dem Orinoko und dem Amazonas ist eine geographische Ungeheuerlichkeit, die ohne den geringsten Anlaß in der Welt verbreitet wurde.«

Zwei Jahre darauf, 1800, durchquert und vermißt Freiherr Alexander von Humboldt, der letzte große Universalgelehrte, den

Casiquiare; dank seiner Autorität widerfährt der realen Existenz dieser »geographischen Ungeheuerlichkeit« endlich Gerechtigkeit. *Reise in die Äquinoktialgegenden des Neuen Kontinents* ist der Titel des fünfunddreißigbändigen Riesenwerks, in dem Humboldt über seine Forschungsreisen durch diese Gebiete zwischen 1799 und 1804 berichtet.

Im Jahr 1973 wiederholte ich diese berühmte Flußreise im Amazonasgebiet von Venezuela. Ich wollte wissen, ob und in welchem Ausmaß sich die Landschaften verändert haben, die der große Gelehrte etwa hundertsiebzig Jahre zuvor in seinem Tagebuch beschrieben hatte. Zu meiner Überraschung stellte ich fest, daß sich in diesen Gegenden bis heute nichts oder fast nichts geändert hat. In einer Welt wie der unseren, die derart übervölkert und verderbt ist, gibt es also noch eine Oase unversehrter und ursprünglicher Natur, eine wirkliche Lunge der Erde, ein Land, das glücklicherweise noch keine Geschichte kennt.

Ich hatte meine Reise auf dem Orinoko in Sanariapo, ein paar Dutzend Kilometer südlich von Puerto Ayacucho, begonnen, und weil uns dort ein leistungsfähiges Boot mit Außenbordmotor erwartete, gelangten wir in wenigen Stunden stromaufwärts nach San Fernando de Atabapo. Dort verließen wir den gewaltigen Orinoko und fuhren den trägen Nebenfluß Atabapo hinauf. Von diesem Moment an beginnt praktisch die eigentliche Reise, ein Abenteuer, das insgesamt ein paar Monate dauern wird. Meine Begleiter sind die Venezolaner Edgardo Gonzales Niño, ein alter Freund, der in diesen Wäldern schon einmal mein Reisegefährte gewesen ist, und John Williams Hackett. Der erste ist Forscher, der zweite begeisterter Neuling, und beide sind sie Beamte des Codesur, der Regierungsbehörde für die Erschließung des venezolanischen Amazonasgebiets.

Das Boot, in dem wir jetzt sitzen, ist der typische *bongo*, dessen primitiver Schiffsrumpf ein Dutzend Meter lang ist (während der ganzen Reise benutzen wir insgesamt sechs Boote, die alle verschiedenen Typen angehören). In großen Fässern haben wir Vorrat und zweitausend Liter Treibstoff mitgenommen. Bei den verschiedenen Unterbrechungen, die wir beim Hinauffahren des Flusses einlegen müssen, landen wir mal am venezolanischen, mal am kolumbianischen Ufer, die aber beide menschenleer sind. Nach dem Atabapo folgen wir einem Nebenfluß, dem Rio Temi, bis zum Dorf der Yavita flußaufwärts. Es ist eine Fahrt, die wegen des niedrigen Wasserspiegels immer problematischer wird. Ab und zu laufen wir zwischen dichtem Röhricht und Pandangs auf Sand oder werden von tückischen Stämmen eingeklemmt, die dicht unter der Wasseroberfläche liegen. Nun trennen uns vom Rio Pamichin knapp sechzehn Kilometer Straße aus gestampfter Erde, die durch einen fast ebenen Wald führt. Der Pamichin ist ein Nebenfluß des Rio Negro, welcher seinerseits in den Amazonas abfließt.

Die Farbe des Rio Negro ist in Wirklichkeit ein Rotbraun wie das von Cola; in seiner Gesamtheit kann er jedoch durch den dunklen Wald, der ihn umgibt, oder die dräuenden Wolken, die sich in ihm spiegeln, wesentlich dunkler erscheinen. Die Färbung des Wassers hat hauptsächlich zwei Ursachen: Zum ersten ist es relativ arm an Sedimenten, die es diesem uralten Boden auswäscht, dessen lösliche Schichten inzwischen erschöpft sind; zum zweiten – und das ist die Folge davon – kann diese Drainage nur noch die verrottete Vegetation des Waldes, deren Bodensäure und Farbe mit sich führen.

In San Carlos de Rio Negro, dem letzten Stützpunkt und bereits in der Nähe der brasilianischen Grenze, bereiten wir uns auf die Reise auf dem berühmten Casiquiare vor, jenem schlammigen Flußlauf, der auf einer Strecke von über dreihundertzwanzig Kilometern große Wassermengen aus dem Becken des Orinoko in das des Amazonas schleust. Drei Tage lang fährt unser Einbaum, der von einem relativ leisen Motor angetrieben wird, den breiten, wasserreichen Fluß hinauf, der sich ohne jegliche Anzeichen menschlichen Lebens durch den Urwald schlängelt. Die Eindrücke, die Humboldt vor gut hundertsiebzig Jahren in seinem Tagebuch notierte, unterscheiden sich nicht von den heutigen: »Die geschichtslosen, unbewohnten und mit Wald bedeckten Ufer des Casiquiare beschäftigen meine Einbildungskraft. Hier, mitten im neuen Kontinent, gewöhnt man sich gleichsam daran, den Menschen als etwas zu betrachten, das nicht notwendigerweise

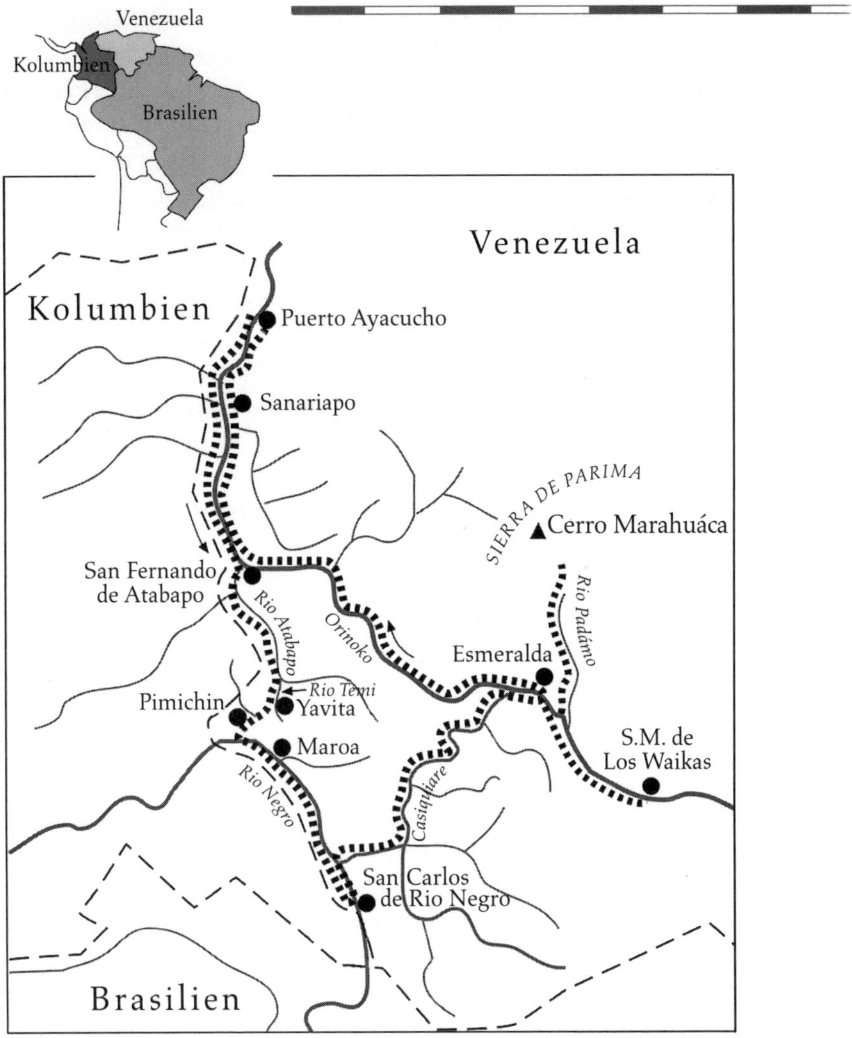
Venezuela
Kolumbien
Brasilien
Venezuela
Kolumbien
Puerto Ayacucho
Sanariapo
SIERRA DE PARIMA
Cerro Marahuáca
San Fernando
de Atabapo
Rio Atabapo
Orinoko
Rio Padámo
Esmeralda
Rio Temi
Pimichin
Yavita
Maroa
S.M. de
Los Waikas
Rio Negro
Casiquiare
San Carlos
de Rio Negro
Brasilien

der natürlichen Ordnung zugehört. Der Boden ist dicht mit Pflanzen bewachsen, deren freie Entfaltung auf kein Hindernis stößt. Die Kaimane und die Boas sind die Herren des Flusses; der Jaguar, der Tapir und die Affen bewegen sich ohne Angst und ohne Gefahr durch den Wald; sie leben da, wo von Anfang an ihre Heimat war. Dieser Anblick der lebendigen Natur, in der der Mensch ein Nichts ist, hat etwas Paradoxes und Beklemmendes an sich. Hier in einem fruchtbaren Gebiet, das ganzjährig von Grün geschmückt ist, sucht man vergeblich nach Spuren menschlichen Wirkens und fühlt sich wie ein Verbannter in einer Welt, die so anders ist als die, in der ich geboren bin ...«

Wir fahren also den Casiquiare hinauf und erkennen bei ihrem Auftauchen sofort die Piedra de Culimacàri, von der aus Humboldt mit Hilfe astronomischer Beobachtungen die Koordinaten des Flusses bestimmte. Es ist ein Basaltmonolith, der sich nahe am flachen Ufer ein paar Dutzend Meter hoch aufrichtet, flankiert von einer Art Schildwache aus zwei Felsen. Gewöhnlich biwakieren wir hier in Hängematten im Wald, nachdem wir die Umgebung mit Macheten gesäubert haben; doch als wir am Spätnachmittag des ersten Tages flüchtig ein paar von Piaroa-Indios bewohnte Hütten erblicken, beschließen wir, uns diesmal von soliden Laubdächern gegen den üblichen nächtlichen Regen beschirmen zu lassen.

Die Piaroa sind sehr sanftmütig, leben vom Fischfang und ergänzen ihre Mahlzeiten mit Yuccaknollen, die sie auf kleinen Lichtungen anbauen. Vor allem ein Mädchen scheint von *chivacoas* gefoltert zu werden, winzigen roten Milben, die sich unter der Haut einnisten. Die Gegend wird von der *plaga* heimgesucht, das heißt von blutgierigen Insekten aller Art, die ein giftiges Serum absondern. Wenn man ihren Attacken lange ausgesetzt ist, ruft die ständige Reizung der Haut hohes Fieber, heftige Schweißausbrüche sowie unstillbaren Durst hervor und greift das Verdauungssystem an. Die schwächeren Patienten, die dieser Marter ausgesetzt sind, werden von immer größerer Unruhe ergriffen, der häufig tiefe Schwermut folgt.

Als ich am nächsten Morgen zum Einbaum am Flußufer zurückkehre, begegne ich einem Indio, der vom Fischfang zurückkehrt und in einem aus Zweigen geflochtenen Korb ein Dutzend großer Palometas trägt, einer weißen und flachen tropischen Fischart. Sie leben noch und sind offenbar von Piranhas fürchterlich verstümmelt worden. Die Piranhas, die eigentlichen wilden Bestien dieser Flüsse, sind bekanntermaßen besonders gefräßig und immer bereit, eine Beute anzugreifen, die nach Blut riecht.

Nachdem wir den Casiquiare hinaufgefahren sind, gelangen wir wieder zum Orinoko und damit in die Welt der Waikas, eines der ursprünglichsten Volksstämme, die noch auf der Erde leben. Diese nackten Kinder des Waldes, klein und unbehaart, bringen von Anfang an ihre vergnügte Neugier zum Ausdruck; sei es nun wegen der ein Meter neunzig, die John Hackett mißt, oder wegen Edgardo Gonzales Niños behaarter Brust oder schließlich wegen meiner Kamera, die ich immer bereithalte, um sie zu fotografieren. *Waikas* heißt in ihrem Idiom »diejenigen, die töten«, sie bezeichnen sich jedoch lieber als *yanomami*, das bedeutet »Menschen«. Diese Menschen – die Humboldt in seinem Monumentalwerk nur am Rande erwähnt – führen ein unleugbar primitives Leben; doch im Gegensatz zu uns zivilisierten Völkern machen sie sich nicht zu Herren über die Natur, von der ihre Existenz abhängt, und zerstören sie damit, sondern passen sich ihr in vollkommener Harmonie an.

Ich hatte die Waikas bereits vor sechs Jahren kennengelernt, ebenfalls in Gesellschaft von Edgardo Gonzales Niño. Vor allem meine erste Ankunft in einem ihrer im Urwald verstreuten Dörfer ist mir in Erinnerung geblieben. Damals war bei unserem Auftauchen eine ganze Menschenmenge unter lautem Geschrei ins Wasser gesprungen und zu unserer *curiara* (Einbaum) geschwommen, die gerade anlegte. Einige hatten sich an das Schiff geklammert, waren hineingeklettert und hätten es beinahe zum Kentern gebracht. Seit zwei Tagen fuhren wir die Wasser des Orinoko hinauf, und die Waikas, die uns nun mit ähnlicher Herzlichkeit aufnahmen, gehörten zum Stamm der Uàbutauteros. Unbefangen schwangen sie ihre Bogen und Pfeile; ihre Körper waren mit roten und schwarzen Streifen bemalt, und bis auf ein paar, die einen winzigen Lendenschurz trugen, waren sie alle splitterfasernackt.

Die Männer maßen kaum über eineinhalb Meter, die Frauen waren noch kleiner. Unter ihnen waren auch Mütter mit ihren Kleinkindern zu erkennen, die sich wie die Affen an ihrem Rücken festklammerten und nur von einem Stück Baumrinde, das als Gurt diente, gehalten wurden. Alle redeten lebhaft mit schrillen, rhythmischen Stimmen und hüpften in der Aufregung wie Heuschrecken herum. Schließlich bewegten wir uns in Reih und Glied auf einem schmalen Pfad in den Wald, doch seltsamerweise gingen wir Weißen als erste. Später erfuhr ich, daß der Waika niemals einem Fremden den Rücken zuwendet, damit dieser nicht in seine Spur treten kann: Das würde Unglück bringen.

Nach etwa einem Kilometer kamen wir in ihr *xapono*, ihr eingefriedetes kreisförmiges Dorf. Dort ging es so wild zu, daß einen Augenblick lang die Furcht in mir aufflackerte, wir würden aus diesem Pferch nicht mehr herauskommen. Unter dem einzigen großen Runddach waren mindestens zwanzig Familien um ebenso viele Feuer versammelt. In der Mitte des Platzes schwelten in der Asche noch die Gebeine eines kleinen Mädchens, das vor kurzem gestorben war und das sie vor ein paar Stunden verbrannt hatten. Wir taten so, als ob wir diesen makabren Anblick nicht wahrnähmen, denn diese Menschen sind nicht nur abergläubisch, sondern auch sehr empfindlich. Irgend jemand würde dann später die Knochen sammeln, um sie zu pulverisieren. Und eines Tages würden Verwandte und Freunde gemäß den kannibalischen Stammesbräuchen das in Bananenbrei aufgelöste Pulver verspeisen. In einer Ecke des *xapono* hängten auch wir wie die Indios unsere Hängematten für die Nacht zwischen den Pfählen auf, die das große Runddach stützten.

Obwohl sich die Ankunft in diesem Dorf im Grunde nicht wesentlich von ähnlichen Episoden während des Monats, den wir in diesen Gegenden verbrachten, unterschied, behalte ich dieses Abenteuer unter den Uàbutautero-Waikas als etwas Besonderes im Gedächtnis. Es folgten weitere Besuche bei den Gruppen der Lagueiteros, Lapropoteros, Leisibuiteros, Iauaiteros, Acocoiteros, Abuiteros, Uitocaioteros und Piciasciteros. Früher hatte mich außer dem Freund Edgardo der Salesianerpater Don Luigi Cocco begleitet: Zu jener Zeit waren sie nämlich die einzigen wirklichen Kenner dieser Kinder des Dschungels.

Zehn Jahre vor meinem ersten Besuch war Pater Cocco das erstemal in diese Gegend gekommen, um seine Mission auf einem Vorgebirge des Orinoko am Zusammenfluß mit dem Ocamo zu gründen. Sie waren zu diesem Unternehmen zu zweit aufgebrochen (der andere Missionar starb nach ein paar Jahren) und in einem Einbaum bis zu jener Stelle flußaufwärts gefahren, an der sie ihren Stützpunkt zu errichten beschlossen. Dort hatten sie eine erste armselige Laubhütte aufgestellt, um die herum sie den Boden säuberten und urbar machten und anbauten, was sie zum Überleben brauchten. In jener Zeit war das ein ganz unerhörtes Unternehmen, auch wegen der rauhen Umweltbedingungen in diesem fast unerforschten Gebiet. Dazu kam noch zumindest in den ersten Jahren die völlige Isolation vom Rest der Welt. Und es brachte überdies mit sich, daß sie sich ganz bewußt den wilden, kriegerischen und sehr reservierten Waikas auslieferten. Möglicherweise wird das Unternehmen des Pater Cocco als eine der letzten Heldentaten in die Leidensgeschichte der Mission eingehen.

Der Zustand ungebrochener Ursprünglichkeit, den sich diese Stämme bewahren, ist zum Teil durch ihren unwegsamen Lebensraum bedingt. Es ist ein schwieriges Gelände mit Tälern und Bergen, von dichtem Urwald bedeckt und von Flüssen durchfurcht, die durch die große Zahl von Stromschnellen und Wasserfällen, welche einander ohne Unterbrechung folgen, noch unzugänglicher werden. Es ist eine so feindliche Natur, daß sie auch die hartnäckigsten traditionellen Forschungsreisenden entmutigte, die hier ja ganz auf sich allein gestellt waren. Durch den Luftverkehr ließe sich das alles heutzutage viel unproblematischer gestalten. Doch die venezolanische Regierung reagiert – vielleicht nicht zuletzt dank der Arbeit von Pater Cocco – gegenwärtig sehr sensibel auf die Gefahr, die diesen Gegenden droht, und hat sich vorgenommen, sie zu schützen; darum verbietet sie jede Art touristischer und kommerzieller Spekulation, die dem ethnischen Erbe der hier lebenden Menschen und der Natur Schaden zufügen könnten. Und so leben die Waikas heute, im Jahr 1973, immer noch nach ihren alten Bräuchen. Sie betreiben Schamanismus und Endokannibalismus, jagen und bekämpfen einander mit vergifteten Pfeilen und sind wie eh und je nackt – aber vor allem leben sie vom Reichtum der Natur und kennen die Probleme des Zahlungsverkehrs nicht. Sie leben also ohne Einmischung der Außenwelt und sind somit nicht der Gefahr der Kolonisierung ausgesetzt oder zumindest von Besuchen, die ihnen schaden könnten. Aber wie lange wird dieser glückliche und beispielhafte Zustand noch dauern? Vielleicht hat er bereits ein Ende gefunden.

Es muß betont werden, daß sich die missionarische Tätigkeit von Don Cocco, der 1981 starb, durchwegs nach traditionellen Mustern vollzog, obgleich sie natürlich der Vermittlung zwischen den Eingeborenen und unserer Zivilisation diente. Die Beziehung, die dieser Mann zu den Indios aufbaute, basierte vor allem auf Güte, Verständnis und Hilfeleistung, die er ihnen in Form konstruktiver Unterweisung statt unfruchtbarer Wohlfahrt zukommen ließ – dies alles stets mit Respekt vor ihren weisen Traditionen, die so entscheidend für ihr Überleben sind. Deshalb und weil er die magischen Riten und die Probleme der Waikas begriff, war es ihm gelungen, zu ihren Seelen vorzudringen; sie liebten ihn. Er beherrschte ihre Sprache natürlich perfekt. In dem Jahr, bevor ich ihn kennenlernte, wurde Pater Cocco, der ganz allein in seiner Mission lebte, von einer plötzlichen Krankheit hingestreckt und wäre beinahe gestorben; er verlor das Bewußtsein, und als er wieder zu sich kam, war er in der Hütte von »seinen« Indios umgeben. »Wenn du gestorben wärest«, sagten sie ihm, »hätten wir ein großes Feuer angezündet, dich verbrannt und dann deine Gebeine gegessen.« All dies läßt unsereinem wohl das Blut gefrieren, doch die Waikas brachten damit gegenüber dem Missionar die größte Wertschätzung zum Ausdruck: Er war einer von ihnen geworden, und nach ihrer Stammestradition hätte das Verspeisen seiner sterblichen Überreste bewirkt, daß seine Seele den verdienten Frieden finden konnte. Diese Menschen essen nämlich nie die Gebeine eines Fremden und erst recht nicht die eines Feindes.

Während meines ersten Besuchs beim Volk der Waikas hatte ich – von Pater Cocco unterstützt und informiert – ihre wirklich einzigartige Art zu leben kennenlernen dürfen. Wie sonderbar sie uns auch erscheinen mag, sie haben eine eigene Moral und halten sich an ihre Regeln. Dank dieser Frömmigkeit essen die Waikas die Gebeine ihrer Toten, damit sie im Jenseits Frieden finden und ihre Seele befreit ins »Haus des Donners« eingehen kann. Der *sciapori* (Medizinmann) berauscht sich mit halluzinogenen Drogen, um die Geister zu erreichen, die er beschwören will. Wer jemanden getötet oder etwas anderes Böses getan hat, muß sich auf sein Betreiben hin zur Buße in die Einsamkeit begeben.

Seit vielen Jahrhunderten gibt es bei diesem Volk eine Geschichte über seine Entstehung. In alten Zeiten, erzählt man sich, gab es eine Zeit der großen Dürre, in der die Flüsse austrockneten. Omawa, ein draufgängerischer und tüchtiger mythischer Held, bemerkte, daß das Wasser unter die Erde entwichen war; er legte ein Ohr auf den Boden und hörte, daß es genau unter ihm floß. Also schnitzte er sich einen Pfahl mit einer scharfen Spitze, den er in die Erde bohrte; das Wasser sprudelte hervor, und alle, Menschen und Tiere, kehrten zurück, um zu trinken. Doch dann griff Iouàua ein, der gierige ältere Bruder von Omawa, der das Loch erweiterte, um an mehr Wasser zu kommen, und es nun nicht mehr eindämmen konnte. Die Erde wurde überschwemmt, als ob eine Sintflut hereingebrochen wäre, und die Fluten säten überall Tod und Verderben. Omawa war sofort alarmiert und nahm Aniacarióma mit sich, und die beiden retteten sich, indem sie weit fort bis zu einem riesigen Wasser wanderten, dem Meer, das sie bis heute von ihren heimatlichen Gefilden trennt. Aniacarióma war die schönste Waika, und aus ihrer Verbindung mit Omawa gingen die Nábbe hervor, das heißt wir Fremden. Die Legende berichtet weiter, daß von allen Indios, die geblieben waren, nur eine einzige Familie überlebte, die auf einem Berg Zuflucht gesucht hatte (man beachte die Analogie zu Noah und dem Berg Ararat). Im Lauf der Zeit vermehrte sich diese Familie, und es entstand wieder ein kleiner Stamm. Ihm gehörte ein Mann namens Péribo an, der ein junges Mädchen zur Frau hatte. Sie wies ihn ab, lief ihm davon, doch Péribo gelang es immer wieder, sie einzuholen und sich gefügig zu machen; bis er sie eines Tages in solchem Zorn zu

Boden warf, daß er sie tötete. Das Mädchen hieß Sidicarióma. *Sidicári* bedeutet »Stern«, und wie Sterne sind für die Waikas die Augen Sidicariómas und der schönsten Frauen.

Immer noch wütend, aber vielleicht auch voll Reue über seine Tat legte sich Péribo in die Sonne, um zu meditieren. Die Sonne ging bereits unter, als er in Schlaf fiel. Plötzlich begann sein Kopf anzuschwellen, bis sich sein Körper schließlich in die Luft erhob. Der Bruder des toten Mädchens, der glaubte, daß Péribo entwischen wolle, schlug im *xapono* Alarm, und alle eilten mit Pfeil und Bogen herbei, um ihn zu töten. Doch es war vergebens, denn Péribo stieg immer höher und höher. Sininíma, dem Vater des Mädchens, gelang es schließlich, ihn mit einem Pfeil in die Rippen zu treffen. Aus der Wunde tropfte Blut, und jeder Tropfen, der auf die Erde zurückfiel, verwandelte sich wundersamerweise in einen Waika. Trotzdem stieg Péribo weiter auf, und schließlich fuhr er gen Himmel und wurde der Mond. Auf der Erde erwiesen sich die auf diese Weise gezeugten Waikas als ausschließlich von männlichem Geschlecht und wurden die einzigen Herren der Gegend, denn alle, die vorher dagewesen waren, waren erschrocken in die Wälder geflüchtet und hatten sich in Tiere verwandelt. Ohne Frauen und damit ohne die Möglichkeit, sich fortzupflanzen, konnte nur ein außergewöhnliches Ereignis das totale Aussterben der Neuankömmlinge verhindern. Das geschah, als es Sciopocarióma einfiel, sich einen Schnitt in die Wade zuzufügen. Wunderbarerweise entstieg dieser Wunde die erste Frau, Sciopocarámi, ebenso wie zwei weitere, von denen die gesamte neue Rasse der Waikas abstammt. Soweit also ihr Entstehungsmythos.

Obwohl äußerst primitiv, betreiben diese »Söhne des Mondes« einen eingeschränkten und rudimentären Ackerbau mit Knollen und Bananen auf ein paar kleinen Feldern, die sie dem Wald durch Brandrodung abgerungen haben. Sie bauen auch etwas Baumwolle und Tabak an sowie Pflanzen, die Halluzinogene produzieren. Außerdem ernähren sie sich von wilden Früchten, die sie im Wald sammeln, von Regenwürmern und Wurzeln. Weitere Nahrung jagen sie mit dem Bogen und dem Blasrohr: Vögel, Tapire, Affen, Schlangen und andere kleine Waldtiere sowie Fische, die sie in den *igarapé* (Teichen) mit Pfeilen aufspießen oder – noch häufiger – indem sie das Wasser mit der Königskerze vergiften. Sie würzen ihre Nahrung mit der Asche bestimmter Pflanzen, die reich an Kaliumchlorid sind. Außer Hunden halten sie keine Haustiere. Sie leben in einer der schlimmsten tropischen Klimazonen, in der die Hitze feucht und zermürbend ist. Schwindelerregend sind die Attacken der geflügelten Insekten, deren sich die Eingeborenen erwehren, indem sie ständig um sich schlagen. Ihr nicht genau abgegrenztes Territorium deckt sich in etwa mit dem fast unerforschten Gebiet am oberen Orinoko, das sich zwischen Venezuela und Brasilien befindet.

Diese Indios kennen selbstverständlich keinen Geldverkehr, sondern praktizieren Tauschhandel mit Naturprodukten. Der Waika hat keinerlei Besitz, verfügt jedoch über das unbedingt Notwendige, um autonom im Wald, seiner angestammten Heimat, zu leben. Einem Jäger oder Krieger genügt ein Bogen, ein paar Pfeile, etwas Curare-Gift, ein Stäbchen aus dem Holz des Kakaobaums, das er zum Feuermachen reibt, die Kinnlade eines Nabelschweins als Hobel und der Zahn eines Nagetiers als Meißel. Das alles wiegt nicht mehr als drei Kilo, die er immer und überall bei sich trägt. Vor Einbruch der Nacht bastelt sich der im Wald umherstreifende Waika innerhalb weniger Minuten den *tapirí*: ein abfallendes Dach aus Palmblättern, das zwischen Pfählen aufgehängt wird. Mit den Zähnen kerbt er die Rinde des mahágua-Baums ein und zieht so viele Streifen ab, daß er daraus rasch eine primitive Hängematte flechten kann. In den *xapono* sind die Hängematten jedoch haltbarer aus Fasern roher Baumwolle oder gedrehten Lianen gefertigt.

Die Waikas rauchen den Tabak nicht, sie kauen ihn oder behalten ihn vielmehr, zwischen der Unterlippe und den Zähnen zusammengeballt, im Mund, nachdem sie die Blätter in Wasser und Asche fermentiert haben. Durch diese Tabakpolster wirken die Gesichter der Männer und Frauen deshalb seltsam verformt. Alle Waikafrauen schmücken sich mit Stäbchen, die sie durch die Nase, die Mundwinkel oder die Unterlippe bohren. Der »Kult des Weinens« schließlich komplettiert ihre theatralische Maske. Es genügt die Erinnerung an ein Neugeborenes, das sie vor Jahren verloren haben, um sie in bitterliches Weinen ausbrechen zu lassen, das die ganze Nacht anhalten kann. Bei diesem ritualisierten Weinen geht keine einzige Träne verloren, denn die Frau fängt sie geschickt auf der mit Asche und Staub bestreuten Wange auf. Auf ihrem Gesicht bildet sich so auf jeder Seite eine schmale krustige Tränenspur, und sie achtet peinlich darauf, sie nicht abzuwischen. Alle Waikas färben Körper und Gesicht zur Verzierung mit rotem und dunklem Brei, den sie aus bestimmten Waldpflanzen gewinnen.

Mit einem langen Rohr zieht einer nach dem anderen die halluzinogenen Pulver in die Nase hoch, die *epená* oder *yupo* heißen und aus den zerstoßenen Samen der Piptadenia gewonnen werden. Auf diese Weise verschaffen sich die Waikas berauschende Visionen und glauben, daß sie mit den *hekurá* in Verbindung treten können, den ewigen Geistern der Natur. Dieser Brauch erregt am Anfang Ekel und führt zu Erbrechen, dem eine fürchterliche Migräne folgt, doch allmählich gewöhnt sich der Körper an die Substanzen. Man greift sehr häufig zu diesen Halluzinogenen und macht – unter Ausschluß der Frauen und der nicht Eingeweihten, denen das verboten ist – ausgiebig Gebrauch davon, vor allem der Medizinmann, bevor er mit seinen schamanischen Riten beginnt. Im Zustand äußerster Entrückung, den das *epená* verursacht, heilt er Kranke, bannt die bösen Geister und führt in die leidenden Körper die verlorene Seele zurück.

Die Waikas sind polygam. Häufig werden die Mädchen bereits als Neugeborene einem Mann versprochen. Nur die Heranwachsenden werden beim Namen genannt, den der Erwachsenen spricht man nicht mehr aus, weil das Unglück bringt; dafür schreit man die Namen der Feinde heraus. Wenn ein Kind bei der Geburt zu klein ist, ersticken sie es, und bei Zwillingen lassen sie nur den kräftigeren am Leben. Dieser Brauch wird von der Notwendigkeit zur Selektion diktiert, die ihr Überleben gewährleistet. Doch trotz dieser Maßnahmen sind ihre Gene durch Inzucht degeneriert. Der Tod des Ehemanns bedeutet mitunter auch den seiner Frau. Ein Merkmal der Waikas, das sie von allen anderen im Wald lebenden Indios unterscheidet, ist die Tonsur: eine große kahle

Stelle, die den Mond – *péribo* – symbolisiert, für dessen Kinder sie sich ja halten. Die Haare werden für die Tonsur mit der scharfen Faser des *sunamáca*-Pfahlrohrs abrasiert. Man könnte sagen, daß sich diese Menschen unaufhörlich in einem endemischen Kriegszustand befinden, verursacht vor allem durch die Übervölkerung des Dorfes, das nicht straff organisiert und daher auch nicht in der Lage ist, eine Gruppe von mehr als hundertfünfzig Personen zu kontrollieren. Als unabhängige Einheit ist jedes Dorf ständig den Angriffen der Nachbarn ausgesetzt, und nicht nur diesen. Eine Situation, in der der Kräftigere und Zähere immer den Schwächeren beherrscht, schafft Spannungen und verleitet jeden einzelnen und folglich auch jedes Dorf zu ostentativem kriegerischem Verhalten, um selbst den unmittelbaren Nachbarn Furcht einzuflößen – gleichgültig, ob sie nun Freund oder Feind sind. Auch deshalb kommen blutige Zweikämpfe innerhalb der Dörfer häufig vor, wenn auch in ritualisierter Form.

Zu den seltsamsten Methoden, sich miteinander zu messen, gehören die Stockhiebe auf den Kopf, die auf der Kopfhaut der Yanomami oft ein Muster von breiten und tiefen Narben bilden. Die Gegner stehen sich gegenüber und traktieren einander abwechselnd mit Schlägen. Der eine versetzt mit einer eigens dafür bestimmten biegsamen Stange dem anderen einen Hieb auf die Tonsur, den dieser mit feierlichem Ernst entgegennimmt; dann ist er an der Reihe, und nicht selten endet der Kampf mit einem eingeschlagenen Schädel. Es handelt sich hierbei jedoch um »kanalisierte Gewalt«, die dazu dient, Mißverständnisse zu beseitigen, Fragen der Ehre auszufechten und sogar – warum auch nicht – Freundschaften zu stärken.

Doch auf dem Gebiet der Waikas leben auch andere Stämme, die wesentlich fortschrittlicher sind. Es sind Makiritares-Indios, die bereits Humboldt als tüchtige Seefahrer, Kaufleute und sogar Sklavenhändler bezeichnete. In früheren Zeiten verschleppten sie in der Tat die Indios der benachbarten Stämme aus den Wäldern, transportierten sie mit ihren primitiven Booten über den Orinoko bis zum Ozean und verkauften sie dort. Heute kommt das nicht mehr vor, doch die Intelligenz und das Durchsetzungsvermögen der Makiritares haben zur Folge, daß die primitiven Waikas ihnen gegenüber von sich aus eine unterwürfige Haltung annehmen. Jeder Makiritare hat so seinen eigenen *chòrri*, was Schwager oder Diener bedeutet, und zwischen den beiden besteht so etwas wie eine Symbiose.

Doch obwohl die Makiritares weit weniger primitiv sind, sind auch sie nach wie vor im alten Aberglauben befangen. Eine faszinierende Legende, die sich um einen geheimnisvollen und abgelegenen Berg im Herzen der Sierra de Parima dreht, wurde mir bereits erzählt, als ich das erstemal in diese Gegenden kam. Der Berg ist der etwas über zweitausendsiebenhundert Meter hohe Cerro Marahuáca, der in den Mythen jenes Volkes eine Art Olymp darstellt, auf welchem ein grausamer Tyrann haust. Die Legende berichtet, daß in uralten Zeiten ein riesiger Baum mit reichen Früchten gefällt und, nachdem er zu Boden gestürzt war, Marahuáca genannt wurde; mit der Zeit verwandelte sich der Baumriese in Fels und wurde zu einem großen Berg. Eines Tages bemerkten die Makiritares, daß auf seinen Hängen das beste *curáta* wuchs – das Pfahlrohr, aus dem sie ihre Blasrohre verfertigen –, doch sie konnten es nicht so ohne weiteres ernten. Laut der Legende wurde es von dem mächtigen Anacáca bewacht; er besaß die Gestalt eines riesenhaften Tigers, dessen Tatzen mit Spornen bedeckt waren. Er hinterließ beim Gehen einen Nebel, in dem er sich selbst verbarg; die Menschen jedoch verirrten sich darin. Auch heute will es der Aberglaube, daß die Makiritares den schrecklichen Anacáca sich erst gewogen stimmen müssen, um das wertvolle Pfahlrohr sammeln zu dürfen.

Um dieses geheimnisvolle Reich des *curáta* kennenzulernen, machte ich mich auf meiner Reise im Jahr 1967 mit einer Gruppe von Makiritares in Begleitung von Edgardo Gonzales Niño auf, dem sie als Freund völlig vertrauten. Zu unserer Gruppe war auch ein alter Diamantensucher gestoßen, der Italiener Giovenale Monchiero. Am 27. November starteten wir von Santa Maria de los Waikas aus, der Mission von Pater Cocco. Um an den Rand des großen Bergwalds zu kommen, fuhren wir drei Tage in einer *curiara* ungefähr hundertfünfzig Kilometer die breiten Schleifen des Rio Padámo hinauf und überwanden dabei mindestens fünfzig Stromschnellen und Wasserfälle. Einige dieser Hindernisse zwangen uns mehrere Male, das primitive und etwa tausend Kilo schwere Boot Hunderte Meter durch das Walddickicht zu schleppen. Bei der Abfahrt waren wir zu sechst gewesen, doch kaum hatten wir den Marsch durch den Wald begonnen, stießen weitere Makiritares zu uns, und schließlich waren wir zu elft. Als sich der Marahuáca mit seinen schwindelerregenden Felsen unserem Blick enthüllte, brauchten wir noch vier Tage, um ihn zu erreichen, und weitere drei, um am Fuß seiner Wände entlangzuwandern. Wegen der unplanmäßigen Verzögerungen, die immer häufiger wurden, waren unsere Lebensmittel bald fast aufgebraucht. Wir befanden uns in einer feuchten und toten Welt, in der es weder Vögel noch Tiere gab, die man jagen konnte. Der Hunger nagte jeden Tag mehr an uns. Wir konnten ihn nur einigermaßen stillen, indem wir einige *marimondes*-Affen erlegten, die aus der Höhe der Bäume unsere Expedition beobachteten. Wir kochten sie ohne die geringste Würze einfach in einem Topf, denn inzwischen hatten wir sogar das Salz verbraucht; doch unser Hunger war so gewaltig, daß uns selbst dieses fade gekochte Affenfleisch hervorragend schmeckte.

Aus dem dichten Wald tauchte plötzlich ein einzelner nackter Felsblock auf. Er diente als natürlicher Altar, und die Makiritares legten ein Geschenk auf ihm nieder, nachdem sie es vor dem Berg in die Höhe gehalten hatten. Es war ein Bündel von gewöhnlichem Pfahlrohr und hatte lediglich symbolische Bedeutung. Als Gegenleistung baten sie den »Herrscher« um Erlaubnis, das *curáta* sammeln zu dürfen, jenes wertvolle Rohr, um das sie hergekommen waren. Ihr Ritual war unschuldig und einfach, doch angesichts dieser majestätischen Natur schien es, als ob darin die mythische Gestalt des Anacáca lebendig würde. Dieser Fels war der einzige Vorsprung, von dem aus ich die tiefen Wälder ringsum überblicken konnte. Der Marahuáca ragte feierlich aus dem Wald empor, von senkrechten glatten Wänden umgürtet, die mindestens tausend Meter hoch waren. Wechselhafte Nebelschwaden strichen um den Gipfel und stauten sich in der düsteren

Schlucht, die sich direkt vor uns auftat. »Das«, sagte ein Makiritare, »ist die Höhle von Anacáca.«

Wir marschierten in dieser Richtung weiter und fanden uns schließlich in einer düsteren, diesigen Atmosphäre zwischen fasrigen Pflanzen mitten im Labyrinth der mythischen *curáta* wieder. Die Makiritares scheuten sich, weiter hinaufzugehen, und während sie eilig das Rohr sammelten, begriff ich, daß etwas Unerklärliches von ihnen Besitz ergriffen hatte. Existierte also Anacáca in ihrer Vorstellung tatsächlich? Doch dann, in dieser so seltsamen Umwelt, rührte irgend etwas schließlich auch mein Gemüt an. Ich verspürte nämlich das unwiderstehliche Bedürfnis, diesen Berg zu erklettern. Ich stieg bis zum Fuß der großen Felswand auf; sie schien sich unendlich hinzuziehen. Ich hatte den Eindruck, daß die Vegetation, die die Wand unglaublich dicht überzog und von Wasser troff, wie Meeresalgen wogte. Ich brachte mit Elan die ersten Steilabhänge hinter mich, doch nach und nach wurde die Wand immer schwieriger und bizarrer; sie war einfach nicht zu bewältigen. Also gab ich auf und stieg ohne Bedauern wieder ab. Simón, der Makiritare, der mich begleitete, lächelte. Ich lächelte ebenfalls, und möglicherweise waren wir es beide zufrieden, daß die Welt des Anacáca weiterhin geheimnisvoll und unberührt bleiben sollte.

Damals brachte ich einen großen Teil des Rückwegs getrennt von der Gruppe hinter mich, die das Lager bereits an dem Morgen verlassen hatte, an dem ich mich der großen Mauer zuwandte. Ich brauchte zwei Tage und zwei Nächte, bis ich wieder zu den Gefährten stieß. Bei mir waren – außer Simón – nur ein Makiritare und zwei Waikas geblieben, und in dieser Situation, in der wir wie Flüchtlinge ohne Verpflegung und Unterkunft einen Gewaltmarsch absolvieren mußten, lernte ich mehr denn je die außerordentlichen Fähigkeiten dieser Söhne des Dschungels schätzen. Außerdem war es für mich eine Art Bewährungsprobe. Ich erinnere mich noch an die Begeisterung des Makiritare Tucusito, mit dem er unser Abenteuer Gonzales Niño schilderte und über mich sagte: »Er war wie einer von uns!« Es war für mich gewiß nicht einfach, aus dem 20. Jahrhundert mitten in die Steinzeit einzutauchen; doch es war mir gelungen, mich der Umwelt anzupassen und ihren feindlichen Bedingungen die Stirn zu bieten. Unser Vordringen durch den Urwald war so mühsam, daß wir ständig außer Atem waren – und dazu kam noch, daß wir bis auf die unvermeidlichen nächtlichen Stops nicht die kleinste Pause einlegten. Ich erinnere mich besonders an den ersten Abend, an dem wir bereits in der Dunkelheit unsere Hängematten an kleinen Bäumen neben einem recht düsteren Teich festbanden. Bald leuchtete unser Feuer, und kurz darauf – ohne daß ich ihre Abwesenheit bemerkt hätte – tauchten die zwei Waikas aus dem dunklen und vielstimmigen Hintergrund des Sumpfes auf. Ihre Augen funkelten im Schein der Flammen, während ihre nackten Körper totenbleich wirkten; beide hielten ein halbes Dutzend riesiger Frösche hoch. Diese fette Beute war unser Abendessen; Gott weiß, wie es ihnen in der völligen Finsternis des Urwaldes gelungen war, ihrer habhaft zu werden. Am nächsten Tag wohnte ich dem seltsamen Fang kleiner weißer Fische bei, die wie gewöhnlich von einem der beiden Waikas erbeutet wurden. Mit Pfeilen, die er sich an Ort und Stelle gebastelt hatte, beschoß er die Wasseroberfläche, obwohl ich geschworen hätte, daß da nichts zu sehen war; doch vor meinen verblüfften Augen zog er nach und nach eine stattliche Anzahl Fische aus dem Wasser. Am Abend beobachtete ich, wie derselbe Waika sich seine Hängematte fertigte, und das versetzte mich nicht weniger in Erstaunen. Nach altem Brauch hatte er sich ein paar Streifen aus der Rinde des *mahágua* beschafft, die er mit den Zähnen auseinanderriß und geschickt anordnete. Er befestigte die Vorrichtung an zwei Baumstämmen neben dem Feuer und legte sich entspannt hinein, eine Hand im Nacken und den Kautabak unter der Unterlippe. Mit äußerster Natürlichkeit und der Kraft desjenigen, der unbewußt in Harmonie mit allen Dingen der Schöpfung lebt, verbrachte er so die ganze Nacht unter freiem Himmel.

In jenem Jahr, 1967, hatte ich aus diesen Gegenden wertvolle Lehren und auch großes Heimweh mitgebracht. Doch die Rückkehr dorthin war nicht einfach; ich beschloß daher, mich gegen den Zauberruf dieser Urwälder zu wappnen. Fast wäre es mir gelungen – da erhalte ich eines Tages einen Brief von Gonzales Niño, der mich sofort wieder schwach werden läßt. Um mich aufzustacheln, berichtet mir der Freund mit der für ihn typischen ansteckenden Begeisterung vom Marahuáca. Nahe der Quelle eines Flusses, an der höchsten Stelle eines »schwarzen Tales«, solle es einen magischen Felsen geben, die Piedra Eadui (was so viel wie »intelligenter Stein« bedeutet), an der angeblich geheimnisvolle Felszeichen gefunden wurden. Doch von wem stammten sie? Sie wurden vor langer Zeit von den Makiritares bei einer ihrer Erkundungen entdeckt.

Die Idee ist geboren, und schon mache ich mich auf, um zum zweitenmal in die verborgensten und von Zauber umgebenen Geheimnisse der Sierra de Parima einzudringen. Und so bricht der Tag des erneuten Aufbruchs von Santa Maria de los Waikas zum mysteriösen Marahuáca an. Es ist der 18. Dezember 1973.

Wir werden, wie gesagt, diesmal anstelle des alten Freundes Giovenale Monchiero von John Williams Hackett begleitet. Dazu kommen drei Makiritares und sieben Waikas. Sonst sind die Voraussetzungen identisch mit denen von 1967. Vier Tage fahren wir in einer *curiara* den brodelnden Fluß hinauf. Das Navigieren auf dem gewundenen Padámo zwingt uns häufig zu einem harten Kampf mit den Stromschnellen und dem Boot selbst, das wir jedesmal entleeren und durch die Wellen zwischen den Felsen ziehen oder über lange Abschnitte mitten durch das Dickicht des Urwaldes schleppen müssen.

Längs des Flusses folgt uns eine Vielzahl von bunten Schmetterlingen, die so zutraulich sind, daß man nur eine Hand ausstrecken muß, und schon setzen sie sich darauf. Ich mache die Bekanntschaft mit einem der merkwürdigsten Geschöpfe dieses Flusses, der Matamata-Schildkröte (*Chelus fimbriatus*). Sie ist ein wahrhaft urzeitliches Untier mit fransigen Hautlappen, die vor allem am spitzen Maul und dem langen Hals hervortreten. Doch ich stoße an den üppigeren Ufern auch auf die *bilingos,* kleine getigerte Frösche und weiß Gott keine angenehmen Zeitgenossen, denn ihre Haut ist hochgiftig. Noch viel giftiger als sie sind die am Ufer lebenden *mapanáre*-Schlangen (*Cothrops colom-*

biensis), die bei ihrem Wechsel von einem Ufer zum anderen häufig vor unserem Einbaum kreuzen.

Als der Wasserlauf nur noch so wenig Wasser führt, daß eine Weiterfahrt unmöglich ist, dringen wir die nächsten sieben Tage zu Fuß in den Urwald vor und gehen ganz in einer Wirklichkeit auf, die dennoch aus Träumen gewebt scheint und uns heftige und häufig unerwartete Aufregung beschert. Alles hier im Inneren des Waldes ist überdimensioniert und außergewöhnlich. Die Bäume ragen im Halbschatten wie riesige polierte Säulen auf, und Lianen kriechen gewunden und von allen Seiten um die Stämme zu Boden oder hängen wie die gespannten Saiten einer riesenhaften Harfe in der Luft. Wir werden von diesem stillen Anblick so erdrückt, daß wir uns unendlich klein vorkommen. Das Unterholz ist dicht mit Kletterpflanzen, Gestrüpp und verdrehten Wurzeln bedeckt, die von den prasselnden Regenfällen freigelegt wurden; und dann sind da noch Labyrinthe, Bodensenken und tausend unheimliche Schatten. Ein Gewirr von Wasserläufen verbirgt sich unter verrotteten Pflanzen und verliert sich im tiefen Gestrüpp, das sich an den Boden klammert. Die Luft riecht nach vermoderter Vegetation. Bereits nach wenigen Tagen in dieser geballten Natur fühlen wir uns durch das schier gewalttätige, endlose Grün bedrängt. Man möchte endlich andere Farben sehen, und der Blick sucht vergeblich nach dem Himmel und dem Horizont.

Unser Marsch ist fast die ganze Zeit über langsam und zermürbend, doch wir können uns keine Pause gönnen, um Erholung von der Anstrengung und Mutlosigkeit zu finden. Unser Leben hier ist zweifellos hart, mühselig und zuweilen auch entwürdigend – doch von den körperlichen Prüfungen abgesehen, die ein so lohnendes Ziel mit sich bringt, ist es vor allem eine wertvolle Quelle von Unternehmungsgeist, Tatkraft und Mut: Es lehrt uns, auf kein Hilfsmittel zu vertrauen, das nicht der natürlichen Umgebung entstammt, um das angestrebte Ziel zu erreichen, sondern nur auf uns selbst in unserer menschlichen Nacktheit.

Der Wald ist von Gelärm erfüllt. Das kann zuweilen ein schräges Konzert von Laubfröschen und Insekten oder einer Unmenge verschiedener Vögel sein; oder er hallt furchterregend unter einem

Gewitter wider, wenn Millionen dicke Tropfen auf den Blättern zerplatzen. Zu anderen Zeiten herrschen dagegen Bewegungslosigkeit und völlige Stille. Dann zucken wir bereits beim klagenden Ruf eines Nachtvogels zusammen oder beim geheimnisvollen Aufplatschen irgendeines Körpers in einem Teich. Bei jeder Bewegung spitzt man die Ohren, auch beim ständigen dumpfen Summen eines Schwarms kleiner Insekten. Schließlich lauscht man sogar dem Gesang der Macheten, mit denen wir uns mit kräftigen Schlägen unseren Weg bahnen. Der Wald ist natürlich von Tieren aller Arten bevölkert, doch am meisten sind sicher nicht die Jaguare zu fürchten, sondern die tausend giftigen und gierigen Insekten, gegen die sich der Mensch und die Natur selbst nicht schützen können. Zum Zeichen dieser Plage tauchen hier und da Gespenster von Baumstämmen auf, deren Mark hungrigen Termiten als Nahrung gedient hat. Unersättliche Ameisen marschieren in Legionen vorbei, machen auf ihrem Weg Tabula rasa und dringen überall ein. Dann gibt es die Stechmücken, die *zancudos,* die Fliegen, die *jejénes,* die Wespen, Viehbremsen, Zecken, Spinnen und hundert andere ausgehungerte kleine Ungeheuer, die auf der Lauer liegen. Die ständige Alarmbereitschaft zehrt selbstverständlich an den Nerven, doch wir haben keine andere Möglichkeit, wenn wir die verborgene und allgegenwärtige Gefahr auf ein Minimum reduzieren wollen.

Gemäß dem uralten Gesetz von Leben und Tod, nach dem Nahrung für jedes Tier Überleben bedeutet und es sein Schicksal ist, zu fressen oder gefressen zu werden, paßt sich jede Art auf ihre Weise der Umwelt an. Die Fähigkeit zur Tarnung nimmt dabei geradezu unglaubliche Formen an. Das gilt für Insekten, die schließlich sehr klein sind; doch es kann auch vorkommen, daß man in einer Wasserlache eine aufgerichtete Schlange bemerkt, deren Kopf aufmerksam und starr weit aus dem Wasser geschoben ist – wie ein großer Ast, der sich in den Grund gebohrt hat. Es mag nur eine ungefährliche Schlange sein, doch wir fahren trotzdem zusammen, sobald wir sie zu unseren Füßen entdecken. Der mit verrottetem Laub bedeckte Boden birgt die schlimmsten Überraschungen, die man nur aus allernächster Nähe entdeckt. Eines

Tages bückte ich mich und wurde beinahe von einer großen Migale geblendet – einer Spinne, die zwei Meter weit springen kann, sich nun von mir bedroht fühlte und die giftigen Haare ihrer kräftigen Beine gegen den Störenfried schleuderte. Weniger Glück hatte ich dagegen mit einer *24 oras,* einer großen einzelgängerischen schwarzen Ameise (*Paraponera clavata*). Sie ist nur zwei, drei Zentimeter lang, jedoch mit kräftigen giftigen Kinnladen ausgestattet und hat ihren Namen der Wirkdauer ihres schrecklichen Giftes zu verdanken. Als ich von einer dieser Ameisen zufällig in den Daumen gebissen wurde, spürte ich sofort ein scharfes Brennen; nach wenigen Minuten begann dann ein immer heftigerer Schmerz, der von der getroffenen Stelle ausstrahlte und allmählich den ganzen Arm lähmte. Blitzschnell breitete sich das Gift in die Lymphdrüsen des Halses, der Achselhöhle und der Leiste aus. In diesem Zustand verharrte ich betäubt mehrere Stunden, bis die Wirkung langsam nachzulassen begann – aber es dauerte zwei Tage, bis alle Symptome abgeklungen waren.

Dennoch hat dieses furchtbare grüne Universum auch eine freundliche Seite, zu der zum größten Teil die Blumen gehören. Die Natur hier bietet sie zwar nicht im Übermaß, sie sind jedoch ganz besonders schön und geheimnisvoll. Dazu zählt eine Unterart der fleischigen, zarten Bergorchideen, die – soweit ich weiß – den Botanikern bis heute nicht bekannt ist.

In diesen Gegenden gibt es eine große Anzahl giftiger Schlagen. Oft genug wich ich der kleinen fürchterlichen *mapanáre* aus; dagegen näherte ich mich fast bis auf Handbreite der wunderschönen *uíddi,* die wie eine rote Flamme aus dem dunklen Unterholz leuchtet. Eines Tages hatte ich sogar Gelegenheit, mit einer mächtigen, aber harmlosen *culebra cazadora* zu »spielen«. Es war ein großes Exemplar, das entschlossen züngelnd losschnellte; doch je mehr ich es mit den Bewegungen der Kamera in die gewünschte Richtung zu dirigieren versuchte, um so mehr versteifte sich das Reptil darauf, zwischen meinen Beinen durchzugleiten. Ich revanchierte mich mit ein paar wirklich außergewöhnlichen Nahaufnahmen.

Doch die furchteinflößendste Begegnung war die mit einer seltenen *cuáima piña,* der größten der in diesen Wäldern lebenden

Klapperschlangen, die höchstwahrscheinlich zur Spezies *Lachesis mutus,* dem »Schrecken der Wälder«, gehört, die die Brasilianer auch *surucucú* nennen. Es war an derselben Stelle, an der wir vor sechs Jahren ein paar Affen, die uns von den Bäumen herab bespitzelten, abschießen mußten, um unseren Hunger zu stillen. Wir häuteten sie und kochten sie ohne jede weitere Zutat in einem Topf, da wir nicht einmal mehr Salz hatten; doch war unser Hunger so groß, daß uns dieses fade gekochte Fleisch vorzüglich mundete. Diesmal haben unsere Makiritares gerade zwei Nabelschweine geschossen und damit dafür gesorgt, daß wir für einige Tage vorzüglich zu essen haben.

Die Gruppe hat also das Gepäck abgesetzt, und alle häuten und zerlegen ihr eigenes Stück Schweinefleisch und wickeln es in grüne Blätter, während es erbittert von Fliegen umkämpft wird, die durch den Geruch des frischen Fleisches angelockt worden sind. Nun drehen wir Lianen zusammen, verschnüren damit die einzelnen Bündel und verteilen die Lasten neu. So vergeht eine halbe Stunde. Wir wollen uns gerade wieder auf den Weg machen, als ein Waika auf mich zuläuft und mir aufgeregt Zeichen macht, ihm zu folgen. Ich gehe mit ihm, und natürlich kommen auch die anderen Indios hinter mir her: Nur sie haben wirklich begriffen, worum es sich eigentlich handelt. Ein paar Dutzend Meter weiter liegt nämlich – gut durch das Dickicht getarnt – zusammengerollt eine gräßliche, große gelblichgraue Schlange mit schwarzen Flecken, die die Eingeborenen sofort als die besonders gefürchtete *cuáima piña* identifizieren. Sie erklären mir, während Gonzales simultan übersetzt, daß das Reptil über ein Gift verfügt, das fast augenblicklich tötet, und mit der Wut eines verwundeten Raubtiers zum Angriff übergehen kann. Die Einheimischen töten die Giftschlangen gewöhnlich, doch vor der *cuáima piña* haben sie dank zahlreicher Legenden, die von dieser Klapperschlange überliefert sind, eine heilige Scheu. Die Schlange liegt unbeweglich da, den Kopf über ihre Windungen gelegt, und fixiert uns drohend. Sie kann einem wirklich Furcht einjagen. Sie ist massig, hat eine rauhe Haut und mißt etwa zweieinhalb Meter. Es fällt mir auf, daß sie vollkommen mit dem Gelände verschmolzen ist und daß man leicht über sie stolpern könnte, ohne sie auch nur zu sehen. Ich möchte mir nicht die Gelegenheit entgehen lassen, von diesem seltenen Tier ein paar Fotos zu schießen. Hackett schlägt vor, sie mit einem Gewehrschuß zu erlegen, aber ich bin dagegen. In der Nähe liegt ein mächtiger umgestürzter Baumstamm. Ich steige hinauf und nähere mich auf diesem günstigen »Gefechtsstand« dem Reptil vorsichtig bis auf ein paar Meter. Ich kann es nicht mit dem Teleobjektiv fotografieren, weil ich zu wenig Licht habe, daher kehre ich zu den Indios zurück und mache ihnen begreiflich, daß ich eine große Stange brauche. Sie bringen sie mir. Ich spitze sie an der kräftigeren Seite wie eine Lanze zu und steige, gefolgt von einem Waika, wieder auf den Stamm. Die anderen, denen mein Plan inzwischen klargeworden sein dürfte, murmeln mißbilligend und machen nervöse Gesten, während John und Edgardo mich mit aufgerissenen Augen beschwören umzukehren. »Nimm das Gewehr!« schreit mir Hackett zu und zeigt auf den Makiritare, der es in der Hand hält. Vorsichtig, ganz, ganz langsam hebe ich die Stange und richte sie mit der Spitze gegen die Schlange, die immer noch zusammengerollt und erschreckend in ihrer Starrheit daliegt. Der Stoß muß wie ein Harpunenschuß entschlossen und genau gezielt plaziert werden, um ihren Leib zu durchbohren und am Boden festzunageln. Ein Fehler und ... nein, lieber nicht daran denken! Nun schleudere ich den Stab und gebe ihm mit großer Kraft noch einen letzten Schub. Das Ungeheuer schnellt wie eine Stahlfeder auseinander, und einen Augenblick lang weiß ich nicht, ob das Unternehmen geglückt ist oder ob das Reptil nun auf mich losgeht ... Geschafft! Die *cuáima piña* ist einen Meter vor der Schwanzspitze durchbohrt, zuckt aber so sehr, daß man meinen könnte, sie wolle sich den Leib zerreißen, um über ihren Henker herzufallen. Jetzt übergebe ich den Stab dem Waika, der mir am nächsten steht, und während er die Schlange festhält, so daß sie sich nicht von der Stelle rühren kann, springe ich vom Stamm. Behutsam nähere ich mich der wild gewordenen *cuáima piña* auf weniger als einen Meter. Natürlich ist die Sache noch immer ein wenig riskant, doch das, was ich durch den Sucher der Kamera sehe, ist unvergleichlich. Das Ungeheuer streckt sich mehrere Male, um anzugreifen, doch da es mich nicht erreichen kann, stürzt es sich auf die Stange, die es festhält, und entleert an ihr sein Gift.

Schließlich waren wir am Fuß des großen Marahuáca angekommen, bis an seine extrem hohen Felsenbastionen, die mir bereits vertraut waren. Wir mußten sie nun geduldig rechts umgehen und uns über die steilen Grate, die unwahrscheinlich dicht mit Vegetation bedeckt waren, mit den Macheten einen Weg bahnen, bis sich – doch wir wußten nicht, ob überhaupt und an welcher Stelle – zwischen diesen unermeßlichen Felsmassen ein tiefer Torweg öffnete, der uns in das »schwarze Tal« führen würde.

Wir beginnen die schwierige Umgehung, die sich bald als harte Bewährungsprobe nicht nur für die Muskeln, sondern auch für die Moral erweist und deshalb alle unsere Reserven angreift. Wir befinden uns nun in tausendfünfhundert Metern Höhe, und die Kälte fordert zusätzlichen Tribut, vor allem nachts. Wolkenmassen und Wald bilden eine Einheit. Wir sind ständig von Schwaden eingehüllt, der Regen prasselt fast ununterbrochen Tag und Nacht. Von den hohen Bergrutschen, die sich im Nebel verlieren, stürzen tosende Wasserfälle. Wir sind permanent durchnäßt. Ein Waika ist erkrankt. Für die nächtlichen Biwaks suchen wir uns möglichst Felshöhlungen aus, die nicht nur guten Schutz bieten, sondern fast immer auch eine Geländestufe aufweisen, die ausreicht, um die Pfähle für unsere Hängematten aufzurichten.

Der Zeitbegriff schrumpft in diesem tyrannischen Zugriff der jungfräulichen Natur, wenn man sich vom Morgengrauen bis zum Abend durch das nasse, faulige Gewirr des Bergurwalds schleppt. Langsam bewegen wir uns zwischen Felsrücken und tiefen Labyrinthen, die uns zu langen und umständlichen Umwegen zwingen, durch dichten Nebel und Regengüsse, die ebenso häufig sind wie die Tropenfieberattacken, die uns heimsuchen. Wasser und Vegetation – es scheint in dieser Welt nichts anderes zu geben.

Um unter diesen Umständen vorwärts zu kommen, müssen wir über ausgesetzte Vorsprünge balancieren, mit gekrümmten Wurzeln und klebrigen Ranken kämpfen; zudem werden wir von tückischen Ästen mit hakenförmigen Dornen gepeitscht. Die Anstrengung, die wir auf uns nehmen müssen, spottet jeder Beschreibung. Die Waikas und Makiritares folgen uns gottergeben; auch sie sind infolge der anhaltenden Entbehrungen verstummt. Doch was für eine Kondition müssen diese Männer haben, um so schutzlos dieser feindlichen Umwelt trotzen zu können, in der man den Eindruck hat, daß der Mensch hier lediglich ein Eindringling ohne jede Existenzberechtigung ist? Offenbar gilt auch für sie das Gesetz, daß es nur die Stärksten und Dickköpfigsten schaffen, sich hier durchzusetzen. Hunger, Kälte, Nässe und die Anstrengungen der letzten Tage haben auch sie auf eine harte Probe gestellt; und doch strahlen ihre Gesichter, ihre dynamischen und gleichzeitig sanften katzenhaften Züge eine ungebrochene Kraft aus, eine bedingungslose und totale Vertrautheit mit diesem brutalen Dschungel, der sie seit jeher zu dieser wilden Lebensform zwingt. Es bleibt nur die Feststellung: Das, was diese Männer zu leisten imstande sind, wird uns zu Hause nicht beigebracht, und deshalb wird es uns auch nicht gelingen, es jemals zu erlernen.

Wir sind inzwischen ziemlich am Ende. Der Fleischvorrat ist aufgebraucht, und in dieser Höhe gibt es kein Wild mehr, das man erlegen könnte. Wir stellen uns eine Frist von achtundvierzig Stunden, nach der wir umkehren werden, wenn sich nichts Erfolgversprechendes ergibt. Wir kommen nun nur noch mit erbitternder Langsamkeit vorwärts, tastend, zuweilen in fast völliger Dunkelheit; wir sind wie die Tiere, die ihre Nahrung im Dickicht suchen. Wir bewegen uns über immer abschüssigere Abhänge, durch verrotteten Matsch, gewundene Kletterpflanzen, mit Wasser vollgesogene Moospolster, die unter unserem Tritt nachgeben, und holprige Wurzeln, die die Schneide der Macheten stumpf machen. Wenn wir uns einbilden, daß wir nahe am Ziel sind, klettern wir auf den höchsten Baum, um die Gegend zu inspizieren, doch nichts, was auch nur irgendwie nach dem »schwarzen Tal« aussieht, taucht in unserem Gesichtskreis auf – auch nicht nach gut zwei Tagen, die wir sogar noch an die gesetzte Frist angehängt haben. Nun fühlen wir uns eingeschlossen und verloren in einer beängstigenden Weite, die zeitlos und jenseits jedes menschlichen Maßes existiert – als würden wir degradiert von etwas Geheimnisvollem, das nicht zu greifen, aber um nichts weniger feindlich und bedrohlich ist. Uns wird klar, daß es völlig sinnlos ist, weiter vorzudringen, welche Anstrengung wir auch unternehmen, und uns drängt sich das unangenehme Gefühl auf, daß uns ein uralter, noch immer wirkender Zauberbann daran hindern wird, jemals wieder aus diesem Gefängnis herauszukommen. In diesem Gemütszustand und jämmerlich naß, steif, erschöpft und stumm wie die Schlangen verkörpern wir nichts anderes mehr als die absolute Niederlage.

Wir geben unsere Halsstarrigkeit auf, begraben unsere ehrgeizigen Hoffnungen und machen uns mit letzter Kraft auf den Rückweg.

REISENOTIZEN: BEI DEN NATURVÖLKERN

1972 und 1974

IN DER WELT DER PYGMÄEN

Wie in der Strömung eines Flusses gibt es auch in der Evolution des Menschen ruhige »Abschnitte« – ganz wie jene Einbuchtungen, in denen das Wasser von der Gegenströmung zurückgehalten wird und dann zwar weiterfließt, aber viel später als die anderen. In Afrika werden solche »Stauungen« von den Pygmäen repräsentiert, die mit den Buschmännern zu den ältesten Stämmen der menschlichen Rasse gehören und sich ihre »primitiven« Eigenarten dank ihrer geographischen Isolation bewahrt haben. Die Pygmäen und die Buschmänner gehörten ohne Zweifel zu den ersten Bewohnern Afrikas, die an der Evolution teilhatten und nicht wie zum Beispiel der Rhodesiamensch ausstarben. Sie bewohnten einen großen Teil des Kontinents, doch die Einwanderungswellen anderer Rassen und deren Überlegenheit zwangen sie, sich immer mehr zurückzuziehen und in weniger zugängliche Regionen zu flüchten. Und so kommt es, daß die Pygmäen gegenwärtig – wir schreiben das Jahr 1972 – in kleinen Gruppen mitten im tiefsten Urwald um den Äquator leben, ihre Rasse beinahe rein erhalten und ihre Sitten und Gebräuche auf fast steinzeitlichem Stand bewahren können.

Die größte Dichte der Pygmäen, die über das riesige Kongobecken verstreut sind, findet sich im Urwald um den Ituri. Diese kleinen Vorfahren des modernen Menschen nennen sich BaMbuti; es handelt sich um drei Clans – Efe, Basua und Akra –, deren jeder wiederum in »Ernährergruppen« aufgeteilt ist, die ihrerseits aus großen Familienverbänden bestehen. Als echte Kinder des Waldes sind die Pygmäen nomadische Jäger und Sammler der Früchte, die sie gerade vorfinden. Sowohl vom Rassenprofil als auch von ihren Sitten her haben sie nichts mit den schwarzen Bantuvölkern und den Sudanesen zu tun, von denen sie umgeben sind und mit denen sie sich vor undenklichen Zeiten in einer Art Symbiose arrangiert haben. Zum Beispiel setzen die Bantu die BaMbuti zur Jagd und anderen Dienstleistungen ein und geben ihnen dafür landwirtschaftliche Produkte und eiserne Gegenstände aus ihrem Besitz. So leben sie am Saum des Urwaldes praktisch zusammen, und einer ist vom anderen abhängig.

Um zumindest ein grobes Bild von den Pygmäen zu gewinnen, muß man wissen, daß sie im Durchschnitt einen Meter vierzig messen. Sie haben kurze Beine, die nicht ganz zu ihrem muskulösen und wendigen Körper passen wollen – jenem perfekten »Gerät«, das es ihnen erlaubt, sich im Gewirr des Waldes zu bewegen und dort zu jagen. Sie haben eine stumpfe Nase, die fast so breit wie der Mund ist, und lebhafte Augen mit freiem, offenem Blick. Sie sind fast durchwegs sehr behaart, und ihre Haut hat die Farbe von geröstetem Kaffee; die meisten von ihnen tragen einen primitiven Lendenschurz aus weich gegerbter Rinde. Außerdem sind die Pygmäen auch noch ziemlich gerissen und erfinderisch.

Die Stammesorganisation der Pygmäen ist lediglich rudimentär zu nennen und basiert auf dem Animismus; meist haben sie sie den in der Evolution höher stehenden Nachbarn abgeschaut. Ihre am meisten entwickelte soziale Einheit ist die Familie. Sie sind für sentimentale Regungen fast unempfänglich, alles ist für sie im wesentlichen praktischer Natur; dennoch lieben sie ihre Kinder über alles. Sie halten kein Haustier außer dem Hund. Ihnen ist praktisch keine Vorstellung von Zeit gegeben, und sie halten auch nichts davon, irgendein Unternehmen vorauszuplanen: Sie leben von Tag zu Tag. Ihr Totenkult fußt eher auf Angst denn auf Verehrung; sie haben jedoch einen instinktiven Respekt vor dem Alter, der Weisheit und jägerischen Fähigkeiten. Alles in allem sind sie von gutmütigem und heiterem Gemüt, obwohl sie sich leicht von kindlichen Impulsen hinreißen lassen; dann geben

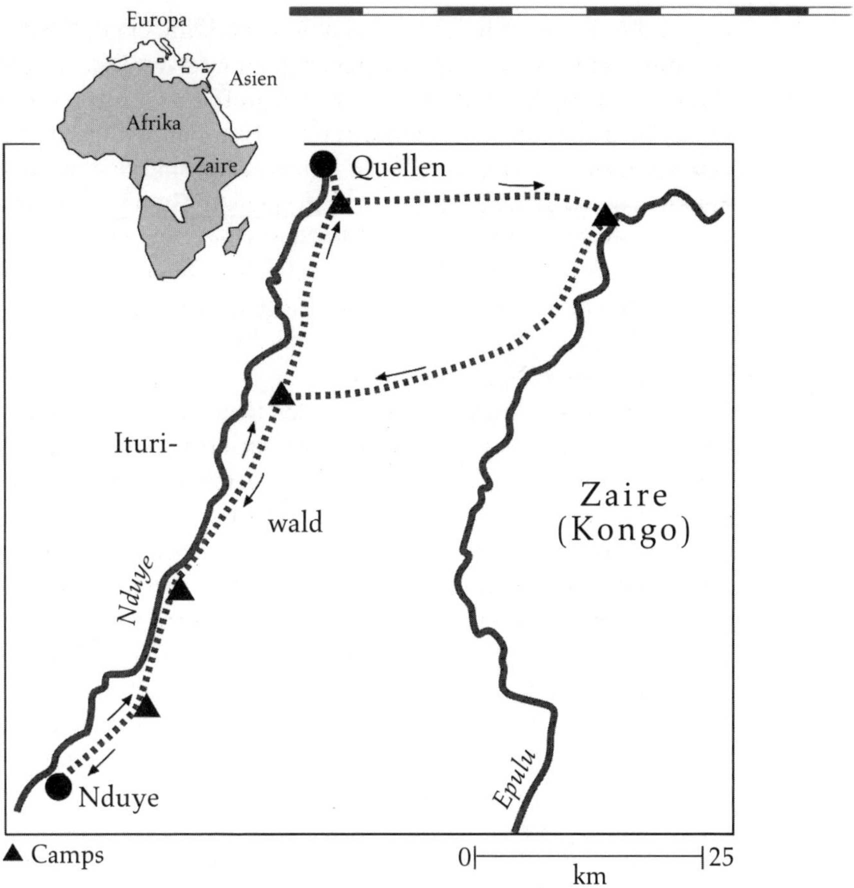
Europa
Asien
Afrika
Zaire
Quellen
Ituri-
wald
Zaire
(Kongo)
Nduye
Nduye
Epulu
▲ Camps
0
25
km

sie sich zum Getrommel der Tamtams wilden rhythmischen Tänzen hin, die sie mit klagenden Gesängen begleiten. Nur selten praktizieren sie die Inzision, bei der sie tiefe Einschnitte in die Haut vornehmen und die Wunden in der Phase des Abheilens erneut reizen, so daß Narben in Form von auffälligen geometrischen Erhöhungen entstehen. Sie ziehen es vor, den Körper mit roten und dunklen Anilinfarben in komplizierten Arabeskenmustern zu bemalen. Doch der größte Unterschied zwischen den Pygmäen und den anderen afrikanischen Völkern liegt in ihrer Stärke und ihrem Talent: natürliche Anlagen, über die der Mensch bereits von Anfang an verfügt haben muß, um in dieser urtümlichen und feindlichen Welt nicht unterzugehen. Dank dieser Qualitäten konnten sie sich im Lauf der Zeit die Umwelt nach ihren Bedürfnissen anverwandeln. Diese fabelhaften Primitiven, die Unbilden aller Art ausgesetzt sind, haben sich bewundernswerte Fähigkeiten angeeignet – oder besser gesagt, sie haben gewisse natürliche Gaben niemals einschlafen lassen. So können sie sich behaupten und den tausend Fallen und Gefahren in diesen unwirtlichen Urwäldern trotzen, in denen ein zivilisierter Mensch keinerlei Überlebenschancen hätte und innerhalb kürzester Zeit sterben würde. Das vor allem fasziniert mich und treibt mich zum entlegenen Ituri, um diese letzten Zeugen jener alten Werte kennenzulernen, die die Triebfeder der Zivilisation waren.

Ich denke, daß es nicht genügt, sich ihre Sprache anzueignen und sich Monate oder Jahre in ihren Dörfern niederzulassen und ihr Verhalten zu studieren, um das Wesen dieser Urbewohner wirklich zu erfassen. Es reicht nicht aus, ihren Körper und Schädel zu vermessen und sich passiv ihre Geschichten erzählen zu lassen oder sich selbst ihren Stammesriten zu unterziehen – ohne jemals wirklich das Gefühl der eigenen »Überlegenheit« abzulegen, jener tatsächlichen oder auch nur eingebildeten Präpotenz, die dem Eingeborenen häufig als Schwäche oder Merkwürdigkeit erscheinen und über die er sich sogar amüsiert. Für diese Feldstudien ist natürlich bis zu einem gewissen Grad eine wissenschaftliche Methodik nötig, und doch können gesuchte Konstruktionen, Verzerrungen und Unzulänglichkeiten die natürliche Art der Existenz des Ureinwohners auch verfälschen. Ich glaube, daß man die üblichen Schemata hinter sich lassen muß, um den primitiven Menschen besser begreifen und sich seinem wirklichen Wesen ungezwungener nähern zu können – vor allem mit Argumenten, die *ihm* verständlich sind.

Das beste Mittel, um in relativ kurzer Zeit eine direkte Beziehung zu schaffen, die uns und die Eingeborenen auf eine Ebene stellt, scheint mir über die Begegnung hinaus eine Unternehmung, die beide Parteien zu gleichen Teilen einbezieht, das heißt mit demselben Einsatz. Das bedeutet in meinem Fall, im Urwald ein Abenteuer mit den Eingeborenen zu erleben, aber unter ihren Bedingungen, die allen dieselben Notwendigkeiten und Risiken auferlegen. Gerade unter diesen Voraussetzungen gelingt es vielleicht, einen echten Kontakt mit ihnen herzustellen, der so weit wie möglich die Unterschiede ausgleicht, die ohne Zweifel zwischen Menschen verschiedener Kulturstufen bestehen. Nur das, glaube ich, erlaubt einen wechselseitigen Austausch von Erfahrungen, also ein wirkliches Kennenlernen. Und genau das will ich am Ituri versuchen.

Wir schreiben den 5. Juni 1972. Ich komme in der katholischen Mission von Nduye an, einer einsamen Ortschaft an der einzigen befestigten Straße, die von Süd nach Nord am Rand des Ituriwaldes vorbeiführt, der zum großen Teil noch aus Urwald besteht. Die italienischen Missionare suchen mir für meine Expedition einen Bantu-Dolmetscher aus, der auch gut zu Fuß sein muß; sie bestimmen auch zwei Pygmäen, die sich – wiewohl seit der »Domestikation« durch die Mission etwas faul und durchtrieben geworden – noch das Gespür für den Dschungel bewahrt haben. Obwohl sie in den Augen ihrer Brüder wohl etwas korrumpiert erscheinen, sind sie doch das beste Bindeglied zwischen mir und den Pygmäen im Urwald, mit denen ich meine Erfahrungen machen will.

Ich wähle als Aktionsgebiet die unerforschten Quellen des Nduye. Dieses Ziel ist in Wahrheit nur ein Vorwand, um mit den Pygmäen etwas Konkretes zu unternehmen, das bei mir wie auch bei ihnen die verborgensten Fähigkeiten und Schwächen zum

Vorschein bringen kann. Vor allem aber kann unser Zusammenleben dazu dienen, uns gegenseitig zu offenbaren, wer wir wirklich sind und was wir in unserem Innersten fühlen. Ich werde also vom Nduye bis zu den noch abgelegeneren Ufern des Epulu vordringen. Es wird ein Marsch von etwa vierhundert Kilometern in den Nordosten des Ituri werden; er wird uns auf einer Route, die ein Dreieck beschreibt, mitten durch den dichtesten und sumpfigsten Urwald führen. Dafür sind zwölf Tage vorgesehen. Wir werden ein Minimum an Lebensmitteln als Vorrat mitnehmen und unser Lager zunächst in den vereinzelten Dörfern aufschlagen, die am Anfang unseres Weges liegen; dann, wenn sie dem dichten Dschungel weichen, werden wir einen Unterschlupf für die Nacht improvisieren müssen.

Nach Beendigung dieser Reise werde ich mit Fug und Recht sagen können, daß die Pygmäen sich als die außergewöhnlichsten Menschen erwiesen haben, denen ich jemals begegnet bin. Es mag schon der Hinweis genügen, daß sie sich im Gewirr der Vegetation bewegen, ohne auch nur einen Zweig zu knicken, zuweilen völlig lautlos und mit derselben Leichtigkeit, mit der wir über eine Wiese gehen. Außerdem sehen sie alles, »erfassen« alles, sei es nun mit dem Gehör oder mit dem Geruchssinn. Sie gehen nicht, sie laufen, sie laufen immer, unermüdlich, und durchqueren unbeschädigt auch das dornigste Unterholz. Im Zusammenleben mit ihnen fühlt man sich wirklich wie ein schwerfälliges Wrack und erhält den klaren Beweis, wie weit wir »Zivilisierten« uns von Mutter Natur gelöst und wieviel wir an körperlicher Energie, Intelligenz – Kultur steht auf einem ganz anderen Blatt –, Weisheit und Heiterkeit eingebüßt haben. In all der Zeit, die ich bei ihnen verbrachte, habe ich selbst in unvorhergesehenen Situationen und bei Mißgeschicken niemals erlebt, daß ein Pygmäe nervös wurde oder in Wut geriet. Man muß sich also die Frage stellen, aus welchen Gründen wir Fortgeschrittenen all diese Gaben verloren haben. Vielleicht nur aus jenem trügerischen »Hochgefühl« heraus, für das in Wirklichkeit jeden Tag weniger Grund besteht? Doch die Pygmäen sind in gewisser Hinsicht auch unberechenbar und unbeständig. In einem Moment scheinen sie mit einem netten

Lächeln auf den Lippen ohne einen bestimmten Anlaß alle nur denkbare Feinfühligkeit an einen zu verschwenden, nur um einem im nächsten Augenblick gleichgültig, stumm und ohne auch nur einen Finger zu rühren zuzuschauen, wie man verzweifelt versucht, tückischem Treibsand zu entkommen. Ist das Fatalismus oder übertriebenes Vertrauen in unsere Fähigkeiten? Wenn sie auf dem Weg ein Bienennest entdecken, auch wenn es sich in der Krone eines hohen Baumes befindet, kann sie in ihrer Gier nach dem Honig nichts und niemand daran hindern, an den geschmeidigen Lianen mit unglaublichem Geschick hinaufzuklettern, ohne sich dabei im geringsten um die Stiche der Bienen zu kümmern. Die einzigen Gegenstände, die sie besitzen und von denen sie sich nie trennen, sind Bogen, Pfeile, ein Speer und – aber den haben nicht alle – der *umuhoro*: eine Art eiserne, grob geschmiedete Hippe, eigentlich das einzige Instrument, das sie der Zivilisation entliehen haben. Nahrung liefert ihnen der Wald. Während der Nacht wärmen sie sich an einem Feuer, das sie anzünden, indem sie zwei Hölzchen aneinanderreiben. Die Hütte wird rasch aus ein paar mit ausladenden Blättern bedeckten Zweigen von Pfahlwurzelgewächsen errichtet. Sie behandeln sich mit Heilpflanzen, und aus den Produkten des Waldes bereiten sie auch die Gifte für die Jagd. All ihre Ressourcen finden sie hier – und sie reichen aus, daß der Pygmäe frei und fröhlich in seinem Urwald leben kann.

Doch was bedeutet der Urwald um den Ituri für denjenigen, der kein Pygmäe ist? Diese Mauer unerschöpflicher und üppiger Vegetation hat durchaus Ähnlichkeit mit den großen Wäldern des Amazonasgebiets und Indonesiens. Feucht, heiß, unbewegt, von dichten, geheimnisvollen Schatten erfüllt, fast ohne Lufthauch und von stinkenden Sümpfen durchsetzt, ist dies alles in allem eine abgeschlossene Urwelt, in der sich das pflanzliche Leben seit den frühesten Zeiten ohne große Veränderung in einem ewigen Kreislauf bewegt. Zwischen einem Gewitter und dem nächsten versinkt der Wald in Schweigen, das zuweilen quälend wirkt und nur von den tausend beunruhigenden Geräuschen wilder Tiere unterbrochen wird. Mücken und zahllose andere Insekten erfüllen die Luft, während bei jedem Schritt Hunger, Fieber und Tod drohen.

Das Vordringen im Urwald ist äußerst mühsam, aber das weiß ich bereits. Wundervolle Pflanzen, die der Stolz jedes Treibhauses wären, umschlingen, peitschen und blenden uns und machen uns fast schwindlig. Häufig handelt es sich um spitze, scharfe, klebrige Pflanzen mit Nesselfäden, bedeckt mit schrecklichen *tíí*-Ameisen, Zecken, winzigen Spinnen und weiteren Insekten aller Arten, die aus dem Pflanzenlabyrinth, durch das wir unseren Weg bahnen, auf uns zuschießen und uns mit ihren giftigen Stichen quälen. Doch mitunter genügt auch die bloße Berührung mit der Haut, um brennende Pusteln hervorzurufen. Dann gibt es Tausende Wurzeln und schlüpfrige Lianen, durch die man sich hindurchwinden muß, um vorwärts zu kommen, und eine Unmenge umgestürzter Bäume, die bisweilen so groß wie ein Lastzug sind und umgangen oder erklettert werden müssen. Durch den Tau ist der Wald noch mehr als durch den Regen ständig naß und tröpfelt: Wir sind den ganzen Tag über durchgeweicht. In den Senken, besonders auch in den Spuren der Elefanten, versinkt man bis zum Knöchel und manchmal bis zum Knie im Schlamm. Nach einem Gewitter treten die Flüsse häufig über die Ufer, überschwemmen den Wald über ganze Kilometer und zwingen uns, äußerst schwierige Furten zu durchwaten. Kleine oder große, giftige oder harmlose Schlangen gibt es fast überall; die gefährlichsten sind die kleinen, die man nur allzu leicht übersieht. Doch es gibt auch die Schwarzen Mambas und die aggressiven *naja*, eine Kobraart, die so dick wie das Handgelenk eines Menschen ist. Im dämmrigen Wald kann man sie leicht für eine Wurzel oder eine Liane halten; dann fühlen sie sich bedroht, richten sich schlagartig auf und speien einem womöglich ihr tödliches Gift in die Augen.

Es hat den Anschein, als wimmelte es auch in den Flüssen von äußerst giftigen Wasserschlangen. Als wir eine Furt durchwateten, spürte ich plötzlich, daß sich ein rauher Körper unter meinem nackten Fuß hin und her bewegte; ein rascher Sprung zur Seite war möglicherweise meine Rettung. Wenn man an den wenigen Stellen des Waldes kommt, zu denen ein paar Sonnenstrahlen vordringen, möchte man sofort wieder flüchten: Die schwüle Temperatur wirkt erstickend und hüllt einen wie Dampf aus einem

Kochtopf ein. Im feuchten Unterholz ist die Vegetation dagegen so dicht, daß man sich mit dem ganzen Körpergewicht dagegenwerfen muß, um durchzukommen. Anderes, harmlos wirkendes Reisig umklammert einen bei einer kurzen Berührung mit seinen Windungen; man muß es deshalb vorher erkennen, um keine Verletzungen davonzutragen. Die Pygmäen sind natürlich auch darin Meister. Klein, wie sie sind, und mit katzenhaften Bewegungen dringen sie rasch überall vor; ich selbst jedoch, viel größer und weniger flink, laufe mir unter tausend Foltern die Beine aus dem Leib, um mit ihnen Schritt zu halten. Das also ist die Welt der Pygmäen, eines der letzten Paradiese dieser Erde, das für uns durch den Verlust unserer einstigen Fähigkeiten zur Hölle geworden ist.

Unter den vielen Lektionen, die ich dort gelernt habe, erinnere ich mich besonders an eine Nacht, in der unser Camp von einem Orkan heimgesucht wurde. Ich lag in meiner Hängematte, die zwischen zwei belaubten Bäumen angebunden war; darüber hatte ich als Dach eine wasserdichte Leinwand befestigt. Ungefähr fünfzehn Meter entfernt befand sich der Unterschlupf meiner Pygmäen, den sie kurz vor Einbruch der Nacht unter einem großen Baum errichtet hatten. Es war ein runder *cámbi*, die typische Hütte, die sie in weniger als einer halben Stunde aus biegsamen gekreuzten Zweigen aufgebaut und mit breiten festen *nghilípi*-Blättern verbunden hatten. Sie sah wie ein grüner Iglu aus, und sieben Männer waren darin um ein kleines Feuer gekauert, das sachte vor sich hin züngelte. Ein einziges Mal, zu Beginn unserer Reise, hatte ich einen von ihnen über zwei Hölzchen gebeugt überrascht, die er emsig und beharrlich aneinanderrieb. Wie durch ein Wunder war ein dünner Rauchfaden aufgestiegen: Er hatte damit das Feuer entzündet, das die ganze Reise über nicht ausgehen sollte. Von diesem Tag an fungierte nämlich – wo immer wir uns auch befanden und wohin wir auch wanderten – immer einer von ihnen als Feuerträger. Das Feuer bestand aus einem schwelenden Holzscheit, auf das der Mann ab und zu blies, um die Glut anzufachen. Die Nacht war also über einem pechschwarzen Himmel hereingebrochen, und die Luft war noch unbewegter und stickiger als sonst. Als sich der Wind erhob und die Kronen der Bäume zu schütteln begann, gab es keinen Zweifel, daß sich ein Gewitter zusammenbraute; doch es verging noch längere Zeit, bis der erlösende Regen fiel. Und in dieser langen Zeitspanne offenbarte sich die Gefahr, die mir schließlich angst zu machen begann. Die Kronen und die Zweige schüttelten sich immer heftiger über mir und schienen verrückt zu spielen; und schon ertönte das erste trockene Knacksen, gefolgt von langanhaltendem dumpfem Krachen, das dann katastrophale Ausmaße annahm, als die großen, altersschwachen Bäume in der Ferne auf den Boden stürzten und ihn wie bei einem Erdbeben erzittern ließen. Ich war von der Furcht vor dieser Gefahr, gegen die ich mich nicht wehren konnte, wie betäubt, entschloß mich jedoch erst, die Hängematte zu verlassen, als der Wind in die tieferen Regionen der Vegetation eindrang und die schützende Leinwand zerriß. Das geschah gleichzeitig mit dem ersten Platzregen, dem sofort ein gleißender Blitz folgte. Ich stürzte zum Iglu meiner Freunde und blieb, zwischen ihren Körpern zusammengekauert, bis zum Morgen liegen. Unglaublich: Dieser Unterschlupf aus Blättern, der so hinfällig wirkte, hielt der Wut des Orkans aufs vortrefflichste stand.

In einer anderen Nacht hatte ich in meiner Hängematte, die den Winden schutzlos ausgesetzt war, zu wiederholten Malen das Gebrüll von Löwen gehört. Es war das erstemal, daß mir die Anwesenheit von Löwen im Dickicht des Urwaldes bewußt wurde. Es überraschte mich. Doch in diesem Flußgebiet – das fand ich schnell heraus – öffnen sich in der Nähe der Quellen weite Savannen, in denen Büffel und Antilopen leben; daraus erklärt sich also auch die Anwesenheit der Raubtiere.

Von meinen sieben Gefährten, den Söhnen des Waldes, war einer ganz besonders sympathisch und lebhaft. Er hieß Kéenghe und vereinte in sich alle Qualitäten seines Volkes. Ich war ihm während einer Rast in Ngulù begegnet, der letzten festen Niederlassung vor dem Labyrinth des großen unbewohnten Dschungels. Mager, kräftig, mit lebhaften und äußerst beweglichen Augen stand er kerzengerade mit einem Speer in der Faust da, während die andere Hand einen kleinen Bogen und ein paar Pfeile festhielt.

Dicht über dem Ansatz der kurzen wolligen Haare hatte er eine geschmeidige breite Pflanzenrinde um den Kopf gewunden. Sie fiel ihm über beide Schultern und hielt eine stattliche Ananas fest, die von seinem Rücken baumelte. Als Lendenschurz trug er ein kleines Dreieck aus gelbem Stoff mit großen roten Blumen – zweifellos der Rest eines Frauenkleides, an das er irgendwie gekommen sein mochte. Ich schaute ihn wegen dieser großen Ananas, die auf seinem Rücken ein wenig verloren wirkte, belustigt an. Doch das Vergnügen und Staunen, das ich offenbar in ihm hervorrief, schien nicht geringer zu sein. Das deutete zumindest sein breites Lächeln an. Es war das Zeichen einer wortlosen Absprache zwischen uns, dem ich entnahm, daß er bereit war, mir in den Dschungel zu folgen. Von diesem Tag an heftete sich Kéenghe wie mein Schatten an meine Fersen und drängte sich in unserem kleinen Zug zwischen mich und Augustin, den zuverlässigen Dolmetscher. Und so war der Träger des Feuers, der Räuber des wilden Honigs und der erste, der sich an jedem Rastplatz an den Aufbau des Unterschlupfs machte, immer er, Kéenghe. Und wenn ich ihn neugierig nach dem Namen des Vogels fragte, der eben an uns vorbeigeschwirrt war, antwortete er mir feierlich: »Vogel.«

Obwohl wir uns vorwiegend pantomimisch verständigten, wuchs Tag um Tag das Einverständnis mit Kéenghe, aber auch mit dem alten Angàli, der ein Röckchen aus dicker Baumrinde trug, sowie mit Kitábuembí mit den spitz zugeschliffenen Schneidezähnen. Und so war es auch mit allen anderen, von denen jeder ganz eigene Qualitäten besaß. Wir konnten uns einander mit Gesten und Taten immer besser mitteilen, doch vor allem waren wir durch dieselben Bedürfnisse und Impulse wie Hunger, Müdigkeit, unvorhergesehene Situationen, Angst, Freude und Heiterkeit miteinander verbunden. Jeder sammelte während des Marsches irgend etwas: Beeren, kleine Beutetiere, Pilze, Wurzeln, Blätter, die man rauchen konnte; und am Abend wurde am Feuer alles gerecht verteilt und verzehrt. Der Honig wurde dagegen gierig im Stehen gegessen, da, wo man ihn gerade gefunden hatte – und es war ein herrlicher Anblick, wie sie so mit Behagen an den Waben knabberten, die ihn enthielten. Und abermals war es Kéenghe, der mit dem Schrei »Rrrr! Iooo!« das Zeichen für eine kurze Rast gab. Er war derart lebhaft, daß er unmittelbar nach dem Halt – wenn es das Gelände erlaubte – glücklich einen Handstand machte und auf den Händen im Kreis lief. Und nachdem er sich wie ein Tier beim ersten Wasserloch, auf das er stieß, gebückt hatte und froschgleich den Mund eintauchte, um das Naß zu schlürfen, reihte er sich wieder in unseren Gänsemarsch ein.

Im schlammigen Dickicht wie im sumpfigen Dschungel setzten wir unseren Weg am liebsten auf den Pfaden der Büffel und Elefanten fort, was allerdings ein gewisses Risiko bedeutete. Zu Recht fürchtet man hier die Konfrontation mit dem Großwild, das leicht zum Angriff übergehen kann, wenn es auf seinen gewohnten Wegen überrascht wird. Nicht zu vergessen, daß, was im Urwald für den Menschen ein riesiges Hindernis darstellt, für einen Dickhäuter nur eine Kleinigkeit ist. Die Pygmäen versuchen daher, sich den großen Tieren anzukündigen, um sie nicht zu überraschen und ihnen die Zeit zu geben, sich aus dem Staub zu machen. Sie stoßen regelmäßig spitze Schreie aus und intonieren durchaus nicht ganz ohne Hintergedanken alte Stammesgesänge, die aus äußerst eindrucksvollen Klängen und Modulationen bestehen. Während ihrer Märsche nehmen sich die Pygmäen nicht nur von den großen Tieren in acht – die sie jedoch, wenn sie nur wollten, mühelos jagen könnten –, sondern auch vor den schrecklichen *tíí*-Ameisen, die sie des Nachts in ihren Hütten im Schlaf überfallen und in jede Körperöffnung eindringen. Deshalb zog ich mich in meine Hängematte zurück.

Doch was mich am meisten von dem Augenblick an überraschte, als ich mit den Pygmäen zum Marsch durch den Wald aufbrach – bei dem sie nicht ein einziges Mal von ihren Macheten Gebrauch machten –, war ihr ausgeprägter Orientierungssinn. Noch ganz zu Beginn unserer Reise kämpften wir uns einen Vormittag lang durch das Dickicht des Urwalds, ohne Spuren zu hinterlassen, nicht einmal einen geknickten Zweig. Und als wir zu unserem Ausgangspunkt zurückkehren mußten, um von dort aus einen bislang nicht eingeplanten Ort anzusteuern, fiel mir auf, daß wir genau dieselbe Strecke wie auf dem Hinweg zurücklegten. Es erschien mir so außergewöhnlich und rätselhaft, wie sie die Strecke wiederfanden, daß ich es mir im ersten Augenblick nicht erklären konnte. Doch schließlich ging mir ein Licht auf: Sie benutzten als Wegzeichen eine ganz bestimmte Blätterart, die sie mit dem Daumennagel abbrachen und in einer bestimmten Reihenfolge zu Boden fallen ließen. Ich kann nur sagen: In der Beziehung zwischen diesen Menschen, die mit der Natur im Einklang geblieben sind, und ihrem riesigen Urwald trat ein weiteres Mal eine Form unverfälschter und essentieller Symbiose zutage.

Nachdem wir zu den unerforschten Quellen des Nduye gelangt und nach Ngulù, dem Dorf von Kéenghe, zurückgekehrt waren, empfing uns eine festliche Atmosphäre. Bei Sonnenuntergang erschien auf der Lichtung, auf der ich mein Lager errichtet hatte, sehr bald eine Gruppe munterer und lautstarker Frauen, die sich mit großen grünen Blättern herausgeputzt hatten. Sie begannen zu tanzen, bewegten sich unbefangen hin und her, und ihr Treiben steckte innerhalb kurzer Zeit das ganze Dorf an. Männer und Frauen, deren Haut so dunkel wie die hereinbrechende Nacht war, begannen zum Rhythmus der Tamtams einen schluchzenden Singsang anzustimmen, dessen Motiv mir im Ohr geblieben ist. Eine Stimme begann mit »Se-io-oi-aé-è«, und der Chor antwortete: »Eee-ia-e, eee-ia-e.« Doch das war erst der Anfang, denn schnell setzte sich ein akzentuierter Rhythmus durch, der kehliger und düsterer war: »Ieu-ieuieu-u, ieu-ieuieu-u.« Es waren Strophen, die endlos wiederholt wurden, von einem Wohlklang, den wir inzwischen längst verloren haben. Dies alles – es dauerte bis Tagesanbruch – wurde in ständig wachsender Erregung und wilden Ausbrüchen herausgeschrien, die in diesem Augenblick sogar bedrohlich wirkten. In Wahrheit war es nur der fröhliche, echte Ausdruck von Menschen, die für die Freiheit geschaffen sind: den letzten freien Menschen, denen zu jener Zeit noch ihr Wald gehörte.

IRIAN JAYA IM JAHRE NULL

Mit rund dreitausend Kilometern Länge ist Neuguinea nach Grönland die größte Insel der Welt. Sie wurde 1526 von dem Portugiesen Jorge de Meneses entdeckt, doch die Erforschung ihres Inneren – eines riesigen tropischen Urwalds – begann erst Anfang des 20. Jahrhunderts; bis heute gibt es in ihrem westlichen Teil noch unbekannte Abschnitte. Sie liegen alle in Irian Jaya, dem indonesischen Teil der Insel.

Ins Innere von Irian Jaya zu gelangen, ist für niemanden einfach – schon gar nicht für jemanden, in dessen Paß die Berufsbezeichnung »Korrespondent« eingetragen ist und der anschließend in der Zeitung darüber schreiben wird. In diesem Fall sind entnervende Unterhandlungen mit den Ministerien in Jakarta notwendig, wiederholte und endlose Kontaktaufnahmen mit den Vertretern der zentralen und der Landesregierung, mit der Polizei, dem Sozialministerium, dem Informationsministerium – und erst wenn das letzte der zahlreichen *bisá* und *boléh* (»ist möglich«, »ist genehmigt«) erteilt ist, kann man sich endlich in das Land der Dani aufmachen, um alle bisher ausgestandenen Ängste zu vergessen.

Die Stämme der Dani, eines der letzten Urvölker der Welt, bewohnen das Baliem Valley: eine Savanne auf der Hochebene im Herzen jenes Gebirges, das die Insel der Länge nach durchzieht. Ich habe mich für den Besuch dieser Gegenden entschieden, weil mich der Bericht über eine lang zurückliegende Forschungsexpedition faszinierte, vor allem die darin geschilderten Schwierigkeiten des Reisens in diesen erstickenden Wäldern sowie die primitiven Bräuche der Ureinwohner.

Ich breche zum Baliem Valley von Wamena aus auf, einem kleinen Örtchen in tausendsiebenhundert Metern Höhe, das heutzutage eigentlich nur mit dem Flugzeug zu erreichen ist. Die Indonesier, denen dieses Gebiet, das als Hochburg der separatistischen Guerilla bis vor zwölf Monaten viele Jahre lang geschlossen war, untersteht, sie wollen in der nahen Zukunft die Region, die in vielerlei Hinsicht prachtvoll ist, für den Tourismus

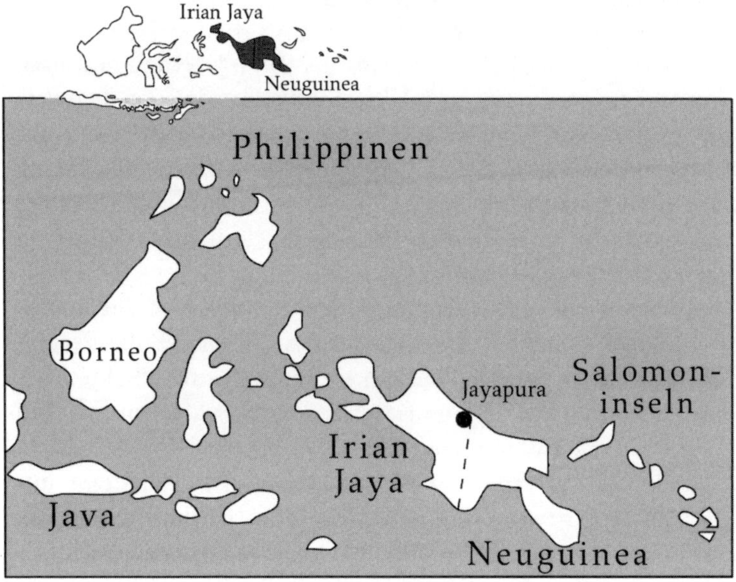
Irian Jaya
Neuguinea
Philippinen
Borneo
Jayapura
Salomon-
inseln
Irian
Jaya
Java
Neuguinea

erschließen. Im nächsten Jahr ist vielleicht bereits ein komfortables Bungalowhotel fertig. Und dann werden leider auch hier Charterflugzeuge mit Horden von Touristen landen. Sie werden die »Abenteurer« unserer Zeit sein und von den Reiseunternehmen traurigerweise zu Konsumenten einer viel zu simplen und häufig gekünstelten Exotik degradiert werden. An diesem Tag werden auch die Dani, wie es mit vielen Urvölkern in anderen Ländern geschieht, Hemd und Hose anziehen, die sie jedoch bei gegebenem Anlaß bereitwillig wieder ablegen – vielleicht mit einem Gefühl der Erniedrigung –, um den naiven Touristen gefällig zu sein. Von den Abendländern zu grotesken Karikaturen herabgewürdigt, werden die Dani schließlich ausländischen Souvenirjägern den alten Speer des Vaters, das Röckchen aus Raffiabast ihrer Frau und hundert andere Gegenstände ihrer Tradition verkaufen, die zu diesem Zeitpunkt bereits nur noch eine verblassende Erinnerung sein wird. Dies alles ist die Zukunft, die unmittelbare Zukunft: ein unheilvolles Wort in Anbetracht dessen, was es beinhaltet. Doch heute, 1974, sind die Dani noch ein stolzes Volk, das es versteht, im Gleichgewicht mit der Natur zu leben und mit der von den Ahnen übernommenen, atavistischen Geschicklichkeit als Jäger und Ackerbauern für seinen Lebensunterhalt zu sorgen. Es sind also noch immer sogenannte Wilde mit kräftigen, glänzenden nackten Körpern, stolz auf ihre Peniskalebassen, die sie als Zeichen der Fruchtbarkeit hoch erhoben tragen. Das also sind die Ureinwohner, die ich kennenlernen und deren lebendiges und authentisches Bild ich festhalten möchte – als Zeugnis einer Welt, von der wir bald, viel zu bald nur noch mit den tragischen Anfangsworten »Es war einmal« werden sprechen können.

Die Dani haben wie alle Papuas, die im Inneren Neuguineas leben, uralte Wurzeln. Es ist nachgewiesen, daß dieses Gebiet bereits vor mindestens zwölftausend Jahren besiedelt war, und zwar vermutlich von den Negritos, den alten Bewohnern Südostasiens und Urvätern der Australoiden; fest steht jedoch, daß in den Adern der heutigen Papuas auch ein Gutteil melanesisches Blut fließt.

Die Zahl dieser Eingeborenen beläuft sich auf annähernd fünfzigtausend, und da sie ihr Leben eher den Umständen als festen Regeln anpassen, bilden sie eine Art gleichberechtigte Gemeinschaft, in der die Häuptlinge viel mehr Einfluß als Macht ausüben. Sie haben eine eigene Sprache, sind Individualisten und polygam, verbrennen ihre Toten und bestatten die Asche, glauben an die Geister der Vorfahren, bringen ihnen Opfergaben dar und legen ihr Schicksal in ihre Hände.

Sie haben einiges Geschick im Anbau von Gemüse entwickelt, das auf kleinen charakteristischen Feldern wächst, die mit einfachen Stöcken urbar gemacht werden. Die Besonderheit dieser Äcker besteht in ihrer geometrischen Anordnung, die aus der Höhe betrachtet an gewisse Darstellungen moderner Kunst mit surrealistischem Einschlag erinnert. Als Alternative und zur Ergänzung der pflanzlichen Nahrung züchten sie Schweine und jagen mit Pfeil und Bogen. Die Schweine hausen in den Hütten der Männer, während die Frauen getrennt von ihnen leben. Mittelpunkt jeder Behausung ist das Feuer, das in einer kleinen ausgehobenen Grube flackert und vor das sich die Stammesangehörigen männlichen Geschlechts hocken, die älter als fünf oder sechs Jahre sind. Nach dem kollektiven Rauchritual, für das man undefinierbare trockene Blätter benutzt, die sicherlich nicht von der Tabakpflanze stammen, beginnen sie mit ihrem einfachen Mahl, das vorwiegend aus *ubi* genannten Süßkartoffeln besteht.

Die Dani gelten als erbitterte Krieger, sogar als Kopfjäger und Kannibalen: Was letzteres betrifft, so läßt es sich nicht widerlegen, ist jedoch unwahrscheinlich – zumindest was die überwiegende Mehrheit betrifft. Sie pflegen einen höchst ungewöhnlichen Kult für ihre Helden, die im Kampf gefallen sind. Ich hatte Gelegenheit, die perfekt konservierte Leiche eines Kriegers zu betrachten, dessen Tod mindestens zwanzig Generationen zurückliegen dürfte und der in einer eigens dafür bestimmten Hütte aufbewahrt wird. Die Mumie, die in Hockstellung zur Schau gestellt war, mit den Händen nach vorn, um den Rücken zu zeigen, wies die rituellen Merkmale auf, das heißt das Netz auf dem Körper und die erhobene Peniskalebasse. Das Gesicht und vor allem die Hände wirkten glatt und intakt, trotz der langen Zeit und der hohen Luftfeuchtigkeit, die extrem zersetzend wirkt. Es war noch jedes anatomische Detail zu erkennen, so daß die Gestalt wie eine aus Ebenholz geschnitzte Statue erschien. Das Geheimnis dieser so gelungenen Einbalsamierung scheint hauptsächlich auf Schweineschmalz zu beruhen, mit dem dieser Körper häufig und sachkundig bestrichen und dann neben das Feuer gesetzt wurde, um ihn zu räuchern.

Die Frauen der Dani sind klein und plump. Sie tragen ein Röckchen aus Pflanzenfasern, das so gut wie nichts verbirgt, und um den Kopf eine Reihe von langen Netzen, die über den Rücken hängen und in die sie ihren ganzen Besitz legen, einschließlich des Neugeborenen. Die Männer wirken im Gegensatz zu ihnen kräftig und flößen einen gewissen Respekt ein. Ihre Körper sind völlig nackt, bis auf den länglichen Flaschenkürbis, der als Peniskalebasse verwendet wird. Sie schmieren sich mit Tierfett ein, malen sich Masken aus Schlamm und Ruß auf, winden sich Vogelfedern um die Stirn und schmücken sich mit kleinen Gegenständen, die sie vor allem durch die durchbohrten Nasenflügel und Ohren ziehen; auf der Brust tragen sie auffällige Ketten, die mit Muscheln besetzt sind. Doch am meisten erinnert die große Steinaxt, die sie immer mit sich führen, an die Steinzeitmenschen.

Die Hände der Dani, zumal die der Frauen, sind häufig gräßlich verstümmelt: Die rituelle Amputation der Finger ist ein Zeichen der Trauer über den Tod eines Verwandten. Mit einem Finger pro Todesfall wollen die Dani zum Gedächtnis ihrer Familienangehörigen etwas von sich selbst opfern. Es ist mehr als erstaunlich, wie diese verstümmelten Frauen es trotzdem verstehen, selbst komplizierte Handarbeiten wie das Flechten der Netze zu bewältigen. Bei den Amputationen beginnen sie immer mit dem kleinen Finger der linken Hand; bei kleinen Jungen wird vorzugsweise der obere Teil eines Ohrs entfernt. Gewiß ist das ein barbarischer Brauch, aber andererseits steht es uns »Zivilisationsmenschen« nicht zu, über diese Grausamkeiten zu richten.

Als ich im Baliem Valley von Dorf zu Dorf ging, konnte ich mich ausgiebig über das Leben der Dani und ihre Gewohnheiten informieren. Es war eine wahrhaft interessante Erfahrung, die jedoch vertieft werden mußte: durch die Erkundung ihrer Umwelt. Im Südwesten der hochgelegenen Savanne und jenseits der dichten Wälder, über denen sich tropisches Gewölk staut, gibt es noch hohe, unerforschte Bergspitzen, die aus der Ferne unergründlich wirken. Die Landkarten dieser Region geben nicht mehr als einen Namen und eine Zahl an: Puncak Trikora, 4750 Meter. Das fasziniert mich sehr, und darum möchte ich dorthin. Aber wie? Niemand in Wamena hat diese Berge jemals gesehen und kann mir auch nur den geringsten Hinweis geben; die einzigen, die Bescheid wissen könnten, sind vielleicht die im Wald lebenden Dani, die auf ihren Jagdzügen gelegentlich in diese Gegenden vordringen. Deshalb beschließe ich, mit ihnen in diese Richtung aufzubrechen. Dies ist das Tagebuch unseres Abenteuers.

ERSTER TAG: Ich verlasse Wamena mit vier Eingeborenen, die mich mit den Waldmenschen zusammenbringen. Proviant und Ausrüstung sind in drei großen Säcken verstaut, die meine Begleiter auf dem Rücken tragen. Wir steigen das heiße, von der Sonne versengte Tal entlang des Flusses hinauf, der in den Bergen entspringt, auf welche wir zusteuern. Kurz hinter der Ortschaft Walesi beginnt der Dschungel.

Es ist bereits Nachmittag, als wir im letzten Dorf ankommen. Sie nennen es Elarék. Es ist von kleinen Feldern umgeben, die gleichsam einen Spalt im Wald bilden und auf denen ein paar Hütten aus aneinandergelehnten Pfählen mit Strohdächern stehen. Der Ort ist wirklich ein Loch im Urwald, der sich ringsum bis hinauf zu den Bergspitzen erstreckt. Nachdem die Höflichkeitsbezeugungen ausgetauscht sind, führt mich der Häuptling gerade noch rechtzeitig, bevor ein Platzregen ausbricht, in eine Hütte. Und damit stehen wir vor dem schwierigsten Teil der Unternehmung: Wir müssen diese Menschen dazu bringen, uns auf ihre Jagdpfade und darüber hinaus zu führen, wo zuweilen der Schnee die höchsten Bergspitzen weiß färbt. Die Dani haben für diese verschneiten Regionen einen merkwürdigen Namen: »Dort, wo das kalte Salz auftaucht, das in kurzer Zeit wieder verschwindet.«

Sechs Männer des Dorfes sind bereit, uns zu begleiten, und schließen sich unserer Gruppe an. Nun müssen wir uns mit Nahrung versorgen, natürlich mit ihrer Nahrung: *ubi*, Kohl, Gurken und Taro – Wasserbrotwurzel. Inzwischen haben sich Neugierige um uns versammelt. Die Hütte quillt über vor Menschen, und es wimmelt von Flöhen. Die Dani hier sprechen ein Idiom, das die vier aus Wamena nur mit Mühe verstehen. Als das Feuer in der Nacht erlischt, wird es kalt; wir dürften uns in einer Höhe von etwa zweitausenddreihundert Metern befinden. Doch vor allem lassen mich die Flöhe nicht schlafen, die springlebendig sind und ohne Unterbrechung zubeißen.

ZWEITER TAG: Zwei Stunden nach dem Aufbruch überqueren wir den Fluß auf einem schwankenden Steg, der an großen Pfählen hängt. Die Strömung unter uns, braun wie Milchkaffee, ist furchterregend; in den Strudeln drehen einige Stämme ihre Pirouetten, als ob sie Strohhalme wären. Nachdem wir eine Lichtung erreicht haben, verlassen wir das Haupttal und dringen zur Linken in eine dunkle Schlucht vor, in der das aufreibende Auf und Ab beginnt, das der Bergwald so mit sich bringt. Unsere Gruppe besteht heute früh aus elf Männern sowie zwei mißtrauischen und knurrigen Spürhunden, die von ihren Herrchen pausenlos zur Ordnung gerufen werden müssen: »Sakì! Sakì!« Diese Söhne des Dschungels verwenden auf ihrem Weg besonders viel Aufmerksamkeit auf die Suche bestimmter aromatischer Kräuter, die sie gierig verschlingen, um damit das karge Nahrungsangebot anzureichern.

Der Wald ist wie alle tropischen Wälder wundervoll und schauerlich zugleich – eine beängstigende Mischung aus Leben und Tod, in der überall ein Hinterhalt lauert: im Sumpf, der einen bei jedem Schritt festhält, in Gestalt der Blutegel, die an den Zweigen hängen, der tückischen Insekten, der still dahingleitenden Schlangen. Und alles sondert etwas ab, tröpfelt, die Luft ist schwer und von betäubenden Gerüchen geschwängert. Doch diese Atmosphäre des Schreckens hat auch ihre liebenswerte Note: Zum Beispiel lugt eine Orchidee aus dem Dickicht, oder ein Baumstamm ist mit roten kleinen Blumen bedeckt, und noch häufiger entdecke ich saftige, gelbe Blütentrauben.

Als um die Mittagszeit ein Gewitter über uns hereinbricht, schreien die Dani immer wieder: »Làore! Làore!« Es ist ein Zauberwort, machen sie mir begreiflich, das den Orkan fernhalten soll. Kurz darauf hört es tatsächlich auf zu regnen – zufällig oder dank ihrer magischen Beschwörung. Erst am späten Abend setzt der Regen wieder ein.

Eine Stunde vor Einbruch der Nacht kommen wir zu einer primitiven Hütte: einem der Lager, die die Dani auf ihren Jagdpfaden errichten. Eingedenk der Angriffe der Flöhe, die ich in der letzten Nacht über mich ergehen lassen mußte, weigere ich mich, ihren Unterschlupf zu betreten, und ziehe es vor, Zeltplane und Hängematte in hundert Metern Entfernung im Wald aufzuhängen; das ist bei weitem angenehmer. Die Luftfeuchtigkeit ist extrem hoch, so daß das Feuer nur qualmt und bald ausgeht.

DRITTER TAG: Heute morgen erscheint der Wald in seinen geheimnisvollen Grautönen tückischer denn je. Bis hierher hat sich das Tal in einer S-förmigen Kurve tief in die Berge eingeschnitten. Nun macht es eine Wendung in die eine und dann in die andere Richtung und ist mit noch dichterem und bemoosterem Dschungel bedeckt, der plötzlich wundervollen Büschen von Baumfarnen weicht. Hier bewegen wir uns auf einer leichten Steigung zwischen riesigen Gräsern, die die Talsohle bedecken; etwas weiter oben staut sich der Nebel und versperrt uns die Sicht. Das Tal macht eine weitere Biegung nach links und führt uns auf einen Grat, der mit Niederwald bewachsen ist. Ich erkenne Kasuarinen und ein paar andere Bäume, doch im allgemeinen ist es eine sonderbare und für mich völlig neue Vegetation. Es handelt sich vor allem um einen Bewuchs, den die Dani *nongon* nennen; er besteht aus großen struppigen Beulen und Schmarotzerpflanzen, die sich monströs an jede Baumart klammern und sie überwuchern.

Ein paar Minuten lugen die Berge ringsum durch die Wolken. Wir befinden uns in der Nähe eines Kamms von etwa dreitausend Metern Höhe, und der Blick schweift über ein ungeheuer weites

Gebiet. Hinter uns tauchen wie ein bläulicher Streifen die fernen Berge auf, die zwischen uns und Wamena liegen. Es beginnt zu regnen. Die Dani verabscheuen es, im Regen zu gehen, der hier obendrein noch kalt ist; und das nächste Lager ist noch weit. Doch wir marschieren weiter, denn wir haben keine andere Wahl. Wenn man sie so nackt in diesem Unwetter sieht, tun sie einem leid.

Es vergeht eine Stunde, und der Regen wird immer hartnäckiger. Nun überlassen die Dani aus Elarék die Lasten denen aus Wamena, die geschützter sind: Sie tragen nämlich Hemden. Die ersteren ziehen sich dagegen ihre zusammenfaltbaren Matten aus Bananenfasern wie aufgeklappte Bücher über den Rücken. In diesem Zustand überschreiten wir zwei hohe Bergrücken; am Nachmittag klärt sich der Himmel endlich auf. Die Landschaft hat sich abermals verändert. Wir blicken auf schroffe, fast kahle Kämme, breite Felswände erstrecken sich bis hinunter in die Täler, ein großer See funkelt in der Ferne im Westen. Die Dani sagen, daß das »Haus« inzwischen in der Nähe sei; doch wir brauchen noch gut zwei Stunden Aufstieg über die Talsohle, bis wir zu den flachen Sümpfen kommen, über denen sich ein hoher Felsen aufbäumt. An seinem Fuß gibt es eine geräumige natürliche Höhle, das von den Dani angekündigte »Haus«.

Die Wolken, die sich abermals zusammengezogen haben, reißen ein paar Minuten vor Sonnenuntergang auf. Als ich mich aus der Höhle lehne, bietet sich mir ein unglaublicher Anblick: Vor mir türmt sich wie ein Traumbild ein mit Schnee gesprenkelter und durch die letzten Sonnenstrahlen in Rot getauchter Kalksteinkoloß auf. Es ist die Spitze des Trikora; sie erinnert mich an die Dolomiten. Doch rasch verschwindet die Vision im tristen Nebel, der alle Geräusche schluckt und sich zum soundsovielten Mal wieder schließt. Die Luft verdüstert sich, der Regen beginnt wieder und hält die ganze Nacht über an.

VIERTER TAG: Begleitet von drei Dani, streife ich den ganzen Tag auf den südlichen und westlichen Abhängen des Trikora umher und klettere zwischen Graten, Wänden, Waldstücken und zerklüfteten Hängen nach oben. Ab und zu öffnen sich vor uns wundervolle Ausblicke, in denen die Gipfel mit den zuckenden Gewitterwolken zusammenstoßen und wie Titanen zu kämpfen scheinen; oder sie fallen bis zum Horizont ab und verschwimmen in samtenen Tönen mit dem Himmel. Ich beende meine Erkundung in der Erkenntnis, daß es unmöglich ist, den Hauptgipfel zu erklettern: Ich habe keinerlei Kletterausrüstung bei mir. Außerdem kann ich immer nur mit wenigen Stunden Zeit pro Tag rechnen, jeweils am frühen Vormittag, wenn das Wetter leidlich gut ist; danach kommt der Umschwung, und es fängt wieder zu regnen an. Überdies sind zuwenig Lebensmittel übriggeblieben, um meinen Aufenthalt in diesen Bergen zu verlängern. Ich kehre zur Höhle zurück. Inzwischen haben sich die Dani, die dort zurückgeblieben sind, mit ihren Hunden auf die Jagd begeben; der Menge der tierischen Eingeweide nach zu urteilen, die noch am Feuer geräuchert werden, muß das Resultat zufriedenstellend sein. Sie sehen wie Würste aus und stammen von Tieren mit dichtem grau und kastanienbraun gesprenkeltem Fell, die wie große Katzen aussehen. Auf indonesisch heißen sie *tikus*, Mäuse, und sind bei den Felsen mit Pfeil und Bogen erlegt worden. Diese in Nebel getauchte Höhle dürfte wohl der am weitesten vorgeschobene Jagdposten der Dani in diesen versteckten Bergen sein.

FÜNFTER TAG: Während meine Freunde wieder auf die Jagd nach *tikus* gehen, mache ich mich bereits in der frühen Morgendämmerung allein zu einem felsigen Gipfel im Westen des Trikora auf. Alles ist hier noch jungfräulich, vom Menschen unberührt. Ich habe beschlossen, eine dieser Spitzen zu erklettern, die den Riesen kranzförmig umgeben. Meine Wahl ist auf diese gefallen, weil sie durch ihre isolierte Lage die beste Aussicht verspricht.

Gegen elf Uhr erreiche ich den Gipfel dieses Berges. Seine Abhänge haben sich als abschüssig erwiesen, und die lockeren Felsbrocken, die von schlüpfrigen Sporenpflanzen überzogen sind, erweckten ebenfalls keinen vertrauenswürdigen Eindruck. Doch die größte technische Schwierigkeit war bereits zu Beginn des Aufstiegs ein felsiger, extrem ausgesetzter Abschnitt. Ich befinde mich in etwa viertausendzweihundert Metern Höhe, und der Trikora, der sich silbern und dunstig vor mir erhebt, scheint so nahe, als müßte ich nur die Hand ausstrecken, um ihn zu berühren. Die Wolken und Berge ringsum bieten sich durch perspektivische Verkürzungen in spektakulärer Nähe dar. Doch schnell kommt der gewohnte lächerliche Spielverderber dazwischen, und ich muß eilig den Rückweg antreten.

SECHSTER TAG: Auf eine regnerische Nacht folgt eine graue und drückende Morgendämmerung. Es beginnt der Rückmarsch, und seit dem Aufbruch laufen alle aus einem mir unerfindlichen Grund wie die Besessenen. Vielleicht treibt uns der Hunger, aber das kann nicht für die Dani gelten, die sich an den *tikus* satt gegessen haben. Ich glaube, daß es eher der Wunsch ist, das Abenteuer zu beenden und sich endlich wieder ein wenig im Trockenen und in der Wärme aufzuhalten. Um ein Uhr nachmittags sind wir bereits am Lagerplatz angekommen, den wir vor vier Tagen verlassen haben. Hier braten die Dani auf der Glut ihre letzten Knollen. Weiter unten durchqueren wir zur Abwechslung ein Flußbett, das merkwürdigerweise kein Wasser führt. Es ist eine Steinhalde, die von dichtem, schlüpfrigem Moos überzogen ist und im Wald unter einer Vegetationsarkade verschwindet. Der Fluß, machen sie mir deutlich, fließt hier über viele Kilometer unterirdisch. Wir setzen unseren Weg über eine Stunde lang im grünlichen Dunkel dieses halluzinogenen Darms fort. Das Gewitter kündigt sich wieder mit nachmittäglichem Donnergrollen an, und die Dani wiederholen das rituelle »Làore! Làore!«; doch der Orkan scheint sich diesmal von diesen magischen Worten nicht besonders einschüchtern zu lassen. Kurz darauf kommt ein wütender Regen hinzu, der von Donner und Blitzen begleitet wird, die den Himmel zerreißen, während der Sturm die Wipfel der Bäume knickt. Es ist fast dunkel, als wir an die Lichtung am großen Fluß kommen. Eine Hütte nimmt uns für die Nacht auf.

SIEBTER TAG: Dies ist die letzte Etappe auf dem Rückweg nach Wamena, und es ereignet sich nichts Berichtenswertes. Das echte Abenteuer hat dafür gestern abend stattgefunden, als uns, kaum nachdem wir die Hütte betreten hatten, eine unvorstellbare Menge Flöhe buchstäblich übersäte. Wenn ich mich wie meine Freunde nackt ausgezogen hätte, wäre vielleicht auch ich heil davongekommen, da diese Satansbraten nur dort hineinkriechen, wo sie Schutz unter einem Kleidungsstück finden. Doch so war ich die ganze Nacht ihrem wilden und unersättlichen Appetit ausgeliefert. Die Flöhe wollten alles ergründen, sogar die Fotoausrüstung.

Dieser Kampf bis zum letzten Blutstropfen mit den Flöhen, den eigentlichen Raubtieren dieser Urwälder, beschließt nicht unbedingt ruhmreich diese Exkursion, die für mich dennoch ein phantastisches Erlebnis bleiben wird.

IM BERGLAND VON GUAYANA: DER AUYÁN TEPUY

1975

Der Roman *Die vergessene Welt* von Arthur Conan Doyle gilt bis heute als eine der bezauberndsten Abenteuergeschichten. Empfänglich für die Faszination dieser weiten tropischen Wälder und aus eigenen Reiseerinnerungen schöpfend, ersinnt der Autor darin eine geheimnisvolle Hochebene im Amazonasgebiet, das einzige Überbleibsel einer Welt, die vor Millionen Jahren untergegangen ist. In einer nicht näher bezeichneten Epoche sollen sich – so der Autor – derartige Erdstöße ereignet haben, daß sie einen großen Teil dieses Waldes mitsamt seinem lebenden Inhalt zerstörten. Daraus entstand diese einzigartige Hochebene, die vom Rest der Welt durch senkrechte, unbezwingbare Abgründe von gewaltiger Höhe abgeschnitten wurde.

Dadurch wurden auf dem Hochplateau die normalen Prozesse der Natur unterbrochen oder gestoppt und die Anstrengungen, die den Kampf ums Überleben kennzeichnen, neutralisiert und verändert. Unter diesen zufälligen Bedingungen war die Existenz und der Fortbestand einiger Arten gewährleistet, die in allen übrigen Teilen der Erde verschwunden sind: darunter prähistorische Pflanzen und Tiere aus dem Jura wie das Iguanodon, der Pterodaktylus, der im Süßwasser lebende Plesiosaurus sowie der fleischfressende Tyrannosaurus.

Dieses fabelhafte Land, so wie es Doyle erfunden hat, das von Wesen aus einem anderen Erdzeitalter bevölkert wird und in dem die Helden des Romans in utopischer Atmosphäre auftreten – nun, dieses Land existiert wirklich, zumindest als geographische Einheit, und vielleicht hat sich der Autor gerade von ihm inspirieren lassen. Dieses Naturwunder, die »vergessene Welt« Arthur Conan Doyles, hat also eine reale Entsprechung, die in Form und Dimensionen noch extremer ist und in einem Teil Südamerikas liegt, der bis zum heutigen Tag nur partiell erforscht wurde. Es handelt sich um das Bergland von Guayana im Südosten von Venezuela. Sein größtes Felsplateau, das unzugänglich in mehr als tausend Metern Höhe über dem ungeheuren Urwald schwebt, trägt den Namen Auyán Tepuy.

Anfang Oktober 1975 mache ich mich zum Auyán Tepuy auf. Meine Reise dient einem zweifachen Ziel. Zum einen möchte ich auf den Flüssen die östlichen und nördlichen Abhänge des ausgedehnten Auyán umfahren, die sich in Täler, Ausläufer und wilde Klüfte teilen, von denen der Salto Angel – die Angelfälle – herabstürzt, mit seinen rund tausend Metern Höhe der größte Wasserfall der Erde. Zweitens möchte ich versuchen, das Plateau des Tafelbergs in der Umgegend der großen Fälle zu erreichen. Der letzte Stützpunkt im Osten des langgestreckten Hochlands ist Camarata; dorthin gelangt man nur auf dem Wasserweg oder in einem kleinen Flugzeug, das auf seinem Flug dicht über die hohen Felswände schwebt, als ob die Landschaft in ihrer Exotik nicht schon aufregend genug wäre. Wir wollen das Abenteuer zu acht in Angriff nehmen: ich und meine Exfrau, der Deutsche Ralph Sommer und der Maler Aligi Sassu. Außerdem begleiten uns vier Einheimische, die uns eine wertvolle Hilfe sein werden.

Als der zehn PS starke Außenbordmotor anspringt, zerreißt er die unermeßliche Stille des Rio Acanan, und die schlanke *curiara* beginnt, über seine dunklen und ruhigen Wasser zu gleiten, in denen sich der dichte Wald spiegelt. Unsere Reise durch eine Welt, in der die Zeit seit den Anfängen stehengeblieben ist, in eine unbefleckte, überwältigende und einzigartige Natur, hat begonnen.

Es folgen sieben intensive Tage in einer Landschaft, die fast die Grenzen zum Irrealen überschreitet. Wir folgen den Flüssen von einem in den anderen, einmal flußabwärts, dann wieder flußaufwärts – in dieser Reihenfolge: Rio Acanan, Rio Carrao, Rio Churún, Rio Angel. Die Wasser sind von Tannin gerötet und mit Wirbeln durchsetzt, eine Strömung löst die andere ab und schlängelt sich in tausend Windungen in einem einsamen Labyrinth, das in den üppigen Wald eingebettet ist. Hinter jeder Flußbiegung erwarten uns unvermutet schäumende Wogen, die sich in Stromschnellen stürzen, oder weite Wasserflächen, die sich schließlich wieder beruhigen. Hier übt der Fluß mit seiner ruhigen Oberfläche und den Ufern, die wie zusammengebrochen aussehen – als hätten sie auf seinem Grund Schiffbruch erlitten –, den größten Zauber aus. Während wir diese Wasser durchpflügen, fühlen wir uns wie von ehrfurchtgebietender Feierlichkeit eingehüllt. Die Sonne läßt sich selten an einem Himmel von spröder Bläue sehen, der von den Bäumen und den bewölkten Felsen begrenzt wird: Die Spitzen der monumentalen *tepuis* mit ihren Sandsteinwänden hängen nämlich ständig drohend über uns. Mit dem Wechsel der Perspektive ändern sie ständig ihre Form und lassen die Landschaft noch geheimnisvoller erscheinen.

Auyán Tepuy: Harmonie kolossaler Wände mit unwahrscheinlich glatten, senkrechten, unzugänglichen Flanken. Es ist ein zyklopischer Sockel zur Stütze eines Plateaus von mindestens siebenhundert Quadratkilometern und einer Höhe, die zwischen zweitausend und 2560 Metern schwankt. Von seinen schroffen Abhängen, die sich in den Wolken verlieren, stürzen zu Dutzenden die weißen Wasser von Flüssen herab, deren Quellen unerforscht sind. Sicherlich haben sich dort oben die Prozesse des Lebens seit weit zurückliegenden Zeiten unverändert erhalten. Warum also könnten dort nicht wirklich noch alte, unbekannte und ungewöhnliche Lebensformen existieren?

Nur wenige haben bis heute den Fuß auf den Auyán Tepuy gesetzt, und das auch nur an einer einzigen Stelle im Süden des Plateaus, an der man für den Aufstieg durch die einzige begehbare Schlucht mindestens zehn Tage braucht und ebenso viele für die Rückkehr ins Tal. Die, die oben waren, haben außerordentliche Dinge über die Flora und Fauna berichtet, doch vor allem versetzte sie die Unwirtlichkeit dieser Gegend in Erstaunen.

Doch schon von der Talsohle aus ist ganz offenkundig, daß am obersten Rand des Plateaus ein Gewirr aus abweisenden Türmen und Säulen herrscht; zumindest kann man sich leicht zwischen ihnen verirren, vorausgesetzt, man gelangt überhaupt zu diesen Formen, die sich häufig im dunstigen Himmel auflösen. Aus all diesen Gründen kann man den Auyán Tepuy getrost als den letzten Rest einer uralten Welt bezeichnen.

In der Nähe der höchsten Höhen des Auyán, an den Stellen, an denen die Luftfeuchtigkeit ständig am höchsten ist, explodiert gleichsam ein dichter Wald von samen- oder sporentragenden Farnen, die jeden Bergrutsch bedecken. Von den achthundertsechsundzwanzig Arten, die dort wuchern, ist nur ein kleiner Teil erforscht; hundertsechzehn scheinen der Wissenschaft sogar völlig neu zu sein. In den Tälern und überall ringsum breitet sich dagegen der subtropische Wald in einem unglaublichen Dickicht aus, das aus tausend verschiedenen, häufig mit Orchideen bewachsenen Pflanzenarten besteht. Im Bergland von Guayana gibt es mehr als tausend Arten dieser Schmarotzer mit ihren wollüstigen Blüten, die mit dem Wald aufs innigste verbunden sind. Im weichen Grün des unteren Waldes winden sich still und ernst die Flüsse, die ersten natürlichen Straßen der Erde. Von den Passatwinden aus dem Südwesten bewegt, treiben weiße aufgequollene Haufenwolken über den Himmel, bäumen sich vor dem Zusammenstoß mit der Hochebene auf und zerfließen in Platzregen, die sich wie Sturzbäche ergießen. Alles hier ist ungeheuerlich, übermächtig, und man hat den Eindruck, daß sich nichts ändern oder ein Ende finden kann.

Die Entfernungen von den Städten sind groß. Die nächste Stadt, Ciudad Bolívar, ist über fünfhundert Kilometer Luftlinie entfernt. Hier in diesem Gebiet breiten sich auf 300 000 Quadratmetern Urwälder und unberührte Savannen aus. Von dieser Weite sind bis heute weniger als zwei Prozent erkundet, und auch über ihre Flora ist kaum etwas bekannt. Im Süden und Westen dieser Region breiten sich die endlosen Urwälder des Amazonas aus, die eine Fläche von der Größe Europas bedecken.

Die erste offizielle Erforschung findet 1927 statt, als Félix Cardona und Juan Mundó den Caroní und den Kukurital hinauffahren. Sie machen jedoch nicht den Versuch, den Auyán Tepuy zu besteigen, den andere erst einige Jahre später von der südlichen

Seite aus erreichen, eben von Camarata. Dort oben entdecken die ersten Forscher viele Arten aus Flora und Fauna, die bis dato unbekannt waren.

Jimmy Angel ist einer der Pioniere des Auyán Tepuy. Der abenteuerlustige amerikanische Pilot führt ab 1933 mehrere Aufklärungsflüge über dem Hochplateau durch, weil er dort reiche Goldvorkommen vermutet. Während eines dieser Flüge tauchte wie eine Halluzination plötzlich die Vision eines Flusses auf, »der vom Himmel zu fallen schien«, wie es Angel später formulierte. Es war der Wasserfall, der später ihm zu Ehren Salto Angel genannt wurde. Ende 1910 hatte der ehemalige Marineoberleutnant Ernesto Sánchez La Cruz bei der Rückkehr einer Erkundung der Täler der »Berge des Teufels« – ein weiterer alter Beiname des Auyán Tepuy –, die der Suche nach Goldlagern galt, bereits berichtet, er habe auf einer dunstigen Felswand einen riesenhaften Wasserfall erblickt, der bei den Indios Churún-Merú (oder auch Parecupa-Merú) hieß, was »Gefälle der Lagune« bedeutet. Ein paar Monate später findet Antonio Cattaneo, ein weiterer Venezolaner italienischer Abstammung, ebenfalls diesen phantastischen Wasserfall; seine Angaben scheinen mit dem Bericht von Sánchez übereinzustimmen. Cattaneo ist schließlich in der Lage, ihn in den Tiefen des Tals des Rio Churún zu orten. Doch es ist ihm unmöglich, nahe heranzukommen. Natürlich wissen die beiden noch nicht, daß sie den höchsten Wasserfall der Welt gesehen haben. Erst Jimmy Angel wird das später feststellen und bestätigen können, genau achtundzwanzig Jahre nach Sánchez' Entdeckung.

Und so bleibt Jimmy Angel offenbar unauflöslich mit der Geschichte des Auyán Tepuy verbunden. Bei dem verwegenen Versuch einer Landung am südlichen Ende des Hochplateaus muß er am 9. Oktober 1937 mit seinem *Flamingo*, einem Eindecker mit acht Sitzen und vierhundertfünfzig PS, notlanden und ist in den Sümpfen gefangen. Sie sind zu zweit und haben einen nicht unerheblichen Vorrat an Lebensmitteln und auch einen Kompaß. Angels Begleiter ist zum Glück ein erfahrener Bergsteiger, der in der Vergangenheit bereits in dieser Gegend geklettert ist, als er an der wissenschaftlichen Expedition teilnahm, die von Camarata bis zum oberen Rand des Plateaus aufstieg. Angel und sein Gefährte müssen drei Wochen marschieren, um dem schrecklichen »Reich des Donnergottes« zu entrinnen – ein weiterer Name der Eingeborenen für den Auyán Tepuy.

Und nun darf auch ich endlich den Salto Angel schauen, nachdem ich die Flüsse an der Talsohle aufwärts gefahren bin. Eine riesenhafte Wand ragt plötzlich aus dem dunstigen Wald empor, in dem ich gerade mein Lager aufgeschlagen habe. Ihre glatten, geriffelten, mit gelben und rötlichen Platten gefleckten Felsen erheben sich in das reine Blau, gegen das sich der ausgefranste Rand des Plateaus scharf abhebt. Von dort oben fällt der große Wasserfall herunter, der durch die seitlich einfallenden Sonnenstrahlen wie weißglühende Lava aussieht: Tausende Tonnen flüssiger Materie, die in kurzer Zeit zerstäubt und den Grund als prasselnder Regen und Nebel erreicht. Vierzehn Sekunden dauert dieser Flug, der zwanzigmal länger als der der Niagarafälle ist.

Am nächsten Tag folge ich dem Lauf des Rio Angel, erreiche den Fuß des Wasserfalls und dahinter die riesenhafte Apsis, in die der Fluß stürzt. Während ich nach und nach in diese Höhlung mit ihren dunklen Umrissen von unermeßlicher Höhe eindringe, lichtet sich das Laubwerk immer mehr, und das Grün wird zarter. Der Wind, der sich bisher von weitem vernehmen ließ, fährt nun auf und hüllt mich in seinem von Feuchtigkeit schweren Nebel ein. Die Erde bebt, die Luft zittert von dem Getöse. Hier drinnen stürzen ganze Säulen explodierender Wasser herunter, die sich in der Höhe gegen den hellen Himmel und weiter unten gegen das dunkle Tal abheben. Am Überhang zu beiden Seiten, der die immense Architektur stützt, ragen unerbittlich glatte und finstere Felswände empor. Doch in der höchsten Höhe geht das anfängliche Dunkel des Abgrunds in heiterere und hellere Töne über, so daß die Felsen zwischen den lebhaften Reflexen des fallenden Wassers wie mit Gold überzogen wirken. Von hier drinnen ist das Schauspiel ungeheuer imposant und beispiellos. Diese phantastische, beunruhigende Vision immer noch vor Augen, in der nach wie vor der alte Schrecken des ersten Schöpfungstages herrscht, kehre ich mit meinen Gefährten auf dem Fluß wieder zurück.

An einem Ufer des Rio Carrao, flußabwärts in Richtung Canaima, lebt ein Mann einsam in einer Strohhütte, umgeben von einem kleinen Feld, das er dem Urwald abgerungen hat. Er ist Litauer, sein Name ist Alexander Làime, und vor rund vierzig Jahren hat er hier seine Freiheit gefunden. Er ist fünfundsechzig, aber so kräftig und rüstig, daß er wesentlich jünger wirkt. Aus der mageren Erde gewinnt er außer Yuccas und Ananas auch Süßkartoffeln, die so groß wie Kürbisse sind, und Gurken, von denen sich die Landwirte in unseren heimischen Ebenen eine Scheibe abschneiden könnten. Er fischt mit Reusen und stellt auf den Fährten der Tiere Fallen auf, doch meistens streift er ohne bestimmtes Ziel durch die Wälder, es sei denn, um die geheimen Winkel »seines« Auyán Tepuy zu durchforsten. Es wird in der Gegend behauptet, daß niemand dieses Gebiet so gut wie er kennt, und so bin ich hierhergekommen, um ihn aufzusuchen. Ich erzähle ihm von meinem Plan, zum Hochplateau vorzustoßen, aber eben nicht über die bekannte Route von Camarata aus, sondern von jener geheimnisvollen Seite aus, die dem Gebiet um den Salto Angel zugewandt ist. Ich frage ihn, ob er ein solches Projekt für durchführbar hält und ob er bereit ist, mich zu begleiten. Erst scheint er zu zögern, doch bald weicht sein anfängliches Mißtrauen einer Form von Begeisterung, die sich als so irrational erweist, daß ich meine Anfrage schließlich wieder zurückziehe. »Vor zwanzig Jahren«, beginnt Làime zu erzählen, »fehlte nicht viel, und ich hätte das Plateau über diesen Abhang erreicht.« Dabei hebt er den Arm und zeigt vage auf einen unsichtbaren Ort, der sich meiner Meinung nach möglicherweise jenseits des hohen Grats befindet. Diesen Weg Meter für Meter mit der Machete freizuhauen, fährt Làime fort, habe ihn Tage härtester Arbeit gekostet, und wenn nicht dieser zwanzig Meter hohe Felsen gewesen wäre, der ihm plötzlich den Weg versperrte, wäre er sicher oben auf dem Plateau angekommen; und dann hätte er vielleicht binnen zwei weiterer Tage die Stelle erreicht, an der der Salto Angel seinen Ursprung nimmt. Soweit Làime. Nun müsse man lediglich diesen Pfad durch den Wald mit der Machete wieder freischlagen, doch um das zu schaffen, müsse man auch jenen »unmöglichen« Felsen überwinden, der in der von Mal zu Mal wirreren Erzählung des Litauers immer höher, senkrechter und glatter wird. Làime stellt zur Bedingung, daß kein anderer mitkommt; er ist eifersüchtig darauf bedacht, daß niemand aus der Region »seinen« Weg kennenlernt. Das würde bedeuten, daß wir beide allein pausenlos marschieren und arbeiten und auf dem Rücken ständig eine enorme Last von Lebensmitteln und Ausrüstung schleppen müßten. Außerdem könnten wir kein Feuer anzünden und wären dank der extremen Luftfeuchtigkeit Tag und Nacht durchweicht. Am Anfang seiner Ausführungen hatte es den Anschein, daß das Unternehmen nicht länger als acht Tage dauern werde; sehr schnell verdoppelt und verdreifacht sich diese Zeitspanne in seinen Ausführungen allerdings. Als daraus schließlich ein ganzer Monat geworden ist, erscheint mir die Sache nachgerade absurd. »Hören Sie mal zu, Làime«, sage ich ihm, »wie sollen wir es denn allein und unter solchen Bedingungen schaffen, einen ganzen Monat lang Seile, Haken, Hängematten, Kleidung und Lebensmittel mitzuschleppen?« Als Erwiderung deutet er ein seltsames Lächeln an und versenkt sich mit einem Blitzen in seinen alten Augen wieder in die Betrachtung seiner Hirngespinste: »Die ersten acht Tage werde ich keine Nahrung zu mir nehmen.« Nun wird mir absolut klar, daß ich mich auf diesen Mann nicht im geringsten verlassen kann.

Mein gesunder Menschenverstand verbot mir, mich blind kopfüber in eine Geschichte zu stürzen, die mich in ihren Bann schlug, obwohl mir bereits meine Grenzen aufgezeigt worden waren. Diese »verlorene Welt«, die meine Neugier so sehr entfesselt hatte, schien nun über mich und meine Ohnmacht zu lachen.

Mit bewußtem Abstand betrachtete ich nun die kolossalen Wände, die grünlich durch die Wolken schimmerten. Doch tief im Inneren spürte ich, daß ich mich nicht mit dem Gedanken abfinden konnte, Venezuela zu verlassen, ohne in das Geheimnis des Hochplateaus eingedrungen zu sein.

Ich füge mich nicht in die Tatsache, daß die Höhen dieses verlorenen Plateaus am Auyán Tepuy unerreichbar sind. Ich ergreife also die Gelegenheit beim Schopfe, als mir einige Freunde in Caracas anbieten, mit einem Hubschrauber an die Stelle zu fliegen, die ich zu Fuß nicht hatte erreichen können: »Warum fliegst du nicht in einem Helikopter hin? Wir besorgen dir einen«, haben sie mir gesagt. Es ist zwar nicht gerade eine ideale Lösung, aber doch wenigstens der beste Notbehelf.

Und da bin ich endlich – wenn auch mit Hilfe von Freunden – auf dem Plateau des Auyán, abgesetzt von einem Hubschrauber, den freundlicherweise eine Bergbaugesellschaft zur Verfügung gestellt hat. Und doch ist meine Lage nicht besser als die eines Schiffbrüchigen.

Der Hubschrauber, Zulassungsnummer YV-221C, war vor fünf Tagen, am Morgen des 28. Oktober, von Ciudad Bolívar aus gestartet. An Bord befanden sich zwei Piloten, ein Mechaniker und natürlich ich mit einem Minimum an unentbehrlichem Gepäck, das heißt: Lebensmittel für fünf Tage, ein Topf, eine Hängematte, eine dünne Zeltbahn, um mich vor dem Regen zu schützen, zwei lange Kletterseile, eine Anzahl Felshaken, ein Felshammer, um sie einzuschlagen, eine Machete, um mir den Weg durch den Wald zu bahnen, und eine Kamera mit mehreren Filmrollen. Ich hatte also nur das Allernotwendigste bei mir, um ein paar Tage durchhalten, klettern und mein Abenteuer dokumentieren zu können. Und so lautete mein Plan: Der Hubschrauber sollte mich auf dem Hochplateau in der Nähe der Angelfälle absetzen, doch erst nachdem ich ausreichend Gelegenheit gehabt hatte, eine Abstiegsmöglichkeit am Doppelseil über den felsigen Bergrutsch zu eruieren. Dies konnte ich nur herausfinden, indem wir parallel und sehr nahe an der gewaltigen, mehr als tausend Meter hohen Wand flogen, über die ich mich – nach der kurzen Erkundung des Hochplateaus – schließlich Seillänge um Seillänge bis zur Sohle des Abgrunds abseilen wollte. Diese ungeheure Wand ist durch die Form und Beschaffenheit der Felsen äußerst kompliziert: Es handelt sich um alten Sandstein wie beim Mount Roraima in Guayana, der häufig genug nicht einmal Risse oder Absätze aufweist und zugleich von instabilem Pflanzenbewuchs bedeckt ist. Die Wände sind immer senkrecht oder sogar überhängend, von Wasser überrieselt und meistens einige Stunden pro Tag in Wolken gehüllt. Man kann sich also leicht zwischen unvermuteten Zinnen und Spalten versteigen, die aus der Höhe sehr schwierig zu erkennen sind.

Nach dieser ersten Sondierung der Wand sollte mich der Hubschrauber oben an einer geeigneten, von mir bezeichneten Stelle absetzen, von der aus die Annäherung an die Wand, an der ich absteigen wollte, kein Problem darstellte. Es war nämlich, wie bereits angedeutet, durchaus wahrscheinlich, daß der Felsen in unmittelbarer Nähe des großen Wasserfalls in Tausende unbezwingbare Zinnen und Spalte geborsten sein könnte.

Doch die Dinge entwickelten sich völlig anders als vorgesehen. Vor allem brauchten wir statt ein paar Stunden volle fünf Tage, um dort oben anzukommen. Erst lag es an einigen Defekten des Motors, dann gab es zuwenig Benzin. Heute morgen, nachdem wir endlich von Canaima abgeflogen sind, habe ich das Gefühl, daß ich mit meiner Geduld am Ende bin; doch Handeln ist in solchen Fällen immer das beste Mittel. Als ich also die weite Landschaft, die ich vor einem Monat von der Talsohle aus kennengelernt hatte, von der Höhe aus erblickte, glaubte ich, nun die größten Probleme hinter mir zu haben, und meine Befürchtungen verflogen. Doch etwas ganz anderes erwartete mich.

Wir erreichten in kurzer Zeit die Mündung des Churún, in dessen ungestümem Lauf ich von oben jede Schleife wiedererkannte. Vom Salto Angel war dagegen nichts zu sehen, er blieb hermetisch von grauem Gewölk eingeschlossen. Verdammt, dachte ich, wir müssen umkehren und nach Canaima zurückfliegen. Doch der Pilot legt den Flieger schräg und sagt: »Wir werden es von dieser Seite aus versuchen!« Ich fand mich also für einen Augenblick über dem Rio Carrao wieder, allerdings viel weiter talwärts als die Stelle, die wir erreicht hatten, und sofort darauf zog an uns die unglaublichste und urtümlichste Landschaft vorbei, die man sich vorstellen kann. Es waren riesenhafte Spalten und tiefe, von absurden Zinnen gesäumte Senken, darauf Ausleger, nackte, geglättete Terrassen und dann wieder ein Gewirr von schwarzen Schlünden in allen Größen. Ständig wechselten sich moosige und sumpfige Abschnitte mit dichten Wäldern ab, die – so weit das

Auge reichte – das sagenhafte Hochplateau in seiner Mitte bedeckten, die wir nun überflogen. Wir hatten die Hochebene also von der dem Salto Angel entgegengesetzten Seite aus erreicht, was unsere Orientierung etwas durcheinanderbrachte. Ungestüm zogen sich von allen Seiten weiße Wolken zusammen, ein deutliches Zeichen dafür, daß sich ein Stück weiter die große Leere öffnen würde, in die die endlos lange Felsbastion des Auyán Tepuy abstürzt. Aber wo befanden wir uns im Augenblick? Der Hubschrauber begann im Kreis zu fliegen und streifte fast die Nebel, die wie ungeheure Säulen senkrecht zum Himmel aufstiegen. Ich begriff nicht, warum José, der Pilot, hartnäckig weiterhin sein endloses Karussell flog. Doch die Landschaft war so märchenhaft, daß ich zu träumen glaubte. Der Traum war allerdings nur kurz, denn rüde wurde ich in die Wirklichkeit zuückgeholt: »Wo lasse ich dich raus, Walter?« schrie José, um das Geräusch des verdammt klapprigen Hubschraubers zu übertönen, an dem sogar die Türen fehlten – vielleicht weil er inzwischen nur noch für die kurzen Transporte in die tiefer gelegenen Diamantenminen eingesetzt wurde. Bei diesen gebrüllten Worten traf mich fast der Schlag. Wo wollte mich der Bursche denn absetzen? Hatte er vielleicht vor, mich in dieser Hölle zu deponieren, noch bevor ich Gelegenheit gehabt hatte, dem Teufel ins Angesicht zu sehen? Unter uns staute sich dunkel in der Mitte eines Waldes, der nicht minder tückisch als die wallenden Wolken über uns schien, ein Wasserlauf, bei dem es sich angesichts seiner Lage mit Sicherheit nicht um den Rio Angel handeln konnte. »Aber der Wasserfall ist weiter vorn!« rief ich dem Piloten zu. José wirkte irgendwie nervös und redete kurz angebunden mit dem Kopiloten Juan; der Mechaniker war in Canaima geblieben, um das Gewicht des Helikopters zu reduzieren. Zwischen den beiden war aufgrund der im Augenblick besonders heiklen Situation, in der wir uns befanden, ein heftiger Streit im Gange (erst bei meiner Rückkehr sollte ich erfahren, daß der Hubschrauber in der Tat in bedenklichem Zustand war). José hatte sich mehr nach Süden gewandt, und unter uns öffnete sich nun ein dichter Niederwald, während an den Rändern des Hochplateaus noch immer weiße Wolken wallten. Endlich kamen wir zum Rio Angel. Nun war er gut zu erkennen, und obgleich er schmal und zwischen den Felsen eingeschlossen war, sah man ihn sprudeln und schäumen, bis ihn die Nebel verschluckten. Direkt an seinem felsigen Bett gab es gut erkennbar eine nicht allzu große Stelle, die frei von Vegetation war: die einzige auf dem ganzen überschaubaren Abschnitt des Flusses.

Wir begannen mit dem Sinkflug. Nicht mehr als fünfzig Meter von uns entfernt zogen die Wolken rasch vorüber. Endlich waren wir gelandet, und einen Augenblick später hatte ich festen Boden unter den Füßen. Ich begann – ganz so, als ob die Sache gar nicht mich selbst betreffen würde – mein Gepäck auszuladen. Unterdessen wirbelten die Rotoren des Helikopters, dessen Motor weiterlief. Obwohl ich mir nichts anmerken ließ, focht ich mit mir einen dramatischen Konflikt aus. Der ohrenbetäubende Lärm hinderte mich daran, mich meinen Begleitern verständlich zu machen und eine Erklärung für das, was sich gerade abspielte, zu verlangen. Aber vielleicht wollte ich auch gar nicht mit ihnen sprechen, da ich bereits das Gefühl hatte, ein Opfer der Umstände zu sein. Dennoch hätte ich gern von José gehört, daß wir uns hier nur kurz aufhalten würden, bis das Wetter aufklarte und den unbedingt nötigen Erkundungsflug entlang der großen Wand zuließ. Bis jetzt hatte ich von dieser Wand noch nicht das geringste sehen können und auch nichts von der ganzen Umgebung, die durch die Wolken verborgen war. Ich hatte das dumpfe Gefühl, daß ich mich weit weg, viel zu weit weg vom Rand des großen Abgrunds befand. Und wie viele andere Hindernisse trennten mich wohl außerdem von einem Weg, der mich dort hinbrachte? Ich hatte zum Beispiel den Eindruck, daß ringsum ein wahres Labyrinth von Löchern und Spalten lauerte. Ich tappte daher völlig im dunkeln und fragte mich, wie der dichte Wald, den ich während der Landung nur flüchtig hinter mir erblickt hatte, in Wirklichkeit aussah.

Indem ich aus vollem Hals gegen den Lärm der Motoren anschrie, gelang es mir endlich, mich José verständlich zu machen. Doch dem schienen meine Probleme völlig gleichgültig zu sein. Ich bemerkte allerdings in seinem Gesicht deutliche Anzeichen von Angst vor der Umgebung, in der wir uns befanden, und auch die Besorgnis, nicht mehr starten zu können. Jedenfalls redete er von nichts anderem und hörte mir überhaupt nicht zu. Wir waren auf dem Hochplateau gelandet, José hatte mich hier abgesetzt, und nun wollte er sich so schnell wie möglich aus dem Staub machen. Inzwischen war ich mir sicher, daß ihn nichts von seinem Vorhaben abbringen konnte. Um ehrlich zu sein, wäre auch ich in diesem Augenblick am liebsten mit ihnen zusammen geflüchtet. In dieser zugespitzten Situation zeigte lediglich Juan ein wenig Einfühlungsvermögen. Er erkannte nur allzugut mein Dilemma und war sich der absoluten und nun so leichtfertig versäumten Notwendigkeit bewußt, die Wand nach den Stellen zu erkunden, an denen ich mich abseilen konnte. Als er wieder in den Hubschrauber kletterte, schrie er mir die Worte zu: »Steig ein, Walter, komm mit uns!« und unterstrich sie mit einer entsprechenden Handbewegung. Nun ja, ich hätte nichts lieber getan, doch in dem Bewußtsein, wie sehr ich diesen Augenblick herbeigesehnt hatte und nun endlich hier angelangt war, wartete ich regungslos darauf, daß sie abflogen. Ich fühlte mich von meiner eigenen Entscheidung überrumpelt.

Als jedoch der Pilot unmittelbar vor dem Abheben seinen Sicherheitsgurt wieder anlegte, brüllte ich schockiert: »José, du läßt mich doch hier nicht im Stich?« Er erwiderte: »Um Gottes willen, wo denkst du hin! Wenn du dich entscheidest, die Wand nicht hinunterzuklettern, dann leg all deine farbigen Kleidungsstücke gut sichtbar auf dem Boden aus. Ich werde der Avensa durchgeben, sie sollen morgen über dieser Gegend eine Schleife fliegen, um zu sehen, wozu du dich entschlossen hast. Gegebenenfalls wird dich einer von uns dann sofort abholen.« Die Avensa ist die nationale Fluggesellschaft, die inzwischen täglich mit einem Düsenflugzeug von Caracas nach Canaima fliegt. Dieses Flugzeug macht je nach den Wetterumständen normalerweise einen Abstecher zum Salto Angel, hält sich allerdings hoch über ihm. Josés Worten mußte ich jedoch entnehmen, daß er mit seiner Hubschrauberkiste nicht mehr zurückzukehren gedachte, nicht unbedingt um zu landen, nein, nicht einmal, um etwas über mein Schicksal zu erfahren; dennoch wollte ich die Hoffnung nicht sinken lassen. Einen Augenblick später hatte sich der Hubschrauber schon in die

Luft erhoben und verschwand hinter den Bäumen rasch aus meinem Blickfeld.

Das war erst der Prolog der leidvollen Erfahrungen, die der Auyán Tepuy für mich so reichlich vorgesehen hatte. Da bin ich also, allein und verstört, und wiederhole mir alle paar Minuten: »Da habe ich mir ja eine schöne Suppe eingebrockt!« Alarmiert lausche ich meiner eigenen Stimme.

Das Getöse des Flusses, der sich in den Canyon eingegraben hat, steigt mächtig herauf, mindestens so laut wie vor wenigen Minuten die Motoren des Hubschraubers. Ich blicke konfus in die Runde, dann wende ich mich instinktiv zum Wasser, das ein Stück flußaufwärts, bevor es den Canyon bildet, in einem breiten Bett dahinfließt, blutrot durch das Tannin, das es mit sich führt. Auf der Stelle beschließe ich, den Fluß zu durchwaten, und das wiederhole ich mehrere Male jeweils mit einem Stück Gepäck auf dem Kopf. Ich staple alles auf einen Felsbrocken und beginne dann mit der Machete in der Hand die Gegend in Richtung der Nebel auszukundschaften, hinter denen meiner Meinung nach die große Leere gähnen muß. Der Pflanzenbewuchs ist niedrig, bildet aber ein furchtbares Gewirr. Die Schläge der Machete hallen wider, als ob sie auf Stahlfedern träfen.

Bereits nach wenigen Minuten stoße ich auf die ersten Spalten, die nach und nach immer häufiger, breiter und schwieriger zu überwinden sind. Immer wieder trachte ich vergeblich, mir einen Weg in dieser Richtung zu erzwingen. Also versuche ich es weiter links, abermals ohne Erfolg. Vor mir erblicke ich durch den Nebel als flüchtige Erscheinung nur einen Wald aus unübersteigbaren Graten. Ich breche den Marsch ab, durchquere den Fluß in der entgegengesetzten Richtung und schaffe mein gesamtes Gepäck wieder zurück.

Es ist höchste Zeit, an das Nachtlager zu denken. Ich schlage es auf der Lichtung auf, auf der ich vom Himmel gefallen bin, denn sie scheint wirklich der einzige Fleck zu sein, der nicht bewachsen ist; sie besteht aus nacktem Felsgestein und ist frei von Sümpfen. Ich schneide ein paar Stecken ab, kreuze sie, knüpfe die Hängematte daran und breite darüber das dünne Nylonsegel aus, das ich auf beiden Seiten herunterhängen lasse. Als ich mit der Arbeit fertig bin, ist es Abend. Es beginnt zu regnen. Eine Legion großer Mücken, die ich in dieser Höhe nicht erwartet hätte und die ziemlich lästig sind, versammelt sich in Kürze unter der Zeltbahn. Ich habe weder ein Moskitonetz noch Insektenspray dabei, weil ich mein Gepäck so leicht wie möglich halten wollte.

2. NOVEMBER (ZWEITER TAG): Beim ersten Sonnenlicht bin ich bereits in Bewegung, fest entschlossen, den Kamm des Absturzes zu erreichen, halte mich diesmal jedoch auf der Seite, auf der ich biwakiere. Ich erinnere mich, während meiner Flußfahrt vor einigen Wochen von der Talsohle aus in meine Überlegungen einbezogen zu haben, daß die Wand an dieser Seite außerordentlich stark überhängt; es wäre also unvernünftig, hier mit dem Abstieg am Doppelseil zu beginnen. Wenn es mir jedoch gelingt, an den Rand zu kommen, könnte ich von diesem luftigen Balkon aus einen Überblick über die Wand in ihrer Gesamtheit haben und vielleicht eine Route erkennen, an der entlang ich mich später abseilen kann. Doch der Versuch, in diese Richtung vorzudringen, scheitert nur allzu rasch. Also versuche ich es noch einmal auf der anderen Seite des Flusses in derselben Richtung wie gestern. Vielleicht kommt mir dabei zustatten, daß im Moment kein Nebel herrscht. Und ich gelange in der Tat in das Labyrinth aus Zinnen und Graten, das ich bereits gestern flüchtig erblickt habe. Doch hier verirre ich mich beinahe in einem wahren Labyrinth von Spalten, von denen einige bodenlos zu sein scheinen.

Vor vier Jahren, 1971, war es einer Gruppe englischer, venezolanischer und amerikanischer Bergsteiger gelungen, die hohe Wand von der Talsohle aus an der orographischen, also vom Ursprung aus betrachteten Linken des Salto Angel zu erklettern. Sie hatten zehn Tage lang mit Schwierigkeiten unterschiedlichster Art gerungen und es am Ende geschafft. Doch kaum hatten sie den Fuß auf das Hochplateau gesetzt, hatten sie eilig wieder den Rückweg angetreten und sich über dieselbe Route wie beim Aufstieg abgeseilt. Möglicherweise befinde ich mich nun gerade zwischen den Graten in dieser Richtung; ich suche hier nach einer Hinterlassenschaft dieser Expedition, etwa einem eingeschlagenen Haken, einer Steinpyramide, kurz nach irgend etwas, das mir den Weg weisen und mich auf ihre Spur führen kann. In meiner Situation, in der ich nicht die Möglichkeit habe zu sehen, wo ich hintrete, und darum den Abstieg aufs Geratewohl unternehmen muß, werde ich in diesem Chaos von Strukturen, die jeder inneren Logik spotten, niemals den leichtesten Weg erraten. Um über die größeren Spalten zu gelangen, könnte ich natürlich jedesmal Baumstämme umhacken, sie dorthin schleppen und quer darüber schieben; ich müßte mich dabei jedoch klar an der richtigen Richtung orientieren können, sonst würde ich mich an Stellen, die sich vielleicht als Sackgasse herausstellen, nur unnötig aufreiben. Ich würde Gefahr laufen, in irgendeiner unüberwindlichen Passage steckenzubleiben, selbst wenn ich bereits zum Rückzug entschlossen wäre. Doch ganz abgesehen von all diesen Überlegungen bleibt mir die Route von 1971 ohnehin schleierhaft. Ich entdecke nicht das geringste Anzeichen dafür, daß die Bergsteigergruppe, wie sie behauptet, das eigentliche Plateau nach erfolgreichem Aufstieg tatsächlich erreicht hat. Es bleibt mir nichts übrig, als zum Lager zurückzukehren. Es ist gerade erst zwei Uhr nachmittags, und der Himmel hat sich bedrohlich bezogen. In der Ferne donnert es, doch der Regen beginnt erst am Abend. Er hält die ganze Nacht an. José hat sich nicht blicken lassen, und auch das Flugzeug der Avensa habe ich weder gesehen noch gehört.

3. NOVEMBER (DRITTER TAG): Große Sorgen und folglich eine schlaflose Nacht. Ich bin inzwischen überzeugt, daß ich mit meinen eigenen beschränkten Mitteln hier niemals herauskommen werde. Ich muß also tatsächlich alle farbigen Ausrüstungsgegenstände ausbreiten und auch ein Feuer anzünden, damit mich ein Flugzeug ausmachen kann. Da ich mich auf Josés Versprechen verlasse, hatte ich allerdings bereits gestern die Hoffnung, das Flugzeug der Avensa zu sehen.

Ich beschließe in den frühen Morgenstunden, ein Feuer vorzubereiten, um in dem Moment, in dem das Flugzeug auftauchen sollte, eine große Rauchwolke zu erzeugen. Das müßte nach dem regulären Flugplan der Avensa gegen elf Uhr der Fall sein, doch bereits um zehn Uhr bewölkt sich der Himmel – und was das Flugzeug betrifft, so bleiben mir den ganzen Tag nichts als angstvolle Unruhe und Sorge.

Ein plötzlicher Blitz, gefolgt von einigen ohrenbetäubenden Donnerschlägen, gibt das Startzeichen für das erste nachmittägliche Gewitter. Weitere folgen mehr oder weniger heftig bis in die späte Nacht. Doch noch etwas anderes sucht mich heim: der Gedanke, daß ich, wenn alles gutgegangen wäre, meinen Abstieg bis zum Fuß der großen Wand vielleicht bereits heute abend hätte abschließen können. Um mich von dort zum Rio Churún aufzumachen und irgendwie den Strom, den ich bereits gut kenne, hinunterzufahren.

4. NOVEMBER (VIERTER TAG): Regen, Wind, Kälte und Sorge waren meine nächtlichen Gefährten. Der Morgen kündigt sich jedoch strahlend und vielversprechend an. Inzwischen denke ich an nichts anderes als an das Flugzeug, daran, es endlich zu sehen und von ihm gesehen zu werden. Abermals bereite ich alles für den sehnsüchtig erwarteten Moment vor, in dem die Avensa vorbeifliegt.

Und endlich höre ich plötzlich gegen halb elf das Summen eines Motors und erblicke unmittelbar darauf die fernen Umrisse eines Flugzeugs. Es fliegt über dem großen Tal, nicht viel höher als die Stelle, an der ich mich befinde. Im Handumdrehen setze ich alles, was ich vorbereitet habe, in Gang: Feuer, Rauch und fortwährendes Schwenken meiner gelben Windjacke. Alles, um die Aufmerksamkeit von denen da oben auf mich zu lenken, und alles innerhalb kürzester Zeit. Das Flugzeug fliegt mit hoher Geschwindigkeit über der Mitte des großen Tals. Es hat bereits die Höhe des Salto Angel erreicht, ist also direkt vor mir und wirklich das Düsenflugzeug der Avensa, doch es macht keine Anstalten näher zu kommen und braust vorüber, bis es ein kleiner glänzender Punkt im Gegenlicht ist. Nun gewinnt es an Höhe. Ich erwarte, daß es eine Kurve macht, um auf dieser Seite vorbeizufliegen. Ich bereite mich vor, alles von eben noch einmal zu wiederholen. Der kleine Punkt hat inzwischen sein Wendemanöver abgeschlossen und setzt unbeirrt seinen Flug in entgegengesetzter Richtung fort, von wo er gekommen ist. Mit anderen Worten: Er nimmt mich überhaupt nicht zur Kenntnis und verschwindet pfeilschnell aus meinem Blickfeld. Ein Keulenschlag auf den Kopf hätte mich sicher weniger bestürzt.

Nun fällt mir Josés Gesichtsausdruck wieder ein, als er mir, bevor er sich aus dem Staub machte, über die Avensa erzählte. Und ich habe ihm geglaubt. Doch offenbar ist keine Nachricht auf dem Schreibtisch der Fluggesellschaft gelandet, sonst wäre das Flugzeug mit Sicherheit ein wenig von seinem üblichen Kurs abgewichen. Sie hätten gar nicht anders gekonnt. Wie absurd das alles ist. Aber wie groß war auch meine Naivität, Worten Glauben zu schenken, die mir nun eindeutig heuchlerisch und verantwortungslos in den Ohren klingen. Was für ein Unsinn, meine farbigen Kleidungstücke hier auszubreiten, was für ein Unsinn, auf die Avensa zu warten – alles nur Blödsinn. Ich hätte aus eigenen Kräften hier heraufkommen sollen, wie ich es bisher immer getan habe; und noch viel weniger hätte ich mich auf diese verdammte unüberlegte Landung des Hubschraubers einlassen dürfen, der mich hier ausgesetzt hat. Jetzt könnte ich mich selbst dafür ohrfeigen, daß ich in diese Sache hineingeschlittert bin, denn nun besteht nicht mehr der geringste Zweifel, daß ich völlig verlassen am verlorensten Ort der Welt bin. Gott weiß, wie ich da wieder herauskommen soll. Und nun mischt sich in die Sorge auch noch die Wut.

Es kostet mich einiges, meine Ruhe wiederzufinden und damit einen klaren Blick auf die Dinge, mit denen ich mich herumschlage. Giulia – meine Exfrau – weiß nichts von diesem Mißgeschick und wartet in über tausendzweihundert Kilometern Entfernung in Caracas auf mich. Zum Glück läuft der letzte Termin für meine Rückkehr in drei Tagen ab. Erst nach diesem Zeitpunkt wird sie beginnen, sich Sorgen zu machen, und von diesem Moment an alle Hebel für die Suche nach mir in Bewegung setzen. »Und wenn ich den Präsidenten von Venezuela persönlich um Hilfe bitten muß«, hatte sie bei der Abreise in Caracas nachdrücklich betont. Giulia ist eine resolute Frau, und ich bin sicher, daß sie alles Menschenmögliche unternehmen wird. Diese Gedanken lassen mich wieder Hoffnung schöpfen, und die Zuversicht keimt in mir auf, daß eben ein anderes Flugzeug als das der Avensa eigens hierherkommen wird, um mich ausfindig zu machen.

Zum vierten Mal versuche ich an den Rand des großen Abgrunds zu kommen, obwohl ich inzwischen weiß, daß er unter diesen Umständen praktisch unerreichbar ist. Also ist es das Nützlichste, was ich jetzt tun kann, an einer dominierenden Stelle, die so weit wie möglich an den Rand des Hochplateaus vorgeschoben ist, einen gut sichtbaren Beobachtungsposten zu installieren. Er muß einen guten Ausblick haben, damit ich in die gesamte Runde schauen kann, aber vor allem auch klar erkennbar sein für denjenigen, der hierherkommt, um mich zu suchen. Dort werde ich gut sichtbar alles ausbreiten, was ich an farbigen Dingen bei mir habe: Kleidungsstücke, Seile, Plastikbeutel und verschiedene andere zweckmäßige Dinge. Denn ich bin mir im klaren, daß jeder Pilot es nur in unmittelbarer Nähe des großen Wasserfalls versuchen wird.

Bereits um halb zwei Uhr nachmittags scheint sich das Wunder zu ereignen. Ich höre erst ein Summen, dann taucht das Flugzeug auf. Es ist ein einmotoriges Touristenflugzeug, und wie zu erwarten, fliegt es tief im Tal und hält sich etwa in halber Höhe des Salto Angel. Obwohl sich die große Hitze staut, ist der Himmel überraschenderweise wolkenlos. Auf meinem vorgeschobenen Beobachtungsposten, den ich gerade eingerichtet habe, schwenke ich ohne Unterlaß meine gelbe Jacke und reflektiere außerdem mit dem hellen Metalldeckel einer Konservendose, den ich wie einen Spiegel benutze, die Sonnenstrahlen. Nachdem das Flugzeug am Auyán Tepuy vorbeigeflogen ist, nimmt es Kurs auf Camarata. Doch plötzlich macht es eine Kehrtwendung und fliegt zum Wasserfall zurück. Hier steigt es auf und befindet sich einen Augenblick wesentlich höher als das Plateau. Sein Motor, aus dem der Pilot das Letzte herauszuholen scheint, macht einen Lärm, der die Schmerzgrenze überschreitet. Und nun wendet es sich in meine Richtung. Es ist über mir. In der Aufregung des Augenblicks tue ich einen falschen Schritt und verschwinde beinahe in der großen Spalte neben mir. Nun dreht das Flugzeug nach Norden ab, korrigiert seinen Kurs, fliegt weiter und weiter … und verschwindet rasch. Abermals bleibe ich bestürzt und verstört zurück. Es erhebt sich die leidvolle Frage: Hat es mich überhaupt gesehen? Ich schlage mich den Rest des Nachmittags mit diesem Argwohn herum. Ich komme zu dem Schluß, daß es, falls es mich bemerkt hätte, mit Sicherheit einen weiteren Kreis um mich geflogen wäre oder zumindest abwechselnd die Tragflächen gesenkt hätte – das allgemeine vereinbarte Zeichen in solchen Fällen.

5. BIS 10. NOVEMBER (FÜNFTER BIS ZEHNTER TAG): Tag um Tag vegetiere ich in meiner Einsamkeit dahin, ohne daß sich von außen etwas ereignet. Vom Morgengrauen bis zum Sonnenuntergang immer nur dieselben kleinen Verrichtungen, um zu überleben und damit die Zeit vergeht. Dazu gehört das übliche vergebliche Warten auf den Jet der Avensa oder ein anderes Flugzeug; ein höchst nutzloses Warten, jedoch unwiderstehlich wegen der Möglichkeit, daß es Leben an einen so verfluchten Ort bringen kann.

In diesen Tagen und vor allem in den Nächten hat es in Strömen geregnet, und mehrmals sind ganz in der Nähe Blitze eingeschlagen. Der Fluß ist in den letzten zwei Tagen derart angeschwollen, daß ich befürchten muß, daß er auch den Felsen überflutet, auf dem ich mein Lager aufgeschlagen habe. Der Holzvorrat, den ich angelegt und am Ufer aufgeschichtet hatte, ist vom Hochwasser mitgerissen worden und den Wasserfall hinabgestürzt. Meine anfängliche Furcht, daß ich unversehens einem vereinzelten Jaguar begegnen könnte, findet in meinen nächtlichen Gedanken inzwischen keinen Platz mehr; Sorgen bereitet mir dagegen der mögliche Verlust meiner dürftigen Unterkunft. Fast jede Nacht muß ich mich nämlich beim Ausbruch des Gewitters zusammenkauern, die Arme ausstrecken, die Enden der Zeltbahn an beiden Seiten festhalten und sie stundenlang an mich ziehen, damit der Wind meinen instabilen Unterschlupf nicht wie ein Segel im Sturm aufbläht und zerreißt oder ihn – schlimmer noch – in den nur wenige Schritte entfernten Canyon befördert.

Der Morgen ist gewöhnlich neblig, zuweilen sogar abscheulich – zumindest scheint es mir so, wenn es um halb sechs zu grauen beginnt. Hell wird es gegen acht Uhr, sobald die Sonne aufgeht, die sich bislang hinter dichten Wolken versteckte. Die feuchte Kälte geht dann in kurzer Zeit in trockene Hitze über. Nun ziehe ich mich völlig aus, während ich mit den Viehbremsen kämpfe, und breite all meine Sachen auf den Felsen zum Trocknen aus. In diesem Zustand kann die Landschaft sogar mild und anmutig wirken, doch mit der Rückkehr des Nebels, der sich pünktlich zur Mittagsstunde einstellt, schwindet der gerade noch empfundene Zauber, als ob es ihn nie gegeben hätte. Alles verdüstert sich abermals, während die Wolken und die Dinge in einem großen, qualmenden, furchteinflößenden Kessel zu versinken scheinen. Es gibt Momente, in denen es mich nicht im geringsten überraschen würde, wenn ich plötzlich einem prähistorischen Wesen gegenüberstünde, etwa einem Dinosaurier, der ohne Zweifel in diese Landschaft passen würde.

Das erste der vielen täglichen Gewitter bricht gewöhnlich am frühen Nachmittag über mir herein. In diesem Fall taucht die Sonnenscheibe kurz vor dem Abend noch einmal im diesigen Dämmerlicht auf. Es folgt eine regnerische, aber ruhige Nacht, und dieses Wetter hält bis zur nächsten Morgendämmerung an. Weitaus heftiger sind dagegen die abendlichen Gewitter, die einander – durch die Hitze des Tages verdichtet und in Wallung gebracht – ohne Unterbrechung vom Sonnenuntergang fast bis zum nächsten Morgen folgen.

Erheblich zermürbender als die Angriffe der tückischen Mücken ist während der Nacht die atemberaubende Angst – eine Angst, die, wie bereits gesagt, tausend Gedanken und Gefahren entspringt; es ist ein brennendes, erstickendes, zehrendes Bangen. Zuweilen ist sie kaum zu ertragen, und ich möchte am liebsten aus der Hängematte springen und ins Dunkel rennen, hinaus in den Regen, ganz gleich wohin, nur um sie nicht mehr passiv ertragen zu müssen.

Der wilde und ohrenbetäubende Canyon da unten trägt in besonderem Maße zu den Wahnvorstellungen in dieser Umgebung bei. Ich habe noch nie einen so tosenden Wasserlauf erlebt, der noch dazu die unterschiedlichsten und geheimnisvollsten Klänge erzeugt. Es genügt ein kleiner Luftzug oder eine Drehung des Kopfes, und schon erreicht mich aus diesem grimmigen Darm das seltsamste Brüllen und Dröhnen, das zuweilen an die Geräusche von Flugzeugmotoren erinnert, an verschiedene Flugzeuge: einmal an einen Jet, dann wieder an ein kleines einmotoriges Flugzeug oder an einen Hubschrauber. Ich kann mich an diese »Sirenen« des Auyán Tepuy nicht gewöhnen. Also verbringe ich meine Zeit damit, zwanghaft meine Ohren zu spitzen und immer wieder zusammenzuzucken, bis mir das Herz bis zum Hals schlägt.

Nach den ersten Tagen haben sich die ohnehin äußerst knappen Lebensmittel fast erschöpft. Das wenige, das noch übrig ist, spare ich von Tag zu Tag für jene entscheidenden Augenblicke auf, in denen ich vielleicht große Energie werde aufbringen müssen. Seit einigen Tagen habe ich deshalb begonnen, in der Natur ringsum nach etwas zu suchen, mit dem ich meinen Hunger stillen kann. Es gibt hier nur wenige Vögel, da läßt sich also nichts machen, dafür schwirren überall winzige Kolibris herum, die nicht umsonst »Fliegenvögel« genannt werden. In den Pfützen neben dem Fluß entdecke ich einige kleine Frösche, vielleicht sind es auch Kröten. Aber was, wenn sie giftig sind? Giftig ist außerdem vermutlich ein Großteil der unbekannten tropischen Vegetation. Ich konzentriere mich also auf eine bestimmte Art Flechten, die eindeutig mit denen, die ich in den Steppen des Nordens kennengelernt habe, identisch und somit völlig ungefährlich sind. Sie kratzen wie Sägespäne rauh am Gaumen, aber man kann sie essen. Ich verwende außerdem Schlick aus stehendem Wasser, den ich in großen Töpfen jeweils zweimal aufkoche.

Ich frage mich beklommen, was geschehen wird, wenn mein Aufenthalt hier oben noch lange dauern sollte. Ich muß zugeben, daß meine Angst sich nicht auf etwas Konkretes richtet; doch ich bin es müde, mir Tag und Nacht auszumalen, was geschehen könnte. Inzwischen verstreichen die Tage. Und ich stelle fest, daß diese kleinen Kröten, die ich anfangs gierig betrachtete, meine Freunde geworden sind, die einzigen Freunde, die ich hier habe. Ich verbringe ganze Stunden damit, sie zu beobachten, ihre Rufe nachzuahmen, kurz: mit ihnen vertraut zu werden und sie an meine harmlose Anwesenheit zu gewöhnen. Es gelingt mir so gut, daß ich mich ihnen mit dem Gesicht bis auf wenige Zentimeter nähern kann. Doch eines Nachts schwillt der Fluß plötzlich gewaltig an und reißt meine kleinen Freunde mit sich fort. Nun versuche ich das Experiment abermals mit einem dunklen, aufdringlichen kleinen Vogel, der mir in den Ohren liegt; doch diesmal habe ich keinen Erfolg. Inzwischen schwirren die grünen Kolibris, die noch nie zuvor einen Menschen gesehen haben, neugierig eine Handbreit vor meiner Nase herum. Vielleicht halten sie mich für einen Spender von Nektar, der in dieser Gegend lustwandelt.

11. NOVEMBER (ELFTER TAG): Heute morgen beißt die Kälte ganz besonders. Der Himmel ist grau und leblos wie die Hoffnung in mir. Alles paßt also zu der unendlichen Traurigkeit, die mich heimsucht. Ich bin sehr schwach und unterernährt, aber ich muß durchhalten. Am Ende werde ich sieben Kilo weniger als mein Idealgewicht auf die Waage bringen. Ich bleibe lange in der Hängematte, dann stopfe ich Hemd und Hose, die inzwischen in einem desolaten Zustand sind. So abgerissen, wie ich bin, würde ich sonst vielleicht über mich lachen, wenn ich nicht so verzweifelt wäre. Seit einigen Tagen peinigt mich der Gedanke, daß es meiner Exfrau in Caracas nicht gelingen könnte, die Mittel zu mobilisieren, um mich aus dieser Falle zu befreien. Außerdem beschleicht mich der Argwohn, ob sie sich nicht von leichtsinnigen Menschen – von denen die Welt voll ist – beeinflussen läßt, die vielleicht bereit sind zu schwören, daß sie mich in einem anderen Winkel dieser Region gesehen haben. Ich befürchte daher, daß sie mich irgendwo anders und nicht hier oben sucht. Nicht zuletzt steigt die Furcht in mir auf, daß auch ihr etwas passiert sein könnte. Wie quälend es ist, nichts in Erfahrung bringen, sich nicht bewegen zu können! Wird diese Qual jemals enden? Ich bin inzwischen von Zweifeln und Pessimismus erfüllt und Sklave meiner Angst: Diese drei unsichtbaren Ungeheuer scheinen mich Tag um Tag mehr zu verzehren. Mein Leben, das schon immer von Aktion bestimmt war, besteht aus einer Kette ungewöhnlicher und unwägbarer Situationen, doch das waren bisher immer Wechselfälle, in denen ich mein eigener Herr war. Hier jedoch hänge ich vollkommen von anderen ab, und das ist für mich ein ganz neuer und unerträglicher Zustand. Denn das hat zur Folge, daß ich gezwungen bin, dahinzudämmern und mich allmählich aufzureiben, dabei jedoch gleichzeitig nichts unversucht zu lassen und alles zu unternehmen, damit mich irgend jemand, der vielleicht über diese Stelle fliegt, entdeckt oder zumindest meine Anwesenheit erahnt. Doch ich weiß, daß das nicht genügt. Ich muß noch mehr tun, auf irgendeine Weise an den Rand des großen Abgrunds kommen und von dort, wenn auch unter höchster Gefahr, einen Fluchtweg erzwingen. Doch wie nur gelange ich dorthin?

Die Seile, die Kleidungsstücke, das rötliche Zelttuch, das mich vor den Stürmen schützt, alles ist inzwischen durch die Einwirkung des Nebels und der Sonne verschossen und ausgebleicht. Und immer noch erscheint nichts, absolut nichts am Horizont. An welchem teuflischen Ort befinde ich mich? Vielleicht ist er eine Art »tödliches Dreieck« wie vor den Bermudas, das deshalb von jedem Flugzeug gemieden wird? Oder ist es vielleicht das Schicksal solcher verzweifelter Lebenszeichen, daß sie wie einstmals die »tenda rossa«, Nobiles Zelt am Polarkreis, von oben nicht gesehen werden? Ich habe das Gefühl, daß ich bald verrückt werde: Vom Canyon her scheinen in der Tat sogar menschliche Stimmen zu kommen.

Gegen elf Uhr werde ich von äußerster Rebellion erfaßt. Ich ergreife die Machete, durchwate den Fluß und suche zum fünften Mal einen Weg zum Rand der großen Wand. Doch diesmal wende ich mich nicht in Richtung des Salto Angel und auch nicht zu der Phantomroute von 1971, sondern nach Nordwesten gegen einen dichten Wald, der mir bisher nicht in Betracht zu kommen schien. Aber nun will ich wissen, was sich jenseits dieser pflanzlichen Barriere befindet, die ich elf Tage lang immer links liegen gelassen habe. Es besteht immerhin die Möglichkeit, daß die Wand auf dieser Seite weit zurückweicht. Ich meine nämlich, diese Beobachtung gemacht zu haben, als ich im vergangenen Monat gerade den Rio Churún hinauffuhr. Es besteht also immerhin die Aussicht, daß ich in dieser Richtung durchbrechen kann, soweit es die Spalten erlauben, und so früher oder später an den Rand des großen Abgrunds vorstoße.

Ich dringe ungestüm und mit der Kraft der Verzweiflung in dieses Vegetationslabyrinth ein, mehr denn je entschlossen, mich aus diesem unerträglichen Gefängnis zu befreien. Ich bewege mich Stunde um Stunde mit quälender Langsamkeit, als ob ich in einer Art pflanzlicher Senkgrube begraben wäre, in der ich bei jedem Schritt mit der Machete in alle Richtungen schlagen muß, um mir durch das Gewirr einen Weg zu bahnen. Bestimmte Dornen durchdringen sogar die Kleidung. Dazu kommt auch noch ein kurzes, aber heftiges Gewitter, das jedoch meinem Rasen nichts anhaben kann. Dann kommen die ersten Spalten in den Felsen, die schlüpfrig wie Schmierseife sind. Um sie zu überqueren, finde ich glücklicherweise immer einen Baumstamm, der schräg darüber liegt, oder einen Haufen verrotteter Pflanzen, der dazwischen hängt und sich als natürliche Brücke anbietet.

Dann hört der Wald plötzlich abrupt auf. Unglaublich – einen Schritt weiter gähnt die Leere mitreißender, als sie jemals aus dem Inneren eines Waldes vor mir aufgetaucht ist. In der Tat stehe ich direkt am Rand der großen Wand! Mein Herz schlägt heftig, und meine Schläfen pochen. Mit einem erhebenden Gefühl bleibe ich in stiller Betrachtung hier stehen. Die fliehenden Wände um mich herum und zu meinen Füßen bilden ein ungeheures Amphitheater, das schwindelerregend in einen tiefen Trichter stürzt, der allmählich enger und dunkler wird und dicht mit Wald bedeckt ist, welcher sich schließlich weiter unten auf dem Talboden ausbreitet. Hier sind die Konturen des Hochplateaus glatt, und das erlaubt mir, mich so weit wie möglich über den Abgrund zu beugen, um seine Geheimnisse zu erforschen. Doch die größte Erregung überfällt mich, als ich entdecke, daß ich mich von hier aus vielleicht abseilen kann. Aber es gibt immer noch so viele unbekannte Größen, und die Herausforderung, ein Minimum an Felshaken einzuschlagen, die als Verankerung für das Abseilen am Doppelseil dienen müssen, erweist sich als besonders vertrackt. Das Unternehmen dürfte wahrscheinlich mehr als einen Tag in Anspruch nehmen, doch es ist meine Rettung.

Im Augenblick denke ich daran, morgen selbst mit meiner Flucht über die Wand zu beginnen. Doch dann überlege ich es mir: Damit würde ich das Risiko eingehen, daß, wer auch immer inzwischen mit ziemlicher Sicherheit zu meiner Rettung unterwegs ist, mich nicht mehr antreffen würde. Doch gibt es überhaupt noch Hilfe? In Wahrheit bin ich mir da nicht mehr so sicher, aber ich beschließe, noch einige Tage hier oben zu bleiben – jedoch nicht länger als drei oder vier, bis ans Ende meiner Kräfte; dann werde ich mich in dieses verzweifelte Abenteuer stürzen. Ein tiefes, unheilvolles Echo ertönt aus dem Abgrund. Sicher ist es ein Erdsturz an irgendeiner Stelle der großen Wand.

Der Tag neigt sich dem Ende zu. Mit endlich beruhigtem Gemüt verweile ich noch im Anblick des tiefen, dichten Waldes, der sich tausend Meter unter mir erstreckt. Das letzte Tageslicht läßt ihn fast erglühen und arbeitet seine Umrisse und Konturen heraus. Der gewundene, ruhige Fluß durchfurcht das unermeßliche Grün. Ringsum herrscht Stille, was für mich noch überraschender ist, weil ich aus dem unaufhörlichen Getöse des Canyons komme, in dessen Nachbarschaft ich seit nunmehr elf Tagen lebe. Es ist eine vollkommene, fast bedrohliche Ruhe, die wieder eingekehrt ist und sich dieses hohen und stolzen Gefängnisses bemächtigt hat, dem ich bis vor kurzem nach menschlichem Ermessen nicht entkommen konnte. Ich sehe auf die Uhr. Es ist fünf Uhr nachmittags, und es bleibt mir nicht viel mehr als eine Stunde, um bei Tageslicht zurückzukehren: Es sind nur ein paar Kilometer, und die sind mir inzwischen vertraut.

12. NOVEMBER (ZWÖLFTER TAG): Ich bin von gestern noch völlig durchnäßt. Es ist neblig. Alles ist durchweicht, und es gelingt mir nur mit Mühe, ein Feuer anzuzünden. Wie in den vergangenen Tagen bleibt es mein bester Zeitvertreib, mich an den vorgeschobenen Beobachtungsposten zu begeben, wo ich ungeachtet des schweren Gewölks, das sich auf dem Hochplateau staut, abermals meine farbigen Kleidungsstücke eines nach dem anderen ausbreite.

Und hier ereignet sich endlich das größte Wunder der letzten zwölf Tage: Ein Hubschauber taucht auf! Klein wie eine Libelle schwebt er über den Wolken, die die Talsohle bedecken. Es ist genau 10 Uhr 55. Kurz darauf ist er über mir. Er hat mich gesehen. Er landet in der Nähe des Zelts, das ich in einem schnellen Spurt mit großen Sprüngen erreiche. Es ist ein großer Turbinenflieger mit den auffallenden Abzeichen des Verwaltungsbezirks Ciudad Bolívar, der ihn zur Verfügung gestellt hat. Zwei Männer klettern heraus. Eine dritte Person läuft auf mich zu und streckt mir die Arme entgegen. Es ist Giulia. Bereits nach drei Minuten startet der Helikopter wieder und schraubt sich senkrecht in die Höhe. Damit entgehen wir dem Gewitter, das kurz vor dem Ausbruch steht.

Endlich in Sicherheit, blicke ich aus dem Fenster ein letztes Mal auf die Anhöhe dieser verzauberten Welt, die mich in zwölf Tagen zu einem Schatten meiner selbst hat schrumpfen lassen.

MEINE ERINNERUNG AN DIE ANTARKTIS

1976

Bei meiner Landung am Südpol hätte ich sofort an Amundsen und Scott denken müssen, die dem Unbekannten und tausendfachen Leiden trotzten und vor fünfundsechzig Jahren als die ersten Menschen hierhergelangten. Doch in diesem Augenblick fühlte ich mich von einer zu heftigen Gemütsbewegung übermannt, wie man sie vielleicht empfinden würde, wenn man auf einem fernen, unbewohnten Planeten landete. Mein Flug über die Antarktis und vor allem der vom letzten Stützpunkt McMurdo hierher war fast irreal gewesen. Unter mir hatte sich eine in ihren Formen und Dimensionen völlig neue Landschaft ausgebreitet; sie war vor allem von einer blendenden Weiße gewesen, in der mir einzig die Konturen der Berge nicht völlig fremd erschienen. Kette um Kette von Gipfeln war einander ohne Unterbrechung zwischen den kompakten Talströmen eines unendlichen Gletschers gefolgt, der sich am leeren Horizont nach allen Seiten hin auflöste. Und endlich, nach Stunden dieser Art von Raumflug, zeichnete sich im Weiß unter mir etwas ab, das wieder ein vages irdisches Bild heraufbeschwor: eine Handvoll winziger Punkte wie farbige Sandkörner, die sich um eine Schneefalte konzentrierten. Es sind die Anlagen der Polarbasis Amundsen-Scott, die wir gerade erreicht haben, und daneben wie ein kleiner Kratzer in der grenzenlosen Weiße die Landepiste. Kaum bin ich aus der Maschine gestiegen, habe ich – bedingt durch die große Kälte – das Gefühl, in Ammoniak einzutauchen, vor allem wegen des plötzlichen heftigen Juckens in der Nase. Die Augen beginnen zu tränen, und die Kleidung scheint gar nicht vorhanden, denn der Frost sticht und beißt sich hindurch bis auf die Haut, und ich werde am ganzen Körper steif. Durch die Tränen, die den Blick verschleiern, auf den Lidern gefrieren und wie glühende Kristalle brennen, wirken die Bilder unscharf. Der Atem verwandelt sich in dichten Dampf, der die Bilder noch mehr vernebelt und das Gefühl des Unbestimmten verstärkt, von dem hier alles und jedes durchdrungen scheint. Die Siedlung – wenn man sie denn als solche bezeichnen will – entpuppt sich als völlig anders als jede andere. Die Bauten ragen kaum aus dem Eis und lassen die darunter begrabenen Strukturen nur erahnen. In der Mitte erhebt sich eine riesige Metallkuppel, unter der – wie ich bald herausfinde – sogar zweistöckige Gebäude stehen. Dort drinnen arbeiten und leben die Techniker und Forscher lange Monate. Alle Konturen, Proportionen und Einzelheiten dieser Basis aus einem Science-fiction-Film haben etwas vage Unmenschliches, Monströses; doch gleichzeitig verwundert es, daß sich der Mensch überhaupt im Zentrum dieser weißen und unfruchtbaren Unermeßlichkeit – und sei es auch mit Hilfe solcher Schutzmaßnahmen – ansiedeln und arbeiten konnte. Es ist ein Winkel der Welt, der sich über Millionen Quadratkilometer im Umkreis ausbreitet und von Stürmen gepeitscht wird, welche jeden Widerstand brechen. Ich frage mich, ob es wirklich einen so großen Unterschied machen würde, wenn ich mich statt auf dem Südpol auf dem Mars oder auf dem Grunde des Ozeans befände.

Die Antarktis, dieses trostlose Reich des Eises und des Todes, hat ungeheure Bedeutung für das Studium verschiedener Naturphänomene, zu dem auch die Untersuchungen über die Erdgeschichte gehören; deshalb hat der Mensch hier Stützpunkte errichtet. Man weiß, daß sich dieser Kontinent in fernster Vergangenheit eines milden, sogar tropischen Klimas erfreute und so eine reiche tierische und pflanzliche Vielfalt zuließ. Dann, vor etwa zweihundert Millionen Jahren, lösten sich die heutigen Kontinente der südlichen Hemisphäre vom »Superkontinent« Gondwanaland; die Antarktis begann in Richtung Pol zu driften und schob sich über ihn. Gegenwärtig befindet er sich genau in ihrer Mitte. Unterdessen wurde das Klima der Erde kälter, es begann die Eiszeit, und auf den hohen Bergen tauchten die ersten Strukturen ewigen Eises

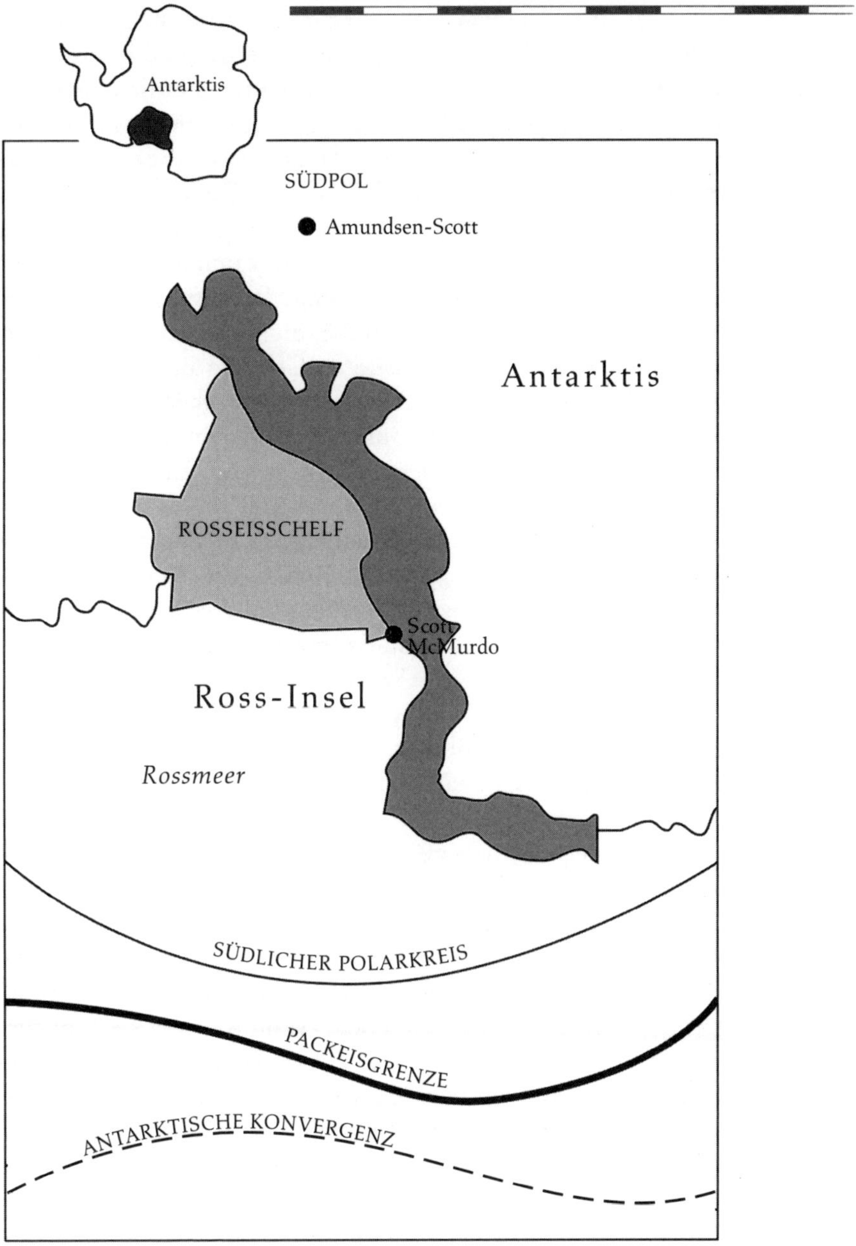
Antarktis
SÜDPOL
Amundsen-Scott
Antarktis
ROSSEISSCHELF
Scott
McMurdo
Ross-Insel
Rossmeer
SÜDLICHER POLARKREIS
PACKEISGRENZE
ANTARKTISCHE KONVERGENZ

auf. Und so bildeten sich, während die Kontinente ihre heutige Position einnahmen, auf den Polen die vereisten Polkappen: etwas dünner im Norden über dem Nordpolarmeer, doch massiv auf dem antarktischen Kontinent, der von einem weißen Eismantel »plattgedrückt« wird; dieser ist im Durchschnitt zweitausend Meter dick, weist aber in einigen Gebieten auch eine Tiefe von viertausend Metern auf. Neun Zehntel des gesamten Eises auf der Erde drängen sich hier auf dem weißen Kontinent. Wenn dieses Eis eines Tages schmelzen sollte – eine Annahme, die angesichts der Umweltverschmutzung und ihrer Folgen durchaus wahrscheinlich ist –, würde der Meeresspiegel um rund sechzig Meter steigen. Doch das wäre nicht alles: Entlastet von diesem ungeheuren Gewicht, würde sich die Antarktis in kurzer Zeit mindestens einen halben Kilometer über ihre heutige Höhe emporheben, und das Gleichgewicht der Erdkruste würde ins Wanken geraten. Auch das Klima in der ganzen südlichen Hemisphäre, das vom eisigen Kontinent beeinflußt wird, würde sich ändern, und in der Folge würden auch die Gletscher Patagoniens und Neuseelands schmelzen. Kurz, eine verhängnisvolle Kette von Umwälzungen würde beginnen und katastrophale Erdbeben auslösen.

Der Kontinent Antarktis, der immer noch in der Eiszeit verharrt, liegt also seit Millionen Jahren unter der dichten Eiskappe begraben, die die Geheimnisse seines Ursprungs bewacht und verbirgt. Durch die fortschreitende Vereisung wurde das ganze Erdreich von Eisströmen weggefegt, die jedes Zeugnis des tierischen und pflanzlichen Lebens, das es bis dahin gab, forttrugen und vernichteten; doch in den Felsen, auf denen nun die Eismasse lastet, haben sich unauslöschlich die Spuren der Vergangenheit erhalten. Die Fossilien und Minerale, die in den Felsschichten dieses Kontinents konserviert sind, könnten viele Geheimnisse unseres Planeten verraten. Doch wie an sie herankommen? Das Wenige, das man weiß, wurde den Gesteinsproben aus den Felsen über dem Eis abgelistet; doch das macht nur 2,5 Prozent der gesamten Antarktis aus. Die einzigen Felsen an der Oberfläche sind hauptsächlich die Spitzen der hohen Gipfel, denen es gelingt, den Eismantel zu durchdringen, und die zum größten Teil am Westrand des Rossmeers liegen, wo sich über zweitausend Kilometer das hohe Transarktische Gebirge hinzieht, von dem das große kontinentale Plateau getragen und verdeckt wird. Doch gerade unter diesen Gipfeln und der eingeebneten Oberfläche des Polarplateaus liegt ein unerreichbarer Boden, der Ebenen, Hochebenen und Täler bildet, welche an manchen Stellen bis unter den Meeresspiegel absinken. Nach den neuesten Erkenntnissen erheben sich dort Bergketten, die ausgedehnter als die Alpen sind und in Bergspitzen von mehr als dreitausend Metern Höhe gipfeln. Es hat den Anschein, daß diese wirkliche Topographie des unbekannten, eisbedeckten Felssockels die Fläche von Europa umfaßt.

Charakteristisch für die wahre Natur der Antarktis ist ein Klima, das seit der Zeit, in der das Eis plötzlich die Herrschaft übernahm, seit Millionen Jahren für das Leben tödlich ist. Es ist ein Land, das auf ewig dazu verdammt scheint, unter dem Eis begraben zu liegen und nie mehr die Wärme der Sonne zu spüren, auch nicht in den Sommermonaten, wenn sie hier gleichsam obsessiv und ohne Unterbrechung ihre Strahlen aussendet. Über eine lange Periode von sechs Monaten – wir befinden uns auf dem 90. Breitengrad – herrscht ständige Polarnacht, in der nur ein ungewisser opalisierender Streifen die vergebliche Anstrengung der Sonne verrät, sich über den Horizont zu kämpfen. Es sind unerträgliche, von ständigen Stürmen gepeinigte Monate, während denen das Thermometer auf sechzig Grad unter null und tiefer sinkt. Hier weicht nach einer Ewigkeit die Nacht der Sonne und diese nach einer langen Pause von sechs Monaten wieder der Nacht. Doch das gilt nicht für den Blizzard, den Orkan des äußersten Südens, den tödlichen Atem der Antarktis, der mit einer Geschwindigkeit von sechsundfünfzig Metern pro Sekunde (etwa zweitausend Kilometern in der Stunde) bläst und unermüdlich die Schneeschicht vom Kontinent fegt; schuld daran ist das ständige Hochdruckgebiet, das über dem Südpol lastet. Das hat zur Folge, daß nur äußerst spärlich Schnee fällt, der sich durch Verdunstung, Schmelze und Dispersion mittels der großen Eisberge und der Winde – welche sich strahlenförmig in allen Richtungen ausbreiten und schließlich einen Großteil dieses Schnees bis zum Meer treiben –

fast völlig auflöst. Trotzdem hat sich ein gewisser »Rest« aufhäufen und in Millionen Jahren die dichte und grenzenlose Eiskappe bilden können. Diese Masse, die sich von den zweitausendachthundert Metern Höhe des geographischen Pols an ihrem äußersten Rand zu den weißesten Küsten der Welt absenkt, stellt in ihrer Gesamtheit die gewaltigste Hochebene unseres Erdballs dar. Wenn man nämlich alle anderen extrem hoch liegenden Tafellandschaften der Erde – Tibet, Grönland und Bolivien – zusammenzählt, kommt man immer noch auf eine wesentlich geringere Fläche. Doch die Antarktis ist auch eine Wüste, die schlimmste von allen, eine Einöde, weit furchtbarer als die Sahara. Dort gibt es weder große noch kleine Tiere; alles ist trostlos, unfruchtbar und tödlich und bietet nicht einer Lebensform auch nur die geringste Chance.

Dieses Land, das vom Sommer vergessen wurde und in einen ewigen Winter versunken ist, bildet eine Welt, in der die eisigen Horizonte und die lange Polarnacht eine wahrhaft irreale und schemenhafte Landschaft schaffen; durch den riesigen Raum, der die Insel vom Rest der Welt isoliert und in dem die weitesten Ozeane des Erdballs zusammenfließen, wird sie noch ferner und strenger. Hier manifestiert sich auch der gefürchtete Antarktische Zirkumpolarstrom, Schauplatz schrecklicher Stürme, die die höchsten Sturzwellen der Welt aufpeitschen. Doch gleichsam als Kompensation für ihre fürchterliche Brutalität ist die Antarktis von einem Ozean umgeben, der die reichste Meeresfauna bietet: Tiere, die perfekt an diese feindliche Umwelt angepaßt sind und an ein Dasein, das sich von ihrem eigentlichen unterscheidet. Und so öffnet sich von den leuchtenden Küsten bis hin zur Region der dichten Nebel, die sich in der Zone der südpolaren Stürme stauen, eine Szenerie, die von bewegtem und lautem Leben erfüllt ist; es steht damit in deutlichem Kontrast zur großen Stille der Wüste und des Todes, die dahinter lauert.

Aus den grünen oder schwarzen Wassern des Ozeans steigt plötzlich das Schnauben und der Sprühregen der Wale auf, die mit ihren Barten die ausgedehnten Schwärme der Krille durchseihen, jener garnelenartigen Krebse, die das Meer zuweilen rot färben.

Ein Stück weiter bringen Tausende Fische auf ihrer verzweifelten Flucht vor den Delphinen das Meer zum Wallen. Doch in der Nähe lauert auch eine Falle für den Angreifer. Hier durchpflügen nämlich die langen schwarzen Rückenfinnen der Orcas das Meer wie die unheilvollen Segel einer mörderischen Regatta. Auf der weißen Kruste des Küsteneises, das in Bewegung ist, aber vom Seegang noch nicht aufgebrochen wurde, liegen dagegen wie faule Müßiggänger die großen Robben, die ihre Siesta halten. Die Jagd nach Fischen und Tintenfischen hat reiche Beute gebracht, deshalb vergehen einige Stunden, bevor sie wieder über das Eis watscheln und wanken müssen, um erneut im Meer abzutauchen. Eine weiße Eisplatte in der Drift ist mit dunklen Formen gesprenkelt: Es ist eine groteske Versammlung von Pinguinen, die schlagartig in Panik ausbrechen, wie verrückt durcheinanderlaufen, mit ihren kleinen Flügeln schlagen, ins Wasser springen und sofort wieder herausschießen, um noch erschreckter auf den Gletscher zurückzukehren, von dem sie geflüchtet sind. Für die Unruhe unter den drolligen Kreaturen hat mit Sicherheit eine Herde von Seeleoparden gesorgt, die sie für ihren Mittagstisch aufs Korn genommen hat. Inzwischen lärmt in der hellen Luft mit überraschender Klangfülle eine Vielzahl von Sturmvögeln, Seeschwalben und Kormoranen, die über den Eismassen im Aufwind kreisen und über die schaukelnden weißen Burgen gleiten, zwischen denen eine Fülle von Fischen und Weichtieren haust. An den 17 000 Kilometern der antarktischen Küste und auf den eisigen Riffen einer großen Anzahl benachbarter Inseln wiederholt und erneuert sich dieses Schauspiel immer wieder, das zuweilen grausam ist und dennoch voller Leben steckt; dieses Leben ernährt sich direkt oder indirekt vom Plankton, über das diese Meere in unerschöpflichem Reichtum zu verfügen scheinen.

Ich hatte zur Akklimatisierung die ersten Tage auf der neuseeländischen Basis Scott nahe dem 78. Breitengrad verbracht, auf der man sich an eine militärische Lebensordnung hält und von der man sich gewöhnlich nur mit modernen Beförderungsmitteln wie dem Hubschrauber und Raupenfahrzeugen entfernt, zuweilen aber auch mit den traditionellen Hundeschlitten. Auf diese

Weise jedenfalls lernte ich in unmittelbarer Anschauung die typischen Formationen der antarktischen Küste kennen, deren bemerkenswerteste das Schelfeis ist. Es ist ein Gletscher von ungeheurer Ausdehnung, der im Meer schwimmt und von Untiefen festgehalten wird. Seine Oberfläche ist fast eben und ragt einige Dutzend Meter aus dem Meer. Zu einem geringen Teil besteht das Schelfeis aus einem Eisfluß, der von der kontinentalen Kappe herunterkommt, doch vor allem ist es das Werk des Schnees, der auf die Eiskruste auf dem Meer fällt, welche der sommerlichen Schmelze trotzen konnte. Diese Formationen bedecken gewöhnlich die antarktischen Küsten über lange Strecken und verbergen ihre wirkliche Beschaffenheit. Die weitläufigste in diesem Abschnitt ist die Rossbarriere am gleichnamigen Meer, die eine Fläche fast so groß wie Spanien bedeckt. Von den mächtigen Formationen lösen sich hin und wieder große Eisberge, die von den Strömungen abgetrieben werden. Dieses schwimmende Eis schiebt sich, bevor es schmilzt, über zweitausend Kilometer in die offene See hinaus. 1953 beobachtete ein Walfänger in den antarktischen Gewässern einen tafelförmigen Eisberg, der hundertfünfundvierzig Kilometer lang war und eine Höhe von dreißig Metern über dem Meeresspiegel erreichte – eine wahre schwimmende Insel, von der nur ein Zehntel aus dem Wasser ragte.

Dann ist da noch das marine Eis, das sogenannte Packeis, das sich während der Polarnacht bildet. Es ist im Schnitt nur zweieinhalb Meter dick, doch seine Ausdehnung ist ungeheuer; die äußerste Treibeisgrenze reicht sogar bis tausendfünfhundert Kilometer vor den südlichen Polarkreis und bedeckt Millionen Quadratkilometer. Es kommt vor, daß ein ganzer Sommer nicht ausreicht, um den Panzer zu »knacken«, der die Küsten zäh umklammert.

Diese und andere oft unüberwindliche Hindernisse verzögerten die Entdeckung und Erforschung des weißen Kontinents immer wieder. Erst 1841 nämlich gelingt es James Clark Ross, mit seinen zwei Seglern *Erebus* und *Terror* zu dem großen antarktischen Meerbusen vorzudringen, der heute seinen Namen trägt. Nachdem er den südlichsten Punkt der Antarktis, der noch schiffbar ist, erreicht hat, versperrt ihm ein Eisriegel, den er selbst Große Barriere nennt, den Weg. Mit dieser Unternehmung erwarb sich Ross das Verdienst, den nachkommenden Entdeckungsreisenden den Weg für die Eroberung des Pols gewiesen zu haben. Eine Eroberung, die jedoch erst siebzig Jahre später stattfand und deren Protagonisten Männer wie Amundsen, Scott und Shackleton waren. Diese Helden und Schwärmer von einer inzwischen ausgestorbenen Sorte, leuchtende Beispiele von Mut, Zähigkeit und Opferwillen, sind inzwischen Legende. Diese Männer, die vom Leben zum Opfern erzogen worden waren und jeden ihrer Siege unter Einsatz ihres Lebens erringen mußten, kämpften dafür, ein Ziel zu erreichen, das – wie Paolo Gobetti schrieb – »an sich nutzlos und unbedeutend war, ein einsamer mathematischer Punkt in der Einförmigkeit einer eisigen Wüste«.

Der große Polarforscher Robert Falcon Scott war dazu ausersehen, einer der größten britischen Helden in Friedenszeiten zu werden. Zwischen 1901 und 1904 landete er als erster auf der Edward-VII.-Halbinsel. Dann stieß er bis auf 82 Grad 17 Minuten in Richtung Pol vor, bis ins Innere von Victorialand. Ihm folgte Ernest Shackleton, ebenfalls ein Engländer, der in einem verzweifelten Abenteuer, das hundertsechsundzwanzig Tage dauerte, von 1908 bis 1909 mit drei Gefährten die extreme Breite von 88 Grad 23 Minuten erreichte und den Pol nur um hundertfünfundachtzig Kilometer verfehlte. »Der Tod war vor uns und die Nahrung hinter uns; wir waren gezwungen umzukehren«, erklärte er bei seiner Rückkehr in die Heimat. Doch obwohl er gescheitert war, bestätigte seine Erfahrung endgültig, daß die Antarktis ein geschlossener Kontinent ist, was man bis dahin angezweifelt hatte. Außerdem hatte er die schrecklichen Bedingungen, die in jenen Breiten herrschen, am eigenen Leib erfahren. Schließlich kam der Norweger Roald Amundsen, ein außergewöhnlicher Mann mit einer Willenskraft, für die es keine unüberwindlichen Hindernisse gab.

Amundsen war mit vier Gefährten von der Walfischbai im Rossmeer aufgebrochen und hatte den Kurs nach Süden durch jenes Labyrinth eingeschlagen, das er als den »Ballsaal des Teufels« bezeichnete – einen unmenschlichen Gletscher, dessen Spalten direkt in den Abgrund der Hölle zu stürzen schienen. Er erreichte den Pol am 14. Dezember 1911 in einem Marathonlauf, der im ganzen achtundneunzig Tage dauerte und bei dem insgesamt eine Entfernung von zweitausendachthundert Kilometern zurückgelegt wurde. Die Norweger hatten sich zu diesem Unternehmen mit vier Schlitten aufgemacht, die von zweiundfünfzig Hunden gezogen wurden, und reichlich Proviant mitgenommen – denn diese Hunde konnten im Notfall auch als Reserve dienen. »Die Hunde sind Lebensmittel auf vier Beinen«, hatte auch Peary, ein Pionier bei der Eroberung des Nordpols, bestätigt und hinzugefügt: »Die Geopferten ernähren die Überlebenden ... und den Menschen.« Und Amundsen hatte klugerweise an diesen grausamen, aber kostbaren Notbehelf der Eskimos gedacht.

Gleichzeitig mit den Norwegern hatte sich auch Kapitän Scott auf den Weg zum Pol aufgemacht, wo er sich nun auf einer westlicheren Route vorwärts kämpfte, der nämlichen, die auch Shackleton bei seinem erfolglosen Versuch gewählt hatte. Eine Verkettung unglücklicher Umstände ließ diese Unternehmung jedoch in einer Katastrophe enden, die dramatisch in dem Tagebuch dokumentiert ist, welches im Frühjahr des Folgejahres neben Scotts Leiche gefunden wurde. Scott und seine vier Gefährten, die von der Ross-Insel aufgebrochen waren, hatten sehr bald keine Tiere mehr. Sie hatten sich unglücklicherweise für Ponys entschieden, die wesentlich ungeeigneter als die Eskimohunde für das Ziehen der Schlitten sind. Nachdem sie die Ponys eingebüßt hatten, waren sie gezwungen, nun selbst das zermürbende und beschwerliche Ziehen der Schlitten auf sich zu nehmen. Und als ob das noch nicht genug gewesen wäre, wurden sie von schlechtem Wetter behindert, da es inzwischen sehr spät im Jahr geworden war. Trotz alledem erreichten jedoch auch sie am 18. Januar den Pol (fünfunddreißig Tage nach Amundsen). Doch dort erwartete sie die bitterste Enttäuschung: die norwegische Fahne und das Zelt, die Amundsen zum Zeichen seiner Eroberung zurückgelassen hatte. Der Rückweg der unglücklichen Entdeckungsreisenden war noch härter als der Hinweg. Als erster starb am 17. Februar der Unteroffizier Evans an Erschöpfung, Unterkühlung und Wahnsinn, noch bevor sie das Schelfeis wieder erreicht hatten. Als nächster war Major Oates an der Reihe, der sich in der Überzeugung, ohnehin bald erfrieren zu müssen, opferte, um seinen Gefährten nicht zur Last zu fallen. Am 16. März entfernte sich Oates frühmorgens unter einem Vorwand vom Lager und verschwand im tobenden Sturm. Sie sahen ihn nie wieder.

Die drei Überlebenden – Scott, Doktor Wilson und Leutnant Bowers – gelangten schließlich unter unsäglichen Leiden in die Nähe des großen Lebensmittellagers One Ton, des am weitesten vorgelagerten unter all jenen, die sie vorsorglich an der Rossbarriere angelegt hatten. Nur noch zwanzig Kilometer trennten sie von der rettenden Sicherheit, doch das Unglück schlug abermals in Gestalt eines wütenden Blizzards zu, der sie diesmal tagelang in ihrem Zelt festhielt. Es wurde ihr Grab. Aus den Aufzeichnungen, die Scott in den letzten Tagen machte, sprechen Adel und seelische Stärke, die dieses Häuflein tapferer Männer bis zum letzten Augenblick aufrechthielten: »Wir haben das Wagnis in Angriff genommen und wußten um die Gefahr; alles hat sich gegen uns gekehrt: Wir dürfen also nicht klagen, sondern müssen uns dem Willen der Vorsehung beugen, immer noch fest entschlossen, bis zum Ende unser Bestes zu geben.« An seine Frau schrieb er noch: »Wieviel hätte ich über die Expedition berichten können! Wie sehr war unser Unternehmen doch einem mühelosen Leben in häuslicher Bequemlichkeit vorzuziehen! Wie viele Geschichten wirst du unserem Sohn erzählen können! Doch mit welchem Preis haben wir dies alles bezahlt!« Dann, mit dem Datum des 29. März versehen, die letzte Nachricht. Bevor auch er starb, gelassen und in sein Schicksal ergeben, drückte er liebevoll seine beiden Gefährten an sich, die wahrscheinlich bereits tot waren, und fand noch die Kraft, in sein Tagebuch zu schreiben: »Wir haben jede Hoffnung aufgegeben. Wir werden bis zum Ende durchhalten, aber wir fühlen uns immer schwächer; der Tod kann nicht mehr fern sein. Es ist entsetzlich, aber ich kann nicht mehr schreiben. Um Gottes willen, sorgt für unsere Lieben.«

Scotts Tragödie war die größte jener Zeit, zumindest vom moralischen Standpunkt aus, noch furchtbarer in ihrer Realität und einzigartig in der Geschichte der Entdeckungsreisen in jenen äußersten Breiten.

Die Epoche der heldenhaften Eroberung der Antarktis durch Männer mit starkem Geist und Idealen – wahren Heroen, die sich einzig und allein auf ihre menschlichen Mittel verließen – neigte sich ihrem Ende zu. Neue Zeiten zeichneten sich am Horizont ab. Die »Wettläufe zum Pol« wurden schließlich im wesentlichen zu motorisierten Rennfahrten, die immer mehr mit Hilfe ausgeklügelter Mittel des aktuellsten technischen Standes bestritten wurden, abgesichert und gesteuert von unfehlbaren Satelliteninstrumenten; sie verkamen schließlich zu einer Art Schauspiel, das nur noch dem Selbstzweck diente. Diese Unternehmen wurden lediglich durchgeführt, um den Erfolg der Schutzmaßnahmen und der eingesetzten technischen Hilfsmittel zu bestätigen, natürlich nicht ohne zuerst das entsprechende öffentliche Interesse geschürt zu haben. Doch dank der unerschöpflichen, dem Menschen angeborenen Gier nach Wissen ist der Scheitel der Erde auch und vor allem zu einem Ort des Studiums und der wissenschaftlichen Forschung in jenen Science-fiction-Basen geworden, die fast überall auf dem letzten unbekannten Kontinent errichtet wurden. Doch das versteckteste Rätsel der Antarktis, die Fossilien und Mineralien, die in ihren Felsen begraben sind, findet sich auf den wenigen unwegsamen Kämmen, die an die Oberfläche dringen, und unter dem hermetisch verschlossenen Eis, das auf die Kontinentalplatte drückt, welche sie bewahrt. Wahrscheinlich wird sich uns das faszinierende Unbekannte noch lange nicht erschließen.

Im Vergleich mit den modernen Organisationsmitteln, die heute in der Antarktis zur Verfügung stehen, vermag uns noch immer das Bild der beiden ruhmreichen Segelschiffe des englischen Kapitäns James Clark Ross zu berühren, der wie erwähnt als erster bei der Erschließung des Kontinents ins Eis dieser extremen Breiten vorstieß. Das war im fernen Jahr 1841. Die *Erebus* und die *Terror* waren in das Packeis vorgedrungen, jene eisige Meeresfläche, die bisher als unüberwindliches Hindernis gegolten hatte, und nach nur vier Tagen des Manövrierens in der dichten schwimmenden Kruste wie durch ein Wunder in eisfreies Wasser gelangt. Ross erkannte, welches Glück er hatte, und drang mit wachsendem Eifer in Richtung Süden vor.

Bald sieht er festes Land, das er Victorialand nennt: Es stellt sich heraus, daß es die bisher südlichste Erhebung ist. Doch nachdem er weitere sechs Tage in einiger Entfernung von der Küste weitergesegelt ist, versperrt ihm eine große Eisbarriere den Weg, die frontal das gesamte Meer abschließt. Sie wird seinen Namen tragen: Rossbarriere. Es ist Ende Januar, und die beiden Segler befinden sich auf einer Rekordbreite von ungefähr achtundsiebzig Grad. Von der Spitze eines großen kegelförmigen Berges, der sich direkt vor ihnen erhebt, breitet sich ein Schein aus, dem dichte Rauchschwaden folgen: Es ist ein aktiver Vulkan. Ross gibt ihm den Namen Erebus und tauft den benachbarten, niedrigeren Gipfel Terror. Und so werden die beiden englischen Segelschiffe in der Topographie der Antarktis verewigt. Zur Rechten steigt eine Kette riesiger Gipfel auf, die Scott später Royal-Society-Kette nennen wird: Sie gehören zu den Bergen, die sich parallel zur Küste von Victorialand erheben und in der Ferne gegen Süden schwach zu erkennen sind. Ross beschließt, auch die beiden höchsten Gipfel zu benennen; er gibt ihnen die Namen Lister und Hooker und macht damit zwei seiner Freunde unsterblich.

Wir müssen uns einen Augenblick bei dieser letzten Entdeckung der Royal-Society-Kette aufhalten, die in der kurzen Periode der Erforschung der Antarktis noch immer herausragende Bedeutung hat. Diese Gebirgsformation stellte zu Anfang des 20. Jahrhunderts das am schwierigsten zu bewältigende Hindernis für den Zugang zur polaren Hochebene in Richtung des magnetischen Pols dar. Über sie kann man bei Scott wundervolle Seiten lesen, außerdem gibt es faszinierende Hinweise auf die Unternehmen von Skelton, Armitage, Ferrar, Mawson und anderen, die als erste zu jener Gipfelkette vorstießen, welche zweifellos zu den schönsten im Inneren des weißen Kontinents gehört.

Im Januar 1958 gelang den Neuseeländern Brooke und Gunn die Erstbesteigung eines ihrer Gipfel. Es handelt sich um den 3733 Meter hohen Mount Huggins, einen prachtvollen Berg in den südlichen Ausläufern des Gebirges. Doch das Massiv dieser Kette ist buchstäblich nach wie vor so gut wie unberührt, obwohl es weniger als hundert Kilometer Luftlinie von der Basis McMurdo entfernt liegt. Deshalb mache ich dieses noch so jungfräuliche Massiv zum Ziel meiner alpinistischen Erkundungen.

Es ist der 26. November 1976. Zwei Hubschrauber der U.S. Navy steigen dicht über dem Emmanuel-Gletscher auf und landen auf seinem weiten Plateau. Mit mir steigen aus: der Ozeanograph und Meteorologe Carlo Stocchino, der Hydrograph und Stabsoffizier Enrico Rossi, der Elektrotechniker Ivo Di Menno und schließlich der neuseeländische Bergsteiger Gary Ball, der bei den bevorstehenden Besteigungen mein Begleiter sein wird. Nachdem die Zelte, Vorräte und wissenschaftlichen Geräte ausgeladen sind, wirbeln die beiden Hubschrauber eine Schneewolke auf und fliegen nach McMurdo zurück. Nun sind wir in der Eiswüste allein.

Wir haben vor, einige Wochen auf diesem stürmischen Hochplateau zu verbringen, um Forschungen und Erkundungen zu unternehmen. Innerhalb weniger Stunden ist eine Gruppe von Zelten aufgebaut, die auf dem leuchtenden Weiß des Eises wie ein kleines rotes Pünktchen leuchten.

Wir befinden uns mitten in der noch unberührten Royal-Society-Kette. Ringsum ragen ihre riesigen Gipfel wie ein Amphitheater auf. Doch bereits am Abend unserer Ankunft, als wir in unsere Schlafsäcke kriechen, kündigt sich Schlechtwetter an. Die Zelte beginnen unter den zunehmenden Windstößen zu flattern, und auf der Leinwand schlagen geräuschvoll die Maschinengewehrsalven der Eiszapfen ein. Der Blizzard, der gefürchtete antarktische Orkan, hat begonnen. Von diesem Augenblick an sind wir ohne Unterbrechung fünf Tage und fünf Nächte in den Zelten gefangen.

Was bedeutet es, tagelang in einem kleinen Zelt in großer Höhe in der Antarktis der Gewalt eines Blizzards ausgeliefert zu sein? Nun, tagein, tagaus steigert sich der Sturm erneut zum Orkan, ohne sich jemals zu beruhigen, er führt eine Sintflut von so dichtem gefrorenem Schnee mit sich, daß man zuweilen keinen Meter weit sehen kann, und ist so wütend, daß die Luft kompakt erscheint; dieses Gemisch aus Wind und Schnee macht einen blind und benimmt einem gnadenlos den Atem. Die Luft hallt von klagenden Geräuschen wider. Ab und zu lugt die bleiche Sonnenscheibe hervor, doch noch häufiger läßt sich in diesem wahnsinnigen Aufruhr der Elemente nur aufgrund der Schwerkraft entscheiden, was Erde und was Himmel ist. Es ergreift uns eine dumpfe Beklemmung, eine Art kosmische Urangst, und die Stunden und Tage im Inneren des Zeltes lassen uns jedes Zeitgefühl verlieren. Es bleibt Tag und Nacht hell; wie kann man die Zeit in Tage einteilen, wenn es niemals Nacht wird? Nur die Uhr kann noch die Zeit zum Schlafengehen und zum Aufwachen anzeigen; doch wie läßt sich von Erwachen sprechen, wenn man niemals die Muskeln und Nerven entspannen kann?

Unterdessen brüllt draußen der Sturm immer wieder in wütenden Böen. Die Nähte des Zeltes ächzen, die Stangen knarren, die Plane biegt sich erschreckend weit durch, während sich die Seiten spannen und aufblähen, um plötzlich nach einer Reihe von Peitschenhieben wieder zusammenzusacken. Alles vibriert und bebt, auch die Luftmatratze, auf der wir liegen, und jeden Augenblick erwarten wir, daß das Zelt vom Wind in Stücke gerissen und weggefegt wird. In dieser Lage müßten wir eigentlich in unserem Unterschlupf liegen bleiben, um ihn mit unserem Körpergewicht zu beschweren und beim geringsten Nachgeben eingreifen zu können; doch es sind Arbeiten zu verrichten, und das heißt nicht nur, die Verankerung der Zelte nachzuspannen oder die Planen vom angehäuften Schnee zu befreien. Schließlich müssen wir auch essen, und das bedeutet, daß wir ins größte Zelt müssen, das als Küche und Vorratsraum dient. Wir kriechen durch den angewehten Schnee auf allen vieren und geduckt durch einen schlauchartigen Tunnel, um hineinzukommen. Da auch im Inneren alles vereist und von Schnee zugekleistert ist, wird selbst das Anzünden des Kochers zum Problem: In großen Töpfen muß frischer Schnee geschmolzen werden, um Wasser zu gewinnen. Doch im Freien ist die Gefahr am größten. Kaum haben wir den Unterschlupf verlassen, schlägt uns die erste Bö von weißem Pulver wie ein Peitschenhieb voll ins Gesicht. Der Verschluß des Zeltes ist wie alles andere eingefroren; bereits von innen ist er nur mit größter Mühe zu öffnen, und von außen scheint es völlig unmöglich, ihn wieder zu schließen. Damit es doch noch gelingt, nachdem Wind und Schnee die Leinwand wie einen Ballon, der kurz vor dem Platzen ist, aufgebläht haben, ziehen wir schließlich die Handschuhe aus. Von diesem Augenblick an spüren wir die Hände nicht mehr, die in der Kälte sofort starr werden, und geraten, noch bevor wir in den irrsinnigen Wirbel eintauchen, in Atemnot. Schließlich machen wir uns unter der Folter der eisigen Kälte wankend im Sturm auf den Weg. Inzwischen völlig in der Gewalt des Blizzards, taumeln wir japsend in der undurchdringlichen Luft auf der Suche nach Orientierungspunkten umher. Die Augen aber brennen so, daß sie die Dinge nur mühsam wiedererkennen können; also stolpern wir alle wie Betrunkene herum und finden uns bisweilen auf der Erde wieder, wenn der Wind schlagartig aus einer anderen Richtung kommt und uns zu Boden wirft.

Wenn man allerdings die Banalität dieser Ziele bedenkt, die es zu erobern gilt, dokumentieren diese heldenmütigen und zweifelhaften Gefechte lediglich die wenig ruhmreiche, graue Geschichte des Überlebenskampfs. Manchmal vergeht ein ganzer Tag, ohne daß es einem von uns gelingt, mit dem Kameraden im Nebenzelt Kontakt aufzunehmen. In solchen Fällen wäre es besser, in Zweiergruppen zusammenzubleiben, doch das Problem ist, daß wir den Zustand der Zelte ständig kontrollieren müssen, und um alle zu belegen, bleibt uns nichts anderes übrig, als dies einzeln zu tun. Lediglich am Abend kommt es vor, daß wir zu zweit oder zu dritt plaudernd um den Kocher des Küchenzelts sitzen; doch im Lauf der Zeit wird die Konversation immer dürftiger. Schließlich zieht man der Gesellschaft der anderen das Alleinsein mit seinen eigenen kleinen Problemen vor: Man widmet sich der Suche nach einer bequemen Position im Daunenschlafsack, dem Kampf mit der von Reif bekränzten Kapuze, die plötzlich über die Augen fällt, der Befreiung von dem irritierenden Tropfen, der an der Nase hängt und den man loswerden will, ohne dabei aber das aufwendige Bollwerk zu gefährden, das man sich gerade gegen die

Kälte geschaffen hat. Es sind Kleinigkeiten, die einen jedoch in Anspruch nehmen und ablenken können und den Geist von den eigentlichen Sorgen ein wenig befreien.

Eine erstickte Stimme dringt von draußen herein: »La carpa de Carlo is finish!« Es ist Freund Gary, der uns in einer Art spanisch-englischem Esperanto, das wir eingeführt haben, mitteilt, daß auch der Unterschlupf von Stocchino nicht standgehalten hat. Die ersten Verluste hatten wir bereits gestern, am dritten Tag des Sturms, als ich bei einem Kontrollgang entdeckte, daß das Zelt, das die wissenschaftlichen Apparaturen beherbergt, eingedrückt und dann zusammengebrochen war. Ich schüttle die Erstarrung von mir ab und beeile mich nach diesem lakonischen Alarm, nach draußen zu gehen und dem Blizzard abermals die Stirn zu bieten.

Am fünften Tag nimmt das rasende Wüten stufenweise ab, und schließlich tritt völlige Ruhe ein. Eine gelbe Sonne dringt mühsam durch den Nebel. Die Kälte schwankt um dreißig Grad unter null. Wir machen uns alle an die Arbeit, um die Zelte und das Material auszubuddeln. Die Sensoren, die Temperatur, Feuchtigkeit, Wind und Sonnenstrahlung messen, sind zum Teil unbrauchbar geworden, doch vor allem ist der Drucker beschädigt, der einen integralen Bestandteil der Forschungsapparatur darstellt; die Untersuchungen werden dadurch empfindlich beeinträchtigt. Rossi und Di Menno werden den Emmanuel-Gletscher verlassen und sich in ein tiefer liegendes Operationsgebiet begeben müssen, in dem die Temperatur weniger tief ist und in dem sie einen Teil der Apparatur wieder in Betrieb setzen können. Ein über Funk gerufener Hubschrauber holt die beiden Gefährten ab. Für mich und Gary Ball beginnt ab diesem Moment die Phase unserer Erkundungen, während Carlo Stocchino, der Geräte benutzt, die mit der Hand zu bedienen sind, seine Untersuchungen hier oben fortsetzt.

Als ersten nehmen wir den Mount Lister in Angriff, der der höchste der Kette ist (viertausendeinhundert Meter) und auch am nächsten liegt. Es folgen die Besteigungen des Mount Hooker und des Mount Rücker. Zwischen Hooker und Rücker liegt ein namenloser hoher Gipfel; macht nichts, den erklettern wir auch. Die ganze Erkundung, die eine Woche in Anspruch nimmt, erweist sich als langer Marathon über Kämme, Sättel, Gipfel und Gletscher, deren schwierige Stellem wir vor allem in den Nachtstunden in Angriff nehmen, wenn das Wetter – das in dieser Periode sehr wechselhaft ist – weniger Anlaß zur Sorge gibt.

Die Besteigung des Lister weckt sofort die Lebensgeister. Ein schneebedeckter, mit Zinnen gespickter Kamm, darauf eine grüne Eiskuppe, die von hervortretenden Felsen durchsetzt ist, abermals ein extrem steiler Trichter aus Schnee und Eis, den wir mit Elan hinaufklettern, um so schnell wie möglich aus der besonders eisigen Zone des Schattens zu gelangen, eine Reihe von Rücken, die schließlich von der Pyramide der Spitze gekrönt wird. Für den gesamten Aufstieg brauchen wir sechs Stunden. Zur Belohnung habe ich dafür vom Gipfel aus einen überwältigenden Ausblick auf das Tafelland der Antarktis, das sich ebenso grenzenlos wie bestürzend ausbreitet. Es ist eine unermeßliche Weiße, auf der sich noch vor dem ungewissen Nichts eine magische Reihe violetter Gipfel abzeichnet: die Farbe der Ferne. Doch als ich den Blick wieder auf die nähere Umgebung richte, frappiert mich die chaotische eisige Konvulsion aus Abgründen, Wänden, Gletschern, Bergspitzen, Schluchten und Gletscherspalten. Darüber glänzt in der Höhe des kobaltblauen Himmels der weißglühende Sonnenball, der seine weite tägliche Bahn zieht, ohne jemals hinter dem Horizont zu verschwinden. Eine Abfolge von Schatten und blendenden Reflexen wird so auf die riesige Projektionsfläche der Antarktis geworfen, ohne den Augen, die bereits von der eisigen Kälte entzündet sind, auch nur einen Augenblick die Ruhe der Dunkelheit zu gönnen. An der anderen Seite, gegen Osten, ragt riesenhaft und gespenstisch der vollkommene, rauchende Kegel des Vulkans Erebus auf, des eisgepanzerten feurigen Bergs. Er scheint am Himmel zu schweben, doch der weite opalisierende Raum, der ihn umgibt, ist nichts anderes als gefrorenes Meer. Zu meinen Füßen fällt ein schmaler schneebedeckter Kamm in einem Satz dreitausend Meter in den Abgrund ab.

Von diesem Erfolg angespornt, nehmen wir bereits einen Tag nach dem Lister den Felssporn des Mount Hooker in Angriff. Am nächsten Tag sind wir auf den steilen Eismassen des hohen namenlosen Gipfels, dann ist der Mount Rücker an der Reihe. Der Marsch über den Gletscher, um zu seinem Fuß zu gelangen, eröffnet eine neue Dimension der ungewöhnlichen Landschaft. Es ist Mitternacht. Gary und ich schlagen beim Aufbruch ein rasches Tempo an, um die intensive Kälte weniger zu spüren, doch sehr bald mäßigt die Ermüdung unseren Schritt, der noch vier Stunden die monotone schneebedeckte Fläche bewältigen muß. Der bleiche Nebel, der uns gestern den ganzen Tag einhüllte, hat sich verzogen, die niedrigen Strahlen der nächtlichen Sonne geben den großen Sastrugi – eigenwilligen, vom Blizzard aufgeworfenen Schneeformationen – schärfere Konturen. Der Schneemantel auf dem Gletscher sieht im schräg einfallenden Licht wie ein Meer aus, das mitten im Sturm plötzlich erstarrt ist, und dröhnt dumpf unter unseren Schritten. Die großartigen schweigenden Gipfel um uns herum lassen an glatte Mauern denken, die aufgetürmt wurden, um den Himmel zu stützen. Ab und zu erheben sich an den Abhängen oder aus den senkrechten Wänden mächtige, wie behauen scheinende Blöcke, die Ähnlichkeit mit aufeinandergetürmten tibetischen Klöstern haben. Oder es treten starre Türme und spitze Zinnen mit abgerundeten Ecken hervor, die in Jahrmillionen durch die Einwirkung atmosphärischer Kräfte erodiert sind. Die weiße Spitze des Rücker, die wir ansteuern, scheint in einer Art Luftspiegelung auf flüssiger, zitternder Materie zu schwimmen. Das Phänomen kommt durch die Sublimation des Schnees zustande, der gasförmig wird, ohne vorher in flüssigen Zustand übergegangen zu sein. Daher rührt die Lichtbrechung. Ohne es richtig bemerkt zu haben, sind wir in ein großes Gebiet mit Gletscherspalten gekommen. Hinter uns, glücklicherweise noch im unteren Abschnitt des Gletschers, ist der Nebel abermals dichter geworden und zieht in gewundenen Schwaden zu uns herauf. Vorsichtshalber rammen wir immer wieder verschiedene Fähnchen als Markierung in den Schnee: Sich in einem derartigen Labyrinth im Nebel zu verirren wäre verhängnisvoll.

Nun sind wir auf dem Gipfel des Rücker in rund viertausend Metern Höhe. Es ist sieben Uhr morgens. Und wieder können wir uns auf der Spitze eines gerade eroberten Berges der Vorstellung hingeben, auf einem anderen Planeten gelandet zu sein. Die Gipfel ringsum zeichnen sich scharf und steil gegen die Leere ab, in der weiter unten Reste der Nebelbänke aus milchigem Dunst in Richtung Eismeer wehen. Gelegentlich läßt der Wind sein Stöhnen hören, die Kälte zwickt wie mit Zangen, die Augen brennen, ebenso wie die Wunden, die der Frost in diesen Tagen auf den Händen und im Gesicht aufgerissen hat. Dennoch verweilen wir noch hier oben, hingerissen von dieser bestürzenden Schönheit. Hier liegt die ungeheure, flache Eiswüste in ihrer Gesamtheit vor uns, und gegen den Horizont mit seiner unermeßlichen und extremen Tiefenwirkung zeichnen sich tausend weitere erstarrte, zwischen gespenstischen Grenzen verlorene Erhebungen ab. All das, was sich unserem Blick darbietet, ist unberührt, noch nie von einem menschlichen Auge erschaut worden. Seit Millionen Jahren gibt es hier kein Leben, erst unsere Schritte zeichnen die ersten Spuren in diese schweigende, starre Weiße. Wir erleben Gemütsregungen, die uns bis in unsere Träume verfolgen.

Ende 1903 waren Scott und seine zwei Gefährten Evans und Lashly westlich der Ross-Insel entlang des Ferrar-Gletschers vorgedrungen, bis sie schließlich die kontinentale Hochebene von Victorialand erreichten. Sie sind durch wunderbare Landschaften gekommen, und nun öffnet sich vor ihnen eine eintönige, schneebedeckte Fläche in einer Höhe von rund zweitausendsiebenhundert Metern. Sie setzen ihren Weg in der vergeblichen Hoffnung fort, auf andere Bergketten, eine Meeresküste oder irgend etwas anderes zu stoßen, das wenigstens ein bißchen Abwechslung in die Einförmigkeit dieser grenzenlosen weißen Wüste bringen kann, die nur von fürchterlichen Gletscherspalten zerrissen und von eisigen Orkanen gepeitscht wird. Als sich die drei Forschungsreisenden zur Rückkehr entschließen, hüten sie sich, wieder dieselbe Route wie beim Hinweg zurückzulegen. Sie wählen statt dessen einen anderen Weg, und hier führt sie der Zufall zu einer sensationellen Entdeckung: Es existiert hier ein System trockener, das heißt völlig eis- und schneefreier Täler. Sie bestehen nur aus Felsen, Steinen und Sand, sind aber darum nicht weniger kalt. Es ist keine Spur von Leben zu erkennen, gleichwohl können die Forscher diese Entdeckung nicht einordnen. Es entstehen verschiedene Hypothesen und Theorien über dieses Phänomen, doch das Problem bleibt bis heute zum großen Teil noch ungelöst.

Noch mysteriöser wurde die Entdeckung dieser trockenen Moränentäler durch einige Robbenskelette in einem von ihnen, dem Taylortal. Scott stieß durch Zufall darauf, als er das Tal beim Abstieg mit seinen beiden Gefährten durchquerte. Diese Entdeckung ist besonders außergewöhnlich, da sich diese Tiergerippe in großer Entfernung vom Meer fanden. Das am weitesten entfernte liegt nämlich dreiundsechzig Kilometer hinter der Küste in einer Höhe von über tausend Metern.

Diese einzigartige Region, die nun als Trockene Täler bezeichnet wird, gehört zum Transantarktischen Gebirge und bildet sogar dessen zentrale Zone zwischen dem Kap Adare und dem Südpol. Vom Rossmeer aus gesehen, präsentiert sich diese Gegend zwischen dem 77. und 78. Breitengrad als eine Reihe von drei großen Quersenken des Transantarktischen Gebirges – den Tälern McKalvey, Wright und Taylor –, die vor allem in ihrer Mitte eisfrei sind. Die Trockenen Täler entstanden vor allem in der Eiszeit, sie haben sich in verschiedenen Phasen bis auf Meereshöhe eingeschnitten und fallen somit vom Hochplateau bis zur Küste über eine Distanz von rund hundert Kilometern ab. Die Talsohlen enden häufig blind an Moränenhügeln und kleinen gefrorenen Seen. Zwischen den drei großen Tälern erheben sich zwei mächtige Ketten, der Olympus und der Asgard, die vorwiegend aus altem Sandstein mit Einschlüssen von Doleritschichten bestehen. Als Erklärung für den derzeitigen Stand der Entgletscherung dieser Region, die sich über fast viertausend Quadratkilometer erstreckt, wird von manchen das Entweichen der Erdwärme aus einer Verwerfung des Vulkans Erebus angeführt, der relativ nah ist. Andere wiederum vertreten die These, daß diese Einkerbungen durch einen besonderen Effekt ein großes Maß an Sonnenenergie absorbieren. Dieses Phänomen würde erklären – ob nun als Ursache oder Wirkung, sei dahingestellt –, warum gegenwärtig der umgebende Gletscher das verlorene Gebiet nicht zurückerobern kann. Ein weiteres großes Fragezeichen tut sich angesichts der Tatsache auf, daß auf dem Grund des Vandasees, eines der größten im Inneren der trockenen Region, mit einer Sonde in rund siebzig Metern Tiefe eine Temperatur von mehr als fünfundzwanzig Grad gemessen wurde – und das, obwohl der größte Teil der Seeoberfläche ständig mit einer fast vier Meter dicken Eisschicht gepanzert ist. Doch gerade dieser scheinbare Widerspruch könnte eine Erklärung liefern, denn nach Meinung der Experten bildet das Eis an der Oberfläche vermutlich eine Art thermisches Ventil, das den Eintritt der Sonnenstrahlung zuläßt, ihren Austritt jedoch verhindert.

Und nun bin ich im Wrighttal angekommen, der zentralen Zone der Trockenen Täler. Ich bleibe hier vierzehn Tage, durchstreife es in allen Richtungen, überschreite die Hügel und erklettere die Anhöhen, darunter den 1790 Meter hohen Mount Pelcus. Dabei erwerbe ich mir vor allem auf endlosen Märschen mit dem Australier Howard Dengate eine gute Übersicht über diese außergewöhnlichen Täler, bis wir schließlich zum Rand des großen Kontinentalplateaus vorstoßen. Einmal haben wir in einer einzigen Etappe vierzig Stunden lang etwa hundert Kilometer in ständigem Auf und Ab durchwandert. Doch von einem anderen, kaum kürzeren Marsch, den ich völlig allein unternehme, behalte ich die intensivsten Empfindungen meines gesamten Abenteuers in der Antarktis zurück. Dieser Marsch gilt der Suche nach den geheimnisvollen mumifizierten Robben.

Wir wissen, daß es sich bei diesen Tieren, die zum Sterben in die Trockenen Täler gekommen sind, hauptsächlich um die besonders flinken Krabbenesser-Robben (*Lobodon carcinophagus*) handelt, die an Land bis zu fünfundzwanzig Stundenkilometer erreichen. Sie leben wie die Weddell-Robben in großer Anzahl im Rossmeer. Diese großen Flossenfüßler verlassen in den Sommermonaten normalerweise das Packeis und übersiedeln mit ihren neugeborenen Jungen an die Küsten. Doch bevor sich das Packeis im südlichen Herbst wieder zu schließen beginnt, kehrt die gesamte Population auf das schwimmende Eis zurück, in dessen

Aufwürfen sich jede Herde zum Schutz vor den Winterstürmen verkriechen kann. Hier halten sie – wenn nötig, mit den Zähnen – ständig ein Loch im Eis als Zugang zum Meer, ihrer einzigen Nahrungsquelle, offen. Von diesen zwei Robbenarten, den Weddell- und den Krabbenesser-Robben, hat die letztere einen größeren Wanderinstinkt entwickelt. Doch es kann auch vorkommen, daß einige Jungtiere beim Aufbruch am Ende des Sommers durch verfrühte Stürme die Orientierung verlieren: So heftig können solche Orkane werden. Nun beginnt der lange, tragische Todesmarsch. Dies könnte eine plausible Erklärung für die Anwesenheit der toten Robben – fast alles Krabbenesser – in den Trockenen Tälern sein; doch der wissenschaftliche Nachweis dafür steht noch aus. Man kann also der Phantasie freien Lauf lassen, bis hin zu Hemingways Leoparden, der zum Sterben auf den Gipfel des Kilimandscharo gekommen war.

Die größte Anzahl mumifizierter Robben im Wrighttal befindet sich in dem Abschnitt North Fork in ungefähr tausend Metern Höhe, rund sechzig Kilometer von der Küste entfernt. Es handelt sich um noch nicht geschlechtsreife Tiere, die rund eineinhalb Meter lang sind. Die Datierung einiger Gerippe mit Hilfe der Radiokarbonmethode deutet auf ein Alter von rund achttausend Jahren hin. Sie befinden sich in verschiedenen Stadien der Mumifizierung, die durch das trockene und rauhe Klima verursacht wird. Die ältesten Kadaver sind vom Prozeß der Austrocknung gekrümmt und an jenen Stellen abgescheuert, die dem vom Wind mitgeführten Sand ausgesetzt sind; andere haben hingegen noch ein völlig intaktes Fell, das nicht das geringste Anzeichen organischen Abbaus aufweist. Bei einigen war der Magen mit Kies gefüllt: ein Zeichen dafür, daß sie am Verhungern waren. Deshalb schluckten sie auch Steine und robbten bis zu ihrem Ende über die eisfreie Moränenlandschaft. Eines der jüngsten und am besten erhaltenen Exemplare liegt neben einem großen, immer noch leicht stinkenden Blutfleck, der sicher an dieser Stelle, an der es vor mindestens zwanzig Jahren vom Tod überrascht wurde, aus seinem Maul quoll. Offenbar begann der Todesmarsch der Robben in die Trockenen Täler vor undenklichen Zeiten und wiederholt sich noch immer – wie ein grausames Opferritual für die Mächte der Antarktis.

Ich habe mich allein auf der Suche nach den Mumien in der North Fork gemacht. Der Wind pfeift und heult durch den Wald der Moränenblöcke. Und schon stoße ich auf das Labyrinth, die letzten dunklen Windungen, die das Wrighttal vom Kontinentalgletscher trennen. Es ist eine wirre Oberfläche aus Schlünden, Schluchten und Tälern, die ins Leere laufen: die Schöpfung einer lange zurückliegenden Eiszeit. Der Wind brüllt in diese Richtung und fällt eisig und mit vermehrter Heftigkeit über mich her. Es ist der sogenannte Venturi-Effekt, ein aerodynamisches Phänomen, das in diesen Gegenden nicht ungewöhnlich ist: Die eiskalte Strömung, die über die antarktische Hochebene fegt, stößt in diesen Tälern auf Verengungen, in denen sie kanalisiert wird und – statt schwächer zu werden – an Intensität zunimmt. Natürlich wird dieser Wind durch die Schattenzonen, die er durchquert, noch kälter.

Als ich mich zufällig umdrehe, entdecke ich die erste Mumie direkt hinter einem Felsblock. Sie liegt ausgestreckt auf dem Kies, ihr gelblicher Pelz ist noch gut erhalten, der Kopf etwas nach oben gedreht, das Maul vom letzten Atemzug noch halb geöffnet. Ein heftiger Orkan muß das Tier dazu getrieben haben, sich bis hierher zu schleppen, um einen Schlupfwinkel zu finden. Das zweite Tier sehe ich bereits von weitem, es sieht wie ein dunkles Bündel aus, das jemand im Sand vergessen hat. Ein weiteres Skelett bleicht auf dem Grund einer alkalischen Senke von mindestens fünfzig Metern Tiefe: eine natürliche Falle. Zwei andere liegen Seite an Seite, ausgestreckt gegen eine nicht zu bewältigende Böschung, die sich – in Tausenden von Jahren abgebröckelt – unmittelbar vor ihrer Schnauze erhebt. Eine weitere Mumie ragt nur bis zur Mitte aus dem Boden, in den sie eingesunken ist; mit den leeren, zum Himmel gerichteten Augenhöhlen bietet sie einen beeindruckenden Anblick. Am Ende habe ich zwanzig tote Tiere gezählt, die meist mehrere Kilometer voneinander entfernt liegen. Offensichtlich sind sie zu verschiedenen Zeiten hierhergekommen: Jedes erlebte also seine eigene einsame Tragödie.

Seit einigen Stunden streife ich zwischen den Spuren eines grausamen Dramas umher, dessen einzige Zeugen die eiskalten, leblosen Formationen des Tals waren – einer großen Mondlandschaft, in der jede Art von Leben fremd, ja geradezu verboten erscheint. Meine Neugier hat die Oberhand über das Grauen behalten, und in dieser Abgeschiedenheit kann ich nicht anders als mich wundern. Es fällt mir nicht schwer, mir die Tragödie jedes einzelnen dieser Geschöpfe vorzustellen, die seit Jahrhunderten so starr, steif und stumm daliegen. Ich frage mich, ob sich das, was sie taten, wesentlich von dem unterschied, was ich an ihrer Stelle getan hätte. Ich sehe ihre dunklen Formen im Würgegriff von Einsamkeit, Hunger, Kälte und Tod vor mir; und ich habe das Gefühl, mit ihnen, für sie zu leiden, denen der Instinkt fehlte, der verborgene Durchlässe aufspürt und unüberwindliche Schluchten meidet. Wer weiß, wie viele Wochen, Monate sie sich mühselig durch die düstere herbstliche Dämmerung schleppten, bevor sie auf den harten Moränen der Talsohle starben. Wie viele wurden von diesen Moränensenken in die Irre geführt? Nichtsahnend hatten sie sich über die abschüssigen und zerklüfteten Hänge in die Täler hinabgeworfen, in die sie leicht hineingelangen, ihnen aber nicht wieder entrinnen konnten. Sobald sie unten angekommen waren, war der würgende Hunger dem Klammergriff verzweifelten Schreckens gewichen. Jeder Felsen sah wie ein Ungeheuer auf der Lauer aus, die Luft wurde bleischwer, das Blau des Himmels ein Grabstein, während das Pfeifen des Windes mehr und mehr zu einem geheimnisvollen fernen Geräusch wurde, als ob es von einer unbestimmten, unbestimmbaren Stelle käme: dem Jenseits. Der Tod ist immer ein unheimlicher Gast, doch wieviel furchtbarer mag er in der endlosen Einsamkeit in diesem Winkel der Welt erscheinen! Ich bin so allein wie nie zuvor, und in der Wirklichkeit dieses Ortes fühle ich mich gleichsam schuldig, daß ich lebe.

Der Abendwind brüllt hoch oben zwischen den nackten Felsen. Ein paar Lichtstrahlen dringen durch den grauen Halbschatten, nachdem sie die Kämme in lebhaften Schein getaucht haben, die nun wie die Zinnen einer Märchenburg aussehen. Im Schatten dieser trostlosen Formen fällt es schwer, der eigenen Einbildung zu mißtrauen, und wieder einmal ergreift eine Fülle vager Phantasmen von mir Besitz. Die merkwürdigen Lichtstrahlen, die Anhäufung grauer Moränen, die schwarzen Adern im Gestein, die der Wind eingekerbt hat, die geheimnisvollen offenen Furchen des Permafrosts, die modulierte Klage in der Luft, die völliger Stille folgt, der von unruhigen Wolken schwere Hintergrund über dem Steinlabyrinth, die bleichen Gipfel, die wie Kadaver aus den bis ins Tal fließenden Gletschern auftauchen; all dies ruft mir unter dem zerstörerischen Einfluß des Windes und der Kälte etwas Unbestimmtes und Beunruhigendes ins Gedächtnis, als ob aus dieser Landschaft plötzlich Dinge von furchterregender Symbolik auftauchten. Alles in dieser seltsamen Gegend ohne Leben scheint auf die Existenz dunkler und unheilvoller Mächte hinzudeuten, die hier auf der Lauer liegen. Und wie eine Mahnung liegen, gegen die Höhe fürchterlich aufgereiht, die eiskalten Mumien der Robben, die seit Tausenden von Jahren jenen grausamen Gottheiten der Antarktis geopfert werden.

AN DEN QUELLEN DES AMAZONAS

1967 und 1978

DAS AMAZONASBECKEN

Ich befürchte, daß Erlebnisse, wie ich sie in diesen Gegenden hatte und von denen ich hier erzählen möchte, innerhalb weniger Jahrzehnte bereits Vergangenheit sein werden – Zeugnisse von Landschaften und Umweltbedingungen, die mit bestürzender Geschwindigkeit verschwinden. Die Ursache all dessen und damit der Schuldige ist der zivilisierte Mensch.

Um den Äquator, ziemlich genau in der Mitte des südamerikanischen Kontinents, begrenzt von gewaltigen eisbedeckten Bergketten, aber auch von Vulkanen, Savannen und trockenen Wüsten – gleichsam ein Schutzwall –, liegt ein Gebiet von sechseinhalb Millionen Quadratkilometern, das vollständig von dicht wucherndem Urwald bedeckt ist: das einzigartige Naturwunder des Amazonasbeckens. Es umfaßt zwei Fünftel von ganz Südamerika und ist etwa zehnmal größer als Frankreich. Wenn man von oben auf diesen großen Regenwald schaut, wirkt er völlig undurchdringlich, wie ein riesiger grüner Schirm, der bis zu fünfundvierzig Meter hoch wird. Tatsächlich befindet er sich mehr über als auf dem Boden; und darunter, in ewiger Einförmigkeit des Klimas und der Zeit, im dunklen Halbschatten, in den nur ein Zehntel des Sonnenlichts hinabdringt, wo sich aufgrund äußerst geringer Verdunstung eine beklemmende Feuchtigkeit staut, wütet unbemerkt die Schlacht der Kletter- und Kriechpflanzen. Es sind Gewächse, die um ihr Überleben kämpfen und sich in unaufhörlicher Suche nach Luft und Raum mit Wurzeln und Tentakeln an die Wirtsbäume klammern.

Es ist eine Welt, die aus Wasser und Pflanzen besteht, keine Jahreszeiten kennt und ihren eigenen Gesetzen folgt. Sie ist ein geschlossenes System und läßt sich nicht mit anderen Gebieten der Erde vergleichen; sie muß deshalb ohne vorgefaßte Meinung gesehen werden, als ob es sich um einen anderen Planeten handelte.

Das vielleicht ungewöhnlichste Charakteristikum des Amazonasbeckens ist die Tatsache, daß es seit mehr als hundert Millionen Jahren unverändert geblieben ist. Während die Wälder im gemäßigten europäischen und nordamerikanischen Klima nach der letzten Eiszeit vor ungefähr elftausend Jahren entstanden, blieb im Amazonasbecken das tropische Klima erhalten; somit ist es heute eine der letzten Regionen der Welt, in der wir uns eine unmittelbare Vorstellung von der fernsten Vergangenheit machen und auf Pflanzen stoßen können, die sich tatsächlich ihre Urform bewahrt haben. Das Reisen in diesen Gebieten vermittelt in der Tat das seltsame Gefühl, die Erde in der Gestalt zu durchstreifen, die sie vor dem Auftauchen des ersten Menschen hatte.

Der uralte Dschungel, der rund die Hälfte Brasiliens und zum Teil auch acht andere südamerikanische Staaten bedeckt, liegt hauptsächlich in einem ungeheuren Flußbecken, das zum Ozean abfließt und den größten Flußlauf der Erde bildet: den Amazonas. Er entspringt in etwa fünftausend Metern Höhe nur hundertachtzig Kilometer vom Pazifik entfernt als Bächlein in den peruanischen Anden und mündet nach einer Strecke von 6280 Kilometern genau auf der entgegengesetzten Seite in den Atlantik. Was die Länge angeht, kommt er nach dem Nil weltweit erst an zweiter Stelle, doch in der Wasserführung ist er konkurrenzlos: Aus seiner dreihundertzwanzig Kilometer breiten Mündung strömt etwa ein Viertel des Regenwassers aller Kontinente, und dieses Wasser bahnt sich mehr als hundert Seemeilen weit seinen Weg durch das Salzwasser, ohne sich mit ihm zu vermischen, ins offene Meer. Sein Bett ist so tief, daß die großen Ozeandampfer ihn gut 3680 Kilometer befahren und ins Innere des Kontinents vordringen können. In puncto Wassermenge ist der Kongo der zweitgrößte Fluß der Welt, obwohl zwei der größten Nebenflüsse des Amazonas – der Rio Negro und der Rio Madeira – jeweils praktisch die

Südamerika
Peru
Kolumbien
Ecuador
Amazonas
Napo
Marañon
Iquitos
Ucayali
Peru
Brasilien
ANDEN
Urubamba
Lima
Bolivien
Apurímac
Cailloma
Cordillera de Chilca
Chile

gleiche Menge Wasser wie der große afrikanische Fluß führen. Der ungeheure Amazonas hat tausendeinhundert Nebenflüsse, von denen siebzehn jeweils über tausendsechshundert Kilometer lang sind und damit erheblich länger als der Rhein. In diesem Teil der Welt reist man nicht zu Lande, sondern zu Wasser; die Flüsse bilden die Verbindungswege im Dschungel: Die schiffbaren »Hauptarme« sind etwa 80 000 Kilometer lang, dazu kommen noch zahllose weitere Nebenläufe. Die Ufer dieser Flüsse verschwinden häufig in drei bis zwölf Meter tiefem Wasser, und die Überschwemmung erstreckt sich über vierzig, ja sogar hundert Kilometer von der einen zur anderen Seite des Flußbetts. In der Tat kann man das ganze Amazonasbecken noch immer gleichsam als grenzenlosen See im Inneren des Koninents betrachten – ein Bekken, das ständig schätzungsweise zwei Drittel des gesamten Süßwassers enthält, welches von den Flüssen der Welt geführt wird.

Die überraschendste Eigenschaft der Flüsse im Amazonasbecken ist wohl ihre verschiedenartige Farbe. Zwei Typen herrschen vor: die weißen und die schwarzen – und dann sind da noch die blaugrünen. Die weißen sehen in Wahrheit schmutziggelb aus und sind reich an Sedimenten und löslichen Nährstoffen. Der Amazonas führt dem Atlantik davon jährlich eine Milliarde Tonnen zu. Die schwarzen dagegen sind rötlich oder haben vielmehr die Farbe von Coca-Cola. Diese schwarzrote Färbung hat hauptsächlich zwei Ursachen: Die erste ist, daß sie relativ wenig Sedimente mit sich führen, da sie ein uraltes Gebiet – den Guayanaschild – auswaschen, dessen lösliche Substanzen inzwischen erschöpft sind; die zweite, die aus der ersten folgt, ist, daß das Grundwasser auf seinem Weg in die Flüsse nur noch die verrottete Vegetation des Waldes auswaschen kann, der sie die Bodensäure und die Farbe entzieht. Diese schwarzen Wasser und auch die blaugrünen sind in der Tat die saubersten und klarsten, und häufig kann man sie unbesorgt trinken. Im Amazonasbecken ist schwarz also nicht mit schmutzig gleichzusetzen, so wie weiß nicht sauber bedeutet. Die Farbigkeit ergibt darüber hinaus ein geographisches Muster, durch das sich die geologische Struktur des Amazonasbeckens besser begreifen läßt. Vor allem muß man sich vergegenwärtigen, daß es in der Vergangenheit zu einem sehr viel größeren Kontinent als das heutige Südamerika gehörte. Vor Hunderten Millionen Jahren waren seine Felsformationen und Bergketten mit denen des ungeheuren Urkontinents Gondwanaland verbunden, dessen Zentrum die Antarktis bildete und der außerdem Südamerika, Afrika, Indien und Australien umfaßte. Die östliche, konvexe Küste Südamerikas hing also mit der westlichen, konkaven von Afrika zusammen; und die heutige Mündung des Amazonas war eine Binnenregion, die an die heutige Elfenbeinküste angrenzte. Den Amazonas gab es bereits, doch er strömte noch nach Westen, in den Pazifik. Die uranfängliche Geographie des Amazonasbeckens wurde vor rund zweihundert Millionen Jahren auf den Kopf gestellt, als Gondwanaland allmählich von mächtigen Kräften im Erdinneren zerrissen wurde, die Bruchstücke sich voneinander entfernten und zu den heutigen Kontinenten wurden. Im Verlauf von Dutzenden Millionen Jahren schwollen die starken Ströme im Magmakern des Planeten an und sprengten sowohl die Basalt- als auch die Granitschicht von Gondwanaland. Nach und nach drängten die unterirdischen Ströme in die Höhe, schufen einen Kamm in der Unterschicht aus Basalt und zwangen die Teile, die sich an seinen beiden Hängen befanden, sich zu verschieben. Südamerika driftete wie eine riesige Insel langsam nach Westen und ließ eine riesige Spalte zurück, die sich nach und nach verbreiterte und allmählich zum südlichen Atlantik wurde. Die Drift setzte sich fort, bis der Kontinent »andockte« und über die härteren Schichten des Erdkerns zu gleiten begann – ein Vorgang, der bis heute noch nicht abgeschlossen ist. An dieser Stelle der Erdkruste bildete der Kontinent eine Reihe von gigantischen Falten und Verwerfungen, aus denen die Anden entstanden, welche nun die Mündung des alten Amazonas blockierten. Zuerst bildete sich im Schutz der eben entstandenen Gebirgskette ein gewaltiger Süßwassersee, der erst infolge einer erneuten Bewegung des Kontinents abzufließen begann. In den letzten fünfzig Millionen Jahren kam Südamerika nämlich gleichsam ins Wanken, senkte sich nach Osten ab, und seine Wasser, also auch die des Amazonasbeckens, flossen durch die Bresche zwischen dem Bergland von Guayana und dem Hochland von Brasilien in den Atlantik ab. Damit leerte sich der Binnensee, und es bildete sich das heutige Flußbecken.

Im Amazonas gibt es zahllose Fischarten: Piranhas, Zitteraale, die Stromschläge von zweihundertzwanzig Volt erzeugen, riesige, mehrere hundert Kilo schwere Katzenfische und noch unzählige andere, von denen viele ursprünglich aus dem Meer kamen, sich mittlerweile jedoch dem Süßwasser angepaßt haben. Es gilt inzwischen als gesichert, daß im Flußsystem des Amazonas mehr als tausendfünfhundert Fischarten leben.

Insekten gibt es ebenfalls in allen Arten und Größen: Dieses Territorium scheint ihr unbestrittenes Reich zu sein. Allein an Mücken wurden zum Beispiel zweihundertachtzehn bereits identifizierte Subspezies gezählt, und alle leben sie nur für ein einziges Ziel: ihren Stachel in die Haut jedes Wesens zu bohren, das sich in diese Regionen wagt.

Auch die Vogelwelt kann mit beeindruckenden Zahlen aufwarten: viertausenddreihundert Arten, also rund die Hälfte aller bekannten Vogelarten der Welt, leben hier, und unzählige sind noch gar nicht entdeckt. Allein an Kolibris gibt es dreihundertneunzehn Unterarten.

In diesen heißen Regenwäldern, in denen die Lebensprozesse in raschem Tempo und ohne Unterbrechung ablaufen, kann sich in Typen und Dimensionen eine ungeheuerliche Vegetation entwickeln. Hier gibt es zum Beispiel Lianen, die sich vom Boden aus wie große Ankertaue an die Stämme klammern, überall eindringen und die unglaubliche Länge von hundertachtzig Metern erreichen. Auf der Fläche eines halben Hektars kann man bis zu sechzig Baumarten finden. An Orchideenarten gibt es im Amazonasbecken ganze 15 000.

Es erhebt sich natürlich die Frage, wie ein so üppiger Wald trotz des unfruchtbaren Bodens existieren kann, der infolge der Perkolation fast keine Minerale, Bakterien und Organismen mehr enthält. Die Antwort gibt im wesentlichen die Unmenge an Pilzen, die an den Bäumen wachsen – vor allem jene, die in enger Symbiose mit den Baumwurzeln gedeihen. Natürlich spielen noch andere komplizierte Faktoren eine Rolle, doch im Endeffekt kann man sagen, daß die für diese Vegetation notwendigen Stoffe nicht durch das Erdreich, sondern von Pflanze zu Pflanze zirkulieren. Diese Pilze nämlich, das heißt die Myzele, die die Bäume bedecken, transportieren die Nährsalze der Blätter und des verrottenden Holzes auf direktem Weg zu den lebenden Wurzeln, so daß nur ein äußerst geringer Teil der löslichen Minerale den Boden erreicht. Doch auch Termiten, Schimmel, andere Pilze und Schmarotzerpflanzen verwerten alles, was von oben herunterfällt, wandeln es um, assimilieren es und sorgen schließlich dafür, daß es wieder dorthin zurückgelangt, wo es herkommt – in den hohen grünen Baldachin, der die tatsächliche Oberfläche des Waldes darstellt.

Wenn man in diese Gegenden kommt, entdeckt man schließlich, daß man eher eine Reise durch die Zeit als durch den Raum macht; es ist eine Reise, die mehr als hundert Millionen Jahre zurückführt.

Der größte Fluß der Welt, der Amazonas also, wurde im Jahr 1500 entdeckt und einundvierzig Jahre später erstmals von einem Europäer in seiner vollen Länge befahren. Es war der Spanier Francisco de Orellana, der von einem kleinen Nebenfluß am Fuß der Anden in Ecuador aufbrach, wohin er vom Pazifik aus mit seinen Männern über Land gelangt war, den gewundenen Rio Napo hinunterfuhr, dann in den Amazonas kam und auf ihm eine Strecke von über dreitausend Kilometern bis zum Atlantik zurücklegte. Orellana war der erste, der von jenen schrecklichen kriegerischen Frauen berichtete – dem südamerikanischen Pendant zu den griechischen Amazonen –, denen der Fluß seinen Namen verdankt.

Zwei Jahrhunderte später, 1743, ist es an Charles-Marie de La Condamine, den Amazonas bis zum Atlantik zu befahren, diesmal vom weiter stromaufwärts mündenden Rio Marañon aus. Bei dieser Gelegenheit skizziert La Condamine eine Landkarte, in der er die These vertritt, daß der Amazonas und der Orinoko möglicherweise durch eine natürliche Wasserrinne verbunden sein könnten. Eine Annahme, die siebenundfünfzig Jahre später von den Naturforschern Humboldt und Bompland bestätigt wird. Es ist das Jahr 1800, und dieser soeben nachgewiesene Wasserlauf, der

Casiquiare, über den ich in diesem Buch bereits berichtet habe, stellt eine geographische Ungeheuerlichkeit dar, denn er verbindet zwei große, voneinander getrennte Flußbecken.

Man schätzt, daß der Mensch sich vor mindestens 15 000 Jahren im Amazonasbecken ansiedelte. Wahrscheinlich überschritt die Bevölkerungszahl nie drei Millionen, heute jedoch gibt es in diesem riesigen Land nicht einmal mehr 200 000 Eingeborene. Der Niedergang der Ureinwohner geht mit Gewißheit nicht auf das Konto des schwierigen Lebensraums, sondern auf das einer Heimsuchung, die auf lange Sicht viel schlimmere Folgen zeitigt: den weißen Mann. Mehr als die Waffen der weißen Eindringlinge haben unsere Krankheiten dieses gesunde Volk dezimiert: Pocken, Syphilis, Masern, ja sogar einfache Erkältungen. Doch zusammen mit den körperlichen Krankheiten schlich sich noch heimtückischer unser anmaßender Zivilisationsdünkel ein, mit dem wir schließlich ihre autochthonen Kulturen zerstörten. Wer also physisch überlebte, ging nicht selten psychisch zugrunde.

Leider beeilten wir uns – jedesmal, wenn wir mit einer Population von sogenannten Wilden in Berührung kamen –, das Beste zu zerstören, was sie besaß, vor allem ihr soziales Gleichgewicht. Es wäre für die Indios unvergleichlich besser gewesen, wenn die Weißen niemals ins Amazonasbecken eingedrungen wären; doch geschichtliche Prozesse lassen sich nicht umkehren. Vielleicht wird es uns eines Tages leid tun, daß wir nicht zu ihnen kamen, um etwas von ihnen zu lernen, sondern um sie zu belehren; nicht, um uns von ihrer Kultur bereichern zu lassen, sondern ihnen die unsere aufzudrängen.

DIE ENTDECKUNG DER QUELLE

Die tatsächliche Quelle des größten Flusses der Welt, des Amazonas, ist – so seltsam es auch scheinen mag – noch immer nicht eindeutig identifiziert. Außer Zweifel steht, daß er aus der Vereinigung der zwei größten Flüsse entsteht, welche aus den peruanischen Anden zu Tal fließen, nämlich des Ucayali und des Marañon.

Der erste entspringt zwar in größerer Entfernung, doch der zweite führt mehr Wasser; und schließlich: »Die Bedeutung eines Tiers«, sagte der italo-peruanische Wissenschaftler Antonio Raimondi, »hängt nicht von der Länge seines Schwanzes ab.« Der Ucayali ist mehr als fünfhundert Kilometer länger als sein Antagonist. Letzterer entsteht aus dem Rio Urubamba und dem südlicher gelegenen Rio Apurímac, deren Quellen – die ebenfalls noch nicht entdeckt sind – absolut gesehen am weitesten entfernt liegen.

Diese Fragezeichen haben mich immer sehr begeistern können und tun es noch heute. Doch ebenso faszinieren mich jene abgelegenen und stillen Ecken der Welt, in denen durch die Temperaturschwankungen in der dünnen Luft die ersten schüchternen Bäche entstehen, welche sich vereinigen und ein über sechstausend Kilometer langes Flußbett bilden, das von der anderen Seite des Kontinents achtzehn Prozent der gesamten Wassermenge der Flüsse auf dem Erdball sammelt und in den Atlantik befördert. Meine zweite Reise in das Gebiet, in dem der Urubamba, der Apurímac und der Marañon entspringen, beginnt Ende Mai 1978 und wird ungefähr drei Monate dauern.

Beim Urubamba habe ich mich für die südlichen Quellen entschieden, die weiter entfernt liegen und am besten identifizierbar sind. Zu diesem Anlaß erkletterte ich den fünftausendvierhundert Meter hohen Schneeberg La Raya, einen Gipfel der Vilcanota-Kordillere, von dessen leuchtendweißer Spitze mein Blick über die fliehenden, verschneiten Abhänge und die breiten, bläulichen Gletscherspalten bis zu der Stelle schweifte, an der der Gletscher schmilzt und sich in einem wirren Haufen zerbröckelnder Moränen verliert. Das ist also der Ort, an dem die ersten gewundenen Wasseradern des Urubamba – sie wirken im grellen Sonnenlicht wie lange glühende Bänder – talwärts fließen. Ich wollte mir den Urubamba von dieser hohen Kanzel aus ansehen, da dies die äußerste Grenze der Schneemassen ist, die durch ihre Schmelze den riesigen Fluß bilden, und auch, weil dies alles von einem Gipfel aus viel weiter und gewaltiger wirkt.

Darauf machte ich mich in das Gebiet des Apurímac auf, eine völlig andere Umgebung. In dieser Landschaft ragen nämlich nicht mehr die weißen eisbedeckten Ketten auf, von deren Hängen kristallklare Wasser herabfließen; hier herrscht vielmehr der freie Raum, der Himmel ist bedeckt und durch die lastenden Wolken, die ohne Unterlaß über ihn hinwegziehen, in lebendiger Bewegung. Das ist die typische *puna* des Hochlands der Anden, die sich als grenzenlose Fläche mit gelben Windungen präsentiert und an deren Horizont die großen Berge wie winzige, violett getönte Bodenwellen wirken. Doch die eigentlichen, allgegenwärtigen Protagonisten sind das Schweigen und die Einsamkeit, die durch den ständigen Frost und die in dieser extremen Höhe dünne Luft noch strenger wirken. Man könnte meinen, dies sei eine lebensfeindliche Welt; doch hier befinden sich die idealen Weiden für die Alpakas, die Lamas, die Zufluchtsorte der letzten Vikunjas. Dies ist die Welt der wenigen Eingeborenen, die seit Tausenden Jahren unverändert ihren Bräuchen folgen – in Unkenntnis des Restes der Welt, der sie seinerseits ignoriert. Daß die Indios trotz der unglaublichen Schwierigkeiten, des feindlichen Klimas, der Gleichgültigkeit der anderen, die sie dem Vergessen anheimgegeben haben, und damit ohne jede Art von Hilfe von außen an diesem Land hartnäckig festhalten, ist erstaunlich; wenn man sie kennenlernt, wächst spontan die Bewunderung für diese Sieger im Kampf ums Überleben.

Der Ausgangspunkt, an dem ich meine Exkursionen beginne, heißt Cailloma und ist das Zentrum des ältesten Bergbaugebiets von Peru, das die Inkas bereits vor Ankunft der Konquistadoren kannten. In diesen in über fünftausendfünfhundert Metern Höhe gelegenen Felsen wurde schon immer nach Gold und Silber gesucht, doch mit den fortschrittlichen Methoden von heute werden auch andere wertvolle Mineralien abgebaut. Im Südwesten von Cailloma entfaltet sich auf der eigentlichen Hochebene nur hundertachtzig Kilometer Luftlinie vom Pazifik entfernt ein kompliziertes Wassersystem, das schwer zu ergründen ist, da wirkliche Gletscher fehlen, die seinen Ursprung anzeigen könnten. In den traditionellen geographischen Werken wurde die »Geburt« dieser Wasser – des Rio Apurímac und damit des Amazonas – immer mit der Laguna Vilafro in Verbindung gebracht. Doch aus den Untersuchungen der letzten Jahre ergab sich nach den sarkastischen Worten des amerikanischen Geologen Richard Knapp »die Geburt eines absoluten Nichts«. Damit erhärtete sich, daß der große Fluß nicht aus der Laguna Vilafro kommt; und so bleiben die vielen Unbekannten über seinen tatsächlichen Ursprung bestehen.

Dreißig Kilometer Luftlinie weiter südlich erhebt sich die Cordillera de Chilca, eine Bergkette mit verschneiten Gipfeln, deren höchster mehr als fünftausendfünfhundert Meter aufragt. Seine reichlichen Schmelzwasser erreichen den Apurímac, der jedoch von der anderen Seite des Haupttals kommt, wo es schwierig ist, die verschiedenen Sturzbäche auseinanderzuhalten, die hier aus nördlicher Richtung zusammenfließen. Und so bleiben die Quellen des Amazonas umstritten.

Im Jahr 1973 glaubte eine Expedition aus den Vereinigten Staaten, seine Ursprünge in einem der Täler nördlich von Cailloma ausgemacht zu haben, und befestigte an dieser Stelle eine Bronzeplakette mit der Inschrift, daß hier der Amazonas entspringe. Ein solches Ansinnen ist durchaus lobenswert, ich habe jedoch gute Gründe, den Wahrheitsgehalt der Widmung in Frage zu stellen, und wir werden auch bald erfahren, warum.

Mein erster Ortstermin an den vermuteten Quellen des großen Amazonas führt mich zur Laguna Vilafro, wo sich nach vagen Informationen aus der Gegend am oberen Ende des Sees angeblich die besagte Plakette der Amerikaner befindet. Es ist später Nachmittag, als ich das südliche Ufer der Laguna Vilafro erreiche. Der stürmische Himmel spiegelt sich dunkel im vom Wind gekräuselten Wasser, ringsum gibt es nicht das geringste Zeichen von Leben, nicht den kleinsten Strauch, um die Trostlosigkeit dieser leeren Fläche zu mildern. Leichte Flocken tanzen in der Luft, die zuweilen pfeift und so schneidend ist, daß die Augen tränen. Es ist eine erbarmungslose und dem Menschen gegenüber gleichgültige Landschaft.

Die Wanderung um den See dauert ungefähr eine Dreiviertelstunde. Die gleiche Zeit brauche ich auch für den Marsch zu einem rauhen Tal, von dem ich vermute, daß hier der Sturzbach seinen Anfang nimmt und daß sich an diesem Ort auch die berühmte Plakette befindet. Meine Laune steigt, als sich plötzlich ein überraschender Anblick bietet, den man sogar als idyllisch bezeichnen könnte: Eine Herde weidender Lamas tüpfelt zart den dunklen, kahlen Sumpf vor dem großen Tal. Die Atmosphäre, die eben noch so trostlos war, heitert sich entschieden auf, als ich zwei Hütten aus grob geschichteten Steinen entdecke. Ungläubig nähere ich mich der größeren dieser elenden Behausungen, hinter die sich gerade ein kleines Mädchen zurückgezogen hat. Daß Menschen an einem solchen Ort wohnen, ist ebenso erstaunlich wie respekteinflößend. Die Neugier treibt mich jedoch, mich diesen fabelhaften Wesen zu nähern, um vielleicht das Geheimnis ihrer Lebensweise zu lüften. Ein paar Meter vor der offenen Tür der fensterlosen Hütte mache ich mich mit gedämpften und wiederholten »Ola«-Rufen bemerkbar, auf die jedoch einige Minuten lang keine Reaktion erfolgt; schließlich zeigt sich im rauchigen Eingang die dunkle und plumpe Gestalt einer Frau, die schüchtern auf mich zukommt und ein Lächeln andeutet. Sie ist ziemlich alt, trägt die weite *pollera,* den typischen Rock, dessen farbige Streifen durch die dauernde Berührung mit der nackten Erde und dem Rauch des Herdes ausgebleicht sind. Sie trägt den charakteristischen steifen Hut, unter dem eine schwarze Haarflechte hervorschaut; die nackten Füße sinken bei jedem mühseligen Schritt in den eiskalten wäßrigen Schlamm, den das schlechte Wetter um die Hütte versammelt hat. Ich grüße sie respektvoll und frage sie, ob sie mir einen Hinweis auf die berühmte Plakette geben kann. »Es ist eine Platte aus braunem Metall, ungefähr so groß«, sage ich ihr, während ich in der Luft ein Rechteck beschreibe, das vielleicht zum Verständnis beitragen kann. Ich rede Spanisch und spreche die Worte in ruhigem und schmeichelndem Tonfall deutlich aus; doch wie befürchtet, versteht sie nichts und beschränkt sich in jeder Pause, die ich mache, auf das Stammeln kurzer unverständlicher Laute, sicher auf *quechua,* der alten Sprache der Inkas.

Unverhofft kommt eine zweite, jüngere Frau aus der Hütte; das Mädchen, das ich vorhin flüchtig gesehen habe, hält sich dicht neben ihr, ergreift mit beiden Händen ihren Rock und klammert sich an ihn, während es mich verstohlen betrachtet. Es sind wohl

Mutter und Tochter, die mit der alten Großmutter zusammenleben; keine Spur von einem Mann. In der Tat scheint die neu Dazugekommene ein paar Wörter Spanisch zu kennen, ergreift jedoch keinerlei Initiative, sondern beschränkt sich darauf, der Alten, die noch immer nicht versteht, unseren mühseligen Dialog zu übersetzen. Die Mauern, die uns trennen, sind wirklich zu hoch. Das Staunen und der Eindruck des Geheimnisvollen, den diese Menschen in mir erwecken, ist wohl allenfalls mit den Fragezeichen vergleichbar, die sich zweifellos auch bei ihnen hinsichtlich meiner Person erheben. Warum, dürften sich die beiden Frauen fragen, ist dieser Mann von weit her in diesem Sturm hierhergekommen, an der Schwelle der Nacht, auf der Suche nach einem unbekannten Gegenstand, dem nichts von all dem gleicht, was Bestandteil unserer Welt ist, etwa ein Lama, ein Fels oder ein Pfad? Und abermals versetzt mich die Alte in Erstaunen, als sie freundlich und gutmütig sagt: »Kommen Sie morgen!« und es wie ein Gebet wiederholt; dann schaut sie mich wieder stumm lächelnd an und überläßt es mir, ob ich bleiben oder gehen will. Es ist hinreißend und unglaublich: Ich habe eines der bewegendsten Bilder vor mir, denen man in diesen Gegenden begegnen kann. Diese unverwechselbaren Gesichter und Dinge in dieser vollkommenen Landschaft würden genügen, um das ganze Geheimnis und Drama der Indios in den Anden auf einen Nenner zu bringen. Obwohl ich eine weite Reise gemacht habe, um gerade solche Zeugnisse zu suchen, spüre ich dennoch, daß es völlig verkehrt und deplaziert wäre, in diesem Moment meine Kamera auf diese Frauen zu richten. Ich möchte den Zauber nicht zerstören. Ich verabschiede mich und mache mich im immer dichteren Schneetreiben auf den Rückweg – der Nacht entgegen. Immerhin ist mir klargeworden, daß ich in dieser Gegend keinen Hinweis auf die Plakette finden werde.

Auf der weiteren Suche nach den mutmaßlichen Quellen ist diesmal die Cordillera de Chilca an der Reihe. Es begleitet mich mein Freund Antonio Messina aus Bergamo. Nachdem wir mehr als eine Stunde über steinige Rücken geholpert und über Wasserläufe und stehende Lachen den sumpfigen Senken entronnen sind, setzt uns das Fahrzeug am Ende einer vagen Piste aus, die hier Straße genannt wird. Die gelbe *puna* dehnt sich in ihrer gleichförmigen Weite vor uns aus, aber das ist kein Problem, sobald man einen Orientierungspunkt gefunden hat: Die weißen Gipfel sind dreißig Kilometer entfernt, scheinen jedoch durch die Reinheit der Luft näher gerückt. Unangenehme Überraschungen gibt es jedoch genug: Hindernisse wie Flußläufe, Bergrutsche und ausgedehnte Sümpfe zwingen uns zu weiten Umwegen, so daß sich jede Voraussage über die Dauer unseres Marsches als völlig sinnlos erweist. Knapp jenseits eines Bergrückens, auf dem wir kurz zuvor ein scheues Pärchen Vikunjas überraschten, stoßen wir abermals unvermutet auf eine Indiosiedlung.

Die Gastfreundlichkeit in jenen Tälern ist außergewöhnlich. Diskret hielten Messina und ich uns von den Hütten fern, doch Isidro – dies war der Name des Anführers dieser kleinen, einsamen Gruppe –, war uns nachgelaufen. Bevor er uns einlud, ihm in sein »Haus« zu folgen, in dem wir eine warme Suppe bekamen, richtete er die folgenden Worte an uns: »Ich begrüße und bitte euch, euch als Bruder dienen zu dürfen, denn ich bin sicher, daß ich irgendwann auch einmal eure Hilfe brauche!« Diese Menschen überraschen mich immer wieder aufs neue. Wir wußten, daß wir Isidro nach dieser zufälligen Begegnung niemals wiedersehen würden (er war nämlich im Begriff, sich in ein fernes Tal zu begeben); und auch in seinem Verhalten, das seinen schönen Worten folgte, war nicht das geringste Anzeichen jener verschlagenen Schlauheit zu entdecken, die aus jeder Begegnung ihren Vorteil zu ziehen versucht.

Der Fluß, der zwischen den verschneiten Bergen dahinfließt, liegt nun tief zwischen den senkrechten und häufig vereisten Wänden. Wir folgen seinem Lauf und müssen zuweilen lange Schleifen in Kauf nehmen, die noch tückischer werden, da sich das Wetter inzwischen wieder verschlechtert. An bestimmten Stellen erheben sich die Felswände, die den Fluß einfassen, kerzengerade zwanzig, ja dreißig Meter hoch, und vom Himmel ist durch einen Spalt, der nicht breiter als ein Schützengraben ist, nur ein winziger Ausschnitt zu sehen. Am späten Nachmittag entkommen wir diesem Labyrinth und steigen über eine Reihe von Moränenrücken auf, die uns endlos erscheinen würden, wenn wir nicht sicher wären, daß genau in dieser Richtung der Hauptgipfel liegt: der 5556 Meter hohe Cerro Surihuiri. Der Fluß hat sich inzwischen in kleine Rinnsale geteilt, die hier und da an die Oberfläche treten. Doch noch vor Einbruch der Nacht senken sich die Wolken auf uns nieder; und diesmal hüllen sie uns dicht und kompakt ein, sekundiert von reichlichem Schneefall, der in kurzer Zeit jede Falte im Berg verbirgt. Wir können uns nicht mehr orientieren und bauen das kleine Zelt auf, das wir mit uns führen. Die Nacht, die nun folgt, erscheint uns ewig, und als es endlich dämmert, wird uns klar, daß wir schleunigst von hier verschwinden müssen: Die *puna* unter uns hat sich in ein gigantisches Schneefeld verwandelt, das am Horizont mit dem bleiernen Himmel verschmilzt.

Vom Becken des Apurímac muß ich nun nur noch die Sturzbäche im Norden kennenlernen und außerdem natürlich das Geheimnis der berühmten Plakette lüften. Ein Indio namens Felipe sagt, er wisse, wo sich diese Plakette befindet, und begleitet mich in den oberen Teil eines der Täler im Norden von Cailloma. Doch auch hier findet sich keine Spur von der Plakette. Ich entdecke dafür in einer fast ebenen Mulde eine prächtige Quelle, aus der reichlich klares Wasser strömt. Nach dem Ausschlußprinzip wage ich mich nun in Begleitung eines anderen Indios in jenes Gebiet, das auf der Landkarte als Quebrada Huarajo verzeichnet ist.

Es ist der 25. Juli 1978 und der fünfte Tag, an dem ich diese nördlichen Täler durchforsche. Und endlich stoße ich an einem geradezu mickrigen Felsen auf die so sehr gesuchte Bronzeplakette. In erhabenen großen Buchstaben steht erst auf spanisch und dann auf englisch: »Hier beginnt der Amazonas, der größte Fluß der Welt.« Ohne die wertvollen Hinweise des Indios, der mich an diesen Ort begleitet hat, hätte ich dieses »Dokument« niemals aufgespürt – auch weil ich, der Logik folgend, wieder die Quebrada Huarajo hinaufgestiegen wäre, und zwar bis ganz oben, was ich dann am nächsten Tag nachholte. Wenn ich also meinem Instinkt gehorcht hätte, wäre ich gleich der Hauptrinne dieses Tals gefolgt und mit Sicherheit nicht in diesen völlig unlogischen Seitenarm vorgedrungen, in dem die Plakette angebracht ist. Das Schild, das ich soeben entdeckt habe, ist in über fünftausend Metern Höhe an einem Felsblock nur ein paar Meter über der deklarierten Quelle befestigt und trägt auch Namen sowie Datum und Herkunft desjenigen, der es hier angebracht hat: »S. Palestino – 1973 USA.« Diese maßlos überschätzte Quelle ist in Wirklichkeit eine kleine Grube mit stehendem Wasser, das sich nicht viel höher als in einem Waschbecken staut.

Die große Mulde ringsum zeigt keinerlei Gräben, die durch die Bewegung des Wassers entstanden sein könnten. Ich bin allmählich immer verdutzter. Nein, so leid es mir tut, diese Quelle überzeugt mich nicht im geringsten und noch viel weniger die Plakette, die sie absegnen soll. Und so beginne ich am nächsten Tag, dem 26. Juli, meinen eigenen Gedankengängen folgend, jeden Winkel dieser wirren und ungeordneten, von gewaltigen Anhöhen umgebenen Senken zu erkunden. Von oben, denke ich, dürfte es einfacher sein, irgendein Anzeichen für den Abfluß von Wasser zu erkennen. Und ich werde in der Tat belohnt, denn von einer Anhöhe aus habe ich Ausblick auf eine Muschel unter mir, allerdings nur aufgrund der lebhafteren Farben der *puna*, eines sumpfigen Flecks, an dessen Rändern einige Alpakas weiden. Als ich dort ankomme, habe ich die Bestätigung, daß genau an dieser Stelle ein kristallklarer Bach entsteht, der gluckernd weiterfließt, obwohl wir uns mitten in der trockenen Jahreszeit befinden. Es ist der Ort des höchsten Talwegs, der von der Quebrada Huarajo nach unten führt. Von hier oben kann ich also dem Amazonas folgen – vorausgesetzt, daß seine Quelle sich genau in diesen Tälern nördlich von Cailloma befindet. Doch ohne Zweifel ist dieser Quellbach einige Kilometer länger als der von der amerikanischen Expedition 1973 angegebene Ursprung. Diese rätselhafte Plakette läßt den großen Fluß nämlich nicht aus einer lebendigen Quelle entspringen, sondern aus einer winzigen schlammigen Grube, die notabene auch noch an einem höchst unwahrscheinlichen Ort viel weiter talwärts liegt.

DEN GROSSEN NEBENFLUSS ENTLANG

Meine Reise geht weiter. Nun ist der größte Nebenfluß des Amazonas an der Reihe, das hochgelegene Becken des Rio Marañon, das ebenfalls wie praktisch alles in diesen Gegenden in ein Geheimnis gehüllt ist. Der Rio Nupe, der in der Cordillera Huayhuash entspringt, scheint mehr Wasser als sein Konkurrent Lauricocha zu führen, der dafür erheblich länger ist, weil er aus der fernen Cordillera Raura kommt. Aus der Vereinigung dieser beiden Wasserläufe entsteht der Rio Marañon. Und da haben wir bereits das erste Fragezeichen: Nupe oder Lauricocha, welchem gebührt das Recht, als Hauptquelle des großen Nebenflusses betrachtet zu werden?

Ich habe die dem Amazonasbecken zugewandten Abhänge der Huayhuash-Gruppe bereits 1961 kennengelernt, als ich dort einige schwierige Besteigungen unternahm; einen weiteren Besuch stattete ich ihnen 1967 ab, um zum Fuß des Cerro Yarupa in der Cordillera Raura zu gelangen, eines steilen vereisten Gipfels von 5708 Metern Höhe. Diese letztere Reise hatte ich vor allem unternommen, um die Quelle des Rio Marañon kennenzulernen, die aus der Schmelze der Gletscher des Yarupa entsteht. Nun, im Jahr 1978, kehre ich in der Absicht zurück, von der Höhe dieser vereisten Kämme die grandiose Aussicht auf die Berge zu genießen, in denen der Marañon entspringt. Es begleitet mich ein alter Freund, der Ingenieur Arturo Soriano aus Lima. Auch vor elf Jahren waren wir zusammen in diesen Gegenden gewesen, von der Sehnsucht getrieben, die schwierigen Pfade der Pioniere zu begehen, deren aufregende Berichte wir gelesen hatten.

Es ist Nachmittag, als wir den Marsch entlang der Laguna Surasaca antreten, einem langen Wasserschlauch mit Aussicht auf die Cordillera Raura, in deren Westen sie liegt. Die tropischen Gletscher der Anden, deren Rückzug unvermindert anhält, haben die tiefen Talböden mit kleinen Seen übersät. Der Himmel ist undurchsichtig, aber noch dunkler ist der See, in dem er sich spiegelt. Über uns wird der kalte Wind der Gletscher steifer, der über den flüssigen Spiegel streift und die Oberfläche gleichsam wie eine Gänsehaut zum Kräuseln bringt; ab und zu tanzen ausgelassene Schneeflocken um uns herum. Diese Widrigkeiten sind uns nicht unbekannt, dennoch fühlen wir uns ein wenig beunruhigt, weniger wegen des Orkans, der bereits auf den Gipfeln tobt und uns für heute Einhalt zu gebieten droht, als wegen der Schroffheit des Gletschers – auf dieser Seite eigentlich überraschend –, die wir an den Rändern der schwarzen Wolkenhaube immer nur flüchtig wahrnehmen. Trotzdem schleppen wir uns unter dem Gewicht der schweren Rucksäcke weiter, die auf unsere durch die hohe Luftfeuchtigkeit steif gewordenen Schultern drücken.

So vergehen die Stunden, und als sich der Tag dem Ende zuneigt, röten sich wie eine günstige Verheißung die Wolken, die sich am Saum der Berge stauen. Am nächsten Morgen hat die Sonne Mühe, sich hinter den Gipfeln zu uns durchzukämpfen, also reiben wir unsere vom nächtlichen Biwak immer noch steifen Gliedmaßen und machen uns wieder auf den Weg. Während wir vorrücken, werden die ockerfarbenen Moränenrücken immer schmaler, verbleichen, rücken beiseite und machen Platz für das blaugrüne Eis der Seracs, die blendende Weiße der Nebelwände, den Wald von dünnen Spitzen und Kämmen, die wie ein Alpdruck über uns schweben, und die leuchtenden Gipfel, die die absurdesten Formen haben. Es ist eine außergewöhnliche und aufregende Landschaft, die nach und nach wie von Zauberhand im Halbkreis um uns auftaucht. Doch wir empfinden auch Furcht, als wir zwischen diesen dräuenden Giganten vordringen, die durch die schlechten Lichtverhältnisse immer noch nicht klar zu erkennen sind. Und nun folgt die Ungeduld, endlich weiter schauen zu können, über die andere Seite der Rücken, um in Erfahrung zu bringen, mit welchen dieser Ungeheuer und in welchen Dimensionen unsere Unsicherheit sich bald wird messen müssen. Instinktiv beschleunigen wir den Schritt, denn in dieser Höhe wären wir schlecht beraten, wenn sich nicht sehr schnell die Selbstkontrolle einstellen würde, die wir Bergsteiger glücklicherweise entwickelt haben und die die Dinge wieder ins richtige Verhältnis setzt. Die kurze Rast, die wir einlegen, mindert die Atemnot; dann machen wir uns in etwas langsamerem Tempo wieder auf den Weg durch diese unermeßliche Welt.

Um die Mittagszeit erreichen wir die letzten Felsen, die sich ein Stück weiter aufzubäumen scheinen, bevor sie schlagartig vom Gletscher verschlungen werden. Wir sind in einer Höhe von rund viertausendachthundert Metern angelangt, und die Landschaft hat sich abermals verändert. Die gegenüberliegenden Gipfel wirken nun majestätisch und doch in ihren wesentlich schlankeren Umrissen und dem Zierwerk aus Licht und Schatten zwischen Falten, Spitzen und fernen schwebenden Mulden flüchtig; unser Gipfel jedoch, der Yarupa, der sich weitere neunhundert Meter über uns erhebt, sieht von hier gegen das Blau des Himmels wie ein unförmiger Stapel verkrümmter, knorriger, geborstener Eismassen aus: abermals der Effekt der trügerischen Perspektive, die den Bergsteiger häufig narrt. Auf dem nackten Fels am Rand des Gletschers bauen wir das kleine Zelt auf, und anschließend wage ich mich allein auf einen Erkundungsgang, um die morgige Besteigung vorzubereiten. Allein, denn Soriano ist zwar bis hierher heraufgekommen, hat jedoch wegen einer Magenverstimmung keine Kraft mehr. Also werde ich die Besteigung des Cerro Yarupa ohne ihn in Angriff nehmen müssen.

Erst als das große Schauspiel des Sonnenuntergangs beendet ist, beschließen wir, uns in den Schutz des Zeltes zurückzuziehen. Das Gestirn hatte vor dem Verlöschen die Gletscher in Flammen gesetzt, und für einige Minuten waren die Gipfel vor dem blauen Hintergrund korallenrot erschienen. Dann hatte sich das Leuchten in blasses Rosa und gleich darauf in zartes Violett gewandelt, während der Himmel, gegen den sie sich ätherisch abzeichneten, die delikatesten Töne annahm, die von Purpur zu Indigo übergingen und das mit Sternen bestickte Gewölbe schließlich kobaltblau färbten. Nun ist das Schauspiel beendet. In der Luft hängt nur noch ein bleicher Schimmer, gegen den sich undeutlich die Schemen der benachbarten Gipfel abheben. Eine lähmende Kälte ist aufgekommen: Nun müssen wir uns wirklich zurückziehen. Ich bin erschöpft, doch der erlösende Schlaf will sich nicht einstellen, und die Unruhe und die Befürchtungen, die im Lauf des Tages aufgekommen sind, läßt die Erinnerung eine nach der anderen wieder erstehen. Ich sehe die riesigen Kämme vor mir, in die sich die Wände schieben, die Einbuchtungen und die schwindelnden Rutschbahnen, doch vor allem taucht vor mir diese drohende Mauer aus hängendem Eis auf, unter der ich morgen früh hochklettern muß.

Soriano hat zu schnarchen begonnen. Ich beneide ihn, und es gelingt mir kurze Zeit, mich von meinen Visionen und Befürchtungen abzulenken. Die Luft ist hier oben nicht nur dünn, sondern auch extrem trocken; sie reizt die Schleimhaut und erschwert das Atmen. Ich habe Durst, und während ich auf der Suche nach der Feldflasche herumtaste, stoße ich gegen den Freund, der im Schlaf seine Position verändert und wenigstens für ein paar Minuten zu schnarchen aufhört. Ich gebe noch einmal dem unsinnigen Wunsch nach, aus dem halb offen gebliebenen Zelt zu schauen, und suche die grundlosen Schatten einer leeren und unermeßlichen Nacht ab.

Schließlich kommt die Stunde des Handelns. Es ist halb fünf, und um sechs Uhr will ich in der Dämmerung bereits die ersten schwierigen Abschnitte angehen. Es folgen die gewohnten rituellen Handlungen wie das Schmelzen des Wassers auf dem Kocher, um Tee zuzubereiten, das tastende Anziehen im Dunkel, das Fluchen über den eiskalten Gürtel, der sich mit den steif gewordenen Händen nur mit Mühe schließen läßt. Und schließlich der Aufstieg in Richtung einer grauen und unförmigen Masse. Mit den Sternen des Firmaments, die sich im Lauf der Nacht etwas verändert haben, wetteifern die aus den Spitzen meiner Steigeisen sprühenden Funken, die über die Felsen kratzen. Bleich und ohne Unebenheiten löst das Eis fast übergangslos das Felsgestein ab und liegt im Frost stumpf und schweigend vor mir. Die Steigeisen knirschen auf der glasigen Oberfläche, die durch die strenge nächtliche Kälte erstarrt ist, und alle paar Schritte ertönt im Eis ein trockener Knall, der sich über Dutzende Meter fortsetzt. Auch das ist eine Folge der großen Kälte. Als Ankündigung des nahen Morgengrauens fegt von Zeit zu Zeit ein Windstoß heran, der vom Boden feine Eiskristalle mitreißt, welche sich wie das Prasseln von Sand auf eine Blechplatte anhören. Es wird heller. Hinter mir wiederholt sich in umgekehrter Reihenfolge das Wunder von gestern abend, diesmal in der Morgenröte; doch ich habe keine Zeit, stehenzubleiben und es zu betrachten. Schon bin ich am Fuß des steilen Hangs, über den ein blauer Vorsprung ragt; seine in viele Teile zersprungenen Platten recken sich in die Luft. Ich beschleunige den Schritt und versuche sie so weit wie möglich zu ignorieren, denn in mir nagt die Furcht, daß sie vielleicht auf die Idee kommen könnten herunterzufallen. Das ist die Mauer, die zum großen Teil zu meiner Besorgnis beigetragen hat. Als ich – völlig aus dem Tritt – an der Spitze ankomme, erwartet mich ein akrobatisches Sprungtraining über brüchige Schneegebilde, die von bodenlosen Rissen zerteilt sind. Alles hängt über dem Abgrund; es ist ein Abschnitt, auf dem ich besonders schmerzlich einen Bergkameraden vermisse, der mich im Fall eines Sturzes sofort im Seil auffangen würde. Inzwischen ist die Sonne aufgegangen und berührt mich ab und zu mit ihren Strahlen, wenn sie über den schmalen Rücken vor mir dringen. Nun überschreite ich diesen Kamm und werde, sobald ich mich dem anderen Hang zuwende, von der großen purpurnen Scheibe geblendet, die noch kalt ist, aber schon hoch über dem Horizont steht und weiter am klaren und durchsichtigen Himmel aufsteigt.

Ich überspringe den Bericht über den weiteren Aufstieg, der sich als wesentlich unkomplizierter erwies, als ich mir in meinen nächtlichen Seiltänzen voller verzerrter Visionen und düsterer Erwartungen ausgemalt hatte. Allerdings verschaffte mir dabei auch die ständige Bewegung einen Vorteil, da sie mich so völlig in Anspruch nahm, daß für Phantastereien kein Platz war. Ich erzähle dafür, wie dieses Abenteuer endete.

Ich ließ mich einzig von meiner Erfahrung leiten und hatte den Gipfel des Berges, den ich nun seit vierundzwanzig Stunden erkletterte, noch immer nicht zu Gesicht bekommen. Ich wußte jedoch, daß ich den unüberwindlichen Seracs ausgewichen war und mich nun in Richtung des Vorgipfels bewegte, der eine Brücke zum Hauptgipfel des Yarupa bildete. Ich hatte meine Route sorgfältig gewählt, und es stellte sich in der Tat heraus, daß dies der logischste und ungefährlichste Weg war, den ich auf dieser Seite einschlagen konnte. Und so war ich bis dicht an den obersten Ausläufer des Vorgipfels gelangt, war um ihn herumgegangen und wandte mich nun dem anderen Hang zu, als plötzlich jenseits der schattigen Leere, die zwischen uns liegt, ein unglaubliches, von fliehenden Gesimsen gesäumtes Bild vor mir erscheint, das bis zum Himmel aufzuragen scheint: Das ist der Eindruck, den ich vom Gipfel des Yarupa empfange. Ich stecke den Schlag weg und beginne, nach einem möglichen Weg zu suchen, um ihn zu erreichen. Und da ist er: Ich muß an der rechten Seite der letzten riesigen Gletscherspalte entlanggehen, ihre Überquerung rasch hinter mich bringen und dann in gerader Linie den einzigen regelmäßigen Abhang erklimmen, über dem im Gegenlicht im Komplex dieses äußerst schwierigen Gesimses, welches die Bergspitze versperrt, eine veritable Öffnung aufleuchtet. Ohne Zweifel liegt die Lösung des Aufstiegs in diesem Loch.

Ich schreite zur Tat, sinke jedoch sofort im hohen Pulverschnee einer zermürbenden Traverse ein, und es wird wieder komplizierter. Da die Sonne niemals bis in diese Nischen dringt, in denen die Schneedecke aufgrund ihrer natürlichen Struktur und der Lage nicht aushärten kann, hat der Schnee auf den steilen Eisrippen, auf denen er sich anhäuft, nicht einmal eine feste Konsistenz erreicht. Daher kann sich bei jedem Schritt eine verhängnisvolle Lawine lösen, die sofort von der Leere verschlungen würde, die nur zwanzig Meter weiter unten klafft. Ich bin allein und habe nicht die geringste Möglichkeit, mich zu sichern; das Risiko ist deshalb zu groß, und weiterzugehen wäre ebenso töricht wie unvorsichtig. Aus diesem Grund verzichtete ich auf den letzten Abschnitt der Besteigung.

Von hier bis zum Gipfel sind es nur noch zweihundert Meter Höhenunterschied, die Uhr zeigt erst neun Uhr morgens an, und trotzdem mache ich mich auf den Rückweg. Doch die Pechsträhne ist noch nicht zu Ende. Während ich nämlich über eine Eisrippe springe, muß ich ohnmächtig zusehen, wie sich meine Kamera vom Gürtel löst, vom Eis abprallt und im Abgrund verschwindet. Ich ziehe mich auf die Zinnen des Vorgipfels zurück, denen ich während des Aufstiegs vorsichtshalber ausgewichen bin, um mir von diesem hoch aufragenden und beherrschenden Aussichtspunkt die Landschaft einzuprägen, die ich so gern auch mit Fotos festgehalten hätte.

Vor mir schraubt gotisch und mächtig die Cordillera Huayhuash ihre spitzen Zacken in den Himmel, der nun nicht mehr klar, sondern von einer perlmutterfarbenen Weiße überzogen ist – ein Zeichen dafür, daß Schlechtwetter im Anzug ist. Es wird mich auf dem Rückweg erst in der Nähe der Talsohle einholen. Mehr in der Nähe, direkt seitlich von mir, ragt der Cerro Cule auf, dessen gewaltige Fassade wie ein ungeheurer, zu Eis erstarrter Wasserfall wirkt oder – wenn man der Phantasie die Zügel schießen läßt – wie der erbitterte Zweikampf von Eisriesen. Mächtige, von labyrinthischen blauen Gletscherspalten zerfurchte Ströme fallen von den Gipfeln in prunkvollen Draperien herab und breiten sich wie weite, weich ausgebreitete Hermelinmäntel feierlich an ihrem Fuß aus. Zwischen den Wolken, die im Kampf mit dem Himmel immer wieder aufgerissen werden, lugt die Sonne durch, und wo sie hingelangt, gewinnt die Natur an Leben und Farben.

Und so entzündet sich auf der in Sonnenlicht getauchten Talsohle das Türkis, Jade und Smaragdgrün der zahlreichen Lagunen, an denen die Eisfluten ab und zu mit ihren Fangarmen lecken. Hinter dieser Reihe von Kulissen lösen sich die gewellten gelben *pune* am Horizont auf und tragen noch mehr zum Eindruck einer ohnehin schon ungeheuren Weite bei. Vor mir liegt die letzte der verzauberten Landschaften, in denen der größte Fluß der Welt entspringt. Hinter mir erhebt sich immer noch im Schatten unerschütterlich die schlanke silbrige Spitze des Cerro Yarupa: ein idealer Leuchtturm über dem grenzenlosen Gebiet des Amazonas.

Nach den Quellen des Rio Ucayali und des Rio Marañon beschließe ich, den Lauf des letzteren in Angriff zu nehmen – von der Stelle, an der er sich bildet, bis hinunter zum Zusammenfluß mit dem Ucayali, aus dem der Amazonas entsteht. Doch erst ist eine Abschweifung notwendig, um den Sinn der folgenden Geschehnisse zu verdeutlichen.

Vor elf Jahren war ich bei dem Versuch, ein ähnliches Vorhaben in die Tat umzusetzen, von den Quellen des Marañon aufgebrochen und zu Fuß, zu Pferd und mit Booten ein gutes Stück talwärts gelangt, bis ich meine Expedition abbrechen mußte, weil die Regenzeit zu früh einsetzte. Diese großen Regenfälle, auf die ich nämlich gesetzt hatte, weil sie das Wasser an der richtigen Stelle des Marañon ansteigen lassen würden – viel weiter talwärts in der Zone der sogenannten *pongos* –, hätte ich ausnutzen können. Doch der unvorhersehbar frühe Beginn der Regenzeit, der mich auf einem zu weit stromaufwärts gelegenen Abschnitt überraschte, hatte meine Pläne schließlich durchkreuzt, anstatt sie zu begünstigen.

Die letzten Etappen jener glücklosen Reise waren außerordentlich anstrengend gewesen. Tag um Tag hoffte ich, daß der Fluß sich öffnen und weniger Wirbel erzeugen würde; statt dessen wurde es immer schlimmer, und ich marschierte fast immer in eisigem Regen an abschüssigen Abstürzen entlang, die von den wolkenverhangenen Gipfeln über den Marañon hingen. Sein Donnern begleitete mich; stellenweise grub sich der Fluß über fünfhundert Meter in die senkrechten Wände ein und floß kilometerlang, manchmal Dutzende Kilometer abwärts, als ob er von der Talsohle verschluckt worden wäre. In solchen Abschnitten war es mir unmöglich, seinen Ufern zu folgen, also kletterte ich bis zum Rand der Schlucht hinauf, von dem aus ich sein wirbelndes Strömen verfolgen konnte. Heute wundert es mich nicht mehr, daß einer der gewaltigsten Flüsse der Welt noch immer erst halb erforscht ist. Im Gegensatz zu unseren Bergen werden die Pfade, die hier nach unten führen, immer undeutlicher und sind schließlich, bevor man unten am rauhen und unzugänglichen Canyon angekommen ist, überhaupt nicht mehr zu erkennen. Die Dörfer liegen darum sicherheitshalber auf den Bergen, und die Verbindung zwischen ihnen besteht aus schwindelerregenden Fußwegen, die auf den Kämmen bis in Höhen von viertausendfünfhundert Metern ansteigen. Es kommt selten vor, daß ein solcher Pfad zum Fluß hinunterführt, über den eine Brücke führt; wenn das doch einmal der Fall ist, dann lediglich aus dem Grund, daß die Indios in alten Zeiten zur Flußüberquerung gezwungen waren.

Hier einige Abschnitte, die meinem Bericht über dieses Abenteuer im Jahr 1967 entnommen sind.

»Als ich in Yrcan ankomme, ist es beinahe Abend. Ich bitte um eine Unterkunft und etwas zu essen. Ein Indio verkauft mir einen großen *llacon* für den Spottpreis von zwei *soles*. Es handelt sich um eine gute, süß schmeckende Knolle, die man auch roh essen kann. Ich spiele mit dem Gedanken, in aller Bequemlichkeit in der Hütte des Indios zu schlafen, doch als er mir sagt, daß das Dorf Llamellin, zu dem ich unterwegs bin, noch hundertfünf Kilometer entfernt ist, beschließe ich, mich sofort wieder auf den Weg zu machen. Eine halbe Stunde nach meinem Aufbruch wird es Nacht. Es beginnt zu regnen. Ich schlage mir ein Stück Segeltuch um die Schultern und beschleunige meinen Schritt. Der Regen wird heftiger. Weit und breit kein Unterstand. Ich halte unter einem großen Baum an. Die Kälte läßt den Atem kondensieren. Ich schlafe ein. Daß ich wieder wach werde, liegt vermutlich an einigen dicken Tropfen, die von den Blättern fallen. Erst zaudere ich, doch dann entschließe ich mich, dem Regen erneut zu trotzen. Ein Stück weiter, hoffe ich, werde ich vielleicht eine Hütte finden. Und in der Tat komme ich zu einer, die unbewohnt scheint. Gleich hinter dem Eingang, der türlos ist, liegen zwei Schweine. Es ist also ein Schweinestall, aber da drinnen regnet es wenigstens nicht. Ich dringe in den Koben ein und enteigne die Schweine. Ich bin patschnaß. Ich zünde eine Kerze an. Mit meinem Herumfuhrwerken habe ich den Hund in einem einsam gelegenen Haus in der Nähe geweckt. Ich wickle mich fest in die Zeltbahn und kauere mich hin. Mir ist schrecklich kalt. Der Lärm von immer mehr Hunden, die durch meine Anwesenheit wach und nervös geworden sind, steigert sich. Sie sind überall rings umher und ganz in der Nähe. Den Hunden in diesen Gegenden ist nicht zu trauen; wenn es ihnen gelingen würde, an mich heranzukommen, dann ... Ich verhalte mich still und bleibe bang im Dunkeln; schließlich schlafe ich trotzdem ein. Als es dämmert, bellen einige Hunde noch immer. Es hat jedoch zu regnen aufgehört, und auf leisen Sohlen gelingt es mir, mich davonzumachen.«

»Ein unwegsames Tal im Abschnitt von Llamellin zwingt mich, einen viertausendfünfhundert Meter hohen Paß zu übersteigen. Eine Stunde vor Sonnenuntergang schleppe ich mich noch immer in Richtung des Passes Kar Macocha. Schreiend erkundige ich mich bei einigen Hirten in der Ferne nach der richtigen Richtung; doch mein Auftauchen hat sie vermutlich erschreckt, denn sie laufen talabwärts davon. Und dabei hätte nur eine Kopfbewegung von ihnen genügt, um mir den richtigen Weg zu weisen. Ich gehe wieder schneller. Als sich in der Dämmerung oben auf dem Paß der Ausblick öffnet, stelle ich fest, daß weiter rechts ein zweiter Sattel liegt. Ich erreiche laufend auch diesen Paß und entdecke auf der gegenüberliegenden Seite dicht unter mir zwei Fußwege, die sich teilen. Es wird bereits Nacht, und schwere Wolken drohen den Berg einzuhüllen. Von den zwei kleinen Pfaden wähle ich den ausgeprägteren und beginne mit dem Abstieg. Doch bereits nach einer Viertelstunde wird die Spur undeutlich. Es nieselt. Ich will gerade umkehren, als ich unten im großen Tal ein kleines Licht entdecke. Ich rufe mehrere Male. Keine Antwort. Das ferne Lichtchen flackert; nun bemerke ich daneben einen hellen Fleck. Das könnte eine Hütte sein. Ich steige weiter in dieser Richtung ab, doch als ich zu dem hellen Fleck komme ... entpuppt er sich als Tümpel. An seinem Ufer jedoch brennen noch ein paar Holzscheite – ein untrügliches Zeichen dafür, daß irgend jemand hier in der Nähe sein muß. Warum ich niemanden antreffe, ist mir jedoch ein Rätsel. Ich steige weiter ins Tal ab; nach einer halben Stunde verschwindet auch die letzte Spur des Pfades. Fernes Hundegebell dringt zu mir, und kurz darauf stoße ich auf eine Höhle, die eine Schafherde beherbergt. Abermals rufe ich laut, bekomme aber wieder keine Antwort. Es ist tiefe Nacht, und ich streife noch immer im Regen umher. Inzwischen würde ich mich auch mit einem vorspringenden Felsen begnügen, unter den ich mich bis zum Morgengrauen kauern könnte. Endlich finde ich ein Loch am Fuß eines Findlings: wieder eine Unterkunft für Schweine, aber das macht mir jetzt nichts mehr aus. Ich dränge mich hinein. Der Regen draußen prasselt inzwischen. Die ganze Nacht werde ich von Kälte und Durst gequält.«

»Bereits beim ersten Schimmer verlasse ich den schmutzigen Unterschlupf. Ich habe den Tagesanbruch abgewartet, um mich orientieren zu können, doch nun stelle ich fest, daß der Tag noch schlimmer als die Nacht ist: Alles ist im dichtesten Nebel verborgen, und es regnet weiter. Mit großer Kraftanstrengung steige ich wieder zum Paß hoch, von dem ich zu Beginn der Nacht abgestiegen bin, und erreiche ihn diesmal im Schneetreiben. Ich habe mich bereits auf den Weg in das anstoßende Tal gemacht, das letzte, das mir noch zu erkunden bleibt, als ich zwischen den Schneeflocken die dunklen Gestalten von zwei Indios erkenne, die einem Pfad folgen, welcher parallel zu meinem verläuft. Ich gehe ihnen nach und frage sie in all der Unruhe, die sich in diesen Stunden in mir aufgestaut hat, nach Llamellin. Sie schauen mich verwundert an, und als ihr Arm zum Ende dieses Tales weist, erlebe ich wirklich einen Moment lang ein großes Glücksgefühl.«

Vier Tage später »baue ich mir auf dem felsigen Ufer des Marañon aus drei leeren Kanistern ein Floß. Ich habe sie mit großer Mühe aus Llamellin hierher transportiert, auf dem Rücken der Pferde des Missionars Don Carlos. Irgend jemand im Dorf hatte mir gesagt, daß der Fluß zwei Tagesmärsche von dort schiffbar sei. Doch inzwischen stürzt der Marañon tosend aus dem Canyon, und das Wasser ist so trübe, daß es wie flüssige Erde aussieht. Ich frage mich, ob ein derart angeschwollener Fluß kurz darauf überhaupt schiffbar werden kann. Ich befürchte wieder einmal, daß die Informationen der Indios auf einem Irrtum beruhen. Für diese Menschen haben Zeit und Entfernung nur geringe Bedeutung, und Probleme aller Art werden von ihnen als sehr relativ betrachtet. Weil sie nun einmal so sind, können sie aus ihrer Einfachheit einen gewissen Seelenfrieden ziehen, der bisweilen beneidenswert ist.«

»Vom Fluß beeindruckt, aber auch etwas zögerlich vollende ich die Konstruktion meines Floßes unter den erstaunten Blicken der beiden Indios, die mich mit den Pferden bis hierher begleitet haben. Aus einem großen Ast fertige ich mit der Machete ein Paddel. Schließlich fahre ich ab, aber ohne den geringsten Optimismus, sondern mehr als sonst in Unruhe, wie das alles enden wird.«

»Das Floß dreht sich sofort um sich selbst, scheuert am Boden entlang, und einen Augenblick später erfaßt mich die heftige Strömung. Ich habe kaum noch die Zeit, zu den beiden Indios zurückzuschauen, die am felsigen Ufer immer kleiner werden, und muß mich sofort auf ein furchterregendes Spiel einlassen, bei dem ich von der Seite oder von hinten von den großen Wellen erfaßt werde. Wie durch ein Wunder lasse ich diesen Abschnitt, auf dem der Fluß verrückt spielt, hinter mir. Ich fange mich, gerate aber sofort wieder in Sturzwellen, die mich von neuem im Kreis herumdrehen. Ich entkomme auch diesmal, habe jedoch den deutlichen Eindruck, daß dieses Abenteuer heller Wahnsinn ist. Ich möchte ans Ufer, aber wie soll ich das anstellen? Das Floß ist nicht zu lenken, dreht in jedem Strudel durch, und eiskalte Sturzwellen brechen über mir herein. Hinter der ersten Biegung erwarten mich weitere Stromschnellen, weitere hohe Wogen, und nun läßt die Strömung auch noch große Wassermassen übereinanderstürzen: Alles ist ein schäumendes Chaos. Ich werde sicher kentern. Und in der Tat, es passiert, plötzlich und heftig. Ich kippe rücklings ins Wasser, mit dem Kopf nach unten und den Füßen in der Luft. Bevor ich wieder auftauche, scheint eine Ewigkeit zu vergehen. Die Wogen hindern mich am Sehen, ja selbst am Atmen. Das Floß ist zwei Meter vor mir. Ich bemerke, daß ich nicht schwimmen kann, weil ich mich in dem dünnen, zwölf Meter langen Seil verfangen habe, das ich mir um die Hüfte gebunden und am anderen Ende am Floß festgemacht habe. Ich reiße wütend daran, bis ich den linken Fuß aus dem Knoten befreit habe, in den ich jedoch trotz aller Anstrengungen weiter verwickelt bleibe, obwohl ich nun das Floß als Hilfe habe, an das ich mich endlich anklammern kann. Da ich nackt bin, habe ich kein Messer griffbereit; es ist mir aber völlig klar, wie verhängnisvoll es wäre, wenn sich das Seil an einem Felsen oder einem untergetauchten Baumstamm verfangen würde.«

»Ich weiß nicht, wie es mir gelungen ist, aber endlich habe ich mich befreit. Rücklings stemme ich mich wieder auf das Floß, das nun kieloben schwimmt. Doch wenige Sekunden, nachdem ich mich vom Seil lösen konnte, werde ich abermals in die Luft geschleudert und in die Fluten zurückgeworfen. Und ein weiteres Mal werde ich, an die Boje geklammert, von der heftigen Strömung mitgerissen. Der Fluß schlängelt sich in vielen Schleifen, die Felswände wechseln sich mit Röhricht und Geröll ab, das Brausen der Wasser scheint einer wilden Partitur zu gehorchen. Das ist alles, was ich erkennen kann, während ich am Floß festgekrallt von der ›Goldenen Schlange‹ talwärts gerissen werde. So wird in diesen Gegenden der Marañon wegen der gelblichen Farbe seines Schlamms genannt. Als ich in die Nähe eines felsigen Ufers komme, an dem das Wasser relativ ruhig ist, beginne ich zu schwimmen und nehme das Floß ins Schlepptau. Endlich entrinne ich dem eiskalten Wasser und werfe mich auf die von der Sonne erwärmten Steine; doch die Kälte hat sich derart in mir festgebissen, daß ich noch lange am ganzen Leib zittere. Kurz darauf verdunkelt sich der Himmel, und um dem allen die Krone aufzusetzen, beginnt es zu nieseln.«

»Ich habe nicht den Mut, die absurde Fahrt wiederaufzunehmen, obwohl sie mir trotz allem eine Strecke von mindestens fünf Kilometern flußabwärts beschert hat. Meine Fingernägel sind abgebrochen, und mein rechter Knöchel ist geschwollen. Am Ufer ziehe ich das Floß, das noch immer umgekippt im Wasser liegt, mühsam ein Stück hinter mir her und halte schließlich an, als ich eine Bucht erreiche. Der am Floß festgebundene Rucksack, der rund zwei Stunden unter Wasser war, ist völlig durchnäßt, obwohl ich ihn in mehrere Plastiksäcke gewickelt hatte. Ich breite auf dem Kiesgrund die Kleidungsstücke, Kameras, Filmrollen, Dokumente und Geldscheine zum Trocknen aus; die ohnehin schon spärlichen Lebensmittel sind dagegen fast alle unrettbar verdorben. Eine halbe Stunde später kündigt sich ein Gewitter an. Während ich mein primitives Zelt aufbaue – ein Gelegenheitskauf in letzter Minute in Lima –, fegt ein plötzlicher Luftwirbel Geld, Papiere und Kleidungsstücke weg. Es wird dunkel, und ich suche noch immer fluchend nach meinen Sachen, die im ganzen Umkreis verstreut liegen und die ich unbedingt wiederhaben muß. Am nächsten Morgen lasse ich ohne zu zögern das Zelt zurück und setze den Weg zu Fuß fort.«

»Nun ist es viel härter durchzuhalten. Ich habe keine Lebensmittel mehr. Als ich eine Oase erreiche, lade ich mir eine große Portion von geschnittenem Zuckerrohr auf und beginne während des Gehens sofort mit Behagen an einem zu knabbern. Bald stoße ich auf eine Laubhütte, die von einem Mann, einer Frau und zwei Kindern bewohnt wird. Alle vier scheinen halb blind zu sein, wahrscheinlich sind sie Opfer einer Seuche. Am nächsten Tag erreiche ich eine Oase, die Ollas heißt, in der die Indios mit dem Auspressen von Zuckerrohr und dem Schälen von Kaffeebohnen beschäftigt sind. Vom nahen Fluß ertönt das Brausen der durch die Regenfälle angeschwollenen Wasser, die dieses Jahr viel zu früh eingetreten sind; wir haben nämlich erst Mitte Oktober, eine Zeit, in der es normalerweise noch kein Hochwasser gibt.«

»Ich komme zu der Erkenntnis, daß der Marañon in diesem mittleren Abschnitt nicht mehr schiffbar ist; aber es wäre ebenso absurd, weiter auf einem Marsch entlang seiner völlig unwegsamen Ufer zu beharren. Um dieser Falle zu entkommen, bleibt mir nichts anderes übrig, als meinen Weg in Richtung der Cordillera Blanca fortzusetzen und erst die dazwischenliegenden hohen Bergketten zu erklettern, die sich am jenseitigen Flußufer erheben. Doch wie soll ich diesen Fluß überqueren, der inzwischen einer Lawine aus Wasser ähnelt?«

»Ich bin nun so von der fixen Idee besessen, den Marañon zu verlassen, daß ich von Hütte zu Hütte gehe, um jemanden zu finden, der bereit ist, mich ans andere Ufer überzusetzen; doch ich habe keinen Erfolg. Alle in Ollas beenden das Gespräch mit der Mitteilung, daß das einzige verfügbare große Floß der Gemeinde, das – typisch für die Gegend – aus leichtem Balsaholz gebaut ist, vor einigen Tagen abgetakelt wurde, als der Fluß anschwoll und keine Hoffnung mehr bestand, daß das Wasser wieder sinken würde; also werden einige Monate vergehen, bis es wieder zusammengebaut wird. Als Entschädigung werde ich, abgemagert und übel zugerichtet, wie ich bin, von den Indios gutmütig aufgenommen. Vor allem von den Frauen, die mit einem mitfühlenden ›Pobrecito – Sie Ärmster‹ – beginnen; und bevor sie mich anhören, drücken sie mir einen Kürbis in die Hände, der mit *huarápa* gefüllt ist, vergorenen Zuckerrohrsaft – eine Geste, der man sich nicht entziehen kann. Obwohl sie von Geburt an in Armut leben und oft unmenschliche Entbehrungen erdulden müssen, haben sich diese Menschen eine spontane Gastfreundlichkeit bewahrt. Das erlebe ich in diesen Gegenden ständig, und ich bin tief davon berührt, so daß ich es bereue, daß ich an der angeborenen Güte der menschlichen Rasse gezweifelt habe. Doch dieser Optimismus gilt lediglich für außergewöhnliche Menschen wie diese, die für mich die Kunst des Überlebens verkörpern.«

»Verzweifelt und auch etwas vom *huarápa* berauscht, streife ich durch die Oase und stoße am späten Nachmittag ganz in der Nähe des Flusses auf ein paar weiße Balsastämme, die ordentlich unter einem Baum aufgestapelt sind. Ich denke über die Ironie des Schicksals nach – daß nämlich eine ganze Jahreszeit vergehen wird, bis diese Stämme wieder zu einem Floß verbunden werden. Die schlammige Strömung des Marañon tritt nun schon fast über die Ufer und gurgelt bereits drohend zwischen den Zweigen einiger überschwemmter Pflanzen. Das macht mir angst, auch weil sich in mir immer mehr die Idee festgesetzt hat – waghalsig, aber ohne Alternative –, daß ich den Fluß schwimmend überqueren muß.«

»Ich bin bereits weit von der Oase entfernt, die ich hinter mir gelassen habe, und halte mich auf der Suche nach einer geeigneten Stelle, an der ich meinen Plan durchführen kann, dicht am Ufer. Während des Marsches denke ich immer wieder an die Worte jenes alten Liedes aus diesen Gegenden, das ich in einer Erzählung des peruanischen Schriftstellers Ciro Alegría gefunden habe: ›Rio Marañon, déjame pasar / eres duro y fuerte, / no tienes perdón. / Rio Marañon, tengo que pasar / tú tienes tus aguas / yo, mi corazón.‹ (Rio Marañon, laß mich vorbei / hart bist du und stark / du meinst es nicht gut. / Rio Marañon, ich muß vorbei / du hast deine Wasser / und ich meinen Mut.)«

»Nachdem ich den Abschnitt passiert habe, in dem der Rio Chiakas ungestüm mündet, scheint der Marañon ein gutes Stück relativ glatt; er bildet zwei Hauptströmungen, von denen sich ein paar schwächere abspalten und wieder zusammenlaufen und an den Überschneidungen schmale Steindämme bilden; es sind veritable kleine Inseln. Ich beschließe, den Fluß hier zu durchschwimmen. Die Stelle, an der ich hineinspringen werde, ist eine Einbuchtung am Rand eines Strudels, der sich am Ende eines felsigen Uferstreifens bildet. Ich ziehe mich vollständig aus, teile das Gepäck in zwei Stapel auf und hülle jedes einzelne Stück in Plastiksäcke; ich werde sie nacheinander im Rucksack transportieren und die Strecke zweimal zurücklegen.«

»Ich steige nun mit dem Rucksack auf dem Rücken ins Wasser, das fürchterlich kalt ist, und werde sofort von einer reißenden Strömung ergriffen. Ich schwimme mit raschen Stößen, habe aber dennoch nicht das Gefühl, daß ich dem jenseitigen Ufer dieser ersten Rinne näher komme, die wie ein fahrender Zug an mir vorbeirast. Als ich beinahe so weit gekommen bin, hört der Damm auf, und ich gerate in eine noch stärkere Strömung. Ich treibe im Zusammenfluß mit der folgenden Rinne, und anstelle des Ufers kommen nun hohe Wellen auf mich zu, die in kürzester Zeit über mir hereinbrechen und mich in Schwierigkeiten bringen. Ich schlucke Wasser. Infolge der Anstrengung, aus der Stromschnelle herauszukommen, zerspringt mir fast der Brustkorb, und ich spüre ein scharfes Stechen in der Milz. Ich überwinde auch diese kritische Stelle, doch das folgende hochliegende und felsige Ufer, auf das ich zuschwimme, scheint ebenso fern wie die Stelle, an der ich ins Wasser gestiegen bin. Abermals habe ich das Gefühl, daß auch diese Landungsstelle an mir vorbeirast, doch diesmal stoßen meine Füße weit vor einem erneuten Zusammenfluß der Strömungen auf Grund. Die Wucht des Wassers ist hier so stark, daß ich mich erst aufrecht halten kann, als ich bis zum Knie aus dem Wasser auftauche. Als ich das felsige Ufer erreicht habe, lasse ich mich erschöpft und starr vor Kälte fallen und behalte dabei sogar den Rucksack auf dem Rücken. Die restlichen drei Rinnen, die mich noch vom letzten, eigentlichen Flußufer trennen, erweisen sich als wesentlich unproblematischer. Nach der ersten Durchquerung – im ganzen werden es drei sein – blicke ich zu den Felsen zurück, von denen aus ich gestartet bin und die nun weit hinter mir liegen. Der Gedanke, daß ich dorthin zurückkehren und den zweiten Teil meines Gepäcks holen muß, erschreckt mich. Schließlich gelange ich hin, sogar mit geringerem Kraftaufwand als erwartet. Ohne Gewicht auf den Schultern ist das Schwimmen nämlich einfacher, und diesmal beginne ich ein Stück flußaufwärts.«

»Nun muß ich den Marañon zum dritten Mal durchqueren. Die Sonne geht bereits unter, und auch die Kälte in mir hat zugenommen. Der Rucksack scheint mir diesmal mit Blei gefüllt. Wieder bin ich in der Strömung, gerate im Zusammenfluß der ersten beiden Rinnen erneut zwischen die hohen Wellen, und der fast paralysierende Schmerz, den ich vorhin gespürt habe, stellt sich wieder ein. Doch als ich in die Nähe des zweiten felsigen Damms komme, an dem ich das erste Mal rechtzeitig an Land gehen konnte, fällt mir auf, daß ich an Terrain verloren habe und mich immer weiter vom Ufer entferne. Nun beschleunige ich meine Stöße fast bis zur völligen Erschöpfung und bemerke angstvoll, daß ich – obzwar nur noch wenige Dutzend Meter vom Ende des schmalen Steindamms entfernt – mit den Fußspitzen kaum den Grund berühre. Verzweifelt und in einem letzten Versuch, es ans Ufer zu schaffen, stoße ich mit dem linken Fuß heftig gegen den steinigen Grund und verspüre einen stechenden Schmerz: Nach vollendeter Tat werde ich feststellen, daß ich mir einen Zeh verstaucht habe. Das Ufer verschwindet blitzschnell, und nun habe ich keinen Boden mehr unter mir. Die hohen Wellen beim erneuten Zusammenfluß mit den Wassern der restlichen drei Rinnen stürmen gegen mich an und brechen über mir herein. Ein Strudel verschlingt mich für einen Augenblick, dann habe ich den Eindruck, daß ich direkt gegen die Felsen des äußersten Ufers getrieben werde, die ich viel höher flußaufwärts und an einer zugänglicheren Stelle hätte erreichen müssen. Arme und Beine beginnen durch die Anstrengung zu erlahmen, ich komme aus dem Rhythmus, und das Gewicht des Rucksacks zieht mich nach unten. Mit aufgerissenen, zum Himmel gerichteten Augen schlucke ich Wasser, huste und schlucke abermals. Ich werde ein-, zweimal im Kreis gewirbelt und abermals hinunter zum Grund gesogen, anschließend komme ich wieder leicht an die Oberfläche. Der Strudel hat mich in die Strömung zurückgeschleudert, die nun schäumend gegen die Felsen schlägt. Ich rolle und wälze mich mit dem Fluß gegen andere Felsen und werde vom Rucksack fast zerquetscht, während ich nichts als Wellen sehe. Ich bin am Ertrinken. Doch mit unverhofften Kräften – vielleicht den letzten – schlage ich um mich, vor allem, um den Rucksack loszuwerden. Und in der Tat gelingt es mir, mich von einem Tragriemen zu befreien; das genügt, daß ich wieder auftauche. Ein kleiner Baum ragt für einen Augenblick aus den Wellen, ich packe zu und halte mich an seinem dünnen Stamm fest. Ich bin gerettet. Ich finde mich außerhalb des Wassers wieder, den Rucksack über einer Schulter, völlig nackt, an eine felsige, aufrechte, bröcklige, turmhohe Böschung geklammert. Als ich den scharfkantigen oberen Rand erreiche, ist es, als ob ich aus einem Traum erwachte. Wie von einem Dämon geleitet schlägt der Fluß unter mir tosend gegen die Felsen; seine Wasser werden flußabwärts von einem Wirbel von Stromschnellen und Strudeln verschlungen.«

»Ich zittere unaufhörlich vor Kälte. Die Sonne ist untergegangen, aber es ist noch hell. Das rote Bündel der ersten Hälfte meines Gepäcks ist kaum zu erkennen, liegt flußaufwärts weit entfernt und winzig inmitten des steinigen Geländes, das nun im abendlichen Schatten fahl erscheint. Die Strömung hat mich fast einen Kilometer weit mitgerissen. Eine dichte Waldung trennt mich von jener Stelle; aber vor allem bricht die Nacht herein. Ich sage mir, daß ich nicht hierbleiben kann, und bringe irgendwie noch die Energie auf, die Hindernisse zu überwinden, die mich vom Rest meines Gepäcks trennen. Nun ziehe ich mich wieder an, stopfe alles in den Rucksack und besteige im matten Schimmer der Sterne den Abhang des Berges.«

»Es ist bereits seit einigen Stunden dunkel, als ich eine Felsenhöhle entdecke; ich flüchte mich hinein und wickle mich fest in die Zeltbahn. Mein Unglück hätte endlich ein Ende, wenn mich nicht sofort die Angst vor den Giftschlangen erfaßte, von denen es hier wimmelt, und dieser Gedanke hält mich die ganze Nacht lang wach. Bald fängt es zu regnen an. Bei der Kälte und Feuchtigkeit könnte eines dieser Reptile auf der Suche nach Wärme zu mir kriechen; und dann genügte bereits eine einfache Bewegung, um es blitzschnell zubeißen zu lassen.«

»Es vergeht auch diese Nacht, und in der ersten Morgendämmerung mache ich mich wieder auf den Weg – hinkend wegen des gestrigen Malheurs mit dem Fuß. Es ist ein schmaler, undeutlicher Weg, wahrscheinlich ein Wildwechsel, der über kahle Felsen hinaufklettert, auf denen es nicht die geringsten Anzeichen für menschliche Anwesenheit gibt. Doch um die Mittagszeit habe ich eine außergewöhnliche Begegnung, die das Beste ist, was mir passieren kann: ein Indio mit seinem Maultier. Der Mann bleibt auf der Stelle stehen und verdreht die Augen beim Anblick dieses Leidens Christi, das da auf ihn zukommt. Doch sobald er die erste Verblüffung überwunden hat, bietet er mir seine Hilfe an. Ich muß ihm wirklich leid tun, denn er kümmert sich rührend um mich und bringt mich in sein Haus im hochgelegenen Dorf Pumpa, das zwei Stunden von hier entfernt ist. Er heißt Antinor López und lebt mit seiner alten Mutter zusammen. Ich bleibe drei Tage in seiner Hütte. Es ist eine bewegende Erfahrung, in der mir ein weiteres Mal die große Menschlichkeit dieses Volkes demonstriert wird.«

»Schließlich gelingt es Antinor López, irgendwo zwei Pferde auszuleihen. Und so brechen wir am vierten Tag früh am Morgen Richtung Westen auf, hinauf zu den Wolken, die inzwischen ständig die Gipfel der Berge verbergen. Wir legen zu Pferd mindestens vierzig Kilometer in über viertausend Metern Höhe zurück, zwischen dunklen tiefen Tälern und Bergrutschen, die durch den Nebel, der sich in ihnen staut, noch geheimnisvoller wirken. Steif gefroren von einem Schneesturm, der uns auf der Strecke überrascht hat, sehen wir noch vor dem Abend Piscobamba vor uns, ein typisches Andendörfchen am unteren Teil des Berges, über dem sich an der anderen Seite des breiten Tals fächerförmig die gewaltige Cordillera Blanca erhebt. Nach Piscobamba kommt einmal in der Woche ein klappriger Bus. Er ist das hinfälligste Fahrzeug, das man sich vorstellen kann, doch in diesen Gegenden gibt es nichts Besseres. Es ist also nicht weiter verwunderlich, daß selbst ein so wertloser Schrott Aufmerksamkeit und sogar

Stolz erregt, denn er ist das schnellste und fortschrittlichste Fahrzeug, das diesen einsamen, abgelegenen Ort mit dem Rest der Welt verbindet.«

»Der alte Bus bringt mich langsam und schwankend in schwindelerregendem Auf und Ab in etwas über vierundzwanzig Stunden nach Lima, wo ich vor ein paar Monaten mein Abenteuer begonnen habe.«

Und so hatte ich eines meiner schönsten Erlebnisse beendet und war wieder ins normale Leben zurückgekehrt. Doch ein Teil von mir, das spürte ich nur allzu deutlich, war dort, in der Ferne geblieben, zwischen den grausamen Anden, dem Marañon, der mich zur Verzweiflung brachte, und den Hütten der guten Menschen an diesen Orten: einer Welt, die ich intensiv erlebt und verinnerlicht hatte und die nun, als ob der Film plötzlich anhielte, in der Erinnerung erstarrte. Aber auch so blieb sie ganz außergewöhnlich lebendig und von tausend scharf erkennbaren Episoden durchsetzt, in denen mich das in ihr Schicksal ergebene Los der Indios immer noch bewegte und mir immer edler erschien. Sie waren die Kinder eines rauhen, verlassenen Landes aus Gipfeln und abgrundtiefen Tälern, das vom Raum und vom Schweigen beherrscht wurde und in dem sich seit Tausenden von Jahren nichts verändert hatte. Die Sonne und der Regen, das Werden und Vergehen waren dort immer noch die einzige Realität, die das Leben bestimmte.

Von dieser besonderen Atmosphäre noch völlig durchdrungen, sehe ich also in meiner Erinnerung die Gesichter und Gebärden jener Menschen vor mir; es ertönen in mir ihre Worte, häufig mit kreischender Stimme vorgebracht, aber immer angemessen und vom Herzen diktiert. »Wenn dich deine Mutter sehen würde, würde sie weinen!« sagte eines Tages eine Frau zu mir, als ich in mitleiderregendem Zustand aus der Tiefe des Marañon auftauchte, und gab mir sofort in ihrer Hütte zu essen, in der sie mit fünf Kindern, ihrem Mann und einer Schwester lebte. Die Behausung, in der sie mich aufnahm, unterschied sich nicht von allen anderen in diesen Gegenden: Lehmmauern, Strohdach, ein langer und niedriger Schlauch ohne Fenster – das war der ganze Wohnraum für acht Personen. In einer Ecke zwischen zwei Steinen verzehrte sich rote Kohlenglut: der Herd. Größere Steine und Holzklötze dienten als Sitze, der nackte Boden war der Tisch. Fast überall hingen Maiskolben, Hammelfleisch zum Trocknen, kleine Körbe mit Knollen und bunte Lappen von der Decke. Dank der Kohlenglut, die eine der Frauen wieder angefacht hatte, um einen Kräuteraufguß aufzuwärmen, konnte ich das Innere der Hütte erkennen. Tag und Nacht war der Raum nämlich in nebliges Dunkel getaucht. Ich lehnte mich mit dem Rücken gegen einen Haufen von Fellen, deren Herkunft mir nicht ersichtlich war. Irgend etwas bewegte sich um mich herum, und hier und da hörte ich Fiepen. Erst dachte ich an Mäuse, doch als ich im Dunkel tastete, gelang es mir, eines dieser merkwürdigen kleinen Tiere zu packen; es war ein *cuye*, eine Meerschweinchenart, von der es in den Hütten der Indios nur so wimmelt und die eine vorzügliche Speise darstellt. Auf meinem Teller befand sich in der Tat zusammen mit geröstetem Mais *cuye*-Fleisch: schmackhaft und viel besser gewürzt als die Weizensuppe ohne das kostbare Salz, die wir vorher gegessen hatten. Die Tafel war dürftig, doch geadelt durch die Wärme und Großzügigkeit dieser Menschen. »Esta es la pobre comida del indio«, dies ist unsere karge Nahrung, glaubte sich das Familienoberhaupt entschuldigen zu müssen und deutete dabei ein Lächeln an, das das Gestrüpp seiner Runzeln belebte. Die Augen der Kinder, die ständig auf mich geheftet blieben, strahlten vor Glück. Überflüssig zu sagen, daß das beste Lager mir vorbehalten war: ein an die Mauer gelehntes Lehmgerüst mit einer Kuhhaut als Matratze und ein paar Roßhaardecken. Auf Pfählen, die an den Wänden befestigt waren, hatte man hier und da Kleidungsstücke aufgestapelt; von der Mauer hing eine primitive *quena* und eine Art *charango*, zwei Musikinstrumente, die für die Anden typisch sind.

Doch in meiner Erinnerung sehe ich auch dieses strenge Land, das seit jeher den Charakter der Indios prägt und dem sie geduldig und hartnäckig all das abringen, was sie zum Überleben brauchen. Zwischen den felsigen Bergrutschen am Marañon gibt es kein

Eckchen, das nicht eingeebnet oder zumindest von einem primitiven Pflug durchfurcht wäre: zwei gekreuzten Hölzern, die von Ochsen gezogen werden, falls es welche gibt, oder mit den eigenen Schultern. Zwischen den Felsen schlängeln sich alptraumhaft winzige, extrem steile Pfade. In dieser rauhen Natur, die an den Wolken klebt, bietet sich der außergewöhnliche Anblick von Terrassen gelben Korns, die einander wie Stufen folgen und bis zum Himmel emporstreben – einem Himmel, gegen den man häufig jemanden auf einem schwindelerregenden Grat näher kommen sieht, gebeugt unter einer Last, die fast seinem Körpergewicht entspricht. Einsam und unermüdlich ist der Indio der Berge in ständiger Bewegung und kennt nichts als Arbeit. Er baut Weizen an, den besten, den ich jemals gesehen habe, mit üppigen und ergiebigen Ähren. Doch sein Stolz ist der Mais: Durch die Fermentation gewinnt er die *chicha,* ein alkoholisches Getränk, das so wohlschmeckend wie Bier ist. Viele der Knollen, die er anbaut, sind auch roh eßbar, meist kocht er jedoch das Essen in Terrakottagefäßen und benutzt als Behälter häufig große ausgehöhlte Kürbisse. Die Kleidung wird von den Frauen aus Schaf- oder Lamawolle gewebt, der Poncho der Männer ist einfarbig, die *polleras* der Frauen – lange Röcke, die in mehreren Schichten übereinander getragen werden – sind dagegen heiter und farbenfroh. In den kleineren Dörfern gibt es keine *tienda,* kein Geschäft, doch zeigen Fähnchen an den Häusern durch ihre Farbe an, was man dort bekommen kann: Die roten Fähnchen stehen für *chicha,* die grünen für Kokablätter und die weißen für Brot. Die Kinder mit ihren pausbäckigen roten Wangen sind die einzige heitere Note in diesem Volk, das zum Leiden und zur Traurigkeit geboren scheint und ein ganzes Leben lang von einer endemischen Armut begleitet wird, welche zuweilen zum Verzweifeln ist, jedoch schweigend erduldet wird.

In diesen Tälern hat zuviel Elend den Rhythmus des Daseins versteinert, das jedoch in seinem Geben und Nehmen auch zeitweilig Fröhlichkeit oder Trauer mit sich bringen kann und die Menschen singen oder weinen läßt; es ist jedoch ein Weinen nach innen und deshalb um so schmerzlicher. Einmal im Jahr und nur für einen einzigen Tag bündelt sich alles in einem Ausbruch von Fröhlichkeit: dem Fest. Es ist in diesen Gegenden ein Zauberwort, etwas Heiliges und Heidnisches zugleich, in dem sich der Inkakult des Sonnengottes und das Christentum der Konquistadoren vereinen, ein Gemisch also aus Religion und Magie.

Jedes Dorf hat seine Kirche, das heißt vielmehr ein Gebäude, das große Ähnlichkeit mit einer Lehmhütte hat, fensterlos und ohne Schmuck ist; auch der Altar ist aus Lehm und wird von einem großen, roh behauenen Kreuz beherrscht. Der Wohnsitz des Missionars liegt immer weit entfernt, außerdem muß er ja viele Dörfer besuchen, die ebenfalls weit auseinander liegen. Der Priester kommt einmal im Jahr zu Pferd vorbei, und dieses Ereignis ist ein Festtag, ein Tag, an dem er alle Funktionen, die er in zwölf Monaten zu erfüllen hat, auf einen Schlag erledigt: Taufe, Kommunion, Firmung, Trauung und Predigt. Und vor der Kirche hat sich als Ausdruck des Glücks die *banda* aufgestellt. Die Musikanten sind knapp geworden, es sind nie mehr als fünf oder sechs, und in den meisten Fällen ziehen sie von einem Dorf zum anderen, um die Atmosphäre mit einem nur wenige Töne umfassenden Motiv zu beleben, das sie jedoch mit dem Schall der Blechinstrumente und dem Schlag des *bombo*, der Trommel, ad infinitum wiederholen. Es ist eine festliche Musik, die dennoch all die tiefe Melancholie ausdrückt, die dem Indio angeboren ist. Die Täler hallen von diesen Klängen wider, die aus der Natur selbst zu dringen scheinen und damit gleichsam ihre eigentliche Quelle vergessen machen. *Chicha* und *huarápa* berauschen die Indios, die diese Stunden zwischen der Kirche und den Hütten verbringen. Alle tragen die besten Kleider, die sie haben. Die Frauen kleiden sich in bunte glänzende *polleras*, und die enganliegenden Leibchen betonen den üppigen Busen. Junge und alte Frauen tragen den traditionellen steifen Hut, und diejenigen, die etwas weniger arm sind, schmücken sich mit Ketten aus farbigem Glas und kleinen Spiegeln. Wenn nach der Vesper die Nacht hereingebrochen ist, singen und tanzen alle ununterbrochen bis zum Morgengrauen, und die *banda* spielt weiter ihr Motiv, inzwischen etwas unsicherer und mißtönender. Der Missionar muß ebenfalls bleiben und darf erst bei Morgengrauen mit seinem Pferd in eine andere Ansiedlung weiterziehen, zu der er wahrscheinlich von den Musikanten begleitet wird.

Von diesem Moment an läuft das Leben im Dorf bis zum nächsten Jahr wie immer hart und grau ab. Wenn jemand stirbt, wird er in die Kirche getragen und danach schlicht und einfach ohne Einsegnung begraben. Ein toter Indio wird gewöhnlich auf eine Decke gelegt, mit der er erst im Augenblick der Bestattung bedeckt wird. Auf den *punas*, den kahlen Flächen der Anden, gibt es inzwischen zu wenige Bäume für eine Bahre für jeden Toten. Zur Nachtwache für den Verstorbenen versammelt sich die ganze Gemeinschaft: Die Frauen reinigen in einer Ecke das Korn, die Männer hocken sich hin und flüstern miteinander. Von Zeit zu Zeit geht einer zu dem Toten, um die Fliegen von seinem Gesicht zu verscheuchen. Unter gemurmelten Gebeten werden Gefäße mit geröstetem Mais und Kichererbsen herumgereicht, und alle trinken dazu *chicha*. Zu anderen Anlässen würden sie dazwischen singen und Freudenschreie ausstoßen, doch in diesem Fall geschieht es schweigend. Die Bestattung am nächsten Morgen ist schlicht: eine Grube und ein hölzernes Kreuz, weiter nichts. So wird der Indio in diesen Gegenden zu Grabe getragen. Anschließend kehrt jeder zu seinem stummen, zähen Kampf ums Überleben zurück. Sie führen ein Leben, dessen Rhythmus und Verlauf noch von der Natur vorgegeben ist; ein Leben übrigens, das im Bereich ihrer Möglichkeiten höchst zivilisiert ist.

Mein Abenteuer im Jahr 1967, so voller Überraschungen und Aufregungen, war mir also lebhaft in Erinnerung geblieben, und ich wußte, daß ich es irgendwann einmal wiederholen und abschließen mußte. Das Unternehmen vor elf Jahren hatte vor allem eine sportliche Erkundung zum Ziel gehabt, das heißt, dem Oberlauf des Marañon zu folgen und wenn möglich die zu jener Zeit noch unerforschten Wasser zu befahren. Heute jedoch ruft mich vor allem ein sentimentales Sehnen dorthin zurück, eingeflüstert von der Erinnerung an diese verlorenen Enklaven und an die Quechua-Indios, die dort leben. Wie ich bereits sagte, hatte ich vieles mit ihnen geteilt, vor allem das harte Leben voller Mühsal und

Entbehrung, das ihnen ihr unbezwingbares Land auferlegt. In dieser Welt, in der zu leben sie verdammt sind, war ich lediglich ein flüchtiger Gast gewesen und hatte deshalb die Bedingungen und deren Bedeutung mit anderen Maßstäben als sie erfahren können, doch das hatte ausgereicht, um mich in ihren Bann zu ziehen.

In den folgenden Jahren hatte ich also über diese Eindrücke nachgegrübelt und daraus wertvolle Lehren und vor allem Freude gewonnen. Doch plötzlich kam Zweifel in mir auf. Die Umstände und die inzwischen vergangene Zeit können leicht den Wert der Dinge verfälschen, so daß man schließlich die Wirklichkeit mit einem utopischen Ideal vermengt: einem Ideal, das wohlgemerkt subjektiv ist, weil es durch die – möglicherweise unbewußte – Ablehnung der »fortschrittlichen« Lebensweise motiviert ist. Daraus resultiert der immer deutlicher vernehmliche nostalgische Ruf nach jenen Gegenden und dem genügsamen Leben jener Menschen. Doch diesem Ruf Folge zu leisten kann häufig zu einer traumatischen Erfahrung führen, denn dann brechen schlagartig alle Illusionen zusammen, und an ihre Stelle tritt wieder eine harte und zuweilen unerträgliche Wirklichkeit. Trotzdem entschließe ich mich, meine Erfahrungen auf die Probe zu stellen, und kehre in die Welt des Marañon zurück.

Natürlich hoffe ich, daß ich das wundervolle Bild, das ich mir von diesen Orten und diesem Volk gemacht habe, erweitern und noch mehr erleben kann, um weitere tröstliche Erfahrungen mit den Menschen dort zu machen. Doch das wird mir nur teilweise gelingen und ausschließlich, was den vertrauteren Oberlauf des Marañon betrifft. Im mittleren Teil und am Unterlauf des Marañon erlebe ich eine höchst eindrucksvolle Natur, doch es erwartet mich eine einzige große Enttäuschung: die Enttäuschung eines Mannes, der sich bei jedem Schritt und jeder Begegnung mit Armseligkeit und Bedrücktheit herumschlagen muß. Es betrübt mich unendlich, erkennen zu müssen, daß dieses »thangri-la«, das ich so viele Jahre idealisiert habe, vor mir in Rauch aufgeht. Ich gebe zu, daß es viel vernünftiger gewesen wäre, die Regel zu befolgen, niemals wieder in Gegenden und zu Dingen zurückzukehren, die uns durch ein Zusammentreffen günstiger Umstände in guter Erinnerung geblieben sind. Doch ich muß andererseits sofort dagegen einwenden, daß der Grund für eine derartige Entzauberung – das ist mir inzwischen völlig klar – fast ausschließlich auf jenes Phänomen zurückzuführen ist, das heute »Fortschritt« genannt wird, wie eine Epidemie um sich greift und auch die sichersten Schutzmechanismen des Menschen überwindet; in diesem Fall die Traditionen, die Rechtschaffenheit und die Weisheit dieser tüchtigen und guten Menschen des Marañon, die – um Lévi-Strauss zu zitieren – inzwischen unmittelbar davor stehen, zu »einem jämmerlichen, aus der Bahn geratenen Häuflein« zu verkommen.

Nach dieser langen Vorrede über meine Erfahrungen von 1967, sei nun meine zweite Reise im Jahr 1978 geschildert, die ich an den Quellen des Amazonas begann.

Ich habe diesmal den Rio Marañon an der Brücke von Chocchian in der Nähe des Dorfes Chingas erreicht, viel weiter stromaufwärts als die Stelle, an der ich vor elf Jahren mein Unternehmen aufgegeben habe. Ich trage einen Doppelrucksack auf dem Rücken, der mich so malträtiert, daß ich bereits nach dreistündigem Marsch an Füßen und Schultern mit Wunden bedeckt bin. Eingedenk des Hungers, den ich damals gelitten habe, habe ich mir viel zu viele Lebensmittel aufgeladen; unter anderem trage ich mindestens drei Kilo Hartgeld und kleinere Scheine mit mir, die in diesen Gegenden unbedingt nötig sind: Alles in allem schleppe ich ungefähr einen Zentner Last. Das tiefe Tal erweist sich als wild und unbewohnt, doch ist es immerhin breit genug für einen Pfad, der in einem grausamen Auf und Ab mehr oder weniger genau am Ufer des Marañon entlangführt. Nachdem ich am ersten Abend im Mondlicht am Kiesufer des Flusses mein windiges Zelt aufgebaut habe, schreibe ich in mein Notizbuch: »Bevor es dunkel wird, verbinde ich mir die Wunden an Schultern und Füßen; als ich wieder aufbreche, ist es sechs Uhr abends. Laue Luft, die mir sanft ins Gesicht weht, der intensive Duft von exotischen Kräutern und Pflanzen. Vollmond, Grillenzirpen, tiefe Einsamkeit, unbewegte Landschaft, nur das Strömen des Flusses läßt sich vernehmen; seine

Trägheit ist trügerisch. Um Viertel vor acht erreiche ich endlich eine Gruppe von Hütten, die jedoch unbewohnt sind. Der Rucksack, der die Schultern und den Rücken foltert, brennende Blasen an den Füßen, dank reichlichen Schwitzens eine salzige Kruste auf dem Gesicht, durch das Gewicht des Rucksacks drückt die Hose lästig auf die Hüften: so viele Unannehmlichkeiten gleich am ersten Tag! Neun Uhr. Während ich ein lichtes Wäldchen durchquere, versperrt mir wenige Meter vor mir ein Puma den Weg. Einen Augenblick lang verharren wir beide unbeweglich und schauen einander im Mondlicht an, dann wendet sich die Raubkatze gleichmütig ab und verschwindet; vor zehn Minuten habe ich in der Luft starken Raubtiergeruch wahrgenommen ...«

Am nächsten Morgen läuft der Pfad völlig unsinnig geradewegs auf einen kahlen Grat zu. Selbstverständlich folge ich ihm, doch nach einer Anhöhe folgt eine weitere Anhöhe, nach einem großen Tal ein weiteres großes Tal, und je höher die Sonne am klaren Himmel steigt, um so höllischer und heimtückischer brennt sie. Mein Schritt wird langsamer, die Pausen immer länger, immer häufiger, die Luft scheint in der Sonnenglut zu kochen, es gibt nicht den geringsten Schatten, in dem man Schutz suchen kann; die Hitze und die Anstrengung werden bald unerträglich, und schließlich befällt meinen Körper extreme und ungewohnte Kraftlosigkeit. Gegen Mittag beschließe ich, den Rucksack um ein paar Dinge zu erleichtern – es bleibt mir nichts anderes übrig –, und ich opfere einen Teil der Lebensmittel, die ich einfach liegenlasse. Nach einer weiteren Stunde führt der Saumpfad, dem ich folge, in ein rauhes Tal, das gleichfalls kahl und einsam ist, und als ich auf seiner Sohle zu einem Sturzbach komme, trinke ich endlich fast einen ganzen Topf Wasser, das ich vorher abgekocht habe. Nun habe ich zwar meinen brennenden Durst gelöscht, doch die Kraft will nicht zurückkehren, und das neue Tal ist öde und glühend heiß. Was soll ich tun? Ich habe keine Wahl, ich muß mich bis zu seiner Mündung in den Marañon weiterschleppen und hoffen, daß ich auf eine bewohnte Oase stoße. Ich mache mich mit großer Mühe auf den Weg. Kurz darauf wird der Wald dichter, nur ab und zu öffnet sich ein kleines Feld, auf dem Yuccas angebaut werden; aber weit und breit keine Spur von Indios oder von einem Pfad. Ich habe nämlich den Saumpfad verlassen, dem ich bis zum Sturzbach gefolgt bin, weil er auf der anderen Seite des Wasserlaufs wieder den steilen Abhang hinaufführt, den ich gerade abgestiegen bin. Während ich die x-te Waldung durchquere, bekomme ich einen Anfall, und mein Blick trübt sich. Ich strecke mich auf dem Boden aus und finde nicht die Kraft, mich wieder zu erheben. Offenbar handelt es sich um eine ernste Angelegenheit. Doch mein Wille ist noch ungebrochen, und außerdem ist mir das Ausmaß der Gefahr klar, in der ich mich befinde: In meiner Regungslosigkeit bin ich eine leichte Beute für Jaguare, Schlangen und giftige Insekten aller Art. Ich muß also unbedingt die letzten Reserven mobilisieren, um weiterzukommen.

Stundenlang schleppe ich mich in die Richtung, aus der ich eine menschliche Stimme zu hören glaubte. Das Winseln eines Hundes bestätigt meine Vermutung, noch bevor ich dort ankomme. Durch das dichte Niederholz erkenne ich nun die Gestalt eines Indios, der bei meinem Auftauchen wie versteinert stehenbleibt und mich anstarrt. Mein Blick schweift weiter zu anderen Leuten, die offenbar emsig an der Arbeit sind. Ich erreiche noch die Schwelle der einzigen Hütte an diesem Ort und falle sofort um. Nach einer Stunde wird es Nacht. Ab und zu steht einer aus der Gruppe auf, die um das Feuer im Freien versammelt ist, und kommt zu mir. Er beobachtet mich scharf und reicht mir dann mit unverständlichen Worten einen Napf; doch heute abend verweigert mein Magen jegliche Nahrung. Ich bleibe an der Stelle, an der ich mich fallen ließ, liegen. Es ist ein Haufen von ausgepreßtem Zuckerrohr. Es dauert noch weitere vierundzwanzig Stunden, bis ich wieder auf die Beine komme.

Am nächsten Tag stoßen zu der Familie, die mich beherbergt, zwei junge Männer, von denen einer ganz ordentlich Spanisch spricht und für mich dolmetschen kann. Es ist ein Glück, daß ich auf diese Indios gestoßen bin, denn es stellt sich heraus, daß sie die einzigen in diesem Tal sind, das Yumbá heißt; sie halten sich hier nur wenige Tage auf, so lange eben, wie das Auspressen des Zuckerrohrs dauert. Dann kehren sie mit ihren Tieren in ihr Dorf zurück, das hoch oben auf dem Berg liegt und einige Stunden entfernt ist. Ich bleibe zwei Tage bei diesen guten Menschen, die mich mit ihrer einfachen Nahrung aufpäppeln, die aus *trigo pelado* und *masamóra* besteht, wozu *huarápa* getrunken wird. Doch vor allem muß ich meinen Organismus wieder mit den Mineralsalzen versorgen, die ich durch das übermäßige Schwitzen verloren habe – das war mit Sicherheit der Grund für meinen bedenklichen Zustand. Die einzige Quelle von Natriumchlorid, die mir zur Verfügung steht, sind Bouillonwürfel, die ich in reichlicher Anzahl mit mir führe; ich knabbere sie deshalb gierig, als ob es Pralinen wären.

Unter den gegebenen Umständen kann ich nicht darauf vertrauen, einen solchermaßen zermürbenden Marsch noch lange durchstehen zu können. In diesen Gegenden ist es unmöglich, Saumtiere zu bekommen oder jemanden anzuwerben, der mir beim Tragen des schweren Gepäcks hilft; ich muß also bis Huacrachuco durchhalten, das gut fünf Tage Fußmarsch entfernt ist. Von diesem Dorf aus gibt es vielleicht so etwas wie eine befahrbare Straße, die vor kurzem gebaut wurde – zumindest verheißt das die ziemlich unklare Landkarte. Dort könnte ich also auf einen Lastwagen treffen und versuchen, auf diesem Fahrzeug über die Anden bis zu den *pongos* vorzudringen – jenen großen Stromschnellen, hinter denen der Marañon zumindest abschnittweise schiffbar ist.

Ich beschließe, am Nachmittag aufzubrechen, wenn die Sonne weniger heftig brennt. Sosimo Balverde, das Familienoberhaupt, rät mir, den Fluß über einen Sattel im Gebirge anzusteuern, um die verworrene Einmündung dieses Tals in das des Marañon zu umgehen. Ich mache mich auf den Weg. Ich komme nur sehr langsam vorwärts und erreiche den Paß in tiefer Nacht. Dahinter öffnet sich die Talebene des stolzen Flusses, dessen Wasser weit unten im Mondlicht zwischen den Felsrücken schimmern. Einige laue Windstöße beleben die Luft. Nun kommt die weiße Mondscheibe hinter den Bergen hervor und taucht auch den Sattel, auf dem ich mich befinde, in Licht. Ich schlage mein Nachtlager auf, indem ich mich einfach auf dem Boden ausstrecke, den Blick zu den Sternen gerichtet. Einsam und weit entfernt blitzen auf dem Berg kleine Feuer auf, gleichsam zum Zeichen, daß dort oben jemand lebt. Die kleinen Flammen dieser abgelegenen Feuerstellen verbreiten Licht und Wärme. Vor dem Morgengrauen leuchten sie immer wieder auf und kündigen den neuen Tag an.

Ich steige bis zum Ufer des Marañon ab, der träge und mächtig in immer neuen Schleifen dahinfließt. Die harten morgendlichen Schatten lassen seine hohen und zerklüfteten, von Hochwasser und heftigen Sturzbächen verformten Ufer noch rauher erscheinen. Zwei Wasservögel streichen über den Fluß und stoßen immer wieder scharfe Schreie aus, die lange widerhallen. In einigen Lachen auf dem Kiesgrund zappeln kleine Fische, deren Schicksal besiegelt scheint. Der Fluß, der ein Stück weit so breit wie die Talsohle ist, dann wieder von unüberwindlichen Schluchten eingekesselt wird, zwingt zu einem ständigen Auf und Ab zwischen Felsen, zerklüfteten Graten und verdorrten Wäldern – und dies alles in inzwischen hoffnungslos glühender Hitze. In meinen Notizen über diesen Tag steht: »Heute ist es besonders auslaugend, vorwärts zu kommen, auch wegen des schweren Gewichts, das ich auf dem Rücken schleppe. Die runden Kiesel, die offenbar das gesamte Tal des Marañon bedecken, rollen bei jedem Schritt unter den Füßen weg, und es wird immer quälender, das Gleichgewicht zu halten. Der Boden scheint noch mehr Wärme als die Sonne auszustrahlen. Aber ich kann mich nicht ausziehen, denn dann wäre ich sofort die Beute der *huagáchi*, winziger, schrecklicher fliegender Blutsauger: kleine Fliegen, die meist knapp über dem Boden schwirren, doch zuweilen auch im Gesicht angreifen. Wo sie sich hinstürzen, da stechen sie bis aufs Blut. Die fast durchwegs dornigen Zweige, die bis zum Boden reichen, greifen beim geringsten Zusammenstoß erbarmungslos nach mir und schleudern mich mit der Wucht eines Katapults zurück. Der Pfad, wenn es denn einen gibt, ist nur eine undeutliche Spur, doch es ist besser, ihr zu folgen, auch wenn es absurd erscheint. Sonst landet man unversehens in einer Schlucht oder einem zerklüfteten Trichter oder vor einer unüberwindbaren Felswand. Sicher haben Tiere den Pfad geschaffen, um eine Mündung zum Fluß zu umgehen oder sich besser gesagt in einiger Entfernung von ihm zu halten ...«

Nun wechseln sich trostlose Engpässe und offene Strecken ab, in denen ab und zu eine üppige kleine Oase emporschießt, die fast immer unbewohnt ist. Hier gedeihen Zuckerrohr, Wolfsmilchgewächse, Yuccas und Süßkartoffeln; häufig tragen die Bäume Obst, meist Zitrusfrüchte, doch überall macht sich das Zuckerrohr breit und drängt sie zurück. Wo es nicht kultiviert ist, triumphieren ringsum wahre Wälder von wildem Zuckerrohr und bilden ein teuflisches Labyrinth. Auch hier stößt man am Saum des bestellten Bodens nur auf Spuren eines Pfads, der sicher nicht für Wanderer angelegt wurde. Eine solche Oase zu durchqueren ist für jeden, der nicht hier lebt, immer wieder ein Abenteuer und kostet viel Zeit. Ich halte in einem dieser Dickichte an, um mir vitaminreichen Orangensaft auszupressen. Doch das ist etwas übertrieben ausgedrückt und will lediglich heißen, daß ich den Saft durch ein Taschentuch filtere, um mir all die Würmer zu ersparen, die die Orangen als Wirtsfrucht benutzen.

Als ich endlich aus der Oase herauskomme, ist es fast dunkel. Ich springe von einem Felsblock zum anderen und arbeite mich wieder zum Fluß vor, an dem ich heute nacht biwakieren will. Plötzlich erkenne ich hinter einem Felsen den typischen abgetragenen Hut: Ein einsamer fischender Indio sitzt hier und hält eine primitive Angelschnur in den Händen. Ich grüße ihn, doch er reagiert nicht; als ich in seine Nähe komme, erschrecke ich: Unter der breiten Krempe des Hutes zeichnet sich im Halbschatten das eindrucksvolle Gesicht eines Mannes in vorgerücktem Alter ab, abgezehrt, gelb und blatternarbig; eine der unverhältnismäßig großen Augenhöhlen ist leer. Er sieht wie die Personifizierung des Todesboten der Quechuas aus, und obwohl ich mit diesem armen Mann Mitleid empfinde, beschließe ich, meinen Weg nun im Dunkeln fortzusetzen, um soviel Abstand wie möglich zwischen uns zu bringen.

Früh am Morgen komme ich in der großen bewohnten Oase Ollas an. An das Dorf erinnere ich mich noch gut, denn hier versuchte ich vor elf Jahren vergebens, ein Floß aufzutreiben, um den

Hochwasser führenden Fluß zu überqueren. Nun rechne ich dagegen darauf, hier ein Pferd zu finden, um meinen Weg fortzusetzen, der von nun an aus dem Tal über die steilen Pfade des Gebirges führt, aber auf dieser Seite des Amazonasbeckens bleibt. Doch Ollas macht einen völlig verlassenen Eindruck und ist ganz anders, als ich es in Erinnerung habe. Hier gibt es nicht nur keine Maultiere und Pferde mehr, auch die Menschen scheinen verschwunden zu sein. Endlich stoße ich auf ein paar Hütten und entdecke, daß sie nur von einem Mann, zwei Frauen, ein paar Kindern und einem Rudel knurrender Hunde bewohnt werden. Der Mann, der vor sich hin ins Leere zu lächeln scheint, verschwindet fast augenblicklich in der dichten Vegetation. Der Genuß von Kokablättern scheint bei ihm seine Spuren hinterlassen zu haben. Auch die beiden Frauen bewegen sich stumm und mit abwesendem Blick ohne erkennbaren Anlaß über die Tenne, als ob sie einen Schlag auf den Kopf bekommen hätten. Es tut besonders weh zu sehen, in was für einem heruntergekommenen Zustand sich die jüngere der beiden befindet. Ihr Blick ist erloschen, die Haut abgemagert und gräulich und sie selbst von Blutarmut ausgemergelt, vielleicht auch von Malaria; die Lippen sind blau, verbrannt von dem Kalk, den die Indios verwenden, um die betäubenden Substanzen der Kokablätter zu aktivieren. Auf ihrem Rücken hat sie ein Neugeborenes wie ein Bündel festgebunden. Auf meine beharrlichen Fragen, die ins Leere gehen, ertönt endlich das schattenhafte Echo einer Stimme, das die grauenhafte Stummheit der Kokakauer durchbricht; doch wie ich befürchtet habe, kommt nur unverständliches Kauderwelsch heraus. Überraschend kommt die ältere Frau auf mich zu und reicht mir wortlos einen Napf mit ein paar Bananen. Ich revanchiere mich, indem ich etwas von meinen Sachen anbiete, doch diese Geste stößt auf Gleichgültigkeit. Ich frage mich, ob ihre Gebärde nicht eher auf einen automatischen Impuls als auf ein kurzes Aufflackern des Verstands zurückzuführen ist. Das ist jedenfalls die letzte Liebenswürdigkeit, die mir von den Menschen des Marañon widerfährt.

Ich bin noch immer allein und ohne Pferd und plage mich einen beängstigenden Pfad hoch, der für diese strenge Kordillere typisch ist. Endlose, extrem steile, kahle und glühend heiße Abhänge reichen bis in die Zone der kalten Luftströmungen über dreitausendfünfhundert Metern Höhe: die einzigen bewohnten Orte auf diesem hoch aufragenden Gebirgskamm. Als ich das Dorf Pauca erreiche, gewinne ich abermals einen eigentümlichen Eindruck vom Marañon und seinen Menschen. Pauca besteht lediglich aus sechs verstreuten Häusern am Abhang des Berges. Auf der anderen Seite, jenseits der tiefen Leere, in der der große Fluß dahinfließt, lugen von fern die weißen Gipfel der Cordillera Blanca hervor. Bereits am Nachmittag ist der kalte Wind in diesem kahlen Gebiet schneidend und wirbelt Wolken von Pulverschnee auf. Ein Stück weiter treibt ein Mann laufend seine Schafherde in den Stall; ein Greis, der in einen weiten dunklen Poncho gehüllt ist, steht regungslos neben mir und schaut ihm zu. Mein Blick fällt auf seine großen unförmigen und schwieligen Füße, die sich mit Mühe und Not in zwei großen Sandalen aus alten Autoreifen festkrallen. Ein paar kleine Schweine jagen einander grunzend um ein einsames Haus und scheinen das einzige Leben in dieses kümmerliche Dorf zu bringen. Zwei Frauen in ihren unverwechselbaren kugeligen Röcken machen sich mit ihren Eimern auf den Weg, um aus dem abgelegenen Gebirgsbach Wasser zu schöpfen. Sie brauchen dafür eine Stunde, und als sie zurückkehren, ist es bereits tiefe Nacht. Ein kleines Feuer, das mit trockenem Mist genährt wird, verzehrt sich in der Nähe und wärmt zwei Kinder, die sich dick eingehüllt still um die Flamme drängen.

Mehr bekomme ich bis zum Ende des Tages in Pauca nicht zu sehen. Der Rest – und das ist für mich entscheidender – ist dagegen Überlegung und reine Intuition, während ich die Gesichter und Dinge betrachte, die nach dem unvergeßlichen Bild der Landschaft geschaffen sind, einer Landschaft von unendlicher Einsamkeit und unbeugsamem Schweigen. Meine Aufmerksamkeit richtet sich nun auf den Pfad, das einzige und rührende Band, das diese Menschen in den verstreuten Häusern miteinander verknüpft und sie gleichzeitig isoliert. Der Pfad ist hier alles, doch er ist nicht mehr als ein wirrer Faden, der den Weg weist, ein schmaler Kratzer auf dem Berg, dem Menschen und Tiere seit jeher unbeirrbar in biblischer Eintracht folgen; sie brauchen nicht mehr für die Erfüllung ihrer Bedürfnisse.

Ich verlasse Pauca im Morgengrauen und bin wütend. Der Indio, den ich gestern angeworben habe und der mich mit seinen Pferden begleiten sollte, ist heute morgen erschienen und hat mir mit stoischer Gelassenheit mitgeteilt, daß er die Tiere nicht mehr hat; die Pferde, die bis gestern in seinem Besitz waren, haben sich offenbar in Luft aufgelöst. Er läßt mich im Stich. Ohne mir darüber wirklich im klaren zu sein, beginne ich nun einen der härtesten Märsche, die man in dieser Höhe in einem Zug absolvieren kann, zumal mit einer so großen Last auf dem Rücken. Der Weg nach Huacrachuco ist lang – nach Aussage der Indios zwölf Meilen, also etwa sechzig Kilometer – und führt ständig auf- und abwärts und schließlich auf einen Paß von etwa viertausendvierhundert Metern Höhe. Es sind zwar widrige Umstände, die mich in dieses Abenteuer treiben, doch was mich dabei aufrechterhält, kommt schierer Verzweiflung ziemlich nahe. Bei einem einsamen Haus bettle ich – wenn auch mit Geld in der Hand – um ein Pferd oder ein Maultier oder daß sich wenigstens ein Mann bereit findet, mir das Gewicht des Rucksacks auch nur einen Kilometer weit abzunehmen. Doch vergeblich, diese Leute sind völlig apathisch. Einige zeigen sich unglaublicherweise sogar ausgesprochen feindselig, und als ich durch ein Dorf komme, wird mir wiederholt »Pistajo!« nachgerufen – und das mit einem so alarmierenden Nachdruck, daß ich mich schnellstens entferne. Dieses Wort bedeutet so etwas wie »herumstrolchender Mordbube« und kann dazu führen, daß diese Einheimischen sehr gefährlich werden. Mein Freund Arturo Soriano hat mich in Lima gewarnt und mir eine schaurige Geschichte erzählt, die einem Amerikaner vor einigen Jahren genau in dieser Gegend widerfuhr. Er war allein mit seinem Pferd unterwegs, als ein Indio zu schreien begann: »Pistajo, pistajo!« Aufgehetzt von diesem Schrei geriet allmählich das ganze Dorf in Unruhe. Schließlich fielen die Indios über den Amerikaner her und machten buchstäblich Hackfleisch aus ihm. Ein grauenhafter Vorfall, aber auch begreiflich; sicher war es eine animalische Reaktion, aber ebenso gewiß auch die Folge von tausend

Täuschungen und Übergriffen, die diese Indios – heute noch mehr als früher – von seiten der Außenwelt über sich ergehen lassen mußten: angefangen bei den Inka-Herrschern über die spanischen Konquistadoren bis schließlich hin zu den modernen Großgrundbesitzern. Das würde auch die herbe Gleichgültigkeit erklären, die sie mir gegenüber an den Tag legten.

Die konstanteste Gefahr in der Nähe der Häuser stellen jedoch die Hunde dar. Nie habe ich üblere Bastarde erlebt. Sie sind keine wilden Tiere mehr, aber auch noch nicht domestiziert, knurren außerdem ständig und geifern vor Wut. Sie sind nicht sehr groß, und mit zweien von ihnen kann man noch fertig werden; doch wenn man auf drei oder vier gleichzeitig stößt, ist man chancenlos und wird angefallen. Die Angst, ihnen über den Weg zu laufen, wird zur Zwangsvorstellung, zumal das Gewicht des Rucksacks meine Wendigkeit schmälert. Nachts ist das Risiko noch größer, und gewöhnlich halte ich vor Einbruch der Dunkelheit an. Doch heute abend kann ich eine solche Vorsicht nicht walten lassen, denn nach all der Sonne schlägt das Wetter unten auf der Talsohle rasch um. Vor dem Sturm möchte ich die Etappe hinter mich bringen, die mir die größte Sorge bereitet: die Überquerung des Mísmi-Passes. Das bedeutet einen zehn Kilometer langen Marsch durch ein Felslabyrinth, das fast durchgehend in viertausendvierhundert Metern Höhe liegt. Es ist beinahe dunkel, und vor mir ragt die bläulich gezackte Masse der großen Berge empor, die ich überwinden muß. Einige Stunden nach Sonnenuntergang gerate ich durch den Rucksack aus dem Gleichgewicht, stürze über einen Haufen spitzer Steine und verletze mich am Bein.

Ich möchte für ein paar Stunden haltmachen, um mich auszuruhen, doch sobald ich die Blitze eines fernen Gewitters sehe, setze ich meinen Weg noch hastiger fort. Gegen zwei Uhr nachts gerate ich in eine Lawine aus gefrorenem Schnee, setze jedoch meinen Marsch fort, auch weil ich keine Möglichkeit habe, mich zu schützen. Der Regenmantel kann das Vollbad nur für wenige Minuten hinauszögern. Den Rest der Nacht werde ich in diesem stockdunklen Felsgewirr von Regen, Nebel, Hagel und großer Kälte begleitet, und wieder einmal helfen mir meine Intuition und meine

Erfahrung. Nachdem ich fast mit einem großen einsamen Stier zusammengestoßen bin, den ich für einen Felsen gehalten habe, wiederholt vom kleinen Pfad abkam und ihn wiederfand, beginnt der in der ersten Dämmerung endlich nach unten zu führen. Eine Stunde später, um sieben Uhr, komme ich aus den Wolken heraus und erreiche bald die Talsohle. »Wo ist das Dorf?« frage ich den ersten Indio, dem ich begegne. »Cerquita – ganz in der Nähe«, bedeutet er mir in der lässigen Art des echten Kenners. Allerdings brauche ich noch zwei Stunden, um dorthin zu gelangen.

Endlich komme ich in Huacrachuco an. Das Dorf ist nicht viel größer als die vorherigen, doch in der Tat führt die Straße hierher – wenn man sie denn so bezeichnen will –, und es gibt auch einen Missionar, Padre Cimaroli, einen Italiener. Ich fühle mich richtig zu Hause. Bereits nach zwei Tagen habe ich das Glück, mit einem Lastauto mitfahren und so die nächste Stadt erreichen zu können. Für die vierhundertzweiundzwanzig Kilometer lange Strecke, die Luftlinie nur hundertdreißig beträgt, brauchen wir zwei Tage und zwei Nächte. Auch das gehört zur Wirklichkeit des Marañon.

Eine rudimentäre Piste verband mich mit dem Rest der Welt. Danach stieß ich etappenweise über halsbrecherische, aufgegrabene Straßen – gebaut für Kraftfahrzeuge, die sich unglaublicherweise in noch desolaterem Zustand befanden – bis Bagua Chica vor. Ab hier war die Talebene des Marañon von dichtem Regenwald bedeckt, wurde jedoch noch rund weitere zweihundert Kilometer von den hohen Andenketten begleitet: dem Gebiet der *pongos*, der typischen Schluchten, die den Fluß einzwängen und seine Strömung durch spitz herausragende Felsen über lange Strecken in Aufruhr versetzen. Ich hatte die Absicht, diese *pongos* zu umgehen, meinen Weg auf gut Glück so lange über Land fortzusetzen, bis das Befahren des Flusses einigermaßen sicher wäre, und schließlich zu Wasser bis nach Iquitos im Herzen des Amazonasbeckens vorzudringen.

Doch zunächst die Schilderung meiner Reise, die ich bis Bagua Chica hinter mich bringen mußte: acht Tage im Lastwagen über eine Strecke von etwa tausend Kilometern, die in Luftlinie nicht mehr als dreihundertsechzig Kilometer beträgt. Insgesamt wurde ich von sieben Fahrzeugen mitgenommen; alle fuhren Tag und Nacht durch. Die denkwürdigsten Vorfälle waren die Reifenpannen: Sie wurden durch den prophetischen Schrei »La llanta – das Rad!« angekündigt. Dieser Schrei war ein wahrer Alptraum, denn er bedeutete, daß wir stundenlang an unwirtlichen Stellen stehenbleiben mußten und dabei den häufig in über viertausend Metern Höhe wütenden Unwettern ausgesetzt waren. Schließlich war ich dieses endlosen Wartens müde, müde, immer wieder um Mitfahrgelegenheiten zu betteln – natürlich auf der Ladefläche –, müde der betäubenden Fahrten, bei denen ich mich manchmal zwischen die Beine des transportierten Viehs kauern und dennoch viel zuviel dafür bezahlen mußte. Ich hatte auch diese Spitzbuben satt, mit denen ich es durchwegs zu tun hatte, die mich übers Ohr hauen wollten und obendrein häufig auch noch ein feindseliges Verhalten an den Tag legten. Der Menschenschlag, der diese Gegenden bewohnt, ist undefinierbar, in ihm manifestieren sich alle schlechten Eigenschaften der Kreolen, der Lateinamerikaner, ja sogar der Araber und schließlich der Indios, die hier inzwischen ihre überlegene Würde verloren haben.

Gerade am Mittellauf des Marañon fühlt man sich fast zu der Annahme verleitet, daß die guten Eigenschaften der Einheimischen proportional zur Abnahme von Meereshöhe und Unwirtlichkeit der Umwelt schwinden. Es klingt unglaublich, doch das einzige, was diese Leute an mir interessiert, drückt sich in der immer wiederkehrenden Frage aus, was mein Hemd oder meine Schuhe kosten oder wieviel ich im Monat verdiene. Natürlich begreifen sie niemals den wahren Grund, der mich in diese Gegenden geführt hat, und es hätte auch gar keinen Sinn, es ihnen zu erklären. Doch ebenso unzweckmäßig wäre es, sie in ihrem Glauben zu bestärken, daß ich ein Ingenieur bin, der für gewisse Sondierungen hierhergekommen ist; damit würde ich mich zumindest ihren Beschimpfungen aussetzen – ich habe es erlebt –, weil sie mich als Dieb der Erzvorkommen oder etwas anderes in dieser Art betrachten würden. Wenn man in dieser Region auf diese Art reist, ist man ständig einer Art Verhör ausgesetzt: Name, Alter, Beruf, Paßnummer, Familienstand, Grund der Reise – und das in aller Öffentlichkeit, die ihre spöttischen Kommentare abgibt. Hier ist der Ausländer lediglich ein Gringo – eine Bezeichnung, die sie mir mit offenkundiger Geringschätzung verpassen, um die Kluft zwischen ihnen und mir deutlicher zutage treten zu lassen. Um einen wirklichen Kontakt mit ihnen herzustellen, fehlen zu viele Voraussetzungen; also muß ich zuweilen hart sein und darf mich nicht von ihren höhnischen Bemerkungen einschüchtern lassen, die immer auf eine widerwärtige Erpressung hinauslaufen.

Ich komme erschöpft und verstört in Bagua Chica an – vor allem, weil inzwischen der Verdacht in mir aufgestiegen ist, daß das Militär meine Weiterreise erschweren könnte, da sie mich in nächste Nähe der Grenze zu Ecuador führt, die nicht sehr übersichtlich ist. Ich packe den Stier spontan bei den Hörnern und ersuche um eine Unterredung mit dem Befehlshaber der örtlichen Kommandantur; doch ich habe mir keine Vorstellung davon gemacht, welch endlosen bürokratischen Weg ich für diesen Klimmzug auf die hierarchische Leiter durchlaufen muß. Nachdem ich alle meine Dokumente sowie ein klar und deutlich verfaßtes Beglaubigungsschreiben des Innenministeriums in Lima eingereicht habe, gelange ich endlich vor den Stuhl von Oberst Gusman. Wir unterhalten uns lange über meine Reise, für die er sich interessiert; sympathischerweise bezeichnet er meinen Beruf als beneidenswert. Er ist wirklich ein liebenswürdiger Mensch und gibt mir anhand meiner Landkarte einige Hinweise, die mir wertvoll erscheinen. Oberst Gusman zerstreut auch meine letzten Befürchtungen und versichert mir, daß er über Funk alle vorgeschobenen Posten an den Ufern des Marañon über meine Reise informieren wird – Abteilungen, die seiner Befehlsgewalt unterstehen und mir im Bedarfsfall behilflich sein werden.

Ich nehme meine Reise auf einer Straße wieder auf, die durch dichten Wald verläuft und nach etwa hundertzwanzig Kilometern schließlich zu einer Niederlassung namens Imacita am Marañon führt, wo ich nach Auskunft des Oberst alles Notwendige finden werde, um die letzten *pongos* hinunterfahren zu können, die an dieser Stelle schiffbar geworden sind. Diese erneute Beförderung kostet mich ein Vermögen; doch ich kann mich glücklich schätzen, daß ich in Bagua Chica überhaupt zwei Männer aufgetrieben habe, die bereit sind, mich mit ihrem Kleinlaster zu transportieren. Doch dann kommt das böse Erwachen: Unglücklicherweise entdecke ich erst am Tag nach meiner Ankunft in Imacita, daß es hier keine brauchbaren Boote gibt. Alles, was nicht zur Ausrüstung des Militärs gehört, ist seit Jahren defekt. Die Leute hier suchen nach Ausflüchten, auch die Militärs behandeln mich mit großem Mißtrauen, denn sie haben keinerlei Nachricht erhalten, die mich betrifft; das behaupten sie zumindest. Mit anderen Worten: Ich sitze in der Tinte. Ich kann auf dem Fluß nicht weiterfahren und habe auch kein Fahrzeug mehr zur Verfügung, mit dem ich zurückkehren kann, da ich die Fahrer bereits gestern nach meiner Ankunft bezahlt habe. Und daß in dieser Gegend zufällig jemand vorbeikommt, ist äußerst unwahrscheinlich, denn die Straße befindet sich in miserablem Zustand und ist kaum befahrbar. Doch von hier aus schlängelt sie sich weiter durch den Wald bis Saramirisa, wo ich schließlich allen militärischen Kontrollen zum Trotz ein Wasserfahrzeug auftreiben werde.

Ich befinde mich in der mißlichen Lage eines Gefangenen, und bevor sich eine Änderung der Situation ergibt, vergehen vier Tage. Doch mein Groll wird noch viel größer, als ich nach meiner Rückkehr nach Lima erfahre, daß in der Hauptstadt vom Geheimdienst genau in diesen Tagen Nachforschungen über meine Person angestellt wurden. Die Benachrichtigung über Funk, die mir Oberst Gusman versprochen hatte, fand in der Tat statt, jedoch Richtung Lima und in völlig anderer Absicht. Daß mit mir alles in bester Ordnung war – sogar allzusehr in Ordnung, wie er fand –, hatte seinen Verdacht erregt. Heutzutage ist das Bereisen wenig besuchter Gegenden nicht nur teurer als in der Vergangenheit, sondern auch viel schwieriger; es hat sich nämlich herausgestellt – und das bestätigt auch meine Erfahrung –, daß mit dem Zunehmen des organisierten Massentourismus das Mißtrauen gegenüber dem Individualreisenden und damit auch die Hindernisse wachsen.

Es wird mir nicht leichtfallen, jene vier Tage der Isolation zu vergessen, die ich gezwungenermaßen in Imacita verbringen muß – auch wegen des Gefühls des Ausgeliefertseins, das mir hier jede

Sache, jede Geste, jeder Gedanke vermittelt. Vor allem muß ich anmerken, daß dieser Ort lediglich ein x-beliebiger Punkt im Regenwald am Marañon ist. In Imacita selbst gibt es nur einen kleinen Militärstützpunkt, der sich selbst versorgt, sowie ein paar am Flußufer verstreute Ruinen – düstere Zeugnisse eines der vielen ehrgeizigen und absurden staatlichen Projekte, die noch während ihrer Entstehung wieder aufgegeben wurden. Das eigentliche Dorf liegt im Inneren des Waldes einige Kilometer vom Fluß entfernt und besteht aus einigen Baracken am Rand der einzigen alten Piste, die im staatlichen Entwicklungsplan vorgesehen war und die sich der Dschungel Jahr für Jahr stückweise zurückerobert. Hier leben nur wenige Menschen, die fast alle nicht von hier sind, und es ist mir schleierhaft, was sie arbeiten und wovon sie ihren Lebensunterhalt bestreiten. Sicher ist, daß es sich bei den meisten um Immigranten handelt, die hier nur zufällig gestrandet sind. Die wahren Söhne dieses Landes sind die Aguarunas und die Jivaros, die grausamen Indios des Waldes, die in der Vergangenheit als Kopfjäger berühmt-berüchtigt waren. Ihre Gepflogenheit, die Köpfe der Feinde einzuschrumpfen, beruhte auf der Überzeugung, daß sich so die Geister daran hindern ließen, ihre böse Macht auszuüben. Doch dies alles ist längst Vergangenheit und in die Mythen dieses Volkes eingeflossen. Von den echten Eingeborenen sind nur wenige zu sehen; sie tragen meist Hemden und haben auch bestimmte Gewohnheiten übernommen, die ihnen aufdiktiert wurden. Hier trifft wirklich der Ausdruck zu, daß sie mittlerweile zu Randfiguren verkommen sind.

Das Klima ist aufgrund seiner übermäßigen Hitze und Feuchtigkeit besonders unerträglich; man kommt sich wie in einer Salzlake vor und atmet stehende Luft ein, die keine Jahreszeiten kennt. Es regnet fast ständig, und doch fehlt es in Imacita an Wasser: Die Menschen trinken Regenwasser, das sie in alten rostigen Kanistern sammeln. Die Vegetation wuchert explosiv, es gibt jedoch keine Früchte, und der Preis für das wenige Gemüse ist utopisch. Die wenigen, die hier leben, sorgen außerdem dafür, daß die Luft durch faulenden Unrat verpestet wird, der praktisch überall verstreut ist. Jede Äußerung von Menschlichkeit ist hier verdächtig, und das drückt sich auch im Lachen dieser Leute aus. Es ist ein lärmendes, plumpes Lachen, mit dem sie sich beim geringsten Vorwand Luft machen. Pauschalurteile sind zwar immer bedenklich, doch in meinen Ohren klingt diese merkwürdige Art zu lachen, die sich auch die Intelligenteren angewöhnt haben, falsch und von Wut erfüllt. Als ich eines Tages mit jemandem, der mir aufgeweckt erscheint, über die Bedingungen spreche, in denen diese Menschen leben, schließt er mit den sarkastischen Worten: »Cada uno saque su pañuelo y baile – es ziehe jeder sein eigenes Taschentuch heraus und tanze!« Was bedeutet, daß sich jeder hier einfach treiben läßt, ohne auf die anderen zu achten, und sich allein zu helfen wissen muß, sonst hat er verspielt.

Die Insekten sorgen dafür, mir das Leben in diesen Tagen des Wartens noch saurer zu machen. Es gibt eine Unmenge aller Arten, doch die lästigsten sind die teuflischen kleinen Fliegen, die hier *mantas blancas* genannt werden und auch dort zu finden sind, wo selbst die hartnäckigsten Stechmücken aufgeben. Ihre Stiche, größer als sie selbst, lassen meine Unterarme und Hände anschwellen, die einzigen unbedeckten Stellen außer dem Gesicht, das ebenfalls durch Pusteln entstellt ist. Die *isángos* wiederum sind winzige, fast unsichtbare Milben, die in den Hosenbeinen hochkriechen und mich am ganzen Körper befallen. Ohne daß ich es richtig bemerke, dringen sie in kurzer Zeit vornehmlich in die Leistengegend und zu den Achselhöhlen vor. Zuerst entdecke ich etwa dreißig juckende Herde, die sich in nur vierundzwanzig Stunden in große brennende Wunden verwandeln. Tagsüber gelingt es mir, mich zu beherrschen, doch in der Nacht kratze ich mich unbewußt im Schlaf blutig und sorge dafür, daß die Infektion fortschreitet. Ich bin in einer Baracke im Dorf untergebracht, und die häufigen nächtlichen Platzregen trommeln mit ohrenbetäubendem Lärm auf das Wellblechdach. Eines Tages erlebe ich den Leichenzug eines Begräbnisses der Aguarunas. Das Bündel mit der sterblichen Hülle hängt von einem Pfahl herab, den zwei Männer auf den Schultern tragen; weitere Indios, Männer und Frauen, folgen ihnen und stoßen heulend eine Reihe ritueller Klagen aus. Dabei wenden sie sich in flottem Tempo zu einem abseits liegenden Winkel im Wald, wo der Verstorbene beerdigt wird. Die Todesursache ist in diesem Fall recht ungewöhnlich: Der Aguaruna fischte mit den Händen und nahm wie üblich den gerade gefangenen Fisch zwischen die Zähne, um die Hände frei zu haben; dabei rutschte der noch lebende Fisch in seine Kehle, blieb mit den Schuppen stecken und erstickte ihn.

Eines Abends ereignet sich endlich das Wunder. Ein Lastwagen mit abenteuerlustigen Händlern taucht plötzlich aus dem regnerischen Dunkel der Straße auf und will tatsächlich nach Saramirisa. Nun folgen die längsten hundert Kilometer meiner Reise – nicht nur, weil die Fahrt siebenundzwanzig Stunden dauert, sondern vor allem weil die Fährnisse, die meine Reise bisher begleitet haben, anhalten. Das mindeste, was auf mich und die übrigen Insassen des Fahrzeugs auf dieser sumpfigen, schlechten Straße durch den Bergwald wartet, ist das Wegschleppen eines entwurzelten Baums, der quer über den Weg gestürzt ist, die Verstärkung einer Brücke mit Baumstämmen, das Wegschaufeln eines Erdrutsches oder das Auffüllen eines Lochs, das der Regen ausgehöhlt hat. Ganz abgesehen von den üblichen Durchquerungen der tausend kleinen und großen Sturzbäche, dem endlosen Auf und Ab in den sumpfigen Senken und nicht zuletzt der Angst, daß der Treibstoff ausgehen könnte. Zum Glück gab es jedoch nicht die geringste Panne – auch weil der Lastwagen neu und widerstandsfähig war und sein Besitzer genau wußte, auf was er sich da einließ.

Ich komme nachts in Saramirisa an und erfahre am nächsten Morgen, daß ausgerechnet am vergangenen Abend das kleine Schiff, das zweimal im Monat den Fluß bis zu dieser Stelle hinauffährt, wieder nach Iquitos zurückgekehrt ist. Zufällig treibe ich ein schnelles Boot mit Außenbordmotor auf und mache mich sofort daran, besagtes Schiff einzuholen. Kurz vor Sonnenuntergang erreiche ich es. Es ist das typische Wasserfahrzeug des Amazonasgebiets: kurz und gedrungen wie eine Fähre, auf der ein zweistöckiges Häuschen errichtet ist. Stolz trägt es seinen Namen zur Schau: *Alfert 3°*. In den Schlafkojen oder in Hängematten finden während der Fahrt fünfzehn Passagiere Unterkunft, die selbstverständlich eine stattliche Anzahl Hühner, Truthähne, Papageien, Schweine und sogar Kühe mit sich führen: eine wahre Arche Noah. Dazu kommen Stapel von Bananen, Yuccas, Hülsenfrüchten, Kürbisgewächsen und wieder Bananen, die überall auf den zwei Etagen des kleinen, übelriechenden Schiffs aufgehäuft sind. Dies alles ist für den Markt in Iquitos bestimmt.

Da ich mich inzwischen damit abgefunden habe, daß es unmöglich ist, die furchtbaren *pongos* des Marañon zu befahren, gleite ich nun heiteren Gemüts über seine Wasser, die sich nach dem letzten Engpaß der Anden bei Manseriche endlich beruhigt haben. Der breite Fluß fließt mit ruhiger, gedrosselter Kraft dahin. Von hier ab breitet sich das flache Amazonasbecken endlos über sechseinhalb Millionen Quadratkilometer aus.

Die Fahrt über eine Entfernung von nur achthundert Kilometern dauert vier Tage und Nächte. Es gibt kein Dorf an den Ufern des Flusses, an dem die *Alfert 3°* nicht einige Minuten anlegt, manchmal auch eine ganze Stunde, um Menschen oder Fracht an Bord zu nehmen, was natürlich erst entsprechende Verhandlungen erfordert. Die Orte, an denen das Schiff anlegt, bestehen in den meisten Fällen nur aus einer Gruppe von Hütten, auch wenn sie auf der Karte fast durchgehend mit dem Symbol für Städte verzeichnet sind; immerhin lassen sich die Aufenthalte zwischen Saramirisa und Iquitos noch an zehn Fingern abzählen. Mein größtes Interesse gilt der majestätischen und schweigenden Natur, zwischen der sich die Rinnen des träge gewordenen Marañon wie flüssiges Quecksilber dahinschlängeln. Der Fluß ändert unentwegt sein Aussehen, zuweilen rückt das linke Ufer näher und das rechte weicht zurück, dann kommt plötzlich eine Schleife, die sofort wieder ausläuft und ein zerrissenes Ufer freigibt, welches sich endlos hinzieht und auf uns zuzukommen scheint. Die Inseln drehen sich um uns im Kreis, die hohen Kronen der Bäume umklammern und überwuchern einander in einem Karussell ohne Ende. So wechselt und erneuert sich vor meinem Blick diese abgelegene und seltsame Welt aus Wasser und Pflanzen, die seit ihren fernen Anfängen vor mehr als hundert Millionen Jahren so gut wie unverändert geblieben ist; und die *Alfert 30* läßt wie ein Raumschiff fast irreale Gegenden und Entfernungen hinter sich.

Es ist das erste Mal, daß ich mich mit einer gewissen Bequemlichkeit und Entspannung durch eine Natur bewege, die außerhalb allen menschlichen Maßes ist – also unter Umständen, in denen ich nicht nur keine Angst haben muß, sondern die Ruhe auch genießen kann; und so überkommt mich ein phantastisches Gefühl völliger Harmonie mit der Welt, die mich umgibt. In diesem besonderen Gemütszustand verbringe ich also die Zeit und nehme die Wunder und Geheimnisse dieses mächtigen Universums in mich auf.

Wie eine apokalyptische Riesenschlange reckt und windet sich der Fluß, während er sich seinen Weg durch den stillen grünen Raum bahnt, der am Horizont verschwimmt. Der Eindruck dieser urtümlichen Kraft, in deren Schoß ich mich befinde, verstärkt mein Gefühl der eigenen Nichtigkeit und Hinfälligkeit. Am meisten wird meine Phantasie durch die senkrechten Ufer des Flusses beflügelt, die Zeugnis von unaufhaltsamen Einflüssen ablegen; der Fluß bahnte sich nämlich mit seinem wütenden Hochwasser den Weg, indem er ganze Stücke des Urwalds in Stücke riß und verschlang. Von diesen Ufern, die ein perfekter Querschnitt des Amazonasbeckens sind, hängt ein Wald verdrehter, starr sich schlängelnder Wurzeln herab, über denen sich nicht selten wie wahnwitzig ein riesiger Baum erhebt – wohl das nächste Opfer der Fluten. Unmittelbar über dem Rand der zerklüfteten Böschung beginnt in den verschiedensten Grünschattierungen die geschlossene Phalanx einer Vegetation aller Arten und Größen. Die Pflanzen brechen aus dem dämmrigen Boden hervor und schrauben sich in ihrer unaufhörlichen Suche nach Licht dreißig bis vierzig Meter hoch, bevor sie ihren riesigen grünen Schirm ausbreiten. Das verschnörkelte dekorative Mosaik der Lianen und Orchideen vermittelt den Eindruck von hängenden Gärten. Um diese üppigen pflanzlichen Schiffe kreisen bunte Schmetterlinge, die den herrlichen Eindruck noch steigern, und ein Stück weiter oben flitzen Schwärme lärmender Wellensittiche vorbei, die gleichfalls zu diesem meergrünen Universum gehören. Nicht minder geheimnisvoll ist der Himmel, der im Wechsel von Stille und Ungestüm in immer neuen Farben schwelgt und sich zumal bei Sonnenuntergang mit dramatischen Nuancen in den Fluten widerspiegelt.

Es ist tiefe Nacht – die vierte auf dem Fluß, der nach der Einmündung des Ucayali vor einigen Stunden inzwischen ins Riesenhafte angewachsen ist. Vor dem Bug des Schiffs taucht unter dem pechschwarzen Himmel immer deutlicher erkennbar der Schein kalten Lichts auf. Das ist Iquitos mit seinen tausend reflektierenden Lichtern, das Antlitz der Zivilisation, einladend und dennoch trügerisch. Ich bin wieder in der Realität angekommen.

EIN LEBEN FÜR DAS ABENTEUER

Ein Nachwort

Ich kann sagen, daß ich den größten Teil meines Lebens in unmittelbarer Nähe zur Natur in ihrer unverfälschtesten und lebendigsten Form verbracht habe. In der Ausnahmesituation dieser Unternehmungen, die ich in den meisten Fällen allein in Angriff nahm und mich damit immer abseits der verwirrenden, den Blick trübenden Alltäglichkeit des sozialen Lebens hielt, empfand ich häufig das Bedürfnis, mir über verschiedene Dinge Gedanken zu machen: dies vor allem dank des übermächtigen menschlichen Verlangens, zu den eigentlichen Urgründen des Seins zurückzukehren, die wir längst verlassen haben – denn wir alle müssen die richtige Einstellung zur Natur wiedergewinnen. Das war es, was ich erreichen und durch den Bericht von meinen Erlebnissen anderen vermitteln wollte.

Wenn man sehr jung ist, mag man noch nicht so recht wissen, wer man ist und was man vom Leben erwartet. Ohne Zweifel aber verfügen wir alle über einen geheimen Lebensfaden, der uns leitet und uns früher oder später schließlich das wählen läßt, was von Natur aus in uns schlummert und unsere Persönlichkeit formt. Als Junge hatte ich von der Poebene aus, in der ich einige Jahre lebte, die bläuliche Linie der fernen Berge am Horizont vor Augen. Und ich träumte. Für mich stellten diese Gipfel, obwohl sie nicht besonders hoch waren, das »Unüberwindliche« dar. Ich konnte stundenlang am Ufer des Po stehen und vor mich hin phantasieren. Dort gab es weite Sandflächen und den großen Fluß. In meiner Vorstellung wurden daraus Wüsten und Ozeane. Wenn man klein ist, erscheint einem das alles so gewaltig. Ich wohnte auf der Uferseite der Emilia-Romagna und erinnere mich, daß ich mit meinen Freunden zum Spaß und der starken Strömung zum Trotz ans andere, lombardische Ufer schwamm. Für uns war es das pure Abenteuer. Während ich dort am Ufer im Sand saß, hockte ich in Gedanken auf einem Stück Treibholz, das der Fluß mit sich nahm. So erreichte ich die Meere im Osten und Westen und schließlich die großen Ozeane. An diesen sandigen Gestaden bin ich träumend herangewachsen.

Ich erinnere mich, daß ich mich in den Schulferien, die ich bei Verwandten mütterlicherseits im Serianatal nördlich von Bergamo verbrachte, unter einem Vorwand vom Haus entfernte, um zu einer Stelle zu gelangen, von der aus ich den Flug der Adler beobachten konnte. Das Tal wurde von einer Felsspitze, dem Monte Alben, beherrscht, die kaum zweitausend Meter hoch war; doch in meiner kindlichen Naivität wurde sie für mich zum Dach der Welt.

Ich war achtzehn, als ich zum erstenmal eine richtige Felswand bezwang. Dieser Vorstoß elektrisierte mich derart, daß ich sofort beschloß, mich mit Leib und Seele dem Klettern zu widmen. Ich wurde bald mit dem höchsten Schwierigkeitsgrad vertraut und absolvierte im Lauf der Zeit eine stattliche Anzahl erfolgreicher Begehungen. Das Erlebnis des Bergsteigens war für mich auf Anhieb ein Abenteuer. Rasch wurde es zu einer faszinierenden Form des Daseins und der Selbsterkenntnis.

Später, in den sechziger Jahren, spürte ich die Notwendigkeit, meinen Horizont zu erweitern, und ich übertrug meinen Extremalpinismus mit all seinen psychologischen Komponenten von der Vertikalen der Höhen in die Weiten der horizontalen Welt. Und so erwarteten mich nach den großen Bergen unendliche Dimensionen. Damit hatte ich begonnen, mich in einer anderen Natur zu bewegen, die darum aber nicht minder reich an Emotionen, Wundern und Ursprünglichkeit war – der Natur der entlegensten, beschwerlichsten und seltsamsten Länder unseres Planeten.

Seither war ich praktisch überall, und alles, was ich unternahm, erwies sich für mich als die schönste, kostbarste und reichste Erfahrung. Jedes neue Erlebnis hatte ich heftig herbeigesehnt. Aus diesem Grund war ich Journalist geworden. Ich hatte bereits gelegentlich für die Wochenzeitung *Epoca* von Mondadori Reportagen geschrieben. Doch eines schönen Tages fand der Chefredakteur Nando Sampietro vermutlich, daß ich der richtige Mann sei, um die Gattung des Abenteuerjournalismus wiederzubeleben, die bereits der Vergangenheit angehörte. Er schickte mich also in einen abgelegenen Winkel der damals riesigen Sowjetunion, der in jener Zeit für uns Menschen aus dem Westen praktisch unerreichbar war. Mein wohlgesinnter Chefredakteur sagte, nicht ohne Ironie: »Du fährst ganz einfach hin, und anschließend berichtest du darüber.« Mein Ziel war der Kältepol in Jakutien im äußersten Nordosten Sibiriens mit einer Temperatur von minus einundsiebzig Grad Celsius, die kälteste bewohnte Gegend der Welt. Es war der Winter 1963, und diese Aufgabe stellte meine Feuerprobe als Sonderberichterstatter dar. Ich bestand sie. Von da an bekam ich von der Redaktion freie Hand, meinen »Extremjournalismus« in die Tat umzusetzen, wie und wo immer ich wollte.

Doch wie kam ich zu meinen Abenteuern? Vor allem kramte ich meine Jungenphantasien wieder hervor sowie die Bücher, über deren Lektüre ich unzählige Male ins Träumen geraten war. Wir träumen alle in einem bestimmten Alter von dem, was wir gelesen haben. Jene jugendlichen Visionen wurden nun von mir überprüft und auf einer Weltkarte nach ihrer geographischen Lage markiert. Heute sorgen Reisebüros und Charterflüge dafür, daß man praktisch überall hinkommt, doch damals war das noch nicht so; von wilden Gegenden wußte man kaum etwas, denn erst wenige waren dort gewesen. Dorthin zu gelangen stellte fast immer ein schwieriges Unterfangen dar, und ebendiese Art zu reisen unterbreitete ich dem Chefredakteur der *Epoca* als Programm. Er gab immer seine Einwilligung, gewiß nicht aus unbefangener Zustimmung, sondern weil er echten Anteil nahm und den Hintergrund meiner Unternehmungen zu würdigen wußte. Ich sollte sofort hinzufügen, daß ich bei meinen Reisen und Erlebnissen nie den Kampf suchte, weder mit Mensch noch Tier, wie feindlich beide mir auch zuweilen begegnen mochten; vielmehr suchte ich die Auseinandersetzung mit der Wildnis, der ich mich anzupassen und die ich in Wort und Bild anderen zu vermitteln trachtete. Mit dieser Art von Journalismus wollte ich dem Leser gleichzeitig begreiflich machen, daß hinter dem Notizbuch und der Kamera immer ich stand, das neugierige Menschlein mit all seinen Emotionen.

Wie gesagt, als Junge hatte ich Abenteuerbücher verschlungen, um sie dann auf mir vertraute Gegenden zu übertragen. So versinnbildlichte der Po für mich den Mississippi oder den Amazonas. Die Werke von Stevenson, Defoe, Doyle, Conrad, London, Melville und vielen anderen wurden so zu meiner Bibel. Mit den entsprechenden Vorbereitungen und den finanziellen Mitteln im Rücken überprüfte ich die Schilderungen, die doch nur der Phantasie dieser Schriftsteller entsprungen schienen, auf ihren Wahrheitsgehalt. So entdeckte ich zum Beispiel im venezolanischen Bergland im Herzen von Guayana genau jene Landschaft, die Arthur Conan Doyle in seinem utopischen Roman *Die vergessene Welt* als fast übernatürliches Phänomen beschrieben hatte. Es ist erstaunlich, wie sehr man zumindest auf emotionaler Ebene die Eindrücke nachvollziehen kann, die jene Reisenden und Autoren der Vergangenheit aus ihren großen Erlebnissen gewannen.

Ich habe mir dieses Leben ausgesucht, weil es für mich die beste Art ist, mich selbst kennenzulernen, mit mir Zwiesprache zu halten und mir nach vollbrachter Tat Rechenschaft über die gefällten Entscheidungen abzulegen. Ich habe dieses Leben gewählt, um im Einklang mit meinem eigenen Wesen zu bleiben, das von völlig anderer Art ist als die Lebensform, die uns täglich vorgeführt und zuweilen auch aufgedrängt wird. Ich betrachte meine Art zu leben als Sandkorn, das sich in die große Düne der kollektiven Erfahrung einfügt, aus der wir alle schöpfen.

Das Abenteuer ist für mich mehr persönlicher Impuls als Forschungsreise, wie sie im allgemeinen Sinn verstanden wird. In der großen Stille, in den großen Räumen habe ich den Sinn meines Lebens gefunden, meine eigene Lebensform. Zu Hause schaffe ich das im täglichen Durcheinander, das mich umgibt, immer weniger. Das sage ich mit großer Trauer. Wir entfernen uns inzwischen immer weiter von der Nabelschnur, die uns mit Mutter Natur verbindet, verlieren immer mehr die Orientierung und betreiben immer mehr Raubbau. Doch um uns der Welt, die uns umgibt, bewußter zu werden, mehr Ruhe zu finden und die richtigen Entscheidungen zu treffen, ist es gar nicht nötig, in die Antarktis oder zum Amazonas zu reisen: Meiner Meinung nach ist der wahre konstruktive Ort der des Geistes. Im Geiste muß man sich diesen Ort schaffen! Das Schöne am Abenteuer ist, daß man es zunächst träumt, daß man der Imagination Raum gibt – danach erst können Träume Gestalt annehmen. Darum muß uns die Phantasie immer und überallhin begleiten. Wir schaffen uns unsere Träume, und unsere Vorstellungskraft bringt uns auf Ideen. Es geht nur noch darum, ob es uns gelingt, sie zu verwirklichen.

Die Neugier spielt dabei eine außerordentlich große Rolle; ich möchte sogar behaupten, daß es gerade diese Neugier ist, die den Menschen zu dem machte, was er ist. Doch das Abenteuer, zu dem wir uns aufmachen, um diese Neugier zu befriedigen, darf niemals eine Flucht sein; es muß vielmehr ein Ankommen sein und der Befriedigung des tiefsten menschlichen Bedürfnisses dienen: Grenzen zu erweitern, Neues kennenzulernen und sich daran zu messen und zu bewähren. Das sind die Beweggründe, die Odysseus über die Grenzen der bekannten Welt hinaustrieben und die auch im 21. Jahrhundert noch viele von uns antreiben.

Heute ist das »Abenteuer« in aller Munde. In Wirklichkeit wird es überbewertet: Häufig verliert man dadurch den Blick auf das, worauf es ankommt. Was ist heute nicht bis ins Letzte organisiert und durchkalkuliert? Vielleicht gerade aus diesem Grund wird dieser Begriff für Dinge mißbraucht, die nun wirklich kein Abenteuer mehr sind. Verwechseln wir also das Abenteuer nicht mit dem Spektakel nach Plan, dem Business, das es im Keim erstickt, den zahllosen Gaukeleien, die die Schuld daran tragen, daß das Abenteuer seiner Bedeutung beraubt wird.

Bei meiner Art von Abenteuern läuft ein Übermaß ebenso wie ein Mangel an Waghalsigkeit auf das gleiche hinaus: Beides ist gefährlich und kann großes Unheil anrichten. Niemals ist der Mut die einzige Triebfeder, die einen vorwärtstreibt. Mut muß meiner Ansicht nach auch dazu dienen, eine allzu gefährliche Begeisterung zu zügeln. Ein Unternehmen abzubrechen fällt oft viel schwerer, als einfach weiterzumachen. Mut in der gewöhnlichsten, aber auch banalsten Bedeutung des Wortes kann eine sehr schädliche Sache sein: Viel zu häufig ist er nichts anderes als aufgeblasene, törichte Angeberei.

Eine Unternehmung um ihrer selbst willen interessiert mich nicht. Wenn man sie erzwingen will, erweist sie sich bisweilen als sehr fragwürdig, wenn man dafür auf Mittel zurückgreifen muß, die uns die moderne Technik bietet. Dennoch geht ein solch zweifelhaftes Unternehmen, das auf der Basis von Kompromissen durchgeführt wurde, als eines nach alter Art durch – zumindest hält man es dafür. Gesetzt den Fall, wir bedienten uns auf einer Abenteuerreise eines Schiffs, Hubschraubers, Flugzeugs oder eines anderen Hilfsmittels, das im Bedarfsfall Proviant und Ausrüstung liefern kann; außerdem verfügten wir über Funk (Einsamkeit ade) oder über die noch fortschrittlichere Funkortung des Global Positioning System via Satellit und damit also über die gesicherte Verbindung mit der Außenwelt. Damit könnten wir zwar die unbekannten Größen der Route und alle Zweifel und Ängste ausschalten, die durch das Unbekannte und die Einsamkeit entstehen. Doch erhebt sich da nicht die berechtigte Frage, ob sich die Wertmaßstäbe bei einem solchen Abenteuer völlig verschoben haben? Gerade bei diesen falschen Abenteuern besteht die Tendenz, sie in der Berichterstattung mit den »echten« von Vorgängern aus früheren Zeiten in einen Topf zu werfen. Es versteht sich von selbst, daß eine Unternehmung solcher Art nur einen einzigen Nutzen haben kann – die Tauglichkeit der angewandten technischen Hilfsmittel zu bestätigen.

Also lag es nie in meiner Absicht, Abenteuer zu unternehmen, die in irgendeiner Form »ferngesteuert« waren; vielmehr wollte ich mich immer in eine Situation begeben, in der ich Grenzen wie auch Gefühle erfahren konnte. Letzten Endes suchte ich bei jeder Erfahrung, die ich sammelte, auch nach den Spuren der Vergangenheit – in der Hoffnung, möglicherweise Werte wieder zu entdecken, die unsere Vorfahren mit Sicherheit noch besaßen. Die Abenteurer früherer Epochen sahen sich einer völlig unbekannten und feindlichen Welt gegenüber und konnten ihr nur mit ihrem wenigen Wissen und einem äußerst begrenzten Erfahrungsschatz begegnen; und doch waren sie von unbeugsamer Entschlossenheit. Ich wollte deshalb den Versuch unternehmen, so weit wie möglich dieselben Ausgangsbedingungen zu schaffen, um jene Mitgift vergangener Zeiten in mir wachzurufen, die in uns allen noch schlummert, auch wenn sie längst in Vergessenheit geraten ist. Natürlich mußten mir die Gegenden und Situationen, die ich mir aussuchte, alle »Zutaten« bieten, die meiner Vorstellung von Abenteuer entsprachen. Die Einsamkeit, die mir jene Gegenden auferlegten, durfte nie rein theoretisch oder konstruiert wirken, sondern mußte natürlich und absolut sein, wie sie eben nur die Schöpfung zu bieten hat.

Diese noch völlig ursprüngliche Welt fasziniert mich. In aktive Vulkane stieg ich vor allem hinab, weil ich wissen wollte, wie die Erde wohl in ihren Anfängen und kurz nach ihrer Abkühlung aussah. Man kann sich vorstellen, welche Erregung und welches Staunen eine solche Landschaft in mir auslöste. Man macht eine Erfahrung in einer außergewöhnlichen Umgebung und ist in der entsprechenden körperlichen und geistigen Verfassung, um sich ihr anzupassen und schließlich Teil von ihr zu werden. In diesem Zustand äußerster Freiheit entdeckt man, daß man sich weit jenseits aller Beschränkungen befindet, die einem Sterblichen normalerweise auferlegt sind – einzig und allein auf eine unergründliche Kraft gestützt, die ich für mich als »Gnade« definiere.

Und so kam es, daß meine Begegnungen mit der Wüste, dem Fluß, dem Wald und dem Meer derselben Triebfeder entsprangen, die mich anfangs auf die »unbezwingbaren« Berge gebracht hatte. Nichts hatte sich verändert. Also stieg ich in die Meere hinab, um gerade die kleinsten Einzelheiten wahrzunehmen und die feinsten Gemütsbewegungen zu erfassen, die einem diese Welt unter Wasser beschert. Ich tauchte hinunter und stellte mir vor, daß ich ein Fisch sei. Mehr als einmal sah ich mich von Barrakudas und Haifischen bedrängt und muß aus meiner Erfahrung als Taucher sagen, daß bestimmte Haifischarten einem wirklich Angst einjagen können. Damals wußte man noch nicht einmal genau, ob die Raubfische auf die Bewegung der potentiellen Beute reagieren oder eher auf ihre Farbe und ihr Verhalten. Ebensowenig erforscht waren andere Dinge dieser Unterwasserwelt, die heute bekannt sind. Jedenfalls machte ich mich jedesmal, wenn ich einem Hai begegnete, so klein wie möglich, bewegte mich nicht und drückte mich, wenn sich die Gelegenheit bot, mit dem Rücken gegen einen Felsen oder etwas anderes, das mir Schutz bieten konnte.

Am Kap Hoorn gab es allem Anschein nach nichts mehr zu erobern oder zu erforschen – doch ich genoß es einfach, mich an den Grenzen der Welt zu befinden, dort, wo das feste Land aufhörte, und mir, während ich diese Luft atmete, vorzustellen, was ein solcher Ort einst für die Seefahrer bedeutet haben mochte.

Der Einsamkeit, die absolute Isolation bedeutet, schreibe ich unermeßlichen Wert zu, denn sie schärft die Sensibilität und steigert die Emotionen. Die Einsamkeit konfrontiert uns außerdem mit einer Dimension, die dem modernen Menschen inzwischen fast unbekannt geworden ist. Heute hat der Mensch nämlich mehr denn je zuvor Angst, sich der Einsamkeit zu stellen – als fürchtete er sich vor der Selbsterkenntnis und der Konfrontation mit seinem Ich.

Ich bereiste den hohen Norden Amerikas, kostete am Klondike die Erregung der Goldsuche aus und wusch tatsächlich einige Nuggets aus dem Kies der Flüsse. Doch als das wahre Gold jener Länder betrachte ich die letzten lebenden Zeugen jener legendären Zeiten, also die wenigen Pioniere, die zur Zeit meiner Reisen noch am Leben waren. Sie waren es, die die Geschichte des Klondike prägten und von Anfang an Schriftsteller und Dichter inspirierten. Dies ist das wirkliche Gold, das immer noch in meiner Erinnerung glänzt.

Ich besuchte auf mehreren Kontinenten Urvölker, sogenannte primitive Wilde, deren Stammesverband noch völlig intakt war. Mit diesen Ureinwohnern verbrachte ich lange Zeit in ihren Dörfern und Hütten. Sie faszinierten mich, und ich bekenne nicht ohne Bitterkeit, daß ich mich unter diesen Menschen, die von uns als Wilde und Kannibalen abgestempelt werden, häufig wohler und sicherer fühlte als unter den sogenannten »zivilisierten« Zeitgenossen, die uns normalerweise in unseren Städten begegnen. Doch am meisten unterscheiden sich diese einfachen und sanften Menschen von all den anderen durch ihre Kraft, Begabung, Heiterkeit und die Fähigkeit, in einer unwirtlichen und tückischen Welt zu überleben, in der wir nach kürzester Zeit verloren wären. Sie haben bestimmte Fähigkeiten entwickelt und ließen sie aufgrund ihrer Lebensbedingungen niemals einschlummern. In ihrer Fähigkeit, unter diesen Umständen zu überleben, können wir noch die Qualitäten der Menschen erkennen, die unbewußt in Harmonie mit allen Dingen der Schöpfung lebten und immer noch leben. Es läßt sich nicht bestreiten, daß wir das, wozu diese »Kinder der Natur« fähig sind, sicher nicht von zu Hause mitbekommen haben; ebenso wenig wird es uns gelingen, etwas davon in unser Leben zu übernehmen.

Auch wenn unser Weg in die Zukunft nicht umkehrbar ist, glaube ich dennoch, daß wir niemals unsere Ursprünge verleugnen und niemals die Brücke abbrechen dürfen, die uns seit jeher mit der Vergangenheit verbindet. Es fällt uns schwer, gegenüber sogenannten unzivilisierten Menschen über unseren Schatten zu springen, und es ist daher höchst unwahrscheinlich, daß es uns jemals gelingen wird, uns von unserem Überlegenheitsgefühl zu befreien, das wir gegenüber den »Primitiven« an den Tag legen.

Falls wir in die Verlegenheit kommen sollten, einen Vergleich zwischen ihnen und uns anstellen zu müssen, werden wir sofort entdecken, daß wir eine Unmenge natürlicher Gaben vernachlässigten, ja geradezu verkümmern ließen, während sich beim »Wilden« die Intelligenz, die er für die Befriedigung seiner Bedürfnisse braucht, unendlich lebendiger und lebhafter erhalten hat. Kultur ist natürlich eine andere Sache und steht außer Diskussion: Aber wenn wir durch sie auch die Lösung für viele Fragen und Probleme finden, wirft sie doch auch sofort eine Fülle neuer Fragen und Probleme auf.

Diese Menschen, die meist von jeder Art Zwang und Konditionierung frei sind, respektieren die Natur, von der sie leben, in all ihren Formen. Sie gebrauchen sie, statt sie zu vergeuden, bewahren sich die Fähigkeit, ihresgleichen und dem Leben mit einem Lächeln zu begegnen, und gewinnen ihrem Land immer noch genug ab, gerade weil ihre Ansprüche so maßvoll sind. Überdies schonen sie ihre Tiere und haben vor ihnen Respekt. Wir dagegen riskieren egoistisch ihre Ausrottung oder wollen sie in unserer Anmaßung domestizieren. Wir sperren sie in Käfige, demütigen sie in Zoos und in unseren Häusern, schlachten sie erbarmungslos ab oder machen sie bestenfalls zum Objekt schwachsinniger Safaris und treiben sie damit nur zur Aggression und zu völlig artfremdem Verhalten. Außerdem zwingen wir ihnen unser Maß auf: Delphine und Seehunde sind per se »sympathisch«, ein Nashorn aber nicht, denn es sieht alles andere als sympathisch aus; ein Löwe ist königlich, aber auch eine wilde Bestie und muß deshalb erlegt werden; eine Schlange muß man nur deshalb, weil sie kriecht, zertreten. Wollen wir eigentlich wirklich, daß die wilden Tiere in ihrer natürlichen Umgebung überleben?

Als ich mit den Ureinwohnern der letzten unberührten Gegenden lebte, verirrte ich mich häufig mit ihnen zusammen im Urwald und war völlig auf ihren Instinkt angewiesen, den sie mit einer Weisheit einsetzen, die uns völlig abgeht. Es gelang mir, mit ihnen zu kommunizieren, indem ich mich an ihre Lebensweise, ihr Wesen und die Natürlichkeit ihres Verhaltens anpaßte und sie mit Argumenten ansprach, die für sie faßbar waren. Um der Wahrheit die Ehre zu geben: Das war nicht immer ganz einfach, doch half mir dabei vor allem das Vertrauen, das ich ihnen entgegenbrachte. Während ich mit diesen »Primitiven« lebte, machte ich mir ihre Logik und ihre Fröhlichkeit zu eigen. Ich nahm zum Beispiel die Suche nach der noch unbekannten Quelle eines Flusses zum Vorwand, um mit ihnen einen schwierigen Marsch durch den Dschungel zu unternehmen: eine Situation, in der der Kampf ums Überleben allen dieselben Herausforderungen und Gefahren auferlegt. Dadurch wurde der Umgang mit ihnen einfach, denn die Probleme des Augenblicks führten zu einer Sprachregelung, die für alle leicht verständlich war. Ein Blick, eine Geste, ein Lächeln sind in bestimmten Situationen und im richtigen Moment viel mehr wert als umständliches Geschwätz.

Ich suchte immer besonders gern die Nähe zu den großen wilden Tieren. Auf meiner ersten Reise durch Alaska war ich eher per Zufall auf diese wunderbaren Lebewesen gestoßen und sogleich von ihnen in den Bann geschlagen. Beim Aufbruch hatte ich ein Gewehr gekauft, weil auch ich damals noch wie alle glaubte, daß ich im Reich der Wölfe und Bären nur mit Hilfe einer Feuerwaffe überleben könne. Doch während dieser Reise setzte ich sie kein einziges Mal ein – ja, je weiter ich kam, desto tiefer rutschte auch das Gewehr auf den Boden des Kanus, zu all den anderen überflüssigen Ausrüstungsgegenständen.

Auch in den folgenden Jahren war ich immer darauf bedacht, kein Mißverständnis aufkommen zu lassen zwischen mir und den Tieren. Das hieß zuallererst also: weg mit dem Gewehr! Doch wenn man ohne Waffe einem wilden Tier gegenübersteht – es zu erleben, ist eine andere Geschichte, als darüber zu sprechen –, ist man ihm ausgeliefert, und die ersten Male schlägt einem das Herz bis zum Hals. Wenn man aber eine Waffe hat, macht man auch von ihr Gebrauch oder nimmt sie zumindest in die Hand – in den meisten Fällen begeht man damit eine Dummheit und einen unnötigen Mord. Wenn man jedoch waffenlos ist, bleibt einem nichts anderes übrig, als die Lösung in sich selbst zu suchen, wo man sie auch findet – was auf jeden Fall besser und konstruktiver ist. Auf diese Weise gibt man der eigenen Intuition Raum, findet die plausibelste Interpretation dessen, was die Tiere uns in diesem bestimmten Moment »sagen«, und entdeckt so, wie man sich ihnen gegenüber am besten verhält.

Mit Tieren zu kommunizieren ist ein alter Wunschtraum des Menschen, doch es wäre völlig verkehrt, sie der menschlichen Natur angleichen zu wollen. Wir müssen damit aufhören, das Tier zu vermenschlichen, und es endlich so sehen, wie es ist – nicht, wie wir es gern haben wollen. Andererseits verfügt es über eine Sprache, die durchaus deutlich und in sich logisch ist, und fast immer liegt es an uns, wenn wir sie nicht verstehen oder uns weigern, sie richtig zu interpretieren. Das natürliche und doch schwer zu entschlüsselnde Alphabet der Tiere besteht aus Bewegungen, Blicken, Lauten und Gerüchen: Sie sind der Ausdruck ihrer Art zu leben, und das, was sie übermitteln und empfangen, sind einfache Botschaften – zum größten Teil dem Augenblick verhaftet, der der Mittelpunkt ihrer vom Instinkt geleiteten Bedürfnisse ist. Das

Geheimnis der Verständigung liegt also erst einmal darin, ihre Bedürfnisse und Gewohnheiten zu studieren; dann kann man versuchen, auch von ihnen verstanden zu werden. Um so weit zu kommen, hilft es, eine versöhnliche Haltung anzunehmen. Das lernte ich von einigen afrikanischen Stämmen, die ja fraglos in ungetrübter Harmonie mit der Wildnis leben. Sooft ich also allein auf »gefährliche« wilde Tiere in ihrer natürlichen Umwelt stieß, blieb ich stehen, verharrte meist still und regungslos und überließ ihnen die Initiative, sich mir zu nähern, wenn sie es denn wollten. Durch dieses Verhalten beruhigte ich die Tiere und machte ihnen begreiflich, daß ich nicht in böser Absicht gekommen war. Nachdem sie ihre instinktive Neugier befriedigt hatten, zogen sie schließlich früher oder später freiwillig ab. Dann konnte auch ich meinen Weg unbehelligt fortsetzen.

Bei meiner ersten einsamen Fahrt auf dem Yukon im Jahr 1965 musste ich bereits zu Anfang eine Nacht unter einem Baum zubringen; beim Erwachen am folgenden Morgen entdeckte ich um mich herum die Spuren eines großen Grizzlybären und war natürlich alarmiert, doch nach kurzer Zeit verspürte ich eine Art Erleichterung. Erst sagte ich mir zwar, daß ich Glück gehabt hatte, doch da ich weder an Glück noch an Pech glaube, rationalisierte ich den Vorfall, erforschte mein Unterbewußtsein und glaubte zu verstehen, daß – während ich mich von Tag zu Tag mehr der Natur anglich – die Natur sich auch mir anpaßte. Mit anderen Worten, die Tiere spürten, daß ich für sie keine Bedrohung darstellte, was auf einer Gegenseitigkeit beruhte, die nach und nach immer deutlichere Gestalt annahm.

Die Tiere sprechen nicht – die Glücklichen, wie ein Philosoph sagte –, aber sie verstehen, spüren Absichten und wissen, wer der Feind ist, den man fürchten und mit dem man sich, wenn es notwendig ist, auf einen Kampf einlassen muß. Sie haben stärker als der Mensch eine Art »übersinnliche« Wahrnehmung entwickelt. Wenn man sich einem Raubtier unbewaffnet nähert, ohne den kritischen Abstand zu überschreiten – die Grenze, jenseits der es instinktiv zur Verteidigung übergeht –, begreift es intuitiv, daß es nicht bedroht wird. Daß ein wildes Tier, wie häufig behauptet, wahllos Menschen attackiert, trifft ganz und gar nicht zu. Es kann durchaus zu seiner Verteidigung angreifen, wenn es sich bedroht fühlt, sowie aus verzweifelter Reaktion auf Quälereien, die es erdulden mußte. Doch jedes Tier würde es in seiner instinktiven Klugheit bei weitem vorziehen zu fliehen, wenn es dazu die Chance hätte – auch weil es sich eine Urangst vor dem Menschen bewahrt hat. Der Mensch hat sich so weit von seinen Ursprüngen entfernt, daß er den Tieren und vor allem den Raubtieren seine eigene Logik und seine eigenen Impulse zuschreibt. Er vergißt oder ignoriert dabei, daß das Tier naiv und unschuldig bleibt, auch wenn es ein anderes Tier tötet, denn es handelt sich dabei um einen natürlichen Trieb, der sein Überleben garantiert. Fast immer tötet es maßvoll und geht dabei Risiken ein; nur selten ist Torheit im Spiel. In den meisten Fällen ist an Angriffen der Mensch mit seinem respektlosen und gewalttätigen Verhalten schuld: etwa, indem er das Tier jagt, verwundet oder in einem Zirkus oder Zoo gefangenhält, in dem es unter unwürdigen Bedingungen dahinvegetiert.

Einem Tiger im Dschungel ohne Gewehr gegenüberzutreten wird manchem wie eine Art russisches Roulett erscheinen. Vierzig Tage lang habe ich auf Sumatra im Revier eines großen Tigers gelebt und bewahre es als kostbares Erlebnis: Der Tiger fühlte meine Absichten, darauf könnte ich schwören, und zeigte mir das durch ein ganz und gar nicht aggressives Verhalten. Ich habe viel über diesen Tiger erfahren. Ich folgte ihm beharrlich auf seinem Weg durch den Dschungel und lernte, seine Spuren zu lesen; ich lernte etwas über die Bedeutung des Abstands zwischen dem Abdruck einer Tatze zu dem der nächsten, über die Tiefe der Spur im weichen Boden, über die zwei Trittsiegel, die auftauchen, wenn er sich anschleicht und die hintere Tatze genau dorthin setzt, wo die vordere Tatze eben noch war, und so weiter. Ich nahm also seine Gemütslage und sein Temperament in mich auf. Und er hat es mir mehr als einmal vergolten, wenn er neugierig um mein Nachtlager schlich, doch nicht das geringste Anzeichen für eine Bedrohung hinterließ.

Tiere töten, um ihren Hunger zu stillen, um sich am Leben zu erhalten, doch nie töten sie um des Tötens willen, sofern sie normal sind; der Mensch hingegen tötet häufig aus Machtwillen und auch aus sadistischem Vergnügen. Die Ansicht, daß die Tiere ebenso gewalttätig wie wir veranlagt sind, ist ein großer Irrtum. Wir sind ihre Widersacher, nicht umgekehrt. Kommt es uns denn nicht in den Sinn, daß wir alle friedlich zusammenleben könnten, wenn wir den anderen respektierten, da wir doch alle in derselben Natur leben? Dann könnten wir sicher unseren erworbenen Wissensschatz mit dem Animalischen verbinden, das wir früher besaßen und das als Erbe unserer Vorfahren noch immer in uns schlummert. Denn ist der Instinkt nicht ein Reflex mit einer Prise Bewußtsein? Ist er nicht das Echo einer uralten Vernunft? Wieviel reicher wären wir durch eine bessere Kenntnis der Natur, wenn wir die absurden und immer wiederkehrenden Mißverständnisse rückgängig machen oder zumindest reduzieren und korrigieren würden, denen wir so häufig erliegen.

Alles hat sich verändert: unsere Hilfsmittel, unsere Ziele, ja sogar unsere Welt, doch nicht der Mensch, der mit großer Hingabe das Abenteuer sucht. Was früher ein Kolumbus, Stanley, Amundsen, Hillary unternahm, leisten heute die Astronauten und Wissenschaftler. Der Mensch erweitert seine Welt immer mehr, verschiebt die Grenzen des Möglichen und schafft neue Horizonte. Gestern schienen die Säulen des Herakles unüberwindlich, und heute erreichen wir schon die Planeten unseres Sonnensystems. Doch wir leben auch in einer großen Verwirrung der Normen und Werte und laufen Gefahr, spirituell zu verkümmern und der technischen Entwicklung zum Opfer zu fallen, die wir geschaffen haben, um uns das Leben zu erleichtern. Und doch könnte ein neues Zeitalter der Erforschung anbrechen – vielleicht hat es ja bereits begonnen. Wenn wir uns bei jedem Unternehmen in vernünftigem Rahmen einzig und allein der menschlichen Mittel bedienen würden, mit denen uns die Natur ausgestattet hat, dann würden wir sicher deutlicher erkennen, was wir eigentlich suchen und bis zu welcher Grenze wir vordringen dürfen. Also hängt alles von unseren jeweiligen eigenen Ressourcen und Begrenzungen und unendlich vielen neuen Unternehmungen ab, die uns auf Flüssen, in Urwäldern, auf Bergen, in Wüsten, ja überall erwarten – bis wir wieder zu dem Punkt gelangen, an dem uns trotzdem oder gerade deshalb unsere gute alte Erde wie durch Zauberei gänzlich unerforscht erscheint. Im Gegensatz zur jüngsten Vergangenheit, in der wir einer technischen und begrifflichen Nivellierung unterworfen waren, müßten diese neuen Maßstäbe auf jeden von uns eine implosive Wirkung ausüben – einen Effekt, den ich als »Forschung nach innen« bezeichnen möchte.

Daß der Mensch sich selbst erforscht – was meiner Ansicht nach der Zweck aller Dinge ist –, ist unzweifelhaft das aufregendste Abenteuer. Doch es wäre noch fruchtbarer, wenn diese Selbstsuche in einer intakten Natur stattfinden könnte. Diese Natur könnte uns zu jenen Ursprüngen zurückführen, die all jene aus den Augen verloren haben, die diese Kostbarkeiten nicht zu ergreifen wissen oder es überhaupt nicht wollen. Die Natur bedeutet Leben und unsere Rettung, nicht nur in physischer Hinsicht. In einer Welt, in der uns der Fortschritt einer ungewissen Realität ausgeliefert hat, sind nur noch wenige Utopisten wie ich übriggeblieben, die sich nach einem Leben sehnen, welches aus tausend Gründen nicht mehr realistisch scheint. Sich so etwas auch nur zu erträumen steht bereits in krassem Gegensatz zu dem Fortschritt, den wir erreicht haben. Und doch bleibt die Vorstellung verführerisch, daß sich der Mensch aus dem aseptischen Konformismus und schließlich aus der Anonymität einer kalten und wirren Gesellschaft befreien muß. Erst dann können wir wieder zu uns selbst finden, mit all unseren Gefühlen und unserer Empfindsamkeit – doch unversehrt in unserer Öffnung gegenüber dem ungeheuren Elan der Evolution, gerade weil wir die Herausforderung der Natur annehmen. Zwischen ihr und der Schöpfung herrscht ein Dialog, der so alt wie die Welt ist und nicht ungestraft gestört werden darf. Denn dies würde gerade mit dem Verlust der Besonderheit und Eigenart des Menschen einhergehen: seiner Individualität, der Vitalität seines Seins, seiner Identität – jener positiven Urkraft, die da Leben heißt.

MALIK

Mike Horn
Breitengrad Null

Auf dem Äquator um die Welt. Aus dem Französischen von Enrico Heinemann. 299 Seiten mit 8 Seiten Farbbildteil. Geb.

Dem Äquator zu folgen, das heißt Abenteuer ohne Kompromisse: ohne Umwege Wüsten und Gebirge, Dschungel und Sümpfe zu bezwingen – und drei Weltmeere. Den Atlantik, Pazifik und Indischen Ozean überquert Mike Horn in einem kleinen Trimaran. Auf dem Landweg kämpft er sich durch zu Fuß und mit dem Rad: 17 000 Kilometer durch Südamerika, Afrika und Asien. In nur 17 Monaten umrundet er so die gesamte Erde. Und trotzt allen Gefahren, die sich ihm in den Weg stellen: Ein Wirbelsturm mitten im Atlantik, die Auseinandersetzung mit wilden Tieren (nicht immer erfolgreich: nur knapp überlebt er den Biß einer Giftschlange), die Gefangennahme durch marodierende Banden in Afrika. »Daß ich überhaupt lebend zurückgekommen bin, ist ein Glücksfall«, sagt Mike Horn.

MALIK

Bruce Kirkby

Im leeren Viertel

Auf dem Kamel durch die arabische Wüste. Mit einem Vorwort von Sir Wilfred Thesiger. Aus dem Englischen von Maurus Pacher.
284 Seiten. Mit 48 farbigen Abbildungen. Geb.

Wie die Beduinen in alter Zeit wollen Bruce Kirkby und seine beiden Gefährten das Leere Viertel, die größte Sandwüste der Erde, durchqueren – auf dem Rücken von Kamelen. Doch nach einer zehnjährigen Dürreperiode sind die Ausgangsbedingungen, unter denen sie im Winter 1999 aufbrechen, denkbar schlecht. Die Hitze ist erbarmungslos, die Tiere sind die Strapazen nicht gewöhnt, und die Männer verlieren sich in kräftezehrenden Sandstürmen.
Auf 1200 Kilometern durch unwirtliches, goldenes Ödland kommen die drei Abenteurer einem stolzen Nomadenvolk und seiner sich wandelnden Kultur näher. Bruce Kirkbys bewegende persönliche Reportage gleicht einer Verneigung vor dieser faszinierend fremden Welt und ihren Bewohnern. Und sie ist eine Hommage an den Pionier der Wüste Sir Wilfred Thesiger, den letzten, dem vor einem halben Jahrhundert dieses grandiose Unternehmen gelang, und der das Vorwort zu dem wunderschön bebilderten Band schrieb.

MALIK

Victoria Bruce

Vulkan des Todes

Die wahre Geschichte der Katastrophen von Galeras und Nevado del Ruiz. Aus dem Amerikanischen von Renate Weitbrecht und Helmut Dierlamm. 315 Seiten mit 8 Seiten Bildteil. Geb.

Am 14. Januar 1993, acht Jahre nach dem verheerenden Ausbruch des kolumbianischen Vulkans Nevado del Ruiz im November 1985, dem 23000 Menschen zum Opfer fielen, führt der renommierte amerikanische Vulkanologe Stanley Williams eine Expedition in den Krater des Vulkans Galeras, deren Ziel es ist, einer weiteren Katastrophe vorzubeugen. Stunden später sind 9 Menschen tot; ein plötzlicher Ausbruch des Vulkans wird ihnen zum Verhängnis. Ausgerechnet der Leiter der Expedition kann sich retten – und behauptet, das Unglück sei unabwendbar und nicht vorhersehbar gewesen. Victoria Bruce, Wissenschaftsautorin und Journalistin, hält diese Darstellung für falsch. Minutiös hat sie das Schicksal der Expedition recherchiert, mit Augenzeugen gesprochen und kann so die ganze Geschichte erzählen: Eine atemberaubende Geschichte von wissenschaftlicher Selbstüberschätzung und menschlicher Tragik, wie sie seit Krakauers »In eisige Höhen« nicht mehr geschrieben wurde.

MALIK

Reinhold Messner

Die Freiheit, aufzubrechen, wohin ich will

Ein Bergsteigerleben. Mit zahlreichen Farbfotos.
388 Seiten. Geb.

Einer der letzten großen Abenteurer unserer Zeit erzählt seinen Werdegang. Von den heimischen Dolomiten führten seine Touren ins Eis der Westalpen, in die Anden, schließlich zu den grandiosen Achttausendern des Himalaja. Nach seiner Zeit als Felskletterer und Höhenbergsteiger durchquerte Reinhold Messner die großen Sand- und Eiswüsten. Heute ist er Mythen auf der Spur. Nicht nur die sensationellen Triumphe schildert er, auch die großen Niederlagen stellt er schonungslos dar. In einem Wechselspiel zwischen bergsteigerischem Leistungsbeweis und persönlicher Selbsterfahrung steht dieses Buch einmalig in der Fülle der alpinen Literatur da.

PIPER

Jon Krakauer
In die Wildnis

Aus dem Amerikanischen von Stephan Steeger.
229 Seiten. Serie Piper 2708

Im August 1992 wurde die Leiche eines unbekannten jungen Mannes im unendlichen Eis von Alaska gefunden, der, ausgestattet mit einer kleinen Pistole und einem Fünf-Kilo-Sack Reis, vier Monate zuvor aufgebrochen war, um die Wildnis kennenzulernen. Nachdem seine Identität geklärt war, ging die Geschichte von Chris McCandless durch sämtliche Zeitungen Amerikas.
Jon Krakauer, der bedeutende amerikanische Wissenschaftsjournalist, ist der seltsamen Vorgeschichte von McCandless auf den Grund gegangen und hat ein wunderbares Buch geschrieben über die Sehnsucht, die diesen Mann veranlaßte, sämtliche Besitztümer und Errungenschaften der Zivilisation hinter sich zu lassen, um tief in die wilde und einsame Schönheit der Natur einzutauchen.

»Selten hat ein Autor unser aller Sehnsüchte nach dem Besten aller Leben – nicht im Rückgriff auf das 19. Jahrhundert, sondern im hier und jetzt – so beeindruckend und so spannend beschrieben, wie Jon Krakauer.«
Süddeutscher Rundfunk